JN225041

# JEAN ROUCH

## ジャン・ルーシュ｜映像人類学の越境者

千葉文夫・金子 遊［編］

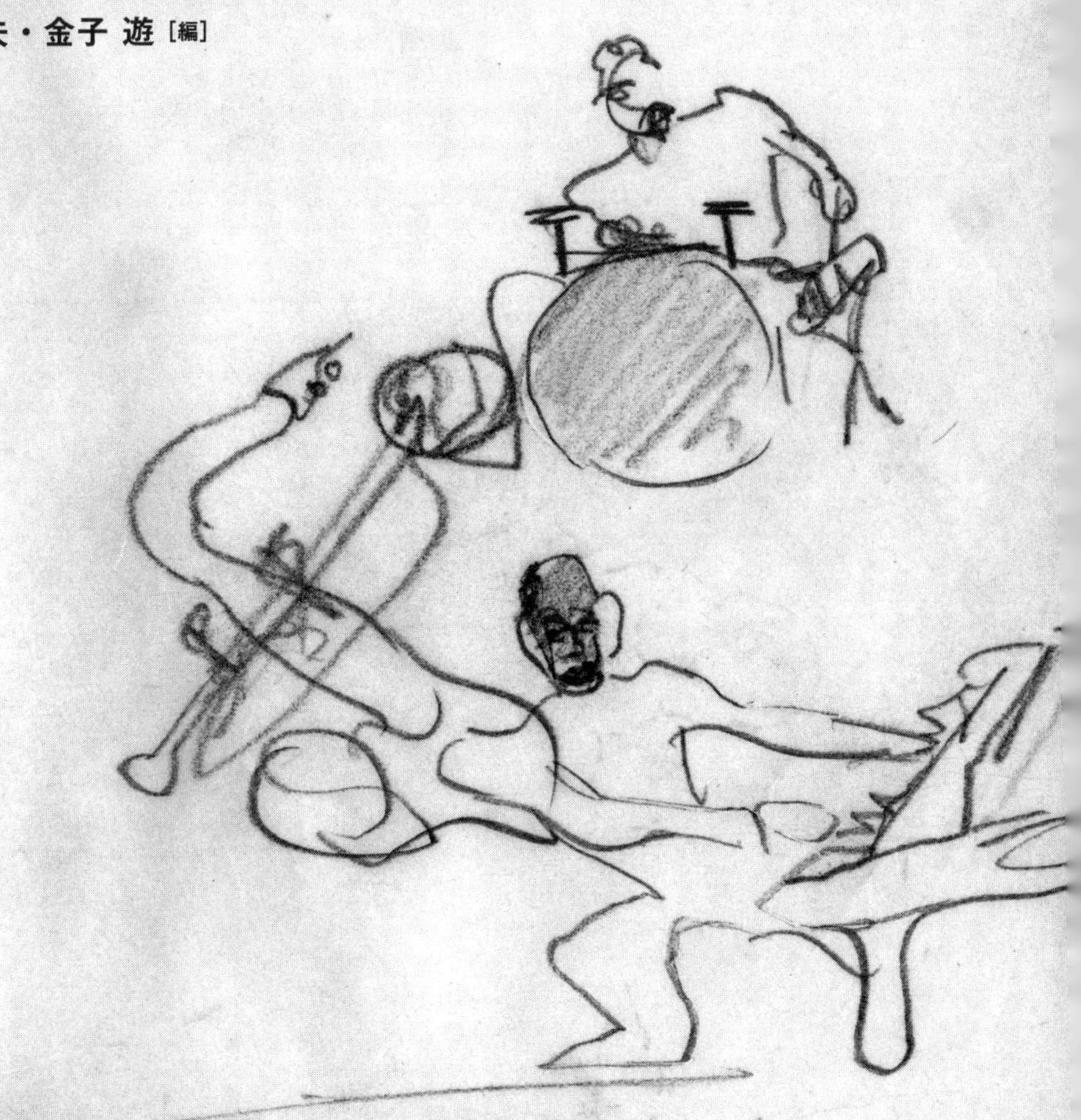

森話社

カバー図版：撮影者不詳「博士論文執筆中のジャン・ルーシュ」（フランス、一九五一年頃、黒白写真）©Jocelyne Rouch
表紙・本扉図版：ジャン・ルーシュ「ジャズ・バンド」（一九三五年頃、鉛筆、トレーシング・ペーパー）©Jocelyne Rouch

# ジャン・ルーシュ——映像人類学の越境者　目次

［凡例］

一、映画、書籍は『　』、論文は「　」、美術・音楽作品は《　》で括った。

一、映画作品名は各章の初出に製作年を付した。本文中のジャン・ルーシュによる作品の邦題は、巻末フィルモグラフィーの表記に統一し、製作年（撮影開始年–撮影／編集終了年）が複数年にわたるものについてはその「撮影／編集終了年」のみ記載した。

一、引用文中の引用者による補足は〔　〕で括った。

一、翻訳著作における原註は▽、訳註は＊で示し、文中の訳者による補足は〔　〕で括った。

# まえがき

ギニア湾岸のコトヌーの街は、じめじめした湿気をともなう熱帯性の気候であった。ところが、車で数十キロの距離を北上してベナンの中部に差しかかる頃になると、がらりと風景が変わってきた。乾燥した大地に草むらや灌木のあるサヘル地帯になったのだ。まわりに高い山はなく、赤土の地面がどこまでも広がっている。農耕に適した土地とはいえなさそうだった。さらに北へいけば、国境沿いにニジェール川が流れており、道路はニアメへとつづく。ジャン・ルーシュが一九四〇年代後半から、半世紀以上のあいだ撮りつづけたのは、サヘル地帯の空漠とした風景のなかで生活し、祭礼をもち、旅や移動をくり返している多様な人たちの姿だった。

同じ西アフリカといえども、内陸部のニジェール、マリ、ナイジェリアの乾燥した気候条件では、いつになっても農業収入が不安定であった。その上、一九六〇年に国家として独立するまでヨーロッパ諸国の植民地であったその地域では、宗主国から重い税金が課されていた。ニジェールは、ジャン・ルーシュが研究や撮影の対象としたソンガイ人の他にも、ハウサ、フラニ、トゥアレグといった異なる民族を抱える多民族の国家である。隣国のベナンであれば四二、ナイジェリアにいたっては二五〇もの異なる民族が暮らしているというデータもある。この言語的・文化的な多様さが、一方で長くつづくこの地域での民族間の紛争や治安の悪さにつながっているわけだが、これらの人たちの生活や民俗を撮ったことが、ジャン・ルーシュの映画における豊穣さにつながっているのだと納得した。

二〇代のときにはじめてニジェールに入ったジャン・ルーシュが文化人類学者の卵として選んだテーマは、内陸部の人たちが比較的豊かなギニア湾岸のコトヌー（ベナン）、アクラ（ガーナ）、アビジャン（コートジボワール）などの都会へ出稼ぎにでていく移民のあり方だった。それゆえに、国境を越えてサヘル地帯と湾岸部を行き来する西アフリカの人たちが、ジャン・ルーシュの映像人類学において撮影対象になっていった。ルーシュの名を世界的に広めた『狂った主人たち』（一九五七）は、ガーナで苛酷な労働に従事するナイジェリア移民が、ハウカと呼ばれる憑依儀礼で日々のストレスを発散する様を撮ったものだった。最初の劇映画となった『ジャガー』（一九六八）は、ニジェールのソンガイ人たちがベナン、トーゴを通ってガーナの首都アクラに、まさに移民していくその道行きを描いた作品であった。西アフリカにおいて流動するのは人びとだけではない。ガーナ、トーゴ、ベナン、ナイジェリアの海岸部では、マミワタという水の精霊が信仰の対象になっている。その儀礼をジャン・ルーシュは『マミー・ウォーター』（一九六六）という短篇映画に撮ったが、それは国境をまたいで広がるヴォドゥン信仰の神霊のひとつである。一六世紀から一八世紀にかけて、この地域ではダホメ王国を中心に奴隷貿易が盛んにおこなわれた。ブルース・チャトウィンが小説『ウィダの提督』に書いたとおりだ。その歴史をどう考えるか地元の人たちに訊ねたところ、「おれたちの先祖は北米にも、キューバやハイチなどのカリブ海にも、ブラジルにも奴隷として渡った。そういう意味では、ダホメの文化はヴードゥー信仰を通じてグローバルに広まったんだ」といって胸を張っていた。こうした負の歴史をひっくり返してしまうようなユーモアもまた、西アフリカの人たちに固有の態度だといえるかもしれない。

本書は、フランスの映画作家で人類学者であるジャン・ルーシュ（一九一七―二〇〇四）の名前を冠した日本語圏では初めてとなる研究書である。ジャン・ルーシュは八六年の生涯のなかで、西アフリカとフランスにおいて一五〇本にのぼる映画作品を撮り、映像人類学を確立した第一人者である。同時に、それぞれの時代のなかで文化人類学、民族誌映画、シュルレアリスム、シネマ・ヴェリテ、ヌーヴェル・ヴァーグ、エスノフィクション、肖像映画に関わるという多彩な活動をした人物でもある。そのため、この巨匠の全体像を把握するために、本書では文学、映画、文化人類学、映像人類学、写真、美術、アフリカ地域研究など、それぞれ専門の異なる書き手や研究者が集まって論考の執筆と翻訳を手がけることになった。

本書は、一九五〇年代以降のジャン・ルーシュの映画における三つの潮流を論考によってあぶり出している。一つは『狂った主人たち』に代表される、西アフリカの精霊信仰における呪術や憑依儀礼、トランスへの関心である。本書では何よりもルーシュの映像人類学や民族誌映画の草分けとしての面を、彼の作品に関する論考と彼自身が書いた文章の翻訳によって光をあてている。二つめは、ルーシュの提唱した「共有人類学」という言葉に象徴されるように、ソンガイ人のダムレ・ジカやウマル・ガンダといった盟友たちと生涯を通じてつき合い、彼らの即興に満ちた語り芸を映画に取りこんだことである。筆者が西アフリカのベナンを訪ねたとき、共通語のフランス語と母国語の部族語とを問わず、現地の人たちが会話のなかにノンストップで笑い話を入れて、始終げらげら笑っているさまに強い印象を受けた。ジャン・ルーシュの共有人類学にとって、フィールドワークで出会う人たちは単なる知識提供者にとどまらず、長年の友人となり、彼の映画の出演者やスタッフになっていった。そこから、西アフリカの映画人が育っていったという面もある。

三つ目としては、映画史上において、ジャン・ルーシュがシネマ・ヴェリテ（真実の映画）の方法論を確立した『ある夏の記録』（一九六一）というドキュメンタリーを撮ったことである。その後のシネマ・ヴェリテはフランス国内にとどまらず、イギリスやアメリカやカナダへと広まっていき、ダイレクト・シネマの潮流を形づくっていった。それと同時に、ルーシュはオムニバス映画『パリところどころ』に短篇映画を提供し、ヌーヴェル・ヴァーグの作家や批評家たちとも親しく付き合い、その新しい映画の潮流にルーシュ自身も参加していった。本書におけるフランス文学者や映画研究者らの論考によって、ルーシュの映画史やフランス文化における地位が位置づけられ、他の芸術や学問と共鳴していったさまが明らかになることは、とても画期的なことであろう。

西アフリカの地で気になったのは、多種多様な民族が異なる言語を話すため、公用語にフランス語や英語が採用されていることだ。母国語を話すときの自由闊達さに比べて、人びとが公用語を話すときには、どうしても生硬さやよそよそしさがつきまとう。そのとき、どうしてジャン・ルーシュがソンガイ人やドゴン人の言葉で映画を撮らなかったのか、という疑問が頭をよぎった。ルーシュが作品をヨーロッパの観客に届けるためには、フランス語でつくる方が利便性があったのだろう。それゆえ昨今の研究者は、時代的な制約もあって、彼にも植民地主義者としての一面があったと指摘している。むろんそこには一理があるが、それよりも何よりも、やはり彼はひとりの映画作家だったのではないかと当たり前のことに気づく。公用語のフランス語で映画を撮り、現地語の会話にみずからの声でボイスオーバーの翻訳をかぶせたのは、字幕を読めない文盲の人たちに映画を観てもらうためであり、一般の観客が撮影された映像に集中できるからだった。

わたしたちが日本国内で観ることができるジャン・ルーシュの映画作品は、まだまだ本数が限られている。であるから、生誕一〇〇年を過ぎ、没後一五年のタイミングで本書を刊行できることの意義は大きい。読者は研究者たちが書いた論考にあたれるだけでなく、本書に収録されたルーシュ自身が書いた文章の翻訳やインタビューを読むことで、彼の人類学や映画への考え方を知ることができる。また、巻末のフィルモグラフィーは世界的に見ても、現時点でもっとも正確で詳細にわたったものである。日本語圏における今後のジャン・ルーシュ研究に資するものとなるにちがいない。そして何よりも、本書をきっかけにルーシュが残した仕事に関心をもつ人が増え、映画作品の紹介が進むことになれば、編者・編集者一同としてこんなにうれしいことはない。本書を、それほど遠くない未来に現れるであろう、ジャン・ルーシュ映画の良き観客のみなさんに捧げることにしよう。

金子 遊

1

# シネ・トランスの彼方へ

## ジャン・ルーシュの憑依儀礼映像を中心に

伊藤俊治 | Ito Toshiharu

## 1 憑依と撮影

映像を撮影するとはどういうことなのだろうか。

通常の映像撮影では「撮影者」が存在し、「カメラ」を介し、「対象」があり、「撮影行為」により、「映像」が生まれ、「観客」が見る。「撮影者」「カメラ」「対象」「撮影行為」「映像」「観客」はそれぞれ独立した要素だが、ある特殊な状況下でこうした要素間の境界が揺らぎ始めることがある。それは様々な要因に拠る。撮影環境の異変、対象の沸騰、機材の変調、撮影者の意識変容、観客の感覚状態……そうした要素を繋ぐ関係が変化し共振してゆくのだ。ある場合にはそれらの関係性が複数の糸の絡み合いのように解き難くなり、各要素が識別不能になってしまうことも起こってくる。それぞれの要素が分離可能なら起因があり結果が生じるという出来事の連続的なものの見方が成り立つが、そうした分離が不可能だと因果律は破綻し、撮影現場に潜在していた共時性の網が忽ち現場を覆い尽くしてしまう。おそらくこうした事態の特異な例として、人類学のフィールドで多数撮影されてきた憑依儀礼の映像を挙げることができるだろう。

これまで多くの憑依儀礼の現場に立ち会ったり、撮影したりしてきた。またそれらを撮影した人類学的映像も数多く見てきたが、そうした憑依映像からは何か空間全体に強い情動の細かい針が降り注ぎ、霧散した針が再び凝集してゆくような張りつめた感覚を感じたことはない。あの現場を支配し動かしているものが映像には決定的に欠けている。憑依はその現場で完遂されねばならないが、その完遂の刻印が映像に刻まれることは稀である。

その生涯に渡り憑依や陶酔を撮影し多数の作品を残してきたジャン・ルーシュ（一九一七―二〇〇四）の映画も同様である。ルーシュ映画のあるシーンのように、そこにはトランスし儀礼を完結させたいのにできないシャーマンやダンサーのような、異様なもどかしさが残存してしまう。イメージと現実の違いと言ってしまえばそれまでだが、このような差異に何かルーシュ映画の秘密を解く鍵があるのではないだろうか。生々しいトランスの現場を記録しようとするならば、従来の撮影方法や撮影姿勢とは異なる撮像概念が必要になってくる。ルーシュはこうした撮影行為を解明しようと「シネ・トランス」という言葉を使ってきた。それはドキュメンタリーやフィクションを問わず、映像撮影に関わる人々や映像を見る者までが儀礼へ参加してしまうような状況を暗示し、現実と演技が交差する「エスノ・フィクション」や「ドキュメンタリー・フィクション」、さらには撮影者や被写体が場を共有しつつくりあげてゆく「シェアード・アンソロポロジー」や「リバース・アンソロポロジー」といった領域とも結びついていった。

ここで問われているのは撮影者とは誰なのかという本質的な問題に絡む世界の多層的な記譜法である。その時、対象や状況を撮影しているのは誰であり、主体はどこに存在し、それを特定することは可能なのか。そもそも撮影者とは何者であり、何者でありうるのか。こうした問いかけがルーシュの「シネ・トランス」には含まれる。初めの映像撮影の文脈に戻れば、それは単なる撮影者でもカメラでも対象でも撮影行為でも映像でも観客でもない。ある意味でそれらが分かち難く結びつき、互いの血液や神経を交流させ一繫がりの肉のようになった系と呼ぶしかないものなのかもしれない。この時、カメラは現象外に置かれ固定された視点ではなくなり、撮影者と対象世界を隠れた次元で交錯させる特別な媒介となっている。こうしたことを考慮に入れながらルーシュの映像撮影の実践をあらためて辿ってみたい。

ルーシュは第一次世界大戦中の一九一七年、ロシア革命の年にパリで生まれている。七歳の時にパリで公開されたロバート・フラハティの長編ドキュメンタリー映画『極北のナヌーク』（一九二二）に強い印象を受けた事を記している。まだ幼かったとはいえ、その映像体験は決定的な出会いと衝撃となった。一九二八年には家族とモロッコへ移住し、カサブランカで二年間を過ごした。一九二〇年代はヨーロッパでもレヴュ・ネグル、ジャズクラブ、ジョセフィン・ベーカー、アフリカ彫刻など黒人文化に大きな注目が集まった時代であり、ルーシュもその影響を受けジャズにのめり込んだ。一九三七年、二〇歳の時にエコール・ド・ポン・エ・ショセズで学ぶが、この頃は人類博物館とシネマテーク・フランセーズに通う毎日だったという。一九三九年に従軍し、退役後ナチス占領下のパリでレジスタンス活動を行いながら、パリ大学民族学研究所でマルセル・グリオールのエチオピア講座を受講し、人類博物館ではマルセル・モースに学び、その縁でシネマテーク・フランセーズ館長だったアンリ・ラングロワの知己も得た。一九四一年にはフランス領西アフリカのニジェールでの建設現場監督としてアフリカへ行き、ダムレ・ジカと出会い翌年ダムレの祖母カリアからソンガイ族の憑依儀礼を見る初の機会を与えてもらった。他にもこの時期にいくつかの儀礼を目撃し、その調査記録をグリオールへ送ったのが、ルーシュ初の民族誌調査となった。

第二次世界大戦が終わるとジャーナリストとしてＡＦＰ（フランス通信）と契約を結び、再びアフリカへ赴く。この時、ルーシュはパリの蚤の市でベル&ハウエルの一六ミリカメラを入手し、以後独自に映像の試行実験を行うようになった。映像撮影を始めたのは、すでにドゴン族の仮面儀礼を扱った映画『黒い仮面の下に』（一九三八）を制作していたマルセル・グリオールの勧めが大きい。

一九四六年から四七年にかけてはルーシュに決定的な影響を与えるニジェール川探検旅行が決行された。ニジェール川をボートで遡り、流域沿いの様々な場所で撮影する旅だった。処女作『黒い呪術師の国で』（一九四九）はこの探検行から生まれた。当時の学友だったジャン・ソヴィとピエール・ボーティと行ったこの探検は、ニジェール川源流からギニア湾河口まで数ヶ月かけて敢行されたもので、マリではドゴン族の社会を、ニジェールではソンガイ族のカバ狩りや憑依儀礼を、三脚を紛失し手持ちカメラで撮影するというルーシュの撮影手法を確立する鍛錬の旅ともなった。

探検途中でルーシュは掛け替えのない友人であり、インフォーマント（情報提供者）となる二人のニジェール人と出会う。ダムレとラムであり、彼らは以後多くのルーシュ映画の共同制作者として名を連ねる。また一九四六年にはＣＮＲＳ（国立科学研究センター）のアフリカ調査旅行にも同行し、翌年には師グリオールと共作で、ルーシュがカメラを担当し、ソンガイ族ワンゼルベ村の呪術師を題材とした短編ドキュメンタリー映画『ワンゼルベの呪術師』（一九四九）を発表、一九五一年にはマリ共和国ニジェール川流域に面するバンティアガラ断崖に居住するドゴン族を調査中のグリオールを訪ね『断崖の墓場』を作っている。一九四〇年代半ば以降、ルーシュはニジェールの高度に発達した体系を有するソンガイ社会の儀礼研究と、それとは異質な精密な神話を核とするドゴン社会の儀礼研究に取り組み、以後この二大フィールドに強い関心を持ち続けるが、その原点となったのがニジェール川探検旅行だった。

ニジェール川探検後、ルーシュは『黒い呪術師の国で』の他、マリで『割礼』（一九四九）や『断崖の墓場』、ニジェールで『憑依舞踏へのイニシエーション』（一九四九）や『カバ狩り』（一九五〇）を制作し、一九五一年にはグリオールやジェルメーヌ・ディーテルランとドゴン族調査に赴き、初の著作『ソンガイ文明の歴史』（一九五三）も纏めている。一九五三年にルーシュはＣＮＲＳ（国立科学研究センター）の正式な研究員となり、そこに民族誌映画委員会を創設し、同時に人類博物館にも籍を置くことになった。当時の人類博物館にはクロード・レヴィ＝ストロースやアンドレ・ルロワ＝グーランも在籍しており、このことによりルーシュのフランス人類学界における位置が定められたと言っていいだろう。

## 2　映像を儀礼化する

ジャン・ルーシュは二〇〇四年にニジェールで亡くなるまでに一五〇本近くの映画を制作した。まず一九四〇年代から一九六〇年代にかけて集中的に作られてゆくソンガイ族の人々の宗教儀礼や呪術的世界を描いた民族誌映画の流れがある。処女作『黒い呪術師の国で』は、ニジェール川を行き交う船を追うルーシュのナレーションで始まり、家々が連なる集落、供犠となる動物たち、槍を投げカバを仕とめる狩猟［図1］、舞踏と音楽［図2］、憑依儀礼等々［図3・4］、その後のルーシュ映画で度々取り上げられるエピソードが網羅的に配されている。

ニジェール川はアフリカ内陸部をコの字型に貫通する大河である。西アフリカのギニア山地から北東へ流れてマリ共和国に達し、中央部で大きく湾曲し、そこから南東へ転じてニジェール共和国に入り、再び南のナイジェリア連邦共和国へ向かって流れてゆくが、その中部流域沿いにソンガイ族の集落が並んでいる。ソンガイ族はニジェール川流域でマリ共和国とニジェール共和国に分断し居住する。ニジェール川湾曲部には古くからサハラ地方と西アフリカを結ぶ通商都市がいくつも栄えていた。かつて交易や学術の都市として繁栄した〝黄金の都〟トンブクトゥもその一つで、一三世紀から一五世紀にかけて勢力を誇ったマリ帝国時代がこのトンブクトゥの絶頂期であり、その華やかさは遠くヨーロッパまで聞こえていた。トンブクトゥには大学のような教育機関もあり、アフリカ内陸部第一の都市となり、ここから聖地メッカへ向け、六万人もの従者を引き連れ遂行されたムーサ大王の大巡礼（一四世紀半ば）は有名であり、ソンガイ帝国が隆盛してくるのはその後のことである。

ソンガイ帝国は一五世紀から一六世紀にかけてニジェール川湾曲部を中心に西スーダンのほぼ全域を支配下においていた黒人帝国であり、スンニ・アリ国王、スンニ・バル国王、アスキア・ムハンマド一世といった国王たちが実権を握った。ソンガイ帝国の歴史はイスラム的伝統が優位に立つ国王の治世（アスキア・ムハンマド一世の系列）とソンガイ的伝統が優位に立つ治世（スンニ・アリ以降のスンニ朝の系列）が交互に繰り返され、ソンガイ文明は基本的にイスラム化以前のアフリカの独自性が強い。ルーシュはそうした古代アフリカを手繰り寄せるかのように撮影している。彼は一九四七年に博士論文「ソンガイの宗教と呪術」を書き上げるが、そのテーマであるソンガイ族の世界をパノラミックに網羅し補完する意味合いを持つ映画が『黒い呪術師の国で』だったと言えるだろう。

この処女作はフランスでテレビ放映されたが、テレビ局側によってルーシュの意向を無視した改変がなされ、不調和な音楽も加えられた。特にカバ狩りシーンでは過剰な演出がなされ、その背景をなす儀礼的要素は取り払われ、狩りの壮絶で残酷な場面が強調されてしまった。ルーシュはテレビ局のやり方に酷く失望した。後に『カバ狩り』や『大河での闘い』（一九五一）で再びカバ狩りを題材にするが、この失敗に懲りて撮影では意図的に制約を設けて漁師たちとボートに乗り込み、狩猟の様子を自分の身体を駆使し丁寧に撮影している。

ソンガイ族はアラブとの混血の貴族階級アルマ、スーダンニグロ系のガビビと呼ばれる農民、そしてソルコと呼ばれる漁民という階層社会を形成する。このカバ狩りは食糧のための狩猟ではなくソンガイ族の特別な儀礼であり、ニジェール川でソルコの漁師たちが数ヶ月にも渡る儀礼の一環として行う。ソルコの人々は通常も網や槍で漁を行うが、このカバ狩りはそれらとは異なる意味を持ち、河の精霊から狩りの許しを得て狩猟全体の無事を

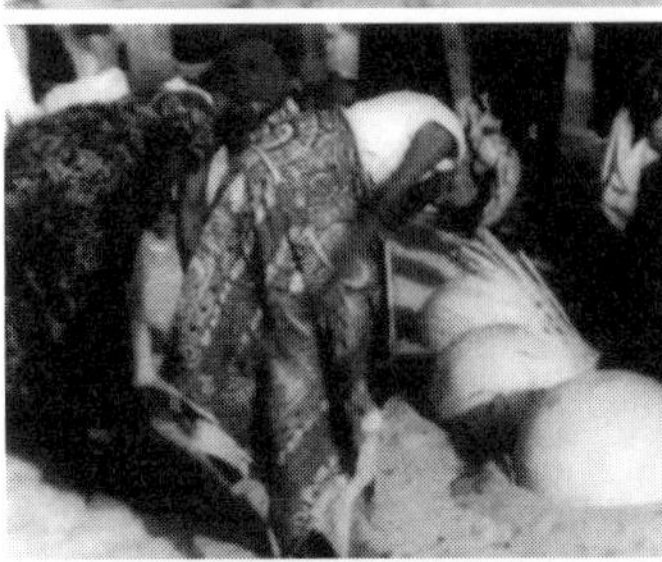

図1–4　[上] カバ狩り、[中上] 儀礼の舞踏と音楽、[中下] ニジェール川沿いのソンガイ族の憑依儀礼での女性のトランス、[下] 男性のトランス（『黒い呪術師の国で』 1949）

願う憑依儀礼であり、厳格な手続きと形式を持つ。儀礼は毎年二月から川が霧に霞む四月までになされ、子供のカバは狩りの対象にならず、カバは三頭しか狩ってはならない。こうしたルールにより儀礼は再現可能な形式を持ち継承可能なものとして伝えられてゆく。ルーシュ自身もルールを設け、二二秒でフィルム交換をしなくてはならないハンディカメラと二五ミリ単焦点レンズを使用し、三脚は使用せず自己の身体性や運動感が映像にダイレクトに反映される制約を課した。二五ミリ単焦点レンズは運動中の人間の視野に近く、その設定で記録された映像にはルーシュの体癖や動静が刻まれる。映像編集もほぼ時間軸に沿い二二秒という尺のカットがリズミカルに繋げられ臨場感ある映像になっている。

カメラと撮影者の相互関係も大切である。カメラの形態や大きさ、レンズ特性やシャッタースピード、ピントや素材感といったメカニックな面ばかりではなく、使い込まれ手に馴染んだカメラならコントロールが効くし、初めて使うカメラであれば不測の事態も起こりやすい。またカメラを何度かトランスの現場に晒し慣らしておくことも必要である。隠し撮りのようにカメラを隠蔽してしまうのではなく、現実へ正直に差し出し、磁場の変化を体験させなくてはならない。ルーシュはそうしたカメラの特性や身体性、異物性を踏まえ撮影現場を調律してゆこうとした。

ルーシュは狩猟を観察するのではなく、儀礼という特別な時間と空間へ参入している。だから儀礼のルール、手続き、進行をなぞるように撮影行為にも様々な設定を課し、映像を儀礼化しようとした。それは人間の肉眼の瞬きのようにカットされ、ズームや引きのない流動感に富む映像を核としたルーシュの眼差しの写しであり、彼が信念とした映像セオリーを確立し、宣言する意気込みに満ちていた。

一九五〇年代に入ってまもなくジャン・ルーシュが制作した『イェネンディ、雨を降らせる人々』(一九五一)は、ニジェールのゼルマガンダ州シミリ村のソンガイ族とザルマ族の人々の間で行われた雨乞いの憑依儀礼を撮影したものである。乾期にはほとんど雨が降らないため、まもなく乾期が終わろうとする乾期七ヶ月と七日目に〝精霊の小屋〟と呼ばれる家へ憑依した信者が歩み寄ると、村人たちもそれについて小屋の周りに集まり〝虹の木〟と名づけられた木へ水入れをする儀礼イェネンディを執り行う。

太鼓演奏と一緒に儀礼が開始され、村長ワディソルコが竪琴を奏でるとダンスが始まる[図5]。やがて精霊が現れ、選ばれたダンサーに次々と憑依し、彼らの声を借りて語り始める[図6]。風の精霊モウサ、墓場の女神ナイベリ、虹の女神サダラ、雷鳴の神ハウサコイ、雷と雨の神ドンゴ……精霊たちはダンサーを依代に小屋の前に降りてくる。憑依された人々は儀礼服に身を包み、呪具を携え、精霊として雨期の始まりについて村人たちと交渉を始める。村人たちは雨が大量に降り雷が少ないように願うが、精霊はもてなし方に不満を訴え雨は降らせず雷だらけにすると脅し、より多くの生贄と供物を要求する。ようや

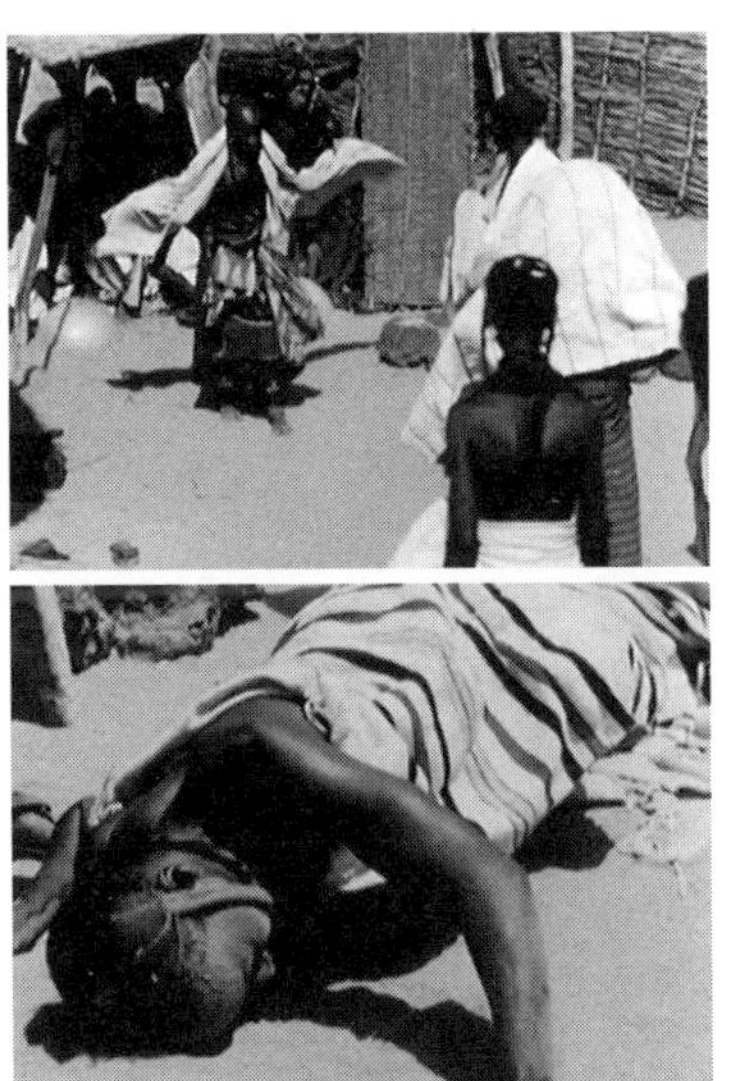

図5・6　ニジェールのゼルマガンダ州シミリ村の憑依儀礼(『イェネンディ、雨を降らせる人々』1951)

く精霊の怒りが宥められると、雨乞い儀礼が再開され祭司と信者たちは〝精霊の小屋〟の裏へ回り、東から西へ向かって地面に溝が掘られる。これはシミリの大地とニジェール川を模し、溝の先端には瓶が置かれ、前年の最初に採れたトウモロコシと水で満たされる。雷と雨の神ドンゴを表しているこの瓶の口先に、祭司が指を添えゆっくり水を注いでゆく。ドンゴが天空の瓶から大地へ雨を降り注ぐように。こうした儀礼により村に慈雨がもたらされることを人々は切に願い、水やトウモロコシの粒が溝を流れてゆく形状で未来の天候や収穫を知るのだ。羊や鶏が生贄となるが、その現場を見てはならないため人々は背を向ける。祭司は〝虹の木〟と石に生贄を捧げ、虹の女神サダラが壺から水を汲み井戸を水で満たした。生贄の血が〝虹の木〟に注がれ、儀礼は終わり、やがて人々は家路につく。すると雨期が訪れ空は暗くなり、家畜が集められ砂嵐が吹き、竜巻が起こり雷が鳴り、とうとう雨が降り出すのである。

ソンガイ族の人々は、基本的にはイスラム教を建前とする階層化された社会構造を持つ。ホレイ（精霊）と呼ばれる非祖先霊が、ソンガイ族の隣のハウサ族のボリ（精霊）と同様の役割を果たす。ホレイは自然精霊と外来精霊から成り、最下層カーストの男女に乗り移り苦しめるとされる。しかしそれは彼らにとって苦痛ではなく間接的な救済や解放の手段にもなっている。何度も繰り返される憑依に捕われる人々は〝精霊の子供たち〟と呼ばれ、ニジェール川で漁撈に携わるソルコの男たちの指揮下で儀礼は執り行われる。ソルコの人々はこの地域では最も原住民的な風貌を保持する種族である。ソルコの長老たちは女の精霊と結婚しているとされ、他の女性に関心を持つことは許されない。長老たちは川での漁撈生活を辞め、雨乞いや狩猟の組織化、雨期被害の軽減の儀礼等、祭司としてホレイに全面的に献身する。彼らの多くは雷と雨の神ドンゴとの仲介役である。ソンガイ族では最下層カーストや女性など周縁的要素が憑依儀礼と結びつき、イスラム教を隠れ蓑とする古来からの積層化された呪術世界へ統合されてゆく。何かがいつも憑依や陶酔の形で噴出するのを待ち構えていた。鬱屈した怒りや絶望、生活の悲哀や苛立ちが引きずり出され、解放されてゆく。かつては土着的な呪術儀礼であり聖なるものとの霊的な交渉体験だったものが、社会や時代の変容と共に変質し屈辱や苦悩の捌け口となり、彼らの暴力や情動をコントロールし燃え尽きさせる。

『狂った主人たち』（一九五七）にはそうした憑依の変質がより明確に映し出されている。この映画はこれまでのルーシュ作品のようなニジェールを中心にしたものではない。ルーシュはこの頃からフィールドを広げアフリカのゴールドコーストへの移民調査を開始し、ニジェールからガーナやコートジボワールへ移住した労働者たちを訪ね、アクラやアビジャンといった都市における移民生活に焦点を当てた映画を制作するようになる。『狂った主人たち』の他には『ジャガー』（一九六八）、『私は黒人』（一九五九）、『ベビー・ガーナ』（一九五七）といった作品である。

『狂った主人たち』は、西アフリカのガーナ共和国の首都アクラ郊外で行われた憑依儀礼を撮影したものだ〔図7−10〕。イギリス連邦加盟国のガーナ共和国は一九〇二年からイギリス植民地となり、かつてイギリス領ゴール

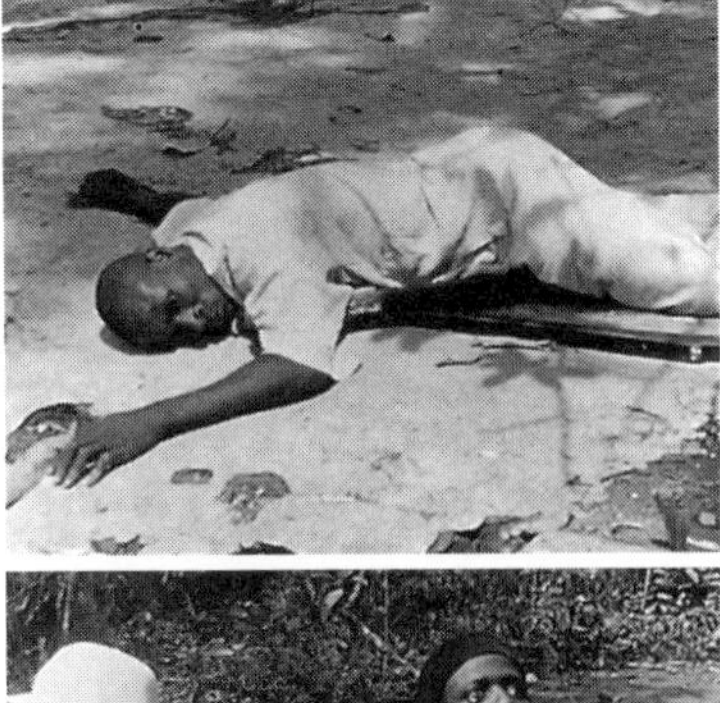

図7-10　ガーナ共和国の首都アクラ郊外で行われたハウカ憑依儀礼（『狂った主人たち』1957）

ドコーストと呼ばれた。映画の撮影後まもなくガーナでは脱植民地化運動が盛んとなり、一九五七年にサハラ砂漠以南のアフリカで初めてヨーロッパの宗主国から独立を達成した国となり、正式名称をガーナ共和国に変更した。いわゆるブラックアフリカ初の独立国であり、初代大統領クワメ・ンクルマはブラックアフリカ統一運動を推進した指導者として名高い。ゴールドコーストと呼ばれたようにガーナは金やダイヤモンドを大量に産出し、カカオの大産地として知られ、海底油田発掘でも注目を浴びた。宗主国イギリスは第二次世界大戦後、急速に国力を衰えさせ、やがて民族主義運動の高まりと共にナイジェリアやシエラレオネなどイギリス領西アフリカ各地域が同調し、既に一九四七年には独立を目的とする連合ゴールドコースト会議が設立されていた。

ガーナと同じイギリス連邦加盟国で奴隷貿易の一大拠点だったナイジェリアは一九世紀末からイギリス支配となり、一九六〇年に正式に独立してナイジェリア連邦共和国となるのだが、ルーシュはナイジェリアからの移民たちがガーナで苛酷な労働に明け暮れていることを知り、憑依儀礼ハウカを撮影すべく現地へ赴いた。抑圧の極みにあった移民たちが町から離れたアクラ郊外の空地で、都市生活で蓄積させた日々のストレスをトランス状態になり発散させてゆく。ルーシュはその現場でハウカという神格に乗っ取られてゆく人々が旧来の憑依儀礼を踏襲しつつ、同時にイギリス植民地支配とその搾取の歴史的過程を一種のドラマとして再現し、再構築してゆく事態を目撃し驚愕する。

映像は最初、ガーナで行き場を失ったナイジェリア移民たちの郊外のコミュニティへカメラを持って入り込もうとするルーシュの眼の震えを内包させているが、やがて映像の質や意識の有様が少しずつ変調してゆく。カメラと一体化した撮影者の眼が憑依する黒人の眼差しを吸い込み、それまでの眼差しを失効させ、その外の世界からの視線を招き寄せ、ついには外部世界の視線さえ解体してゆくのだ。カメラになった撮影者を軸に世界が反転してゆく。認識が転倒し、知覚も逆転し、その変転が悦ばしい僥倖のように現れてくる。しかしその瞬間の真実は秘儀のように現れ、たちまちその姿をフィルムへ溶解させてしまう。ルーシュはこの憑依儀礼に参入し、その溶媒の中で変質するカメラを通し、植民地と宗主国、アフリカとヨーロッパ、支配と従属といった様々な関係を転倒させ、その境界が驚くほど流動化していた事実をまざまざと見せつける。映画を見つめる観客に「あなたはいったい何者なのか」という問いをぶつけてくることがこの映画の真骨頂と言えるかもしれない。「世界はどのように更新され、その現場を見ているあなたとは誰なのか」そうした問いのダイナミズムが迫真的に伝わってくる。『狂った主人たち』はパリの人類博物館で初上映されたが、その混乱極まりないとされる映像によって悪意に満ちた評判が立ち、イギリスやゴールドコーストの国々では上映中止の憂き目に遭うなど辛酸を舐めるが、一九五七年のベニス国際映画祭ドキュメンタリー部門でグランプリを獲得した。

## 4 シネマの真実

『狂った主人たち』以降、ジャン・ルーシュは「エスノ・フィクション」と自ら呼ぶ一連の映画シリーズを発表してゆく。『ジャガー』、『私は黒人』、『少しずつ』(一九七一)といった映画は、植民地主義や人種差別といったテーマを独自のアプローチで探求したものだ。こうした映画を経て、ルーシュは民族誌をリアリティの開示の場として考えるようになっていった。『私は黒人』はサウンドレスで撮影され、ウマル・ガンダとプチ・トゥーレというメインキャラクターらのコメントだけで綴られた映画であり、その即興性に富んだ、偶発性を積極的に取り込んでゆくスタイルは後のヌーヴェル・ヴァーグの監督たちにも大きな影響を与えた。

一九六一年には、同時録音方式の一六ミリカメラを導入した第一作としてパリの人々を撮影した『ある夏の記録』を制作する。この映画はCNRS(国立科学研究センター)の社会人類学セクションに在籍していた、フランスの社会学者エドガール・モランとの共同監督の形でつくられた作品で、ルーシュは本作によって「シネマ・

ヴェリテ（真実の映画）」の先駆者として注目を集めるようになる。フランスの植民地支配に対するアルジェリアの独立をかけたアルジェリア戦争の時代に、テープレコーダーとマイクを持った二人の女性がパリの街頭を行き過ぎる人々に突然「あなたは幸せですか？」と問いかけてゆく。あるいは人生を生き抜く方法を尋ね、またフランス社会や労働状況について話してもらう。その唐突さに戸惑い、口籠ったり、逆に自分の考えを滔々と述べる人々の反応をカメラは素早く、小気味よく追いかける。カメラはこうした人々の多様な反応や語りを引き出す触媒となり、カメラの存在により生成する現実が立ち現れる。同時に撮影者と被写体の関係も記録され、そうした映像は撮影後にインタヴューされた人々にフィードバックされ、その際の映像も本編に組み込まれていった。最後にはルーシュとモランが登場人物たちにそのシーンを見せ、映画がどこまで現実を描いているのかを「シネマ・ヴェリテ（真実の映画）」と「シネマ・マンソジュ（虚偽の映画）」に分けて語らせる。映画のきっかけは「人は誠実に演じることができるだろうか」というルーシュとモランの議論だったという。

撮影者のスタンスは通常は表面に現れない出来事の隠された事実をカメラとテープレコーダーで暴き出そうとするものであり、それはロシア・アヴァンギャルドの映画作家ジガ・ヴェルトフが提唱した「キノ・プラウダ（真実の映画）」の考えに近く、「キノ・プラウダ」の仏語訳として「シネマ・ヴェリテ」が採用された。ヴェルトフは「キノ・プラウダ」シリーズ（一九二四年の『レーニンのキノ・プラウダ』や、一九二九年の『カメラを持った男』等）を制作し、肉眼による観察のモンタージュ、観察後のモンタージュ、撮影中のモンタージュ、撮影後のモンタージュ、編集のモンタージュといったモンタージュの重要性を繰り返し説いたが、モンタージュ思考は可視世界の新たな組織化理論であり、こうした理論を踏まえながら潜在する不可視のものへも目を向けていったルーシュはこう指摘している。

『ある夏の記録』で私はしばしば非難の的となってきた。あの映画は真実ではない、映画に真実が含まれていないと言われた。ジガ・ヴェルトフがキノ・プラウダを提唱した時、それはただの真実の記録ということを述べていたのではない。それは真実を探し出す試みを意味していた。しかしヴェルトフは単純に言いきってしまった。シネマ・ヴェリテはシネマの真実である。真実は人々が見るメカニックな眼と耳を持つ映画の内部にある。カメラとマイクロフォンを持つと私は私ではなくなる。つまり私は奇妙な位相に晒され、シネ・トランスに捕われてしまう。その瞬間から私は新しい真実が生まれてくるオーディオ・ヴィジュアルな銀河系の中に入るのだ。それは日常的なリアリティや真実とは無縁だが、繋がりはある。カメラやテープレコーダーが存在しなければ私はそのように話すことはないだろう。カメラやテープレコーダーがあるからそう話すのだ▽1

まだら状になったリアリティの位相を斬新な構造の中で暴露した『ある夏の記録』を制作した年に、ルーシュは『人間ピラミッド』（一九六一）も二年がかりで完成させた。コートジボワール最大の都市アビジャンはもともとエブリエ族のビジャン村だったが、一八九三年にフランス領コートジボワールとなり、フランスが先住民を追放した後につくった都市だ。一九三四年にバッシェルヴィルからアビジャンに首都が遷都され、一九六〇年にはコートジボワール共和国が独立するが、その前後に映画はつくられた。開放政策により開発が進展し、労働力不足で西アフリカ諸国から多くの移民が受け入れられていった時代である。アビジャンの高校生の根深い人種差別に気づいたルーシュは、問題を掘り下げるため映画制作に取り掛かり、一九五九年七月の夏休みを利用して撮影が行われた。サイレントで一〇時間分の撮影後、仮編集を経て、その年のクリスマス休暇や翌年の復活祭休暇を利用して追加撮影し、最後はパリの撮影所内セットで登場人物のうち既にパリで勉学中だった五人とアビジャンから呼び寄せた五人で最終撮影をした。トータルで一六時間分の映像素材は半年の編集作業を経て九二分の映画として一九六一年に公開されている。

ルーシュがここで目論んだのは黒人と白人のグループの中に映画作家が介入し、新たな〝共有された現実（シェアード・リアリティ）〟を喚起できないかということだった。ルーシュはまず同じ高校の黒人グループと白人グループを集め、互いに交流するプロセスを撮影したいと申し出る。そのシーンはそのまま映画の導入として使われた。黒人男性ドニーズと白人女性ナディーヌはパリで学ぶ大学生であり、彼らはその一年前にアビジャンの同じ高校に通っていながら面識はなかった。高校の時にアフリカに初めて来たナディーヌはそこで起きている人種差別問題をあまりよく理解できなかったが、フランス人入植者の子供たちは現地の生活や文化の違いから大きな差別を受けていた。しかし彼女が編入してきたことにより、学校、友情、恋愛、音楽、ダンスなど白人と黒人のグループ交流が始まってゆく。ドニーズはナディーヌにアフリカの抱える複雑な問題を訴えるが、誰とも分け隔てなく接するナディーヌは異性の誤解を招きやすく、やがて一人の白人男性が海で死ぬ悲劇が起こり、差別を超え築かれてきた友情関係に大きなひびが入ってしまう。

映画ではもともと一人ひとりの役を俳優（高校生たち）に与えていた。つまり役柄や相関関係、状況が設定された上で撮影が開始され、先のストーリーは撮影を進行しながら決めてゆく方法を採っている。そのため映画の途中で出演者が編集映像を見て話しあう現実のシーンも組み込まれた。そうしたシーンが挿入されながら再びフィクションへ戻ってゆく構成で物語が進行するため、観客はどこからが物語で、どこまでが現実なのか、次第に判断不能になってしまう。事実、俳優たちも映画のインタヴュー・シーンで、撮影プロセスで自分たちの中に大きな異変が生じていったと告白している。だからある場面では、俳優はただ役柄を演じているのではなく、役により変わった自分が現れたり、生の自分が役を超えて出てきたりする。役柄の抑えが効かずコントロールできない自分の衝動が噴出したり、役でも自分でもないものが現れたりもする。役の中では自分と他人の区別がつかなくなる。何という映像の魔術なのだろう。映画の中で絶えず自分が何者なのかが問い返されていった。

白人と黒人のグループは映画に参加する前までは理解し合うことなく、互いに嫌悪し、軽蔑していた。しかし彼らが人種の壁を乗り越え、友達になってゆくというストーリーを提示され、役を真剣に演じ、深く生きることにより、決定的なことが彼らの内部で起こり、最後には本当の友人のような親愛を覚えるようになっていった。役を演じることで違う生が現れる。カメラとストーリーと役が人と人の関係を作り変え、もう一つの現実が生まれてゆく。

象徴的なのは二つのグループが交流しあうグンベというダンスパーティである。そこでは互いの体とリズムが激しい踊りの中で混じり合い変容し、その変わってゆく何かを映画は捉えていった［図11・12］。化学反応のように異なる物質が溶けだし一つのものになってゆく様が映し出される。『人間ピラミッド』は演技と現実、ドキュメンタリーとフィクションといった境界を乗り越え、新たな現実の場を生成させた。ゴダールはルーシュの独創性を「俳優」を「登場人物」に仕立てあげてゆくところにあると言ったが、重要なのはその俳優から登場人物への転換の瞬間を観客が目撃するということだろう。

『狂った主人たち』の憑依者の過激な映像を見て、演技ではないかという疑問を投げかけた人々もいた。事実、こうしたトランサーは何度も憑依体験をこなし、憑依に入る型を持ち、その型を演技のように心身に刻みつける訓練を経ている。演技を引き金に実際のトランスへ入り込むこともあり、ルーシュの『憑依舞踏へのイニシエーション』にはそうしたプロセスも写されている［図13・14］。憑依者自身もその憑依が真実なのか演技なの

図11・12　コートジボワール共和国アビジャンでの黒人グループと白人グループによるグンベのダンスシーン（『人間ピラミッド』1961）

かわからなくなる位相が問題なのだ。いや『人間ピラミッド』の俳優同様、現実と演技を絡み合わせながら従来のリアリティを刷新し、もう一つの現実を導いてゆくことがトランスなのである。演技も現実も本質的にはどちらも互いを潜在させている。演技は他者になることであり、自己から他者へ切り替わってゆくことだ。あるいは何か自己の奥深くにあったものが現前化することでもある。そうした事態をカメラが媒介し、カメラが自己と他者の新たな関係を作り出していった。

図13・14　ニジェール、ソンガイ族の憑依儀礼の女性のトランス(『憑依舞踏へのイニシエーション』1949)

## 5 カメラになる撮影者

『ある夏の記録』や『人間ピラミッド』以降も、ジャン・ルーシュはドキュメンタリーとフィクションの垣根を飛び越えようと、ニジェール人の友人たちに移民役を即興的に演じさせ、彼らが「移民」を経験するプロセスを撮影した『少しずつ』や『コケコッコー! にわとりさん』(一九七四)といった映画を制作してゆくが、民族誌映画を制作しなかったわけではない。一九七〇年代に入ってからも『ホレンディ』『シギ一九七二、ヤメの腰巻き』(ともに一九七二)、『アンバラのダマ、死を祓う』(一九八〇)といった映画が次々とつくられている。中でも『トゥルーとビッティ、昔の太鼓』(一九七二)は〝フィルム・トゥルース(映画の真実)〟を浮上させた興味深い作品である。

『トゥルーとビッティ、昔の太鼓』は『狂った主人たち』とは対照的な映画と言える。この年、ルーシュはソルコの友人ダオウダに、ニジェールのシミリ村へ撮影に来るように依頼される。ルーシュにとっては『イェネンディ、雨を降らせる人々』を撮影した長い付き合いのある村である。大昔の瓢箪太鼓を復活させ、シミリ村の男たちが荒野の黒い精霊に次の収穫物をイナゴの被害から守るよう祈願する憑依儀礼の貴重な瞬間を捉える目的だった。ダオウダの父である祭司ジマ・シドが儀礼を取り仕切るが、彼が懸命に努力し、古い太鼓を持ちだし演奏したにもかかわらず、最初の三日間に憑依は起こらず、四日目の最終日も何も起こらず終わろうとしていた［図15］。仕方なくルーシュは今や消滅しかけている太鼓の美しい旋律に耳を傾け、黄昏時の撮影を続けた。祭司の傍らの生贄の羊を抜け、ダンスをする人々へ入ってゆくと老人サンボウが踊っていた。カメラはその後ろ姿を追い、演奏する集団に近づく。すると突然、演奏が止むのだが、撮影はそのまま継続された。しばらくして竪琴のソロがゆっくり再開される。竪琴の奏者が黒い精霊を見たのだ。すると突然、老人サンボウがトランスに入り、クレの精霊が憑依した［図16］。続いてハドヨの精霊が老女ダンサーのツシニェ・ワシに憑依する。ルーシュには自分がカメラを回し続けたために憑依が起こり精霊が降りてきたかのように思われた。しかもダンサーだけでなくルーシュ自身にも憑依が起こっていた。ルーシュはカメラの一部となりシネ・トランスを起こし、カメラは触媒と化していた。穏やかな憑依だが、あらため

図15・16　ニジェールのシミリ村での憑依儀礼（『トゥルーとビッティ、昔の太鼓』1972）

て映画を見てゆくと撮影が憑依の契機となっているように見える。撮影者がカメラに同一化してゆくと、撮影者はカメラに支配された別人格のように作動し始める。ルーシュの撮影行為は村の人々から見れば憑依儀礼でダンサーが精霊に操られているように思えるだろう。撮影者は没頭するとカメラを仮面にして日常の現実とは違う次元に入り込む。

こうしたシネ・トランスの背景には、ルーシュがカメラを身体化するトレーニングを続けていたことも関与している。ルーシュ以前の民族誌映画は三脚を地面に固定しての撮影が前提だったが、ルーシュは自分の体を三脚に見立て、自ら移動しながら対象の運動を巻き込み撮影するスタイルを確立していった。構図や視点の確かさより、カメラの前で起こることを環境の流れを損なわずに記録することを重視した。そのために自分の肉体を安定感ある柔軟な三脚に改造し、マシニックに調整してゆかなければならない。そうした訓練の果てにある種の身構えや精神の姿勢が映像に反映するようになっていった。

『トゥルーとビッティ、昔の太鼓』で起こった憑依は、カメラが憑依の主体ではなく、カメラが自らを媒介に別の主体が入り込む場となっている。場というより器と言ったほうが適切かもしれない。人間がその器に吸い取られ、虚ろになってしまう。憑依されたダンサーが神になるのと同じような意味で撮影者はカメラになる。機械神とでも言うようなものに憑依され、その機械神は撮影対象も大きく変調させてしまう。撮影中のダンサーの憑依は、自分がカメラにのめり込み長回しで撮影を続けトランス状態に入ったことに起因するとルーシュは述べた。撮影者がトランスし、そのトランスが引き金となり対象や周りの人々の磁場が変化し、機械神に誘われるように対象の憑依が誘発されていった。ルーシュはこう言ったことがある。

ドキュメンタリーとフィクションは私には同じようなものだ。例えばマーガレット・ミードのシネ・ポートレイトを制作したことがある。彼女は人類学におけるトーテム祖先のような存在であり、今や想像力の領域の中でしか生きていない。さらにカメラを介すると、どうしても夢や想像力が介在せざるを得なくなってゆく。だから私はカメラを使ってミードを挑発し、インタヴューを続けた。一〇分足らずの撮影だったのに、私はかつてなく疲れ果ててしまった。[▽2]

人間科学（ヒューマン・サイエンス）ということで言えば、シネマ・ヴェリテにおける客観性と主観性は同じものだとルーシュは考えていた。現在という位相で人間を観察する時、そのような分別を最初からできるわけなどない。そこに真実ということの大きな歪みが現れてしまう。コンピュータを使っていてさえ、問う方法は答える者に大きな規制を与えてしまう。映像撮影の方法もまた対象にすでに大きな影響を与えているのである。

## 6 フィールドワークと参与観察

映像と人類学は同時代に展開され、その歴史を互いが共有し、それらの融合領域が映像人類学の基盤となってきた。映像は人類学の補助資料となり、調査対象を記録する役目を持っていたが、やがて人類学における映像の独自性や異なる意味が見出されていった。その初期段階から撮影された映像の信憑性に疑義が呈されることはあったし、映像は事実を写したものであるかもしれないにせよ、実際には撮影者の裁量で画面を制限され、状況を狭められ、方向を意図的に決められ、それ以外のものを排除することで成立していた。画角や視点だけでなく、時間配分や色彩設計といった様々な映像的要素も関わってくるし、フレーミング一つとってもショットの動感や構図に配慮しなくてはならず、撮影者と対象の距離や撮影者の動きも関わってくる。また撮影者やカメラ、テープレコーダーの存在は通常とは異なる雰囲気を生み、異質な真実が記録されてしまうこともあり、カメラは対象に対し優位な立場をとりやすい。

憑依映像における演技でも触れたように、ドキュメンタリーとフィクションの間に明確な境界は引き難く、そうした映像は、存在しない本当の真実と全くの作り事を両極とする線上を揺れ動かざるを得ない。両極は分別可能であっても、線上を中央へ移動するにつれ、分別不能なものがどんどん現れてくる。「ドキュメンタリーとフィクション」という二項を前提にしてしまえば、こうした玉虫色の映像が階調をなし現れてくることは不可避である。それゆえ映像人類学は映像からも人類学からも逃れた次元を生成させ、その場をフィールドとしてきたと言えるかもしれない。しかしそのことに気づくのは近年であり、ルーシュ以後のことなのだ。そこには過去の記録ばかりではなく、撮影者が見なかったものや見えなかったもの、さらには不可視の情動、変調する無意識、運動と状況の相互作用も含まれる。こうしたことが持つ意味は大きい。言葉を変えて言えば、それは現代科学が捉えきれなかったものと言えるからだ。大文字の他者性や霊性、聖なるものや生死の揺らぎ等、把握することが困難な磁場へ映像人類学は強く引き寄せられていった。科学のセンサーから外れ、言語の体系から漏れ、表現の構造化から逃れてしまうものの気配や痕跡を、瞬間を凍結し、光を通して現在化する自然魔術としての映像により蘇らせていった。その創造性は映像が誕生して以来の蓄積と歴史の果てに今や奇妙な輝きを放ち始めている。

ポーランド生まれのイギリスの人類学者ブロニスワフ・マリノフスキーが探求し、人類学の根幹をなす方法論となったフィールドワークは、「参与観察」つまり研究者が調査地に赴き、現地の人々と生活を共有し、彼らの視点から世界を見つめ、その眺めたものを民族誌として描き出すこととされてきた。しかしこの参与（パーティシペイト）とは対象内部へ入り込む感情移入を伴う体験であり、また観察（オブザーベーション）とは対象外に身を置き距離を取り事態を分析し認識することに他ならない。従ってこれまでも指摘されてきたように「参与観察」は言語矛盾を孕む方法論だった。それでも実際に現地に赴き、現地の人々に入って経験し解釈することの内省的考察として捉え直すことで人類学はその可能性を「参与観察」に見出そうとしてきた。また人類学の方法への疑義から、フィールドワークにおけるノート、メモ、写真、スケッチ等の活用や論文執筆過程での諸々の異質な要素をどのように記述し比較できるのかという問いかけまでが検証の対象となっていった。さらにルーシュの言うように撮影現場で新たな現実が生まれているとすれば、その現実もまた「参与観察」の対象としなくてはならない。

フィールドワークは人間の想像力による思考の場でもあった。異なる文化の特性を把握するため現地の人々と出会い、情報を収集し、生活や習慣のみならず儀礼や祝祭まで観察を積み重ね、仮説を立て、検討を加え、体系化してゆく。フィールドワークは文献を整理したり記述を操作したりする作業とは異次元の作業であり、形式化されない知識を形式化しようとする困難を孕む。現地での出来事は常に複数の座標を持ち、その座標も絶えず入れ替わり続けるから、フィールドワークの核は対話や観察の集積と更新である。そのためにまず現地の人々と関係をつくり、何人かの情報提供者を選別し、インタヴューを重ねてゆかなければならない。集落や共同体の地理や配置、神話や伝承の聞き取り、社会階層の把握、資料整理、映像や音響の編集等々、そうして収集した膨大な断片的資料を組み合わせ、ひと繋がりの世界を縫い合わせてゆかねばならない。

私たちはすでにこのような厳密なフィールドワークから生まれた映像人類学の貴重な実践として、ロバート・フラハティの『極北のナヌーク』を知っている。カナダのエスキモーをテーマとしたこの映画は、人類学者でも映画監督でもなかったフラハティが撮影以前の数年に渡る現地での生活体験や事前調査を行い、現地の人々との協力関係や共同作業の過程でカメラが未知の人々との絆を生むものであると認識し、自己とカメラを現場に馴染ませ、そこへ溶融させてゆく訓練の果てに作られた。フラハティは観察するだけでなく、観察され、受け入れられ、歓待されることの大切さを身をもって示し、撮影した映像を現地の人々に見せ、互いに意見を述べ合い、批判し、その成果を再び撮影に生かし、映画が観客に新たな発見をもたらすものであることを目指した。

ルーシュが撮影した映像を現地の人々に見せるフィードバック作業を欠かさなかったのは、フラハティの影響である。編集段階で現地の人々に見せ、調査する者と調査される者の関係を映像で明らかにし、研究者と被研究者が共同で作り上げてゆく共有人類学の方法を確立していったのだ。フィールドワークでは生気に満ちた出来事が平板化され、ニュアンスに富む言葉が均質化されてゆく危険性が常に待ち構えている。それゆえ現実を再構成するための論理的な思考だけでなく、想像力による思考が必要となってくる。大切なのは対話や観察したことを言語化しやすいように抽象化したり形式化したりするのではなく、それらが内包する生きた多次元性を露わにしてゆくことだろう。その時、映像人類学は一方で芸術へ限りなく近づいてゆく。

## 7 世界から夢見られる

ジャン・ルーシュは一九四〇年代後半以降、西アフリカを毎年のように訪れ、人類学調査と映像撮影を組み合わせたアフリカ研究を続け、従来の人類学的実践とは異なる知の領域を模索していった。ルーシュはかつてこんなことを考えたことがある。一人の男がカメラを構え撮影している。ファインダーは一つしかないから片眼で対象を凝視し、もう一方の眼は現実を見ている。ファインダーを通し世界を見ることは肉眼で世界を見ることとは異なる経験をもたらすのを男は熟知している。儀礼を撮影していてもその儀礼はカメラにより変形を余儀なくされる。だから男はその違う世界をなんとか同時に感知しようとする。ルーシュによればカメラのファインダーを覗く右眼は現実の内部へ食い込み、現実に潜在する可能世界や想像的なものへ入り込んでゆく方向性を持つ。対して左眼は眼前の現実をリアルな実在として見つめ続ける。つまりルーシュにとり右眼の可能性と左眼の現実性を同時に感知することで生まれてくる世界が、映像人類学がフィールドとすべき領域なのである。さらに言えばカメラが現象に介入することで〝第三の眼〟も現れてきていた。つまり物の世界や自然宇宙の側へ引きずり込まれてゆく眼である。カメラが撮影者を思いがけない次元へ巻き込み、現実とは異質な層へ紛れ込ませてゆく。撮影者の身振りや息遣い、感情の震えを縁飾りにした〝第三の眼〟が新たな磁場へ巻き込まれる。

ルーシュは長いフィールドワークの中で自己と世界の関係が反転してゆくような実践的な記述の方法に気づき、それを映像撮影により模索していった。撮影者、カメラ、撮影行為、対象、映像、観客といった各要素が連動した交流器のようになってしまう事態の探究である。撮影者もその交流器に接続され、血も神経も混じり合う。そこには撮影者、カメラ、撮影行為、対象、映像、観客といった要素の連動から逸脱してゆくうねりさえ垣間見られていった。そのような交流を記述する方法がカメラにより可能になるのではないだろうかとルーシュは考えた。カメラは撮影者を見えない世界へ混入させ、撮影者は出来事の一部として組み込まれてゆく。場に参入する人々が相互作用により連鎖し、予測のつかない不穏な動きに巻き込まれる。カメラは物神となり、見える世界と見えない世界の合流点と化す。撮影者はカメラに寄生し、その連結を生き始めるのだ。

ルーシュにより呼び出されたのは、それ以前に記録された人間とは異なる人間の形姿だった。憑依の最中にある人々はいったい何者なのだろうか。彼らは本当に人間なのか、呪物なのか、動物なのか、新たに分裂した人類なのか、進化以前のヒトなのか、その答えを見出せないカメラは憑依の外部ではなく、憑依の内部へ撮影者と共に引きずり込まれる。このような人間そのものを再考せざるを得なくなるような質を持つ映像は、従来のリアリズム・ドキュメンタリーやオブザーベーション・シネマといったジャンルとは異なり、生起するもう一つの現実へ入ろうとしていることがわかるだろう。

ルーシュの映像を見てゆくと対象の変貌と自己の意識変容が共振し、双方に地殻変動が起こっていることがわかる。カメラと撮影者が質的変化を起こし、眼前で繰り広げられる世界の裏側へ回り込み、その網膜世界を内部から突き崩してゆくような感覚である。ここでは世界をどう見つめ記録するかより、一つになった交流器の中で世界にいかに夢見させるかが重要だった。あるいは交流器の一部である撮影者がいかにして世界から夢見られる存在になりうるのかが大切だった。

映像人類学を実践することは現地の人々のように夢見ることだ。その夢の中で境界や壁に突き当たるのではなく、世界が目を覚まし続ける。▽3

ルーシュは夢見ていた。世界にゆっくり目を開かせることを。世界が撮影者の夢を見ることを。撮影者は何か得体の知れないものに夢見られた結果として現れてくる。ひと繋がりになった交流器を肉体として、血の流れが撮影者の方からではなく世界の方から逆流してくると、映像には撮影者が世界からどのように夢見られているのかが現れてくる。つまり撮影者が世界に夢見られていることを記述する方法の手がかりがそこに秘められている。撮影者は夢の組織なのである。

こうしたカメラになりつつある身体が新たな夢を見ることに気づいた人々が、映像人類学を従来とは異なる方向へ導いていった。その深化により観客もまたこのひと繋がりの網へと編み合わされてゆく。カメラは外ではなく交流器の深部へ入り、世界と撮影者を結ぶ接触点となり、その周りで世界がダイナミックな運動を始めていった。

世界を直接把握するために世界を見つめ、世界から見つめ返される。そうした経験の感覚的な写しが映像に刻まれる。そのことが世界との関係を生み出す唯一の方法であるかのように。そのことが世界から一回性や聖性を受け取れる唯一の方法であるかのように。自らが新たに見出され、夢見られていることを感知させる映像が必要なのだ。ルーシュの反響し合う膨大な映像群は、そうした事実を手探りで切り開いていった道標として長く記憶されてゆくことだろう。

▷1 “CINE TRANCE / THE VISION OF JEAN ROUCH,” interview between Jean Rouch and Dan Yakir, *Film Quarterly* vol. X XI, no. 3, 1978, University of California Press, Oarkland, CA, USA, p. 38.

▷2 *Ibid.*, p. 47.

▷3 *Ibid.*, p. 49.

2

# 挑発と笑い

## ジャン・ルーシュと仲間たち

港 千尋 | Minato Chihiro

パリの人類博物館で毎年開催される〈ジャン・ルーシュ国際映画祭〉は、その名のとおりジャン・ルーシュが中心になり、一九六〇年代に設立された民族誌映画協会を母体として生まれた映画祭である。二〇一八年にはルーシュの生誕一〇〇年を記念したプログラムが組まれたが、フェスティバルの冊子の冒頭に、エドガール・モランが短いエッセイを寄せている。

ジャン・ルーシュの印象深いところは、彼の人格である。ルーシュはシュルレアリスムに影響を受けた詩人だった。▽1

ルーシュにとっては、人生そのものが詩だった。モランは、遠くへ出かけるときも、ルーシュのカバンには歯ブラシ一本しか入っていなかったと書いている。着替えはいらなかったらしい。寝る前に洗ったシャツは朝には乾いており、ズボンは枕の下に敷いて、起きたときにはきれいに折り目がついていたという。究極の身軽さ、理想的な旅の姿だろうか。その自由さ、人とのつきあい、そして遊びの感覚に打たれたと回想している。

『ある夏の記録』（一九六一）を共同で作ったモランならではの共感に満ちた文章だが、わたしはその短い回想のなかにジャン・ルーシュという人物の輪郭が見事に描かれていると思う。ルーシュはまさにシュルレアリスムを人生に変えた詩人であり、詩を人とのつきあいのなかに響かせて、映画を革新した旅人である。モランの言葉は、一九五〇年代のフランス思想の潮流を背景にすれば、シュルレアリスムに影響を受けたとはいえ、レヴィ＝ストロースともラカンとも異なる別の言語、新しい映像言語を作り出した人としてのルーシュに対する共感だろう。とりわけモランにとって印象深かったという「遊びの感覚」は、ルーシュの映画のいたるところに現れる、際立った特徴ではないだろうか。

機知に富んだやりとり、挑発やハッタリそしてユーモアを含めた、一種のゲームの感覚と言い換えてもいい。

本章ではこの感覚をできるだけ忘れないようにしつつ、ルーシュの人生を通じた人とのつきあいのなかから、あるアフリカ映画が誕生する情景をたどってみたい。その風景は主に、ニジェール川の流域に展開する大いなる世界である。

## 1 常識はずれの川

ジャン・ルーシュという人を何かに喩えるとするなら、わたしは迷いなく「大河のような人」と呼ぶだろう。ニジェールの流れのような人間、流域は広大で奥深く、しかもその流れはあちらこちらに分岐して予測がつかない。かつてニジェール川を訪れたある日本人は、初めて目にした風景を次のように記している。

ニジェール川はなんとふしぎな川だろう。冬の乾期のまっただ中の一月の終わりに、増水期になっている。上流地帯を考えてみても、この頃雨が降っている所はない。サハラ南面の大平原の中を流れるニジェール川は、どこもかしこも低地を水びたしにして、広大な水たまりをつくっている。たぶんこのとほうもない水たまりに夏の雨期の増水が流れ込み、それが徐々に増して、冬になって、最高水位になるほど時期がずれてきたのだろう。▽2

トゥンブクトゥの外港から出航したのは、栽培植物の起源研究で名高い中尾佐助である。
ニジェール川の不思議はいくつもあるが、まず本流の水源である。ギニアにあるフータ・ジャロン高地の中部だが、そこはギニア湾から三〇〇キロしか離れていない。地図上では直接海に注ぎそうなものだが、源流からの水は北東を向いて、河口までの全長四一八〇キロを流れる。水源地域の年間降水量は一五〇〇ミリから二〇〇〇ミリ以上に達し、内陸部の乾燥ステップ地帯を潤しながら、マリの首都バマコを通過する。高度差数メートルというほぼ平坦な土地を迂回してゆくため、中尾が理解したように、上流で雨季となると増えた水が川から溢れ出して、内陸に広大なデルタを形成するのである。洪水の季節には上流で雨が少なくても、蜃気楼のような風景が出現する。この土地に生まれた代表的な作家アマドゥ・ハンパテ・バーは、洪水時の風景を次のように描写した。

支流の穏やかな水の流れは巨大な平原を緩慢に進んでいき、広大なくぼ地はその地域ごとにいくつもの名を持ち、トンブクトゥまで広がっているのである。この年の洪水の季節には雨が少なかったにもかかわらず、平原はなおも広く水没していた。ぽつんぽつんと間遠に村々が見えたが、どの村も水の表面に形作られていて、まるで黄土色や灰色の粘土でできた島のようだった。▽3

中尾佐助がニジェール川流域を調査したのは、この地域が栽培植物の起源地のひとつだからである。サヘルの乾燥化が始まるとニジェール流域はオアシスとして、移住者の流入とともに農耕が始まったと考えられている。特に野生稲からグラベリマ稲が作られ、中尾が的確に観たように内陸デルタによる水の自然管理を利用して独自の稲作が発達した。野生の禾本科植物からホニオと呼ばれる雑穀が作られ、シコクビエ、ソルガムやトウジンビエなどの禾本科植物とともに食用になっている。ニジェール川は黄河やナイル川などと並んで、独自に栽培植物を発展させた文明圏をなしているのである。またこの川の特異なところは、トゥンブクトゥまで北上した後、その先で大きく湾曲して南下し、ナイジェリアを通って大デルタを形成し、最終的にギニア湾に注いでいる点である。ニジェールの首都ニアメも川の畔にある。

ルーシュの作品世界はこの特異な形状をした、アフリカ第三の大河で生まれたのだった。一九四一年に道路と橋の建設のために派遣された土木技術官ルーシュは、ニジェール西部に拡がるソンガイ人の世界に引き込まれ、漁師として生計をたてるソルコらと出会う。そして彼らが信じる水の神話に惹かれて人々の生活のなかへ入っていき、ニジェール川のカバ狩りに際して行われる憑依儀礼に出会ったのだった。同時に彼の映画は、生涯つづくことになるニジェールの仲間たちとの出会いから生まれたのである。ルーシュの芸術とは、この時に出会ったさまざまな「仲間たち」の芸術である。

## 2 ダムレ・ジカとウマル・ガンダ

数多くの仲間たちのなかで、筆頭に挙げなければならないのはダムレ・ジカである。ジカはルーシュが制作した映画の多くにさまざまな形で協力しているだけでなく、最初の出会いから最後まで——二〇〇四年ルーシュが交通事故で亡くなる際にも——行動を共にした真の盟友である。『ジャガー』(一九五六八)の主人公として「俳優」デビューしたダムレは、ラムとタルーの三人組で『コケコッコー! にわとりさん』(一九七四)に出演し、その後『少しずつ』(一九七一)ではパリの路上でフィールドワークをする「人類学者」、『水の女神』(一九九三)ではオランダの風車を故郷ニジェールへ輸入しようとする村医者の姿で登場し、その独特の温かい声と人柄でわたしたちの目に焼き付いている。これらの作品では三人組はルーシュと意見を交わしながら、内容に深くコミットしている。ルーシュを加えそれぞれの頭文字を取って「ダラルタ」という名も好んで使われ、今風にいえばユニットとしての存在が際立つ作品群である。

ルーシュがダムレと出会ったのは土木技術官として派遣されたおり、川を泳いでいる最中だったという。当時ルーシュは二四歳、ダムレは六つ年下だった。ダムレは泳ぎが遅かったという。あたかもルーシュが、ニジェール川の洗礼を受けて生まれたかのようなエピソードではある。でも水のなかで意気投合したふたりが、映画作りを通じて死ぬまで付き合うことになるとは、彼らも予想しなかったのではないだろうか。ダムレは当初、助手として雇われ、行政官との連絡や報告書を綴じて製本する仕事などを割り当てられた。こんな話が伝わっている。ルーシュが当時パリから持ってきた本は四冊だけだったという。『湖の騎士ランスロット』、ランボーの詩集、ミシェル・レリスの『幻のアフリカ』そしてヘーゲルの『精神現象学』。ダムレはルーシュから預かったヘーゲルの本を、革で見事に装丁したが、小口に糊が垂れてしまい、本を開くことができなくなってしまったという。こうしてルーシュは「史的唯物論」から決定的に離れ、残された三冊の本が示すように「聖杯と詩と霊の世界」へと没入することになったのだった。▽4

というような回想を、いったいどこまで信じてよいのかわからないのだが、これがルーシュの語りなのだ。だいたいが、ダムレをはじめとするアフリカの人々と昼となく夜となく紡いだ、驚きと笑いのエピソードなのである。四二年のある日、落雷により現場の労働者が一〇人も命を落とすという大事故が発生したが、そのときダムレは彼の祖母が雷神を祀る司祭だと打ち明けたという。祖母を通じてルーシュは憑依儀礼に立ち会う機会を得て、このときからダムレは協力者として、また無二の友としてルーシュの調査や撮影に同行するようになった。その最初の成果が『黒い呪術師の国で』（一九四九）に収録された、ソルコらによる伝統的なカバ狩りと憑依儀礼である。

ニジェール西部で使われるソンガイ語では日常的に「漁師」を意味するソルコだが、特にワニやカバなどの大型の水棲動物を独特の銛を使って狩ることで知られている。ふだんカバを動物園でしか見ることのない日本人にとって、カバのイメージはどこかノンビリとした温和な性質の動物のように思えるが、実際は危険な動物で川を生活の場とする人々には恐れられている。ルーシュにとってダムレとの出会いは、幾つもの意味で決定的だったと思われる。まず彼はソルコとして水をめぐる信仰や儀礼を生きてきた人であり、しかもその祖母が司祭であり、ルーシュに協力するだけの理解を持っていた。

それだけではない。ルーシュは出来上がった映画をパリからニジェールに持ち帰り、自前のスクリーンで上映した。ダムレをはじめ集まった人々は拍手喝采したが、同時にいくつかのシーンに注文がついた。そのひとつが映像と音声の関係だった。カバは見かけによらず敏感な動物である。わたしはアフリカ赤道直下のガボンを流れるオグエ川下流で、一帯に棲む特殊なカバを見に訪れたことがあるが、水辺に近づくといっさい音を立ててはならなかった。水中に身を隠しているカバめがけてボートの上から銛を投げるとなれば、なおさらである。ところが、映画では肝心のカバ狩りのシーンに、他の場面で録音された太鼓の音がかぶせられていたのだった。ソルコたちにとっては、それはあり得ないことである。実際の狩りの場面ではあり得ないシーンに、彼らに指摘されるまで気づかなかった。ルーシュにとって、それは決定的な出来事だった。

ルーシュが初めて撮影した映像がパリで上映できたのは、レヴィ＝ストロースやアンドレ・ルロワ＝グーランら当時人類博物館にいた人々やジャン・コクトーなどがその価値を認めたからだが、彼が撮影を続けることが出来たのは、このエピソードが示すように、あくまで撮影地にも観客がいたからである。学生時代にパリのシネクラブに通い続けたルーシュにとって、ニジェール川の畔での仮設上映に集まった人々は自分の映画を最初に見て批評してくれる、かけがえのない観客となった。

第二次大戦後にアフリカに戻ったルーシュは、ニジェール川の水源地帯からギニア湾河口までの四〇〇〇キロ以上を馬とカヌーで旅をした。困難の連続だった旅の途中、ある急流にさしかかったところで、ルーシュは撮影用の三脚をなくしてしまう。その後はベル＆ハウエルの一六ミリカメラを手持ちで使うことになり、数々の記録を残すことになる。生涯変わることなく続いたハンドカメラのスタイルは、川のせいで生まれたと言えるかもしれない。この九ヶ月におよぶ旅のあいだにドゴンのバンディアガラ断崖にマルセル・グリオールを訪問し、またカバ狩りを再度記録して『大河での闘い』（一九五一）を完成させた。この映画に登場することで、ダムレの名はローカルに知られることになり、『ジャガー』の制作へとつながるのである。

以上のようなエピソードから、ルーシュにとってダムレが単なる協力者を超えた特別な存在だったことが理解できる。ダムレは漁師であり、録音技師であり、的確な批評を与えるコメンテーターであり、ナレーターであり、そして村医者である。彼はルーシュよりもレンジの広い知恵をもつ者として、その人生に欠かせない存在になったのである。

ちなみに『ジャガー』の収録は一九五四年から五五年にかけてであるが、完成上映は一三年後の一九六八年である。撮影当時、小型の録音機を使えなかったルーシュは、ダムレとともに撮影したフィルムを見ながら、音声を加えてゆくことでこの作品を完成させている。後述するように、こうした制作のスタイルが、ルーシュ作品に特有の「芸」を生み出したと思うのである。

いっぽうダムレとかなり異なる経歴を歩んだのが、『私は黒人』（一九五九）に主演したウマル・ガンダである。ウマルはニアメに生まれ、一六歳で志願して第一次インドシナ戦争に参加した。帰国後ニジェールでは職を見つけられず、コートジボワールで出稼ぎ労働者として働いていたところ、ルーシュに出会う。ニジェールからの移民集団に興味をもっていたルーシュのために、当初ガンダはアシスタント兼統計係として働くことになり、しばらくして『私は黒人』の主人公に抜擢されたのである。

ルーシュとの関係はダムレとのような対等の友人関係ではなかったようで、その後ルーシュの映画には出演していない。しかしルーシュはその後ニアメに設立されたフランス―ニジェール文化センターの技術チームにガンダを誘い、このセンターで中心的な役割を果たすのである。ニジェールにおける本格的な映画制作の場となるいっぽう、ガンダ自身も自らメガホンを取って制作に乗り出し、処女作 *Cabascabo*（一九六八）を完成し、作家として知られるようになる。ダムレとは異なり、彼は監督として名を残すことになったのである。

*Cabascabo* は白黒四五分の中編である。[▽5] インドシナ戦争の戦闘中に斃（たお）れた兵士の記憶と、帰国後の主人公の

行動が中心に描かれる、自伝的な色彩の濃い内容だが、どこか白昼夢的な独特の雰囲気があり、カンヌをはじめスペインやソ連でも上映され高く評価された。迫力のある戦闘シーンも含め、ロケは全編ニジェールで行われた。ガンダの母語であるザルマ語で撮影され、編集は五月革命さなかのパリだったと言われる。パリとニアメやアビジャンを往復しながら、ほぼ手作りでインデペンデントな制作のコミュニティを立ち上げていったルーシュにとって、ガンダの存在はひとつの方向性を示すものだったに違いない。その後数本の映画を残した後ガンダは一九八一年に突然亡くなったが、その功績を称えてウマル・ガンダ映画賞が設けられた。

## 3 語りの芸

さて『ジャガー』が撮影から一三年後にやっと完成したことからも想像できるように、アフリカとヨーロッパではそもそも制作の環境は天と地ほども違う。非商業映画ではなおさらで、ルーシュらが撮影を始めた頃は機材はもとよりフィルムの調達さえ思い通りにはいかなかった。『ジャガー』の撮影に使用したコダクロームはルーシュがアビジャンの薬局で買い求め、撮影後はラッシュさえ見ることなく月日が過ぎていったというが、少ない資金で最小限の長さのフィルムを使いながらの制作は、それなりの工夫を必要とする。ルーシュ映画の独特のスタイルは、この物質的な制約を受け入れ、それを面白がるような仲間たちとの協力から生まれたように思う。『ジャガー』の場合、ルーシュとダムレたちは、撮影された映像を二年後に眺め、自分たちの旅を回想しながらナレーションを吹き込んだ。自ら演じたシーンを半分観客として眺めつつ、そこに言葉を重ねてゆくのである。『狂った主人たち』（一九五七）では撮影の時点でも制約があった。代表作にして最大の問題作と言われるこの作品は、その内容もさることながら、映像と音声とのバランスがユニークである。ルーシュが使用した機材は約二〇秒毎に巻き上げなければならない一六ミリカメラで、撮影中には巻き上げ式モーターのやかましい音がする。ルーシュのボイスオーバーは、撮影済みの映像を見ながら合わせていったものである。二〇秒毎に巻き上げるということは、二〇秒毎に空白が生まれるということだが、それを巻き上げている間に、ルーシュは次の撮影の場面やカメラのアングルを考えることができた。

撮影者の立場からすれば、二〇秒間はひとつの対象に集中するが、巻き上げている最中にはその場の全体を眺めることができる。その場にいながら、眼は部分と全体を行き来しつつ、そして収録したことと起きつつあることを考えながら撮影する。「巻き上げ」というのはいったんカメラをフォーカスから外して行う、独特の動作である。一種のリセットと言ってもいい。おそらくルーシュの頭には、その間にさまざまな言葉が浮かんでは消えたことだろう。カメラワークとは、思考と知覚と感性が撚り合わされて進行する動的プロセスである。長回しが出来ないこと、同録が不可能なことを不利に終わらせず、むしろその制約が活かされて映画史に残る作品が生み出されたことは、驚くべきと言わざるをえない。

実際ルーシュの映画にはうまく説明のできない、いわく言い難い力があるように思う。それはドキュメンタリーの形式を、客観でも主観でもない別の次元に移行させるような力であり、それは「芸術」よりは日本語の「芸」と言ったほうが近いかもしれない。その語りには基本的な情報からルーシュがその時に感じた感覚的報告までいくつかのレベルがあるが、それが渾然一体となって滑らかに聞こえてくる。作品によっては、撮影済みのフィルムを持ち帰り、現地で繰り返し上映しながら、ディテールの精度を高めてゆく。それでも説明的にならないのは、ルーシュ自身の語りが、映像に反応して出て来ていると感じられるからだろう。

すでに述べたように『黒い呪術師の国で』はソルコのカバ狩りを内容とするものだが、人種差別的なタイトルが示すように、これはルーシュが撮影したフィルムを買い取った会社「アクチュアリテ・フランセーズ」がセンセーショナルな内容にすべく勝手に編集したものだった。タイトルもさることながら、現実には狩りの前に行われる憑依儀礼が、ドラマチックになるように本編の最後にくっつけられているのを見て、ルーシュらは仰天し怒ったが時すでに遅し、しかも興行的に成功したこともあり、そのままフィルモグラフィーに残ることになった。一九九一年にルーシュは数人の若者の前でその顚末を説明し、プライベート上映をするというイベントを行った。場所はルーシュの研究室で若者はアフリカ系フランス人である。プロジェクションが始まると、ルーシュはスクリーンを見ながら滑らかに喋り、センセーショナリズムを消去しつつも、オリジナルにあった映像の力を損なうことなく、即興のナレーションによる新バージョンを完成させてみせた。やはりそれは芸としか言うほかはない見事なものなのだが、「即興で語る」というのはわたしの間違いかもしれない。▽6

おそらくルーシュはこの最初のフィルム、最初にして最大の悔いとなったフィルムを繰り返し見たことだろう。彼自身、最初のフィルムの中には「すべてがある」と語っている。つまり川があり、狩りがあり、憑依があり、ダンスがある。細部にいたるまで記憶するだけでなく、そこに記録された映像の意味を考えに考え抜いて出てきたのが、語りの言葉であるはずだ。

淀みのない語り口はフィルムに輝きを与えた感性を保ちつつ、それを批評的に眺めつつ報告するという、感性と知性のバランスの上に成り立っている。映像を批評的に眺めるということは、方法と結果にたいして適正な距離をとるということである。つまり映像に対してだけでなく、それを成立させているさまざまな条件に対しても、意識的になることである。同時にそのパフォーマンスは、共に学ぶという姿勢に貫かれている。押し付けるような言葉でもなく教育的でなく、共に学ぶことのできる言葉を獲得したのは、もちろん彼の才能にちがいないが、同時にダムレをはじめ生涯続けられた、他者との交渉があったからだろう。

## 4 回帰する憑依

さてダムレ以下の三人組とルーシュは友達であり仲間だが、ただ仲がいいというだけでなく、いわゆる「冗談関係」と呼ばれるような付き合いだったようである。侮辱的な言葉をかけあい、それを許し合える関係だが、それはルーシュが植民地宗主国の出自を忘れて付き合えたからではない。むしろ反対に、常に自らが背負う植民地主義の暴力を意識しつづけたからではないだろうか。『狂った主人たち』はこの点でも示唆的である。

ガーナの首都アクラ郊外で行われるハウカの儀礼に集まった男たちが、トランス状態になって、ガーナを支配していたイギリス人の行政官などに変貌する様子を記録したこの映像で、冒頭のナレーションでハウカが「新しい神、都市の神、技術の神、力の神」に帰依することが語られる。社会の底辺で辛い生活を強いられる人々は、ハウカの神々に帰依し支配的権力を模倣することを通して、過去に受けた傷からの癒やしを得られるというのが一般的な解釈である。▽7 ルーシュ自身が回想しているところによれば、その撮影はハウカの側から依頼されたものであり、おそらくアクラにおけるハウカの司祭が、映画のもつ効果をあらかじめ知っていた可能性がある。そうだとすれば「新しい神、都市の神、技術の神、力の神」というフレーズには、別の意味が込められていると想像できる。映画もまた「都市の神・技術の神」に含まれるからである。

撮影には録音技師としてダムレ、スタッフとしてタルーが同行したが、あまりに暴力的なシーンを目の当たりにしたタルーは「これは見せかけだ、すべて嘘なんだ」とショックを隠さなかった。これに対し運転手として同行した男が「タルー気をつけろ。そんなことを言うもんじゃない。ハウカが復讐するかもしれないぞ」と諌めた。二週間後、この忠告は現実のものとなる。タルーはアクラの町中で激しく憑依し暴れだすという、深刻な事態に陥ったのである。ニジェールに戻ることを勧められ、列車で旅立ったものの、途中でも数度憑依したというタルーは、ルーシュによれば、ガーナにおけるハウカの最後の神「マルセイユ将軍」に憑依されたという。

この経験から、ルーシュは、ヨーロッパからもたらされた技術であるカメラやフィルムを、機関車や銃と同じように支配的権力のシンボルとして使えるのではないかと、ハウカが考えていたのではないかと推測した。映像史的には十分に理解できることである。もともとカメラとはマジック・ランタンの時代から、いや「暗箱」と呼ばれた前史から、呪物としてのベールに包まれてきたモノである。それはメディウムであり、仮に撮影行為がなくても、カメラはその場に存在するだけで、ある効果を発揮する。

いずれにしても『狂った主人たち』はイギリス政府により、その挑発的な内容から上映を禁じられる憂き目にあったが、ルーシュ自身もアクラやニアメでの上映には慎重にならざるをえなくなった。憑依を経験した者にとって、その映像を見せることが一種の「電気ショック」として、憑依を誘発することがわかったからである。ルーシュ自身はガーナの独立とともにハウカは終焉を迎えたと考えていたようだが、ニジェールでは独立後にもハウカは別の神の姿を借りて存続したことが報告されている。[▽8] だがそれとは別に重要なのは、憑依を引き起こすのは記録された映像だけではない、という事実である。一九七七年から七八年にかけて、アフリカにルーシュと仲間たちを訪ねたドキュメンタリーが制作された。オランダの監督でプロデューサーでもあるフィロ・ブレグシュタインによるこの作品は、ルーシュとともにニジェールの文化センターや、三人組とともにかつて撮影した土地を訪れながら、それまでの作品を振り返るという、どちらかと言えば軽いタッチのドキュメンタリーだが、その最後のほうで、ハウカが話題になるシーンがある。[▽9]

この作品では制作側のカメラとは別に、インタヴューに答えるルーシュも自分のカメラを持って撮影するのだが、そこでブレグシュタインがタルーに対して、「あのときは全部見せかけと思ったんだよね」と問いかける。ルーシュはカメラを手にしている。その途端、タルーは身体をぐったりさせたかと思うと、様子がおかしくなり、激しい憑依に陥るのである。つまりアクラでの撮影以来、二〇年以上経過していたにもかかわらず、タルーはまったく同じように憑依してしまったのである。

三人組は慌てることなく、並んで座っていたダムレが身体をさすり、ルーシュもフィロに向かって「わかっただろ、これは遊びでやっちゃいけないことなんだよ」と軽くたしなめるうちにタルーは正気に戻る。それは「ダラルタ」の、お互いを気遣う優しさが感じられる瞬間である。だが、わたしはそんなことになるとは予想もせずに、この憑依の場面を見た時、心の底から怖ろしいと思った。それを説明することは難しくはないだろう。だが、それよりもこれほど長い年月を経てもなお、まるでフィルムを再生したかのようにして、憑依は正確に回帰してくる。その事実に衝撃を受けたのである。

これをどう考えるべきだろうか。遊んではいけないよという言葉は、挑発してはいけないという意味にもとれるし、またエドガール・モランが回想するルーシュ独特の「遊びの感覚」を思い起こさせる。どんな遊びにもルールがあるように、気をつけなければならない一線があるということだろうか。模倣は遊びの最古の形態である。週末、郊外に集まる若者たちにとって、ハウカの儀礼も広い意味での「遊び」に含まれると考えれば、いかにそれが残酷で暴力的に見えようとも、支配的権力の真似をして遊ぶことを通じて、精神の平静を取り戻すことも可能ということだろうか。

## 5 挑発と笑い

たしかなことは、こうした状況を受け容れるのが、ルーシュの映画だということである。ルーシュの経歴はしばしば、アマチュアの映像作家として紹介されてきた。映画の専門教育を受けていないという意味ではそのとおりである。そしてそのことが、他のどんな映画作家にも出来なかった映画制作のスタイルを可能にしたのである。ルーシュが手持ちのカメラにこだわり、可動性と偶然性を優先したのは、ひとつの選択である。だがそれはルーシュが選択したというよりは、彼が引き込まれたニジェール川流域の世界がそうさせたと言ったほうがいい。自然と歴史が緻密に織りなしたひとつの世界が、それを記録する方法として選択したのである。ルーシュに限ってはこうした言い方も許されるのではないか。彼にカメラを選択させたのは、ニジェールの水の神である。最初のニジェール行で彼から三脚を奪ったのはニジェール川の急流である。彼に映画を撮らせたのは、ライオンであり、カバであり、ハウカの神々である。

具体的な例を挙げるなら、たとえば「ダラルタ」は旅に出る前に必ず占いをする。『ジャガー』でもそうだが、行き先や方向、誰と誰が旅の伴となるのかなど、さまざまなことを占う。その旅が撮影と一体のものであるならば、制作に際してお伺いを立てているわけである。プロフェッショナルな映画制作ではとてもあり得ない、行き当たりばったりに見えるスタイルは、撮影だけでなく編集にも生かされる。これもモランが言うところの、遊びの感覚だろう。そのスタイルをアマチュアと呼ぶこともできるが、いわゆるアマチュアリズムとは無縁である。

それはルーシュが対象として選んだニジェールが、ルーシュに映画を撮らせるにあたって最適化したスタイルなのだ。ニジェールという世界でももっとも貧しい地域のひとつの、「持たざる者たち」が発見した方法ともいえる。彼らにはあって、「持てる者たち」の富める世界にはもはや残っていない、神話と憑依の力を内蔵したスタイルである。それがヨーロッパ人に対する、そして既存の映画制作のシステムに対する挑発につながっている。だがその抵抗の姿勢はルーシュ自身が持っていたものでもあるだろう。ルーシュは腕時計をしない。時計は、死を表す。戦場でいっせいに突撃するとき、最後に行うのは全員の時計の針を合わせることである。それが死である。だから、腕時計はしない。[▽10] ルーシュの映画的抵抗は、究極的には死への抵抗と言っていいかもしれない。『水の女神』でダラルタ一行が風車を求めてオランダを旅する途中、タルーが故郷に残してきたロバを恋しがる。どこまで冗談でどこまで本気なのかと思っていると、次のシーンでは、空輸されたロバが本当に飛行機から降ろされ、空港から外に出て来るのである。ルーシュ映画の最良の部分は、こうしたささいな挑発と笑いの絶妙なリズムにもあると思う。

最後に個人的にどうしても忘れられないエピソードを記して、本章を閉じることにしたい。それはパリ人類博物館がいったん閉鎖され、民族学コレクションの大部分が、セーヌ川をはさんだ反対側に出来つつあった、現「ケ・ブランリー博物館」に移転する直前の出来事だった。ちょうどその年、わたしはそこで、名高い楽器コレクションの調査をしていたのだが、博物館内部では毎週のように、職員や研究者たちによる集会が開かれていた。それはケ・ブランリーへのコレクション移転に反対する人々による集会で、ストライキの予告も出ていた。

ケ・ブランリーへの移転に内部から強い反対があったことは事実だが、博物館全体が反対していたわけではない。詳細は省くがある日、アフリカ部門の研究者たちが館内抗議集会を開いていた。ケ・ブランリーの開館自体は決定していたから、コレクションの移転も避けられな

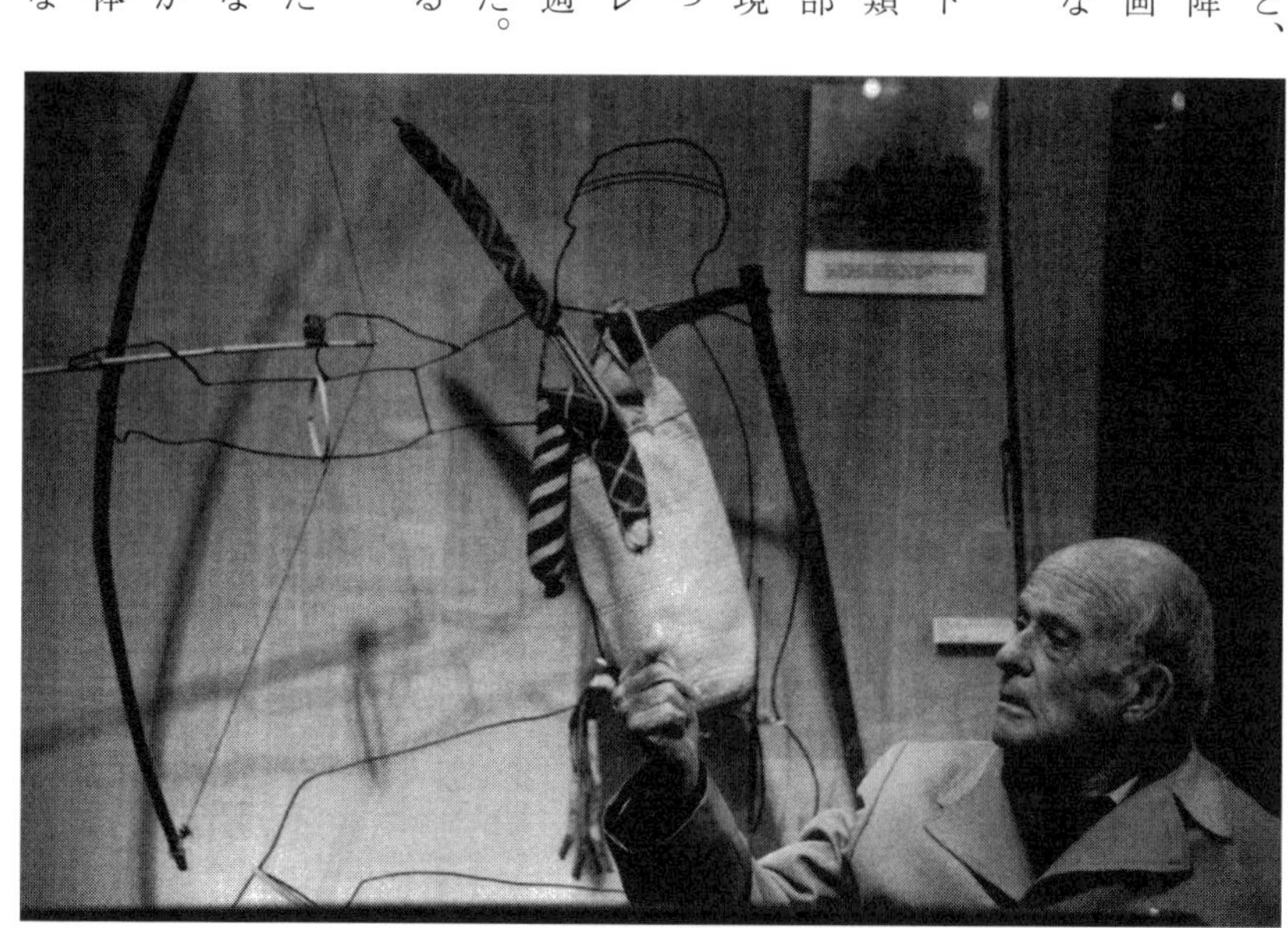

人類博物館で語るジャン・ルーシュ（パリ、2003、筆者撮影）

い状況ではあった。だがアフリカ部門にはどうしても渡せないものがある。ミシェル・レリスやマルセル・グリオールが作り上げたコレクションだからである。抗議するにもどう抗議するべきか、喧々諤々の議論が続いていた。その日の午後遅くだったように記憶しているが、博物館の長い階段をゆっくり上ってくる人影があった。集会に参加していた面々が、みな振りむいた。杖をついていたが、離れていても誰だか見分けがついた。ジャン・ルーシュその人だった。

階段を上りきり、一息つくと、ルーシュは杖を置き、いきなり大理石の床に横になった。

「わしゃもう一歩も動かんぞ」

驚きに議論は止み、博物館全体が一瞬凍りついたように静まりかえる。とたんに笑い声が響いた。ルーシュが笑っていた。抵抗する人が笑っていた。挑発する身体が笑っていた。それはアフリカ映画に響く、あの笑いと同じであった。

▽1　Festival international Jean Rouch 2018 オフィシャルプログラム。ルーシュの自伝的内容については、すでに多くが出版されている。ここでは以下に所収のインタヴューも参照した。JEAN ROUCH, UN GRIOT GAULOIS, *CinémAction n°17*, L'Harmattan, 1982.

▽2　中尾佐助『農業起源をたずねる旅――ニジェールからナイルへ』岩波書店、一九九三年、二〇頁。

▽3　アマドゥ・ハンパテ・バー『アフリカのいのち――大地と人間の記憶／あるプール人の自叙伝』樋口裕一・山口雅敏・冨田高嗣訳、新評論、二〇〇二年、三三二頁。

▽4　Jean Rouch, Galerie Nationale du Jeu de Paume, 1996, p. 17. また、ダムレ・ジカによる貴重な「旅日記」が以下に掲載されている。Damouré Zika, Journal de Route, *Nouvelle Revue Française*, n° 37, Janvier 1956, p. 106–109.

▽5　*Cabascabo.* の後、ガンダは *Le Wazzou polygame*（一九七一）でも高く評価された。

▽6　記録は以下のＤＶＤで見ることができる。Jean Rouch, *premier film 1947–1991*, KINOFILM, 2006.

▽7　ハウカの歴史と西アフリカ諸国独立前後の実態について知るには、ルーシュに関するモノグラフもあるポール・ストラーの報告が有益である。Paul Stoller, *Embodying Colonial Memories: Spirit Possession, Power, and the Hauka in West Africa*, Routledge, 1995.

▽8　同前。

▽9　Philo Bregstein, *Jean Rouch et sa caméra au cœur de l'Afrique*, 1978, Niger/France, 35 min. この短編ドキュメンタリーは以下の写真集付属のＤＶＤに、ボーナスとして収録されている。*Jean Rouch Films et photogrammes*, La Traverse, 2017.

▽10　このエピソードは前出のブレグシュタインによるドキュメンタリーでルーシュ自身により語られる。

3

# エスノフィクションの方法

金子 遊 Kaneko Yu

## 1 カメラと身体

はじめてボレックスSBMの一六ミリフィルムカメラを購入した頃は、レンズと本体と一〇〇フィート巻きのフィルムで合わせて三・五キロくらいあるそれを持って、ヨルダン、イラク、セルビアといった地域で日記映画やエッセイ映画を撮っていた。重い油圧式の三脚も持っていたが、先鋭的な映画作家の真似をして、手持ちカメラで撮るのがもっぱらだった。左の手のひらにボレックスの鉄塊をのせて、右手でぐるぐるとゼンマイを巻く。ファインダーに目を押しつけ、空いたほうの指先でレンズの絞りとフォーカスを調整し、カメラ底部の近くにあるシャッターボタンを指で押しこむ。すると、ジャーッという回転音とともに、ワンショットで最大二〇秒から二五秒くらいの撮影ができる。ファインダーに映るイメージは暗くてぼんやりしているので、ジャン・ルーシュも指摘していることだが、裸眼の片目で現象をとらえながら、もう片方の目で見ているフレームのなかに映画の素材となるイメージをおさめなくてはならなかった。

左の写真を見てほしい。西アフリカの現地の人たちのなかで、ジャン・ルーシュがベル&ハウエルの「フィルモ」という一六ミリフィルムのカメラを構えているところだ［図1］。わたしが愛用してきたボレックスと同様、フィルモの一六ミリカメラは四キロ弱あり、ほとんど同じくらいの重量だ。両者ともに第二次世界大戦において戦場での記録撮影やニュースフィルムのために広く使用された。吹雪や砂嵐などきびしい気候条件に対しても強く、外的な衝撃にも耐久性を備えた頑丈なカメラである。戦後の一九四六年から四七年にかけて、ルーシュはＡＦＰ（フランス通信社）と契約を結び、西アフリカへの旅費を負担してもらうかわりに記事を書くことになった。ジャーナリストとして九ヶ月にわたってニジェール川周辺の調査に入った。そのときに蚤の市で一〇〇〇フランで購入したのが中古のフィルモのカメラだった。原稿料が入るたびに、自分の映画のために白黒のフィルムを買ってストックしていったという。

同じニジェール川の旅の途中で三脚が壊れてしまい、その結果、自分の身体を三脚代わりに使い、手持ちカメラであるのに手ぶれの少ない、彼独特の撮影スタイルが生まれたという逸話もある。フィルモの70シリーズはマウント部分が回転式になっていて、二本か三本のレンズを装着できるターレット式である。だが写真を見てもわかるように、ルーシュは二五ミリのワイドレンズ一本を単体で使っていた。そのことによって、いつも同じ視野で撮影ができ、作品に統一性が生まれたという。このことは同時に、被写体との距離を空けたり縮めたりする、身体の移動によってフレーム内の人物のサイズが決められることを意味する。つまり、撮影者の動きとカメラのフレーミングが一体となる、きわめて身体的な撮影法だといえる。また、機械式のゼンマイを巻くと二四コマで二十数秒が回せるところもボレックスと同じだが、この制約によって、ルーシュの映画は短いイメージを連続してつなげた独自のリズムを持つようになった。▽1

カメラマンとしてのジャン・ルーシュを考察するために、『私は黒人』（一九五九）のタイトルロール前のアヴァンを見てみよう。「毎日、この映画に登場する人物たちのような若者は、アフリカの都市で生存している。彼らは近代社会のなかで居場所を見つけるために、学校を出るか家業を手伝うかをする」とルーシュによるボイスオーバーが語る。最初のショットでは、シャツの背中がボロボロに破けた青年が画面中央にしゃがんでおり、その背後の道路をトラックやダンプが通る［図2］。後ろでせわしなく進行す

図1　クマシ市場で撮影中のジャン・ルーシュ（ガーナ、1954頃）© Jocelyne Rouch

る社会に対して、左腕を目的もなく伸ばし、宙空をぼんやりと見つめる彼は世の中から取り残されているような印象を受ける。彼の下半身をフレームで切った不自然なフルショットであるが、手持ちカメラだとはわからないほど画面が安定している。

　後続のショットは、ルーシュの目高から、その男の横で舗道の地べたに寝転がっているふたりの男（この映画の登場人物たち）を見せる。先行ショットの不自然な構図は、このふたりをフレーム外におくためだったのだろう。三カット目と四カット目になると、男たちの反対側からカメラが切り返し、寝そべって楽しげに会話する男たちをウェストショットでおさめる。驚くことに五カット目になると、手持ちのカメラが寝そべる男たちとしゃがんでいる男をナメながら、そのむこうにある道路の反対側までなめらかにパンアップする。ワイドレンズを使ったパンフォーカスだが、非常に劇映画的なショットである。

図2『私は黒人』(1959)のアヴァン・タイトル

　この冒頭部分を見るだけでも「身体を三脚がわりに使う」という表現が、伊達ではないことが理解できよう。これをおこなうためには、相当の筋力と体の芯の強さ、そして訓練が必要である。むろん四キロ近いフィルモのカメラの重量が、重心の安定性をとるのに寄与したということもある。『私は黒人』のジャン・ルーシュは、手持ちカメラを使ってはいても、手ぶれによる効果を狙っているわけではない。緻密にフレーミングされたショットを積み重ねつつ、効果的なカメラワークも使っている。『私は黒人』は、素人の俳優に自分たち自身の生活を演じてもらった手法ばかりが注目されるが、各ショットの映像とそれらを編集している時点ですでにフィクション的だといえる。それでは、どうしてルーシュは二五ミリなどのワイドな単焦点レンズを使い、手持ちカメラでの撮影を好んだのか。出稼ぎのニジェール人たちが眼前でおこなう即興的な演技を、彼もまた即興的に撮影しているが、そこには劇映画に特徴的なカメラワークとモンタージュへの意志が見られる。それこそが、ルーシュの「エスノフィクション」の特徴ではないか。彼が手に持つフィルモの内側では、カメラの前で起きる事実を撮影する記録的な方法と劇映画的なカメラワークが、すでに不可分なかたちでからみ合っているようだ。そのようなカメラと身体の関係性は、ひとりルーシュだけに見られる特徴だったのだろうか。

†

デジタル時代のヴィデオカメラでもそのような面はあるが、やはりフィルム時代のカメラには、サックスやギターといった楽器のように、何度も何度も自分で撮影をくり返し、手で触りつづけて演奏できるようになるまで習熟する必要があった。これはわたしの実感レベルでもいえることだ。撮影に入るまでに所定の段取りを踏むフィクションとはちがい、記録的な映像を撮るためには、対象の動きに合わせて身体がとっさに反応できなくてはならない。ダークバッグのなか手さぐりでフィルムを装塡し、ゼンマイを巻き、ズームレンズでフレームを決め、露出とピントを合わせてシャッターを回すという一連の動作が、無意識のうちにおこなえるところまで訓練する必要があるのだ。さらに、その場で次に何が起きようとしているのか、数秒先、数十秒先のできごとを予測する動物的な直感を磨くことも重要であった。

人は得てして、映画作品に撮られたショットやそのカメラワークを、監督が頭のなかで考えたことが一〇〇パーセント実現されたもののように思いたがる。だが、それはあまりに実状からかけ離れている。気象条件、光の当たり具合、被写体の置かれた状況やその日の状態、撮影者の立つ場所やアングル、カメラの調子の善し悪しなど、撮影者は現場に生じる不都合なできごとを取りなしながら、柔軟にかつ繊細に自分の身体とカメラをその場の状況に順応させ、撮れる映像をなるべく良いものにするために指先を駆使する。ティム・インゴルドの著書を引きあいにだすまでもなく、それはワンショットワンショットを積み重ねていく職人(アルチザン)の手仕事の世界である。

一九一〇年代から北極圏カナダのハドソン湾で、イヌイットの人たちを撮っていたロバート・フラハティは、「必要は発明の母」だったのだと思うが、水に落としてしまったカメラをいったん分解して、もとに組み立て直せるほどにカメラの機構に精通していた。彼はフィールドに現像用の道具一式と映写機を持っていったので、現地でフィルムを自家現像することができた。卑近な例ではあるが、富士フイルムのシングル8の販売と現像が中止になったので、わたしは知人の助力を得て、未現像だった五〇フィート巻きの八ミリフィルムを自家現像したことがある。カクテルシェイカーのような銀色の鉄の容器に入れて、フィルムを現像液に浸したあと水で洗い流し、定着液に浸したあとでまた洗い流すといった工程を経る。現像にムラがでないようにフィルムと液体の入った容器を両手で左や右に傾けて、溶液が流動的な状態にあり続けるようにしなくてはならないのだ。それは赤子を両手に抱いてあやすような状態にも似ている。現像後には、乳剤面に残ったかすを専用のスポンジできれいに拭き落とすという、かなり手間のかかる作業もある。最近は『極北のナヌーク』(一九二二)を観ても、鼻水が氷るような北極圏においてフラハティがおこなっていた現像作業の労苦のことばかりを考えてしまう。

ジャン・ルーシュが六歳のときに生まれて初めて観た映画は、まさにフラハティのこの『極北のナヌーク』だった。彼の父親は海軍の将校で、のちに気象学者となり、パリ大学で教鞭をとったり、フランスの南極探検に同行したこともある人物だ。「わたしは絵を描いたり、写真を撮ったり、調査をしたりすることが好きな両親のもとで育った」とルーシュはいう。[▽2] そんな彼は、フラハティが北極圏の現地でおこなった手作業に注目して、そこに映像人類学的な意義を見いだした。フラハティは滞在していたハドソン湾の小屋のなかに暗闇の現像室をつくり、さらに現像したての映像をスクリーンに映写して、イヌイットの人たちに見せたのだ。その行為は、後年に文化人類学者たちが盛んにおこなうようになった「参与観察」の先駆けという面もあり、とりわけルーシュにとっては重要な意味をもつ、撮影対象となった人たちに「フィードバックする」ことの発明だったと指摘している。[▽3]

そのようにフラハティの映画の方法について考察した上で、ジャン・ルーシュはもうひとりの師とあおぐジガ・ヴェルトフを召喚する。彼はヴェルトフの映画『カメラを持った男』（一九二九）を一九三八年か三九年のはじめ、二〇歳余のときにアンリ・ラングロワが主宰するパリのシネマテークで観ていた。「われわれは一九二〇年代のフラハーティ、あるいは、ヴェルトフのように、あらゆる文明の間の境界を取り除く、新しい言語の規則を再びつくりあげなければならない▽4」とまで彼はいうのだが、このふたりの先駆者はルーシュの撮影実践のなかで、どのように結びついていたのか。

私にとって唯一の撮影方法は、カメラをもって歩き回り、最も効果的な場所にもっていって、写されている人と同じような生き生きとしたカメラの動きを即座につくることである。これがヴェルトフの「映画の眼」についての理論と、フラハーティの「参加するカメラ」の理論との最初の統合である。私はしばしばこのダイナミックな即興を雄牛の前の闘牛士のそれと比べる。この両者はともに前もってなにも教えられておらず、闘牛士のなめらかな動きは、主題の動きと完全に釣り合いを保って動きながら撮影するときの調和に似ている。〔……〕彼はもはや自分自身ではなく、「エレクトロニックな耳」をもった「機械的な目」となる。フィルム制作者のこの奇妙な変化の状態を、私は、魅いられたような現象から類推して、「シネ・トランス」と名づけている。▽5

ジャン・ルーシュがいうところの「シネ・トランス」は、ふつうの場合、彼が撮影した西アフリカの憑依儀礼と関係が深いものとして理解されてきた。内陸部から沿岸部の象牙海岸（アイボリーコースト）（現コートジボワール）に出稼ぎ労働にでていたニジェール人たちが、動物の供儀やはげしいダンスをともなう儀礼のなかで神霊たちに憑依され、それを撮影する側のルーシュもカメラに取り憑かれたようになって無心で撮影する状態のことである。あるいは、彼の持ったカメラがその場所に介在することで、儀礼に参加する祭司たちのなかにトランス状態が起きてくる現象を指すときもある。しかし、そこにはもうひとつ別の側面があるのではないか。つまり、経験を積んだ撮影者が、現場の状況に即興的に反応するときにおこなう「相互作用（コレスポンダンス）」の側面のことである。

西アフリカでジャン・ルーシュ自身を撮った何枚かの写真、彼を撮ったドキュメンタリー映像、▽6 そして彼の映画自体から伝わってくるイメージを綜合してみよう。彼の大柄な体軀でフィルモを手に持つと、一六ミリフィルムのカメラが小さく見えるくらいだが、それを体の芯と平行にするように片手または両手で支える。ある程度の重量があるカメラのほうが安定したショットが撮れるものだが、それにしても『コケコッコー！にわとりさん』（一九七四）では、サヘル地帯の未舗装の道路を手づくりの車で走りながら、ルーシュは車窓からカメラを持った腕を突きだし、ほとんど手ぶれしない状態で前方を撮っており、その腕力には驚かされる。ジガ・ヴェルトフは「わたしはキノグラースだ、わたしは機械の眼だ」といったが、撮影者としてのルーシュに関しても、そのようなカメラと人間の身体が一体となった自動性について考えてみる必要があるだろう。

荒れ狂った牛が次にどのような行動にでるかを敏感に察知するために、闘牛士は牛の意識に自分を浸透させながら、ふだんとは異なる意識状態で行動をとらなくてはならない。同じように、ジャン・ルーシュがシネ・トランスと名づけた行為には、無意識のうちに一連のカメラ操作をおこなえるほど、機械としてのカメラと自分の身体を同期させる必要があった。彼はヴェルトフを師としてあおぎ、カメラを身体の一部のようにあやつることを理想としていた。それが「カメラを持ったジャン・ルーシュ」の記録映像的な側面であるとすれば、眼前に見える現実を劇映画的にフレーミングされたショットで撮り、映画的に計算されたショットの組み合わせ（モンタージュ）にしようと意図するルーシュも同時にそこにいる。

手持ちカメラの前で生じる状況の流れを損なわず、それと調和（コレスポンダンス）しながら記録することを重視しつつ、自分の映画のショットやシーンを、若い頃からシネマテークで観てきた数々の古典的な劇映画に近づけようと努力すること。つまり、ジャン・ルーシュの映画におけるドキュメンタリー性とフィクション性の同居は、ベル&ハウエルを持ってファインダーをのぞきこむ「カメラを持ったルーシュ」の内側で起きていたことなのだ。そこに彼の映画がドキュフィクションやエスノフィクションと呼ばれ、映像の記録性と虚構性の二者がわかちがたく結びつけられていることの起源があるのではないか。「民族誌的なフィクション」というのは、長年にわたって民族誌的な調査のなかで事実を収集して、それに基づいた虚構的な物語を編みだしているという意味である。▽7

両者の境界は必ずしも明確ではない。比喩的にいえば、二次元では表面でも裏面でもあるメビウスの輪があり、三次元では自己交差することで内部と外部の区別をもたないクラインの壺がある。いずれにせよ、フラハティやルーシュの映画では、記録的に撮影するうちに虚構が入りこみ、虚構の物語をつくる上で記録的な映像を活用する。そして、どこからが虚構でどこからが記録的であるかが区別されないまま、メビウスの輪の上でくるりくるりと反転をくり返しながら表面を移動していく。それは、みずからがカメラマンであったジャン・ルーシュが構えたカメラの内側で起きていたのである。

## 2 『ジャガー』

たとえば、フィクションに分類されている『ジャガー』(一九六八)の冒頭のクレジットロールを見てみよう。最初のショットは、ちぎれ雲がひとつふたつ浮かんでいる西アフリカの晴れ空からはじまる。そこからカメラがゆっくりとパン・ダウンすると、サハラ砂漠の南部に位置するサヘル地帯らしい乾燥した樹木と茂みが映像で示される。そのショットは劇映画的なカメラワークをもつが、微妙に手ぶれがあるので手持ちカメラで撮られたのだとわかる。

二カット目からタイトルがはじまり、樹木や草原、砂漠やヤギの群れをアップやロングなどフレームサイズを変えながら撮り、主人公のひとりであるラム・ディアが登場するまで舞台になる土地を描写していく。それらの固定ショットもすべて手持ちカメラだ。劇映画的な編集の組み立てをしているが、各ショットにはそれを撮影したジャン・ルーシュの気配が息づいており、彼の存在を背後に感じさせる［図3］。冒頭一分の映像を観るだけでも、そのなかに記録性と虚構性がせめぎ合っていることに気がつく。

長編の第一作『ジャガー』は一九六八年に発表されたので、五六年から五七年にかけて六ヶ月間にわたって撮影され、翌五八年に完成した『私は黒人』よりも後年の作品だと思われがちだが、実際には『私は黒人』よりも前に撮影されている。独立前の黄金海岸（ゴールドコースト）（現ガーナ）に滞在していたルーシュが、五四年二月から五五年一月までのおよそ一年をかけて撮影したのだが、ボイスオーバーのコメンタリーを吹きこんだのは五年後の一九六〇年だった。ルーシュはポスト・プロダクションを進めるための資金調達で苦労したらしい。『狂った主人たち』（一九五七）がたった一日で撮られたのに比べると、『ジャガー』は撮影にも製作にも時間がかかっており、最初のフィクション作品として難産ののちに生まれたことがわかる。

この映画は、乾燥したサヘル地帯からギニア海岸沿岸の熱帯雨林の地域へ、三人の男たちが出稼ぎ労働者として旅をするロードムービーである。主人公はジャン・ルーシュと個人的に親しい関係にあったソンガイ族のダムレ・ジカ、ラム・ディア、イロ・ゴーデルの三人がつとめている。ダムレはもともとはソルコ（ニジェール川の漁師）の家系で、カバ狩りの狩人だった。ルーシュが最初にニジェール川流域の調査をしたときに同行し、その後はテープレコーダーの操作もおぼえて、一九五三年に撮影された『狂った主人たち』では録音を担当している。

図3　『ジャガー』（1968）のクレジットロール

録音技術の研修と口述伝承の筆記を身につけるために、ユネスコによってパリに派遣されたこともあり、その後のルーシュの映画には欠かせない長年の協力者で友人となった人物である。

『ジャガー』の舞台を地理的に見ると、ニジェール西部のニジェール川に面したアヨルという市場の町をソンガイ族の三人が出発して、徒歩でダホメ王国（現ベナン）の北部にあるナティティングー県のソンバ族の村を訪ねる。そのあと南下した三人が初めて海を見るシーンは、トーゴの首都ロメの近郊である。その地でガーナ側に国境を越えるシーンも撮り、そこで三人は散り散りに別れて、ダムレはアクラという都市に向かい、ラムとイロはギニア湾沿いのケタという町に行き、そのあとでクマシにも行く。三人が日雇い労働者や卸売業者の仕事をして、地元に帰るまでの数ヶ月の冒険を描いていき、最後に彼らは自分たちの村にさまざまな商品を持ち帰ることで、大きな栄誉を手に入れることになる。

この映画では、三人が何ヶ月もかけて徒歩でガーナまで旅する設定になっているが、実際にはジャン・ルーシュが運転するランドローバーの自動車で移動しながら撮影していった。少人数のドキュメンタリー的な撮影クルーだといっていい。ルーシュは従来のドキュメンタリーの方法だけでは、ニジェールから海岸地域にでる出稼ぎ労働者の経験を映像で表現するのはむずかしいと考えた。そこでダムレたちと車で移動を続けながら、出稼ぎ労働者の旅を演じてもらう方法をとった。この辺りにも、すでに無くなっていた銛での漁法をイヌイットに再現してもらい、サモアで滅びかけていた入れ墨の伝統をわざわざ復活させたロバート・フラハティにも似た、虚構を駆使してでも、その共同体がもっていた経験の本質を映像に定着しようというルーシュの姿勢が見られる。また、彼はこの映画を即興と偶然に基づいて撮ることにした。まず、三人の出演者と話しあった結果、「アヨルの町を出発して最後には同じ町に帰還し、すぐに持ち帰ったものをすべて村人たちに振る舞ってしまう」という物語の骨格だけが決まった。そのほかの映画内で起きることはすべて、彼らが旅をつづけながら、その場の状況に応じて相談し、即興的なパフォーマンスとして演じたものだ。

ジャン・ルーシュは、フラハティのように撮影した人たちにその映像を見せるフィードバックをした結果、「人類学者が、もはや、彼の主題を昆虫学者が虫でも見るかのように（見さげて）観察しているのではなく、相互理解（それゆえに敬意）を促進させる」[8]効果があることを発見した。そのように知識提供者たちと共有される映像は、ルーシュによる近代的な機械の眼と、彼の近しい協力者で友人たちであるダムレ、ラム、イロたちがもつ西アフリカの文化的伝統とが混ざりあうなかで醸成されていったのだ。そこには、さまざまな本筋からの脱線や即興的なユーモアに支えられた独特の知恵のようなものが染み渡っている。

はじめのうちは、私も自分の映画に解説のナレーションをつけていましたが、『ジャガー』や『我は黒人』では、出演者自身が映像を見ながら語ったコメントを入れるというやり方を試し、また、『弓矢でライオン狩り』などの作品では、狩人たちの言うことを翻訳して音声で流しました。字幕をつけることをしなかったのは、まず、私がそれらの映画をアフリカでもしばしば上映することがあり、人々は文盲であるため、字幕を読むことができないからです。私は文盲の人々を尊重します。字幕をつければ、彼らは内容が理解できなくて、欲求不満になってしまうでしょう。[9]

このように『ジャガー』では解説的なナレーションの代わりに、仮編集された音のない映像を観ながら、ダムレとラムのふたりが会話をし、即興的に吹きこんだボイスオーバーの声が使われている。字幕の文字ではなく、西アフリカの文盲の人たちでも視聴できるように音声を入れたのは、西洋人がアフリカ人の映像を一方的に搾取するのではなく、それをフィードバックして彼らのもとに返すことを意図していたからだ。ルーシュがここでその音声トラックを、ダムレたちの「コメント」と呼んでいることに注意したい。『ジャガー』に彼らが吹きこんだのは、映像において何が起きているのかを説明するナレーションではなく、少し離れたところから映像を解釈したり注釈したりする「コメンタリー」であった。彼らは数年前にルーシュと旅をして撮影したできごとを思いだしながら声を吹きこんだ。それと同時に、この作品におけるフィクションの枠組みを音声トラックの言葉によって補足するという目論みもあっただろう。その結果、単純に音声トラックが映像トラックを補完して従属するのではなく、両者が均衡した力を保ちながら、映像と音声が相互作用する新鮮なイメージが生みだされている。

ダムレたちの録音の一度目は、一九五七年にガーナのアクラの町にある録音スタジオでおこなわれ、二度目は六〇年におこなわれたという。このふたつのパフォーマンスを組み合わせて、ルーシュは六七年のヴェネチア映画祭に『ジャガー』を出品するべく、約一〇〇分のサウンドトラックに仕上げた。録音は二度の異なる時期におこなわれたが、ダムレとラムは容易に映画のなかの登場人物になりきり、そこに環境音や音楽、スタジオでつけられた効果音が重ねられていった。

この音声トラックの構築方法と大いに関係のあることだが、『ジャガー』には虚構性と記録性が交錯して、映像と音声によるえもいわれぬイメージが現出している箇所がいくつかある。たとえば、冒頭で三人を順番に紹介していくシークエンス。映像的には、ラムがサヘル地帯の草原で大きな帽子をかぶり、牛飼いとしてたくさんの雄牛を追っている姿が、歯切れのよい短いショットで積み重ねられる。ボイスオーバーの声がラムの本名と、仕事が牛飼いであることを紹介し、つづいてラム自身がインタヴューに答えるようにカメラのほうを向いて「いま弟と一緒に、牛たちを川まで導いているところなんだ」と説明する［図4］。ここまではドキュメンタリー部といっても問題はないが、当時はまだ同時録音ができなかったので、ラムの声は疑似シンクロであとからかぶせた音声である。

さらに両者が交錯するのは、三人がニジェール川に面するアヨルの市場を出発

図4　カメラの方を向くラム（同）

するシーンである。ここでは三人がなぜニジェールを出発し、ギニア湾岸の都市に出稼ぎにでるのか、その動機が語られる。それは出稼ぎから帰ってきた男たちが、家をもち、カード遊びにふけり、自分たちよりも良い暮らしをしているように見えるからだ。映像では、ダムレたちが出稼ぎ帰りの男たちと語らうところを見せてから、三人がどのルートで行くかを決めるためにシャーマンの女性に占ってもらう場面がくる〔図5〕。ルーシュは短いショットをつなぎ、この女性がたらいの水の前でホレ holé という神霊に取り憑かれ、託宣を述べるところを記録的な映像で見せている。そこに音声のコメンタリーで、ダムレとイロの声が「おれたちはどれが正しい道なのか知りたかったんだ。食料を買うためのたくさんの金をもって故郷にちゃんと戻ってくるために」という。シャーマンの占いを撮った記録的な映像に対して、ボイスオーバーが映画の物語的な設定をつけ加えていることがわかる。

図5　ソンガイ族のシャーマンの女性（同）

†

『ジャガー』という映画がもっともドキュメンタリーに近づくのは、三人がニジェールから南へ向かう途中で隣国のベナンに入ってからである。ベナンに入るとすぐに、彼らは事故に遭って道路沿いでひっくり返っているトラックに出くわす。映画撮影のためにそのトラックを用意したとは考えにくいので、偶然に出会った事故を映画のなかに取りこんだのだろう。そのあと、一行はベナン北部にあるソンバ族の村をおとずれる。ジャン・ルーシュはソンバ族の城のような独特の建築様式をもつ家を見せて、ラムはその屋根に登ってみせる。ソンバとは「裸で歩く人間」を意味し、彼らは一九七〇年代になるまでは実際に男性も女性もほとんど全裸同然で暮らしていた。ソンバの人たちが鼻につけている金属のピアスや、唇に刺している獣の牙や骨でつくったピアスを、ルーシュのカメラはクロースアップで次々ととらえて詳細に見せてくれる［図6］。

きわめつけは、ソンバ族の人たちが数百人集まっている市場を撮った記録映像である。帽子や装身具はつけているものの、ほとんどの人たちが丸裸に近い状態で、男性は狩猟中に大切な性器を傷つけぬように、ペニスの先にかぼちゃの茎で作られた長く尖ったカバーをつけている。それは種族の男として一人前になった印でもある。笛を吹き、リズムをとるパーカッションが演奏され、人びとが輪をつくって唱和しながら、ソンバ族の男たちによる伝統的なダンスがカメラの前でくり広げられる。このシーンにおける黒人たちのダンスはとても優美であるし、その場にいる人たちの表情をアップでとらえたルーシュのショットもすばらしい。映像は完全にドキュメンタリー映画のそれであるが、そこにダムレとイロのボイスオーバーの声が、「彼らが全裸だからといって馬鹿にすることはできない。神が彼らをそのようにつくったんだ。神は俺たちを服を着るようにつくった。だから彼らのことを笑うべきではない」とコメントをつけることで、ガーナに向かう三人のソンガイ族の男たちの物語のなかに取りこんでいる。

それとは反対に、トーゴから国境を越えてガーナに入ったあとは、フィクション寄りの場面が増える。前述のように、ダムレはひとりアクラに向かい、読み書きが堪能なために現場監督に抜擢される。海沿いのケテに向かったイロとラムは、対照的に肉体労働や露天商などの仕事を転々としたあと、ダムレとアクラで合流する。だがそれは、映画撮影のためにカメラの前でやってみせた労働であり、実際にはそれらの仕事から賃金は受けとっていない。その代わりにダムレはニジェールの公務員として給与を受けとっていたし、他のふたりにはルーシュの映画の予算から賃金が支払われていた。[10] このような点では『ジャガー』は明らかに虚構

図6　ソンバ族の村（同）

の物語であり、台本を用意しないフィクション映画であった。

会計の仕事ができたために、ダムレは収入がよくて現場でも重用される、ニジェールからの出稼ぎ労働者における成功例として描かれる。ダムレが市場の通りをタバコをゆっくり吸いながら、悠々と歩いていく場面のバックに《ジャガー》というヒットソングがかかる。短く髪を刈ったダムレがジャガー風の歩き方をやってみせるところを、ジャン・ルーシュは一連のショットでつないでいる。道行く人たちが彼のことを見て、彼も人びとのことを見る。ニジェールから出稼ぎにでたソンガイ族の若者たちが、ギニア湾岸の都会においてなりたいと抱く空想は、おしゃれな伊達者である「ジャガー」になることだ。これがそのまま映画のタイトルになっている。ダムレたちがコメンタリーで話すように「ジャガー」はフランス語の「ザズーマン」と同等の意味で、紳士のことであり、アフリカ系アメリカ人のジャズマンたちを連想させるスタイルや態度のことである。

ところで、この映画にはほとんどヨーロッパ人が登場しない。旅する主人公たちはニジェールのソンガイ族の男たちであり、彼らはベナンでソンバ族に出会い、アクラの町では西アフリカの各地から集まってきた出稼ぎ労働者のヨルバ族やアシャンティ族やガ族と邂逅する。それから、ガーナの西部にあるプレステアの金鉱に立ち寄り、ソンガイ族と近縁にあるザルマ族が鉱夫として働いているのを見つける。実はジャン・ルーシュは『ジャガー』を撮影する三年前にも調査旅行をしており、この金鉱でザルマ族の出稼ぎ労働者たちの写真を撮っていた。

『ジャガー』で明確に示されることはないが、こうした多様な人びとが海岸地域へ出稼ぎにでるのには、いくつかの要因があった。第一に、内陸部のサヘル地帯の気候条件では農業収入が不安定であったこと。そして独立前の植民地では、宗主国から重い税金が課されていたという経済的な問題もあった。ルーシュのロマン主義的な見方によれば、そのような現実的な要因のほかに、何よりもソンガイやザルマの人たちには見知らぬ土地に冒険にでようとする欲望があったという。[11]

『ジャガー』という映画を観てわかることは、独立前の西アフリカの人たちがすでに、政治的にも経済的にも大きな資本のシステムに結びつけられていたことだ。ジャン・ルーシュは、彼らが出稼ぎ労働を通じてシステムに搾取されている側としてではなく、旅を通じてそれに飛びこんでいく積極的な参加者として描いている。むろん、彼らは金銭と物的な商品を求めてギニア湾岸に行くわけだが、そのこと以上におさえがたい移動への好奇心をもっていた。それを描くためには、ドキュメンタリーの手法を逸脱し、物語的な枠組みをもたせて、演出や演技などのフィクションを折り混ぜたロードムービーにする必要があった。それが、映画のラスト近くでコメンタリーの声がつぶやくように、彼ら「近代社会における英雄たち」の姿を描く方法だったのである。

## 3 『私は黒人』

『ジャガー』の撮影が終わった約二年後の一九五六年一一月に、ジャン・ルーシュは当時はフランス領で象牙(アイボリー)海岸(コースト)と呼ばれていた現在のコートジボワールに移住して、移民に関する調査に本腰を入れることになった。『ジャガー』の主要テーマであった、ニジェールやベナンや他の西アフリカ各地からギニア湾岸の都市に集まる出稼ぎ労働者について、研究を深化させようとしたのだ。調査や研究といっても、ルーシュにとってのそれは映画を製作することを意味した。それからの四年間、彼は首都のアビジャンを拠点にして旺盛な創作活動に没頭することになる。一九五七年に、湾岸の都市アビジャンに暮らすニジェール人の労働者たちに『ジャガー』の映像を見せたところ、「ガーナのクマシで起きていることよりも、アビジャンのトレイシュヴィル地区で起きていることのほうが興味深いはずだ」といわれて、その地区の平日と休日を対照的に見せるドキュメンタリーをつくろうとしたのが始まりだったという。▽12

長編映画の二作目『私は黒人』は五七年に六ヶ月かけて撮影され、編集やポスト・プロダクションなどを経て五八年に完成している。五〇年代はまさにヨーロッパの植民地であったアフリカ各国で独立運動が盛りあがりを見せた時期であり、当時の西アフリカは政治的な変革期をむかえていた。指摘しておきたいのは、この作品が最初はドキュメンタリーとして構想されたことと、前作の『ジャガー』と切っても切れない関係にあることだ。『私は黒人』は制作時のタイトルが「トレイシュヴィルのザズーマン」であった。

トレイシュヴィル地区はこの映画のなかで何度も登場するように、アビジャンの外れにある下町である［図7］。ザズーマンは『ジャガー』のダムレ・ジカたちの語りにもあるように俗語であり、いなせな髪型をして、ゆっくりタバコをふかしながら通りを歩く、しゃれっ気のある男のことを指す。『ジャガー』では、ソンガイ族の出稼ぎ労働者たちがニジェールを出発して隣国のベナンやトーゴを旅し、ガーナの都会で一旗あげるという物語であったが、『私は黒人』ではコートジボワールのアビジャンに舞台を変えて、若きジャガーたちの物語をルーシュは反復しようとしたのである。タイトルロール前のアヴァンにおけるボイスオーバーで、ジャン・ルーシュはこの映画が移民労働者の若者たちと協力して、彼らが自分自身を演じる即興的な演技によってつくられたことを説明する。『ジャガー』におけるダムレ・ジカたちは、出稼ぎ労働者の経験を掘り下げるために、自分の職業ではない他人の役柄を演じていた。ところが『私は黒人』になると、そこから一歩踏みこんで、ルーシュは彼らにカメラの前で自分の生活を開陳し、自分自身を演じることを求めたのである。

図7 『私は黒人』（1959）で描かれるアビジャン

本作の主人公である「エドワード・G・ロビンソン」ことウマル・ガンダは、ニジェール西部やベナンに暮らすザルマ族の出自をもつのだが、映画のなかでは、ニジェールの首都ニアメからでてきた一般的なプロレタリアートの若者として紹介されている。映画内のボイスオーバーの語りや資料によれば、ウマル・ガンダは一六歳のときにフランスの植民地軍に入隊してインドシナで兵士として四年間をすごし、一九五五年にニジェールにもどったが仕事はなかった。仕事をさがすためにコートジボワールのアビジャンへ移住したが、アビジャンの出稼ぎ労働者たちの生活は貧困にまみれ、搾取されていた。一九五〇年代の西アフリカでは、木材、ココア、コーヒーといった主要産物を海外に輸出しており、そのための労働力が求められていた。彼らはトレイシュヴィルにある「ニジェール人協同組合」の家に二〇人ほどで住み、運搬人、織物の訪問販売、港湾労働者、木材伐採、工事現場の作業員などの日雇い仕事を見つけるために毎日苦労した。彼はひとりの「ボゾリ（日雇い労働者）」にすぎなかったのだ。冒頭のジャン・ルーシュによるボイスオーバーの声は、彼ら労働者の若者は「アニミズムと機械化のあいだ、イスラムとアルコールのあいだに捕われ、伝統的な信仰を捨てたかわりにボクシングと映画という新しい偶像を崇拝している」とコメントする。『ジャガー』の登場人物たちが都会から帰還するための伝統的な村をもっていたのに対して、『私は黒人』の人物たちは徹底的に近代化しつくされた、逃げ場をもたない都市部の労働者として描かれる。

そのことを映像的に例証するかのように、『私は黒人』の冒頭のいくつかのシーンは、欧米からの影響を受けたアビジャンの近代的な様相を見せていく。アビジャンはギニア湾岸の潟湖（ラグーン）やその島からなる水の都市だが、その風景を見せながら、アフリカ的なアクセントで歌うフランス語の曲が、どれだけアビジャンが美しいかを歌いあげる。工業と商業の中心であるル・プラトーの対岸に、この映画の舞台となる下町のトレイシュヴィル地区がある。高層ビルや市場のある町を主人公のエドワード・G・ロビンソンことウマル・ガンダが歩いていき、日雇い労働で稼いだ二五フランのうち五フランを渡し舟に払って、対岸にあるトレイシュヴィル地区に帰っていく。手持ちのカメラながら劇映画のようにテンポよく編集された映像に、ガンダ本人が自己紹介のボイスオーバーを重ねる。それによれば、彼が「ロビンソン」のあだ名を使っているのは、その映画スターとの類似性はあまりないのに友人たちが似ているというからだ。

エドワード・G・ロビンソンは、『犯罪王リコ』(一九三一)や『キー・ラーゴ』(一九四八)などの代表作がある、ハリウッドのギャング映画やフィルム・ノワールで活躍した白人の俳優である。週末の夜のアビジャンには、パリかシカゴかと見まがうようなネオンサインが灯り、いくつもの手描きのカウボーイ映画の看板や『クオ・ヴァディス』(一九五二)や『バグダッドの盗賊』(一九四〇)といった映画のポスターが貼られている。夜のバーの場面で主人公たちが聴くいくつかの歌は、カリブ海の音楽に影響を受けているようだ。この映画で、ジャン・ルーシュはアビジャンにある店の看板を実に多く撮っている。ウマル・ガンダたちが週末に出かける生演奏で踊れるバーは「希望 L'esperance」であり、彼が朝早くからビールを飲んで、代金を払えなくて追いだされる店は「メキシコ・バー」である。背中の破れたシャツを着て歩くほど貧しい、アビジャンにおける西アフリカ各地からの出稼ぎ労働者たちは、この都会がもつコスモポリタンな文化の影響を受けている。彼らは自分の本当のアイデンティティを隠すためか、それとも空想にひたるためなのか、欧米的な映画スターや登場人物の名前をニックネームに採用するのだ。

もうひとりの主人公であるエディ・コンスタンティーヌを演じるプチ・トゥーレは、女性向けの輸入服飾品の行商として登場する。エディ・コンスタンティーヌは、フランスのB級映画において人気がでたアメリカの白人俳優である。『危険なエージェント』(一九五三)や『左利きのレミー』(一九六一)といったハードボイルド作品に出演し、人当たりのいい語り口で、誘惑的な口先のうまい話し方をするFBIの諜報員レミー・コーションの役を演じた。沖仲士や日雇い労働者など実際の仕事を映画のなかで演じているウマル・ガンダとちがって、トゥーレは実際には路上の行商人ではなく、コートジボワールとガーナの国境沿いにある町のオフィスで働く事務員であった。ジャン・ルーシュは、出稼ぎ労働者を研究調査するためのアシスタントとしてガンダとトゥーレを雇い、その延長線上で『私は黒人』に出演することになった。三人目の「ターザン」のあだ名で呼ばれるアラサーヌ・マイガは、元はボクシング選手であったが、当時はタクシー運転手をしていた。ガンダが自分の妻にしたいと望むドロシー・ラムールの役は、クレジットロールを見るとマドモアゼル・ガンビという女性が演じている。

†

ジャン・ルーシュが『私は黒人』においてとった方法は、『ジャガー』にとてもよく似ている。だが、より記録性と虚構性が複雑にからみあった映像テクストになっている。彼はこの映画を撮るために、ニジェール人たちの行動を六ヶ月以上にわたって追いかけた。出演者は自分たち移民の生活を即興的に演じるためには、カメラの前で何をして何を話してもいいといわれた。いうなれば、ルーシュはカメラを構えてそこにいることで、出演者たちに「自分が演じたいと思う登場人物になること」をうながした。出稼ぎ労働者としての彼らの生活を撮っている点では記録的だが、彼らが自分自身を演じているという点ではフィクションである。注意したいのは、ルーシュが物語映画をつくるために、ウマル・ガンダやプチ・トゥーレたちを演出したわけではないことだ。ここでも『ジャガー』と同じように、ルーシュはアビジャンの出稼ぎ労働者の内面的な経験を深いところで描くためにこそ、あえてフィクションの手法をとっている。

何よりも映画内の時間の流れがフィクションの構造をもっている。撮影が終わったとき、ジャン・ルーシュは半年分の映像素材を手にしていた。それを編集する段階で、平日の労働からはじまり、土曜の午後に楽しい週末がきて、また新しい週の平日がはじまる二、三日のできごととして映画を構成した。ウマル・ガンダたちが海の砂浜で遊び、ボクシングの試合を観戦し、生演奏の聴けるバーで女の子と踊り、サッカーの試合を観る様子は、とても貧しいアビジャンの平均的な出稼ぎ労働者の身に起きる三日間のできごとには思えない。つまり、数ヶ月分の映像素材をここに詰めこんだのであり、濃縮された週末のシークエンスになっている。平日の苛酷な労働と、週末の自由な空気をはっきりと対比させるには、この構成がたしかな効果を生んでいる。

それでは、サイレントで仮編集した映像に、あとからボイスオーバーで登場人物たちの語りをかぶせる『ジャガー』と同じ手法は、この映画では効果的だったのだろうか。前述のように『ジャガー』の撮影のほうが三年も早かったが、『私は黒人』は早くも一九五八年に発表されている。社会人類学者のポール・ヘンリーは、そのため『私は黒人』は『ジャガー』を追い越して次の点において画期をなす作品となったと指摘する。

ルーシュの『ジャガー』が未完成でシネマテークで試写もされていなかったことを考えれば、『私は黒人』は一般のフランス人の観客が、アフリカ人が自分たちの人生の経験を自身の声で語るのをきいた初めての長編映画であったことは事実である。▽13

『ジャガー』においてダムレ・ジカやラム・ディアがしたように、『私は黒人』ではウマル・ガンダやプチ・トゥーレが、仮編集されたサイレント映像がスクリーンに投影されるのを前にして、それに合わせてコメンタリーの声を録音していった。たしかに近代的な都市で暮らすロビンソンは映画の全編にわたって、低賃金で苛酷な労働をさせられ、路面に寝そべって昼寝をし、自分には人並みの男みたいに結婚することも家族をもつこともできないと愚痴をこぼしている。しかし、その即興的な語りのパフォーマンスは『ジャガー』を上回るすばらしさがある。ときにはモノローグ調で、ときには活発なやりとりをしながら、ふたりは登場人物の内面を表現するために、活き活きとしたボイスオーバーを吹きこんでいった。アフレコであるのに、時おり完全に映像と音声がシンクロしているように見える場面もある。ところが、ラストに近いシーンで判明するように、トゥーレは警官に暴行した容疑で刑務所に三ケ月入ることになった。そして彼が出所するのを待ってから、映画用のコメンタリーをラジオ・アビジャンのスタジオで録音することになった。その影響もあるのか、ボイスオーバーが語る内容は、冒険心やユーモアにあふれていた『ジャガー』のそれに比べて、深刻で憂鬱な雰囲気を与える。刑務所入りの影響で、話者たちが人生のネガティブな面を見るようになっていたからだ。

都会の出稼ぎ労働者の生活を描いた作品であるが、この映画においてもっとも民族誌映画としての価値をもつのは、何といってもグンベ Goumbé を描いたシークエンスだろう［図8］。日曜日、選挙の投票に関心をもたないロビンソンとエディ・コンスタンティーヌは、サッカーの試合を観戦しにいく。そのあとで、グンベに参加する人を集めるべくトランペットを吹き、パーカッションを叩き、通りを練り歩く群衆に合流する。そして、野天でのダンス・コンテンストがはじまる。ボイスオーバーの注釈によれば「グンベは楽器を演奏するバンドと踊り手たちから成る一種のクラブだ。メンバーになるためには五〇フランの月会費を払う。コンテストの日にはダンス・クィーンを決定し、彼女をラウドスピーカーのついた車に乗せて歌をうたわせる」という。グンベを組織する若者たちは、その多くが西アフリカの地方から移住してきた移民である。このシークエンスは実際のグンベに参加したり観たりしている人びとを記録しつつ、その場にガンダやトゥーレたち映画の登場人物を紛れこませることで成立している。『私は黒人』のなかでもっとも民族誌的で、もっともドキュメンタリー的な場面を構成しているともいえる。

映画では、大きな輪をつくった群衆のなか、トップダンサーとされる男たちが目にも止まらぬ早さで踊り、新しいステップをウマル・ガンダたちの前で披露する。また、馬に乗るロデオのように、自転車を馬代わりにして踊る曲芸の競い合いもおもしろいが、夕方になって登場するプチ・トゥーレとナタリーの踊りがすばらしい。この場面において、彼が映画の登場人物として踊っているのか、それとも自分自身であるのかと問うのは野暮であろう。この映像が記録的なのか虚構

図8　グンベの場面（同）

的なのか、それを見分けることにほとんど意味はない。ふたりのグンベにおける踊りの高揚を感じていると、そのような二分法による思考が音を立てて崩れていき、両者はダンスと音楽の渦のなかで溶解していく。それが、エスノフィクションらしい映画的瞬間なのである。

もうひとつ指摘しておきたいのは、この映画のフィクションならではの特徴として、夢の場面が二箇所入っていることだ。ロビンソンは自分が「エドワード・G・シュガー・レイ・ロビンソン」というボクサーになったことを夢に見て、スーパー・フェザー級の世界タイトルマッチに挑戦する。元ボクサーのターザンをトレーナーとして従えて、彼はガウンをまとってリングにあがる。そして、相手をノックダウンする。すると、そのときハッと夢からさめて、彼はボクシングの試合を観戦している名もなき群衆のひとりに戻っている。

もう一箇所は、ロビンソンが酒に酔って正体をなくし、メキシコ・バーで酩酊しながら見る夢である。彼はバーでドロシー・ラムールを口説いていたのだが、イタリア人の男に横取りされてしまう。その夜しこたま飲んだロビンソンは、現実なのか夢なのか、気がつくとドロシーと家にいて、彼女からベッドに誘われる。ドロシーは服を脱ぎ、乳房があらわになる［図9］。その時代の表現としては一線を越えて、かつ民族誌的な映画としてもあり得ないことに、ロビンソンの主観ショットを撮るカメラが、半裸のドロシーとともにベッドに横たわる。しかし月曜の朝になり、それが夢にすぎないことが判明し、ロビンソンはバーの外で目をさます。彼がドロシーの家を訪ねると、実際には彼女がイタリア男の腕のなかで夜をすごしたことがわかり、道ばたでその男となぐり合いのケンカになる。

ロビンソンとドロシーの場面には、その背景にも現実と虚構が入り混じった複雑さがある。ロビンソンを演じ

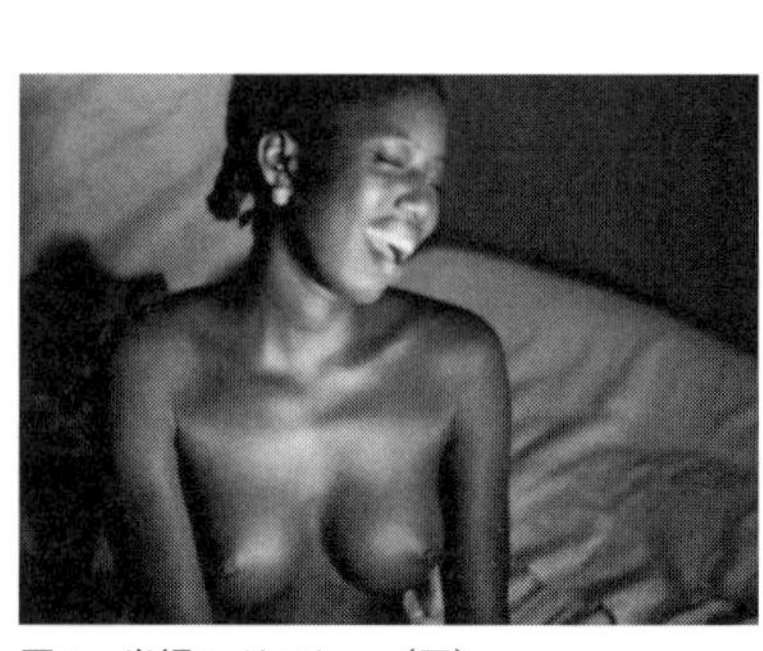

図9　半裸のドロシー（同）

たウマル・ガンダは、フランス軍の兵士になる前には、ニジェールのニアメでドロシーを演じたマドモアゼル・ガンビの婚約者だった。ところが、彼が出征から戻ったときには、この婚約は破棄されていた。そして、かつての婚約者の愛情を取りもどすために、ボクシングの世界チャンピオンにでもなるしかない、というところまでガンダは空想をもつようになっていたという。▽14 彼は『私は黒人』という映画のなかで自分自身を演じ、それに自分の声でコメンタリーをつけることで、自分の境遇を見つめ直す機会をもった。映画スターの名前を名乗り、ボクサーという夢の生活を演じることで、自己を向上させるための教えと契機を得たのだ。ジャン・ルーシュのエスノフィクションに出演する人びとは、撮影を通して変化し、成長する。まだ二十代前半だったウマル・ガンダは、一九六六年にみずから映画の製作を開始し、八一年に四五歳の若さで亡くなるまで八本の映画を撮りあげて、西アフリカを代表する映画作家になっていった。それは現実と虚構をめぐる、あるいは映画と空想をめぐる、また別の話であるが……。

▽1 Jean Rouch with Enrico Fulchignoni, "Ciné-Anthropology," *Ciné-Ethnography*, Edited and Translated by Steven Feld, University of Minnesota Press, 2003, p. 162.
▽2 Jean Rouch with Lucien Taylor, "A Life on the Edge of Film and Anthropology," *Ciné-Ethnography*, p. 129.
▽3 ジャン・ルーシュ「カメラと人間」富岡光子訳『映像人類学』ポール・ホッキングス・牛山純一編、近藤耕人翻訳監修、日本映像記録センター、一九七九年、七八頁。
▽4 「ジャン・ルーシュ インタヴュー」聞き手・構成・訳＝武田潔『季刊リュミエール』第一四号、一九八八年、一六八頁。

▽5　ルーシュ、前掲「カメラと人間」、八三頁。

▽6　Laurent Védrine, *Jean Rouch, The Adventurous Filmmaker*, 55min., france, 2017.

▽7　Paul Stoller, *The Cinematic Griot: The Ethnography of Jean Rouch*, The University of Chicago Press, 1992, p. 139.

▽8　ルーシュ、前掲「カメラと人間」、八六―八七頁。

▽9　同前、九三頁。

▽10　Paul Henley, *The Adventure of the Real*, The University of Chicago Press, 2009, p. 73.

▽11　Stoller, *The Cinematic Griot*, p. 136.

▽12　Rouch with Fulchignoni, "Ciné-Anthropology," *op.cit.*, p. 165.

▽13　Henley, *The Adventure of the Real*, p. 91 を拙訳。

▽14　Stoller, *The Cinematic Griot*, p. 115.

4

# 銛とカメラ

## 『大河での闘い』をめぐって

佐久間 寛 | Sakuma Yutaka

## はじめに

ジャン・ルーシュの映像作品のなかでも際だって重要であるとみなされながら、内容にはふかく踏みこまれないままに終わってきた作品がある。現ニジェール共和国西部（撮影当時はフランス領西アフリカの一部）におけるカバ狩りを主題とした民族誌的映画『大河での闘い』*Bataille sur le fleuve*（一九五一、三五分）である。『大河での闘い』がルーシュの作品群においてとくに重要なのは、本作が彼の人類学を特徴づける「共有」というテーマと密接に関わっているからである。

ルーシュ人類学で言う「共有」とは他者とのイメージの共有と、イメージの共有を介した他者との交流の実践と、そのことをつうじた他者理解の技法とを共示する。『大河での闘い』には共有の人類学の端緒となったエピソードがある。▽1

ルーシュは、本作をめぐって自らが撮影した映像を撮影された当の人々に見せることを試みた。人々はくりかえし映像を見た後、ルーシュに音楽を減らす必要があると注意した。この映画のためにわざわざニジェールの伝統的な狩猟の音楽を用意したルーシュは、なにが問題なのかと説明を求めた。すると人々は、カバ狩りは静かに行う必要があり、騒音はカバを逃がしてしまうと応じた。

一九五〇年代の人類学においては、研究者が現地から一方的に知識を獲得し持ち帰ることが常態であり、それを現地社会に還流させることなど二の次だった。したがって現地の人々に作品を上映した事実自体にもルーシュ人類学の先鋭さを見いだすことができる。だがそれ以上に重要なのは、映像を見た人々が自分たちなりの枠組みでその映像を解釈し批評したという点にある。じっさいルーシュは、音楽は獲物を逃がすという人々の批評を受けて、自作品への音楽の外挿を慎むようになる。現地住民の批評はルーシュの人類学のあり方を変えてしまった。そのようにして現地の人々と、イメージや知識や実践を共有することこそがルーシュ人類学の真骨頂なのである。

こうした意味において『大河での闘い』は、ルーシュ人類学の起点、ルーシュがルーシュになる契機となった作品であるといえる。ゆえに本作はルーシュの足跡を辿る者によってくりかえし参照されてきた。[2] しかしながら、これまでの研究で参照されてきたのはもっぱら作品上映にまつわるエピソードであり、肝心の内容への言及はごく限られてきた。本作が本格的な批評の対象となりかねてきたことには、いくつか理由があると考えられる。そのひとつがカバ狩りという主題の固有性である［図1］。

ニジェール川におけるカバ狩りは、一四世紀のアラブ人歴史家イブン・バットゥータの旅行記にも記された歴史をもつ活動であり、[3] その正確な理解のためには現地ソンガイ系社会、とりわけソルコと呼ばれる漁業民についての知識が不可欠である。『大河での闘い』にはそうした在来知が語彙からプロットにいたる様々なレヴェルで大胆に取りいれられているのだが、ルーシュ自身はそこに明確な説明を加えているわけではない。そうした解説がなくとも、映像がダイレクトに伝えるイメージによって鑑賞者はニジェール川のカバ狩りをめぐる一定の理解に達するこ

図1　ルーシュと子カバ（Jean Rouch, *Le Niger en Pirogue*, 1954）

図2　2006年に行われたカバ狩り（筆者撮影）

とがたしかにできる。とはいえ、映像にあらわれる以上のイメージを蓄えておかない限り、前述のエピソードに登場する人々のような批評を実現することは難しい。論点を先取りするなら、『大河での闘い』をめぐるこれまでで最良の批評のひとつとは、本作に音楽は不要という漁業民の主張にほかならないのである。

わたしは、二〇〇六年にニジェール北西部でカバ狩りに立ち会う機会に恵まれた［図2］。本章ではこの経験を活かし、一般的な研究者にとっては些末とも映じるであろう作品の細部にこだわることで、この作品に秘められたルーシュの創意をあきらかにしたい。

## 1 背景

『大河での闘い』の舞台である現ニジェール北西部は、カードやクルテイといったソンガイ系の農耕民がおおく暮らす地域である。ソンガイとはそもそも一五世紀から一六世紀にかけて繁栄したサハラ以南アフリカ最大の帝国の名であり、現にこの地域の住民のなかには王族の末裔を自認する者が今もすくなくない。ただし『大河での闘い』の主役となるのは、ソンガイ系の住民のなかでも、とくに「ソルコ（Sorko）」と呼ばれる人々である。

このソルコという語彙の意味するところはいささか複雑である。[4] わたしが調査を行った時点の現地で日常的に用いられていた意味でのソルコとは、「（狩猟や農業や牧畜ではなく）漁業を営む者」、つまり「漁師」のことを指していた。アフリカ第三の大河であるニジェール川には魚が豊富であり、人々にとっては貴重なタンパク源となっている。梁（やな）、筌（うけ）、網をはじめとした漁具を入手し、最低限の技術さえ身につければ、誰もがこの意味でのソルコになることができる。『大河での闘い』において、フランス語で「漁師」を意味する“**pêcheur**”という語彙がソルコと同義で用いられているのもこの意味に準じている。

ところがソルコという語彙には、すくなくとももうひとつの意味がある。すなわち民族集団あるいは職能集団としてのソルコである。彼ら／彼女らは「ファラン・マカ・ボーテ」という共通の始祖をもち、その始祖から受け継いできたとされる川にまつわる特殊な知識、呪力、呪物を有している[5]。したがって脈絡によっては「呪術使い」という意味に近くなるのだが、この場合の「呪術」とはあくまで川（および水）と関連したものに限られる。この意味でのソルコには人は望んだからといってなることができない。その資質は、なによりもまず彼／彼女の両親がソルコであるか否かという点によって、いわば生得的に決定される。

漁師としてのソルコと民族・職能集団としてのソルコとは一致している場合もたしかにあるが、二つの意味が乖離していることも珍しくはない。つまり、漁師でありながら両親も祖先も農民だったり、逆に先祖代々ソルコとしての技術や力を受け継いでいながら現在は農業のみに従事している者がすくなくないのである。こうした意味の乖離が生じたことにはいくつか理由がある。第一に、ソルコの定住化が進み漁業から農業へと生業を変える者が増えていったこと。第二に、川にまつわる呪術的な信仰、とりわけ憑依儀礼がイスラームの規範に反すると見なされる傾向が強まり、実践されにくくなっていったことなどである[6]。

要するに漁業民の農耕民化・ムスリム化が進むことにより、ソルコの意味も変容していったというわけだが、それにもかかわらず、わたしの調査時においてもなお、農耕民化・ムスリム化したはずの人々が突如として漁業民ソルコへと変貌する機会が現にあった。それがカバ狩りである。いやむしろルーシュによれば、ソルコをソルコたらしめるのは、網や筌によって魚をとることではなく、銛(もり)でカバを狩ることにこそあった[7]［図3］。

図3　銛をもつソルコ（Jean Rouch, *Le Niger en Pirogue*, 1954）

なぜカバなのか。この大型のほ乳類は、見た目の柔和さとは裏腹に大変危険な動物である。現在アフリカで人間の犠牲者が最もおおい動物はライオンでもゾウでもなくカバといわれる。[8] ルーシュによれば、[9] かつてはこの強大な動物を狩ることこそがソルコの中心的な生業だった。彼らはどこにどれだけのカバがいるかを熟知しており、毎年必要な数だけを狩り、その肉を保存食に加工し食していた。それは牧畜のような活動だった。ところがフランス植民地期にカバをふくむ大型ほ乳類の狩りが禁止された。これにより彼らの生業の中心は、銛を使ったカバ狩りではなく、網や筌を使った漁業となった。つまりルーシュによると、元来カバの専門的狩人だったソルコをたんなる漁師に変えたのは、フランス植民地期以降の近代化の過程だったということになる。[10] じっさいルーシュの調査時、カバ狩りは「ほぼ消滅」[11] していた。

ルーシュはその生涯においてカバ狩りの記録に二度成功している。[12] ひとつは、ニジェール川を上流から下流まで下る広域調査（一九四六年一〇月二四日―一九四七年三月二五日）の過程で撮影した狩りの模様である。この狩りの模様は、映像の編集を請け負ったアクチュアリテ・フランセーズ社の手を経て、『黒い呪術師の国で』*Au pays des mages noirs*（一九四九、白黒、一二分）という作品にまとめられた。[13] 撮影期間は約一週間、使用したカメラは蚤の市で購入した中古品だったが、この作品は高い評価を受け、ルーシュは自らの能力に自信を得たと述懐している。[14] ただしこの作品が共有の人類学者ルーシュの起点となったわけではなかった。

> エキゾティシズムのにおいをぷんぷん漂わせ、ペルシャ行進曲をつぎはぎさせた『黒い呪術師の国で』を見終えたわたしは、しばらくのあいだ激高していました。この作品にはカバ狩りの映像と、カバを与えるよう精霊に願う儀礼とが収められています。アクチュアリテ・フランセーズはこの儀礼、憑依カルトの方が狩りそのものよりドラマチックであると考え、憑依儀礼はあたかも水の精霊への感謝のために行われたかのように、その映像を作品の最後に収めてしまいました。しかし、そんなことはけっして起こりえないのです。ニ

ジェールでは、食事が与えられたからといって感謝などしません。それは侮辱にあたるからです。[15]

こうした反省をふまえ、一九五〇年七月から一九五一年五月、マリ共和国からゴールドコースト（現ガーナ）にわたる広域調査の一貫として撮影されたのが、『大河での闘い』のもととなる記録である。撮影には当時はまだ稀少だったカラー・カメラが利用され、撮影期間は約四カ月におよんだ。編集にはルーシュ自らが携わった。[16] こうして制作された『大河での闘い』は、彼にとり「カバ狩りの行程を完全に映像化」した作品となった。内容を紹介しよう。[17]

## 2 内容

### 準備

映像はクトゥグという村における狩りの準備からはじまる。カバ狩りに耐えうる大型の木造船、銛と槍の製造風景がくわしく映像に収められていく。

二月一九日、ソルコたちが首長ウマールのもとに集い、川と水の精霊ハラコイ・ディッコからカバ狩りの許しを得るため憑依儀礼を行う［図4］。ヴァイオリンと太鼓のリズムにあわせ女性が踊る。やがてひとりの女性にハラコイ・ディッコが乗り移る。精霊は告げる。「ウマールよ、おまえにカバを三頭与えよう。ただしソルコたちよ、漁と川の掟を守るよう注意しろ。注意しろ、髭面の老カバに」。このお告げをふまえて、人々は、あらたに力の精霊ハウカに助力を乞う。[18]

図4　憑依儀礼（『大河での闘い』1951）

二人のソルコに憑依した精霊は手助けを約束する。

**第一の狩り**——一頭目のカバ

二月二〇日、ソルコたちは首長ウマールのもとに集まり、これまでのおたがいの諍いを解決する。首長に従い、仲間同士が協力しあうことこそが川の掟なのである。ウマールは参加者に呪力を帯びた水を振る舞う。狩りに参加するのは二一名のソルコである。銛が舟に積みこまれ、九名が小舟に乗りこみ出発する。その後を大型船が続く。上流に向かい、川を横断し、目的地ボテイドに到着する。

できるだけ静かに標的へと接近し、呼吸のためにあがってきたところを狙う。一人のソルコの銛がカバの頭部をとらえる。潜る前に、三本の銛が投じられる。カバは水中に潜るが、水面の浮子によって居場所が示される。大型船が合流し、攻撃を開始する。さらに七本の銛が打ちこまれる。ロープが大型船とつながれる。カバは抵抗するが大型船を壊すことはできない。槍がカバを貫く［図5］。水面は赤く染まっていく。槍の枝が折れるが、剣先だけでくりかえしカバを刺す。

数時間後、ついにカバが仕留められる。体重二トンの雌である。「ソルコは初戦に勝利した」。仕留められたカバはソルコによって食される。のこりは日干しにされる。ここでルーシュは、肉の配分をめぐり口論が生じたことをナレーションで補足している。ルーシュは告げる。「漁の掟が守られていない」と。

**第二の狩り**——二頭目のカバ

三月のあいだカバは湿原の草の下に逃げていた。川の水位が下がる四月になり、カバたちは底の深い川の中央に移動する。これを追うかたちでソルコたちも出発する。近隣住民の力をかりつつ急流をのぼる。

四月二七日、ソルコたちはあらたな狩り場付近に集まる。音を消す工夫として舟の舳先に藁をつける。銛の準備を整え、舟は出発する。川の中央に顔をだすカバが見つかる。カバは潜水する。「ヨー！」というかけ声とともに銛が放たれる。一本の銛がカバをとらえる［図6］。カバは潜水し草むらに逃れようとするが、陸に引きあげられ（三歳ほどの雄カバ）、やがて力尽きる。ナレーションは、肉を求めてさらに狩りが続けられることを告げる。カバの群れは上流のタムレに逃げる。それをソルコたちが追う。

**第三の狩り**——三頭目のカバ（髭面）

四月二八日、ディボという場所でカバの群れに追いつく。岸で戦闘の準備を整えた後、群れを守るタムレの老カバ「髭面」と対峙する。一本の銛が髭面をとらえる。髭面の反撃により小舟が一艘破壊される。乗っていた三名は泳いで逃げる。のこる小舟は七艘。首長ウマールは大型船による攻撃を主張する。ウマールは呪力を備えた帽子をかぶり、ソルコを勇猛にするための呪薬を用意する。大型船に銛が移される。夕暮れ、大型船が単身で攻撃を仕掛ける。ところが髭面の反撃により、舳先が破壊される。大型船は沈み、ソルコたちは川に投げだされる。ウマールはうなだれるソルコたちを励まし、小舟に髭面を追わせるとともに、のこった者で大型船を修復する。

四月二九日、クトゥグ村の男たちがタムレに集まり大型船の修復を手伝う。夜までに修復は終わり、大型船は進水する。

四月三〇日、ソルコたちは髭面を追ってさらに川を遡る。翌五月一日、傷

図5　第一の狩り（同）

図6　第二の狩り（同）

を負ったカバを発見する。浮子はすでに沈みかけている。ソルコたちは次々と銛を放つが、カバではなく、マナティーを仕留めてしまう。その後も狩りは続いたものの、結局、日が沈むまでカバは水面に姿を現さず、それ以上銛を打ちこむことはできない。ソルコたちは夜通しカバを探す。

五月二日の夜明けに髭面が見つかる。大型船からの攻撃がはじまる。一六本もの銛がさらに投じられるが、カバは舟につながれていたロープをかみ切り、なおも逃走する。[▽19]

五月三日、髭面の追跡が再開される。下流のラベザンガに戻る。ソルコに気づいたカバはさらに沼地に逃げこむ。「決戦のはじまりだ」。大型船で髭面に接近し、近距離から次々と銛が放たれる。だが「手傷を負っているにもかかわらずカバはなお異様な力に溢れている」。逆に舟を攻撃し、槍をへし折る。ロープをかみ切り、再び逃げる。巨大なカバが水面を大きく波打たせながら進んでいく。一方、「漁業民ソルコにはもはや大型船も、槍も、銛もない。とりわけ勇気がない」。髭面は、五〇本余りの銛がささり、そのロープが巨大な浮き草に絡まっていることをものともせず、浮き草ごと悠然と去っていく［図7］。

### 結末

五月七日、川は霧に包まれ、もはやカバを発見することはできない。二人のソルコが河岸の泥にカバの足跡を見つける。彼らによるとカバは北の沼地

図7　第三の狩り、泳ぎ去る髭面（同）

図8　帰路につくソルコたち（同）

に逃げたのだ。

次のシーンでは、ソルコひとりひとりの表情をとらえながら、ルーシュの印象的なナレーションが続く。「恥ずべき遠征、恥ずべき狩り。夜、首長ウマールは病に倒れ、フィルグン村に担ぎこまれるという憂き目に遭った。漁業民の野営地に、敗者の悲しみが広がる。折れた銛だけが戦いの名残である。服を裏返して身につけるのは、それが「恥辱の服」だからである。漁業民ソルコは勇気をもって自身の敗北を受いれたのだ」［図8］。

ソルコの舟が岸を離れ漕ぎだしていくシーンと、次のナレーションで映像は締めくくられる。「敗者の船団が悲しげに村へと戻っていく。彼らの心は澱んでいる。ちょうど霧に包まれたニジェール川の悲しげな水のように」。

## 3 考察

### 省略

一般的な分類でいえば『大河での闘い』は、漁業民ソルコによる伝統的なカバ狩りの様子を記録した民族誌的作品である。俳優たちがシナリオに沿って演技する様を撮影した創作映画ではない。たしかに、人はこの作品をつうじて二〇世紀中葉のニジェール川流域の住民がいかにカバと対峙し、これを仕留め、最終的に食すかをつぶさに観察することができる。野生動物保護の観点からカバ狩りに対する規制が強まった現在、その資料的価値はかつて以上に高まっているといえる。「カバ狩りの行程を完全に映像化」したというルーシュの自負も故なきものではない。

しかしながら『大河での闘い』をたんなるノンフィクションとして理解することは、たとえば『人間ピラミッド』（一九六一）をはじめとしたルーシュの作品をフィクションと断じるのと同じ意味において不十分な見方であるといわねばならない。[20]

まず、ルーシュとおなじくソルコによるカバ狩りを観察した人類学者の立場から、やや細かい点を指摘したい。「銛（zoogu）」の描かれ方についてである。銛はソルコによるカバ狩りにおいて最も重要な狩猟具である。『大河での闘い』においても狩りの現場における使用の過程はもちろん、製造の過程までもが入念に映像に収められている。だからこそ不自然に映じるのは、新しく作られた銛を使用する前に欠かせない手続きが、映像には収められていない点である。すなわち、供犠である。

なぜ銛を使用する前に供犠が必要なのか。それは、カバ狩りにおいてソルコが使用する銛とはたんなる器物ではなく、固有の名、雌雄の区別、意思と人格を備えた呪物であるからにほかならない。鍛冶師が成形し、竿と浮子に固定された銛は、その時点ではただの器物である。この器物を、意思と人格を備えた呪物へ変えるには、ニワトリやヒツジを供犠し、その血を銛に「飲ませる（harjandi）」必要がある。このことはルーシュ自身が論文のなかで明記している点であり、[21]じっさい『大河での闘い』に先行する作品『黒い呪術師の国で』にはその様子が映像として収められている［図9］。

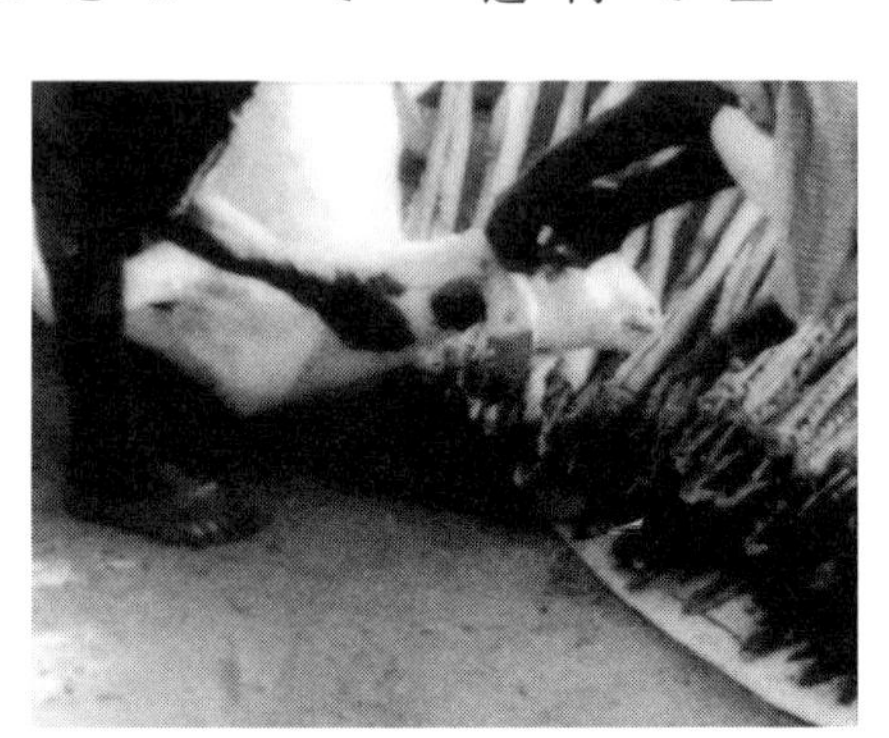

図9　銛への供犠（『黒い呪術師の国で』1949）

違和感を覚える銛の描写はほかにもある。ソルコの銛が単なる道具ではなく命をもった呪物であることの帰結として、標的を仕留めるために必要なのは、投擲の正確さなどの技術的な問題だけではない。独自の意思を備えた銛にいかに働きかけるかという呪術的な問題でもある。具体的には、銛がカバに刺さった瞬間にソルコは銛を「褒める」必要がある。この褒め言葉には銛ごとに一定の形式がある。一例を挙げよう。

ハリカンバ〔銛の名〕、それは男どものなかにひとりいる女
ペニスをもつ女、男を犯す女▽22

このような言葉で褒められることで銛は興奮し勇気を奮いたたされ、カバの分厚い皮膚と肉を——「ペニス」のように——貫くのである。

標的に自らの存在を気づかれぬよう息を潜めていたソルコたちが、銛が標的をとらえた瞬間大声で褒め言葉を発する様子は、静寂から喧噪へのダイナミックな変化として体験されるだけに、目撃者に強い印象をのこさずにはいない。『黒い呪術師の国で』の時点では同時録音の技術が確立されていなかったこともあってか、音声としてその様子を確認することはできないが、この狩りをめぐる論文にはその様子と発せられた褒め言葉がたしかに記されている▽23。ところが『大河での闘い』のナレーションにおいて、ルーシュが言及しているのは、「ヨー！」という短いかけ声（らしきもの）にすぎないのである。

要するに『大河での闘い』は、人類学的に見た場合、銛という狩猟具の呪術的な働きに関して情報の欠落がある。ただし、ルーシュ自身が他の映像作品や論文において正確な記録を行っている以上、それはあきらかに彼自身の情報や知識の欠落によって生じたものではない。

そこで次の可能性が浮かびあがってくる。ルーシュは『大河での闘い』ではあえて銛に関する特定の情報を省いた可能性である。そうした情報が記録されなくとも、カバ狩りの完全な映像とルーシュが自負するに足る何かが『大河での闘い』には映像化されているのではないか。だとすれば、それはなにか。この問いの答えを得るには、情報の不備や欠落とは逆に、『大河での闘い』にはいかなる解釈や情報が付加されているかを確認する必要がある。

## 付加

『大河での闘い』を見る者のすくなからぬ部分は、この作品を純粋な記録映像と見なすことに戸惑うような強い物語性があることに気づく。一言でいって本作は、ソルコがカバに闘いを挑み、死闘の末に敗北する悲劇的な物語である。ソルコはカバ二頭とマナティ一頭を仕留め、子カバ一頭を生け捕りにしている。ソルコの側には一人の死者もいない（病人のみ）。狩りとしてはむしろ成功だったともいえる。にもかかわらず「敗者の船団が悲しげに村へと戻」らざるをえなかったのは、髭面と呼ばれる老カバを仕留めきれなかったためであり、この事実がとりわけ――ギリシア古典的な意味で――「悲劇」的に見えるのは、髭面への敗北という運命が精霊によって予示されていたためである。

大筋をふりかえろう。ソルコたちは狩りに先だち憑依儀礼を行う。ルーシュは、『黒い呪術師の国で』において恣意的な編集の結果この儀礼が狩りの後に移動させられたことを非難していたが、それはこの儀礼がカバを狩ることの許しを得るために事前に行う必要があるためであり、狩りの後に精霊に感謝するために行われるのではないからである。さてこの儀礼においてソルコは、水の精霊から掟を守ることを条件にカバを三頭与えると約束される。ところが彼らは一頭目のカバ狩り後に肉の配分をめぐって諍いを起こす。ルーシュ自身がナレーションで強調しているところによれば「漁の掟が守られていない」。あたかもそのことが原因だったかのように、最終的にソルコたちは最大の標的「髭面」を仕留めることに失敗する。

こうした物語性は事実に根ざしたものであろう。川の精霊（に憑依された霊媒）は掟を守れと発言し、ソルコたちは諍いを起こし、髭面はソルコの手を逃れたにちがいない。とはいえ、『大河での闘い』以外の作品を参照してみるといくつか興味深い点が浮かびあがってくる。ルーシュはこのカバ狩りの模様を日刊紙『フラン＝ティルール』に紀行文として連載しているが、[▽24]そこではルーシュが、憑依儀礼の直後に精霊の言葉の真意をソルコに尋ねたことが記されている。ソルコは次のように応じている。「あなたもよく知るように四〇人もの漁業民が集まれば諍いは避けられないので、きっと災いがあるだろう」[25]。

四〇人もの漁業民がいれば諍いは避けられない――このソルコの言葉は、彼らに遵守が求められた掟は、そもそも守ることが困難な掟だったのではないかという疑問を（すくなくともニジェール川流域の住民ではない者に）生じさせる。じっさい、『大河での闘い』の狩りに先だって行われた『黒い呪術師の国で』の狩りにおいても、やはりハラコイ・ディッコはカバを得たいのであれば、諍いをせず首長の命令に従うよう述べている[26]。このときも掟は守られることなく、「首長ウマールが大声で命令し、その結果口論が起き」ている[27]。ただしこの際ソルコたちはカバ狩りに失敗することなく標的を仕留めている。

　こうしてみると、川の精霊が課す掟を破ったがゆえに狩りに失敗するという物語のプロットは、時系列的な事実関係の単なる反映とはかならずしもいえないことがうかがえてくる。わたしたちの感覚からすればむしろ、狩りが失敗した後に、その出来事を反省的に思考することではじめて掟の侵犯という原因が特定されたのではないかという疑問がわく。いずれにしたところで、『黒い呪術師の国で』の時系列を無視した編集ではないにせよ、『大河での闘い』のプロットには、単線的で不可逆的な時間性とは別種の時間性が介入していることはたしかである。ならばはたしてそれは誰が生きる時間性なのか。

## 演出

『大河での闘い』のルーシュは、『黒い呪術師の国で』を編集したアクチュアリテ・フランセーズでは思いもつかないような人々を観客として想定していた。すなわちカバ狩りに従事したソルコたち自身である。冒頭で触れたようにじっさいにルーシュは彼らのために『大河での闘い』を上映している。それはルーシュにとってもはじめての経験だったが、それこそがやがてルーシュの共有人類学の基本原理へと組みこまれていくものだった。

> 私にとって、（撮影や編集における「シネ・トランス」の歓びのあとで）自分の観客と言えるのはまず誰よりも他者、すなわち、私が撮っている相手なのである。〔……〕
> カメラとテープレコーダーと映写機が、奇妙な手ほどきの道を経て、知の中心へと観察者を導き入れ、彼の仕事ははじめて、論文審査委員会によってではなく、彼が観察しに来た相手の人たちによって、証拠に基づき審査されるようになるのである。[28]

したがってルーシュにとり、掟を破ったがゆえに狩りに失敗するというプロットは、カバ狩りに従事したソルコという観客の「審査」に耐えうるものだった。それはこの悲劇的プロットがソルコ自身の思考と重なりあうものだったからにほかならない。

先にも述べたように、あるソルコは、川の精霊から川の掟の遵守を求められた直後に、ルーシュの問いかけに応じて四〇人もの漁業民がいれば諍いは避けられないと述べた。だからといって彼は、掟を守ることができなくて当然だなどと主張したのではない。むしろ掟が破られてしまうからには、なにかしら災いが起きるにちがいないと述べている。つまり災いは映画のなかで予示される以前から、劇中の当事者によって予感されており、それでもなお彼らは果敢にカバという大いなる力へ闘いを挑んだのである。また、髭面に敗北した際、ルーシュは「漁業民ソルコにはもはや大型船も、槍も、銛もない。とりわけ勇気がない」という悲壮なナレーションを施している。『フラン＝ティルール』の紀行文によると、この表現はルーシュの創作ではなく、ソルコの首長ウマール自身が発した言葉である。[29] 彼らにとり運命を覆す果敢な挑戦は、勇敢さが絶えたときに終焉を迎えるのである。さらに、数頭の獲物を仕留めた狩りを失敗とみなし、服を裏返しに着ることによってこの恥ずべき敗北を表現したのも、ルーシュではなくソルコ自身である。屈辱に耐えることもまた勇敢さの証しだからである。「漁業民ソルコは勇気をもって自身の敗北を受いれたのだ」。

いうなれば、一九五一年一月から六月にかけてニジェール北西部で行われたカバ狩りを悲劇として上演したのは、カメラマンでも編集者でもなく、悲劇の主人公たるソルコたち自身なのである。ルーシュはむしろ、「漁の掟が守られていない」というナレーションによって、ソルコが経験した結末への道筋を示したすぎない。だが、こうしたさりげない一言にこそルーシュの創意が如実にあらわれている。それは当事者の経験を、その経験を組織化する思考ごと理解することなくしては発しえない言葉である。その言葉の力が映画の鑑賞者をカバ狩りのみならずカバ狩りに参加したソルコの経験に肉薄させるのである。

もっともルーシュが付加した「漁の掟が守られていない」というナレーションは、ソルコ自身が必要とする言葉ではない。それはあくまで、ソルコならぬ映像の鑑賞者がソルコの狩りの経験に近づくうえで重要な効果をもつ言葉である。ゆえにそれは『大河での闘い』がソルコとソルコ以外の人々を鑑賞者としているからこそ求められる要素、映像を介して他者を縦横につなぐルーシュの共有人類学の要ともいえる「演出的・遂行的(performative)」な要素である。

これと正反対にあたるのが、『大河での闘い』に外挿された音楽である。音楽は、ナレーションと同じく撮影の現場ではなく編集過程で加えられる演出的要素である。こうした演出は場合によっては鑑賞者をよりふかく作品に引きこむ働きをするかもしれない。しかし、『大河での闘い』を鑑賞する者にとり、それは弊害でしかない。ソルコがカバ狩りのさなかに音楽をながさぬ以上、音楽を介して作品に引きこまれれば引きこまれるほど、本作の鑑賞経験はカバ狩りをめぐるソルコの経験と乖離してしまうからである。

『大河での闘い』に音楽が不要であると主張したソルコたちは、同作の主役であり観客であるばかりか、ルーシュの共有人類学の基準に照らして、その最も優れた批評者でもあったのである。▽30

# おわりに

本章で『大河での闘い』をつうじて確認してきたように、ルーシュの人類学は、ある出来事を映像として記録するだけではなく、その出来事を人々がいかに経験したかを映像の編集をつうじて再現する営みである。同様のことは、他の映像作品群のなかにも見いだすことができる。たとえば『大河での闘い』と同時期に撮影・制作された『イェネンディ、雨を降らせる人々』*Yenendi: Les hommes qui font la pluie*（一九五一）では、雨乞いの儀礼が詳細に映像化されているのみならず、その後雷雲が押しよせ、雨が降りそそぐシーンまでが作品に収められている。この作品においてルーシュは、雨乞いから降雨までにどの程度の時間を要したのかについてなにも述べない。仮に二つの出来事の間にそれなりの時間差があったとすれば、外部の観察者（映像の鑑賞者）はそこに因果関係を認められないにちがいない。だが出来事の当事者にとってそれらは不可分の出来事である。『イェネンディ、雨を降らせる人々』におけるルーシュの創意は、『大河での闘い』のような明示的な発話によってではなく、むしろ沈黙によって発揮されている。箭内の言葉を借りるなら、そうすることでルーシュは、「「人々がいかに雨乞い儀礼を経験したか」と「人々がいかにその後に降った雨を経験したか」は全く切り離しえない」[31]ことを示して見せたのである。

天候とおなじく、カバという強大な生物との対峙にはつねに不確実性がつきまとう。どれほど物理的、精神的、技術的、呪術的に入念な準備を整えようとも、不測の事態は生じうる。[32]そうした事態が生じたときに人々はそれをいかなるものとして経験するのか。その現実が映像をとおして追体験できる点において、『大河での闘い』はたしかに「完全」と呼ぶに値する情報の奥行きを有しているのである。

こうした映像をルーシュが創造しえたのは、彼自身がソルコとともにカバ狩りに参加していたからにほかならない。ただし最後につけくわえておくなら、この参加の質は『黒い呪術師の国で』の時点と『大河での闘い』の時点とでは異なっていた。前者ではロングショットが多用されているのに対して〔図10〕、後者では至近距離からの撮影が大半を占めている。それは『大河での闘い』のルーシュがソルコと同じく舟で川へと漕ぎだし、ソルコの傍らで撮影を行っていたからである。カバが潜む大河に小舟で漕ぎだし狩りを撮影することは、狩りそのものと変わらぬ危険な行為である。『黒い呪術師の国で』のルーシュが、彼の嫌悪するフランス人ハンターと同じく安全な場所から対象をとらえていただけだとすれば[33]、『大河での闘い』の彼はソルコと同じく命がけでカバと対峙していたといえる。むしろニジェール西部の人々の思考に照らすなら、怒り狂ったカバが潜む川へ舟で漕ぎだせるのは呪物をもつソルコだけである。ゆえに、あのときのルーシュはソルコに近い何者かだったということも不可能ではないのである[34]。

ただしそのソルコの手に握られていたのは銛ではなくカメラだった。それこそが彼の武器、むしろ呪物だった。「あらゆる映像は、人間の視覚と合致する二五ミリ、あるいは一六ミリのレンズ（オブジェクティフ）によって、つまり運動する視点によって撮影される。ゆえにもたらされるイメージはひどく主観的（サブジェクティヴ）である。観客は自分が川の只中で、カバに囲まれながら、彼が実際そこにいたのなら生じていたであろう距離をとって、舟に座っていると感じる」[35]。カバ狩りの現場に身をおかぬ限り得られない当事者の視点を、時空を隔てた他者に共有させるメディアであるという点において、ルーシュのもつカメラとは、カバとソルコとを媒介する銛に相当する呪術的な媒体だったのかもしれない。

映像の鑑賞者に経験の共有の回路を拓くルーシュの人類学は、被写体であ

図10　銛の投擲のロングショット（同）

る他者と経験を共有し、なおかつその経験を組織化する思考を彼らと共有することによって成りたっていた。その出発点には、ソルコとともに木製の舟にのって強大なカバに挑み、闘い、敗北し、なおかつ彼らの思考に沿って映画のなかで敗北の経験を再現するという比類なきフィールドワークの過程があったのである。

▽1 このエピソードにはいくつかバージョンがあるが（Jean Rouch, "Jean Rouch, Maître du désordre," *Humanité*, 14 avril, 1999; 本書所収「カメラと人間」三二〇頁）、ここでは Jean Rouch, *Jean Rouch: Une rétrospective*, Ministère des relations extérieures-Cellue d'animation culturelle, Paris, 1981, pp. 12–13 を参照した。

▽2 Paul Henley, *The Adventure of the Real: Jean Rouch and the Craft of Ethnographic Cinema*, Chicago and London, University of Chicago Press, 2009, p. 301, p. 459; Paul Stoller, *The Cinematic Griot: The Ethnography of Jean Rouch*, Chicago, University of Chicago Press, 1992, p. 43; Marc Piault, *Anthropologie & cinema*, Paris, Téraèdre, 2017, p. 223; 箭内匡「ジャン・ルーシュの思想」村尾静二・箭内匡・久保正敏編『映像人類学——人類学の新たな実践へ』せりか書房、二〇一四年、九一—一〇八頁。

▽3 イブン・バットゥータ『大旅行記8』イブン・ジュザイイ編、家島彦一訳注、平凡社、二〇〇二年、五八—六〇頁。

▽4 Yutaka Sakuma, « Surrogate of Fear: An Ethnographic Study of Hippopotamus Hunting in the River Niger », *Journal of African Studies*, 91, 2017, pp. 19–20.

▽5 ニジェール西部農村社会では一般的に女性は本格的な漁業に従事しないため、第一の意味でのソルコはいないが、第二の意味のソルコとしてはむしろ女性の方が重要となる（*Ibid.*, p. 21）。

▽6 筌をはじめとしたあらたな漁具の普及により、それまで漁業とは無縁だった農耕民も漁師になることが可能になった点も

挙げられる。

▷7　「銛によるカバ狩りは、ニジェールの漁業民が専門とするもののひとつである。〔……〕なかでも最も優れているのが、湾曲部北部のソンガイ系漁業民ソルコである。じっさい、前掲の諸民族は、結局のところ網、筌、釣り針を用いて漁をする人々、つまりは魚を獲る漁師であるが、これにたいしてソルコは、もっぱら銛を用いて、何種かの大型の魚や、マナティー、ワニ、なによりカバを獲る人々なのである」（Jean Rouch, *Les hommes et les dieux du fleuve: Essai ethnographique sur les populations Songhay du moyen Niger 1941–1983*, Paris, Editions Artcom, 1997, p. 63）。

▷8　Aenne Post, *The Hippopotamus: Nothing But a Nuisance? Hippo-Human Conflicts in Lake Victoria Area, Kenya*, Amsterdam, University of Amsterdam, 2000, p. 115.

▷9　Jean Rouch, *Les Songhay*, Paris, PUF, 1954, pp. 21–22.

▷10　植民地化以前のカバ狩りが「牧畜」に相当する生業だったという主張の真偽は慎重に検討する必要があるが、イブン・バットゥータも食肉目的でニジェール川流域の住民がカバを銛で仕留めていたと記している（バットゥータ『大旅行記8』、六〇頁）。

▷11　Rouch, *Les hommes et les dieux du fleuve*, p. 64.

▷12　ともに植民地当局の許可を得た公式の狩りである。

▷13　『黒い呪術師の国で』というタイトルもルーシュがつけたものではない（Jean Rouch, *Jean Rouch: Cinéma et anthropologie*, Paris, Cahiers du cinéma, 2009, p. 77）。

▷14　*Ibid.*, p. 56.

▷15　*Ibid.*, p. 77.

▷16　*Ibid.*, p. 56.

▷17　以降の節においてカギ括弧を付した文は、ルーシュのナレーションであることを示す。

▷18　ここで登場する力の精霊とは、フランス領西アフリカの総督を形象した「ダカール総督（Zeneder Dakar）」とイスタンブール出身のムスリムを形象した精霊「イスタンブールの男（Isutanbula）」である（Jean Rouch, *La religion et la magie*

Songhay, Paris, PUF, 1960)。ダカール総督なる精霊の存在が示唆するように、ハウカは植民地期に出現したあらたな精霊の体系であり、ハラコイ・ディッコをはじめとしたふるい川の精霊群とは異なる体系である。

▽19 この日、群れからはぐれた生後数日の子カバが生け捕りにされる。ソルコであり、ルーシュの親友でもあるダムレ・ジカはこのカバと「友達になる」。ルーシュは、彼と子カバが裸でじゃれあう様子を約一分間にわたり映像に収めている。そこからはカバとソルコの関係が敵対だけではない両義性を備えていることが読みとれる。

▽20 小河原あや「ジャン・ルーシュ監督映画『人間ピラミッド』の創造性――ドゥルーズの「偽なるものの力能」を手がかりに」『美学』五九巻一号、二〇〇八年、一五四―一六六頁。

▽21 Rouch, *Les hommes et les dieux du fleuve*, p. 70, 110.

▽22 *Ibid.*, p. 110.

▽23 *Ibid.*, p. 71.

▽24 この紀行文は、後年書籍にまとめられている（Jean Rouch, *Alors le Noir et le Blanc seront amis: Carnets de mission 1946–1951*, Paris, Mille et une nuits, 2008）。

▽25 *Ibid.*, p. 212.

▽26 Rouch, *Les hommes et les dieux du fleuve*, p. 69.

▽27 *Ibid.*, p. 70.

▽28 本書所収「カメラと人間」三一二―三一三頁。

▽29 Rouch, *Alors le Noir et le Blanc seront amis*, p. 217.

▽30 『大河での闘い』を現地で上映したエピソードをめぐる、本文で参照したものとは別のバージョンには、ソルコたちの批評がさらにラディカルであった可能性が示唆されている。「彼ら〔ソルコたち〕はわたしにふたつのことを述べました。第一に、よくカバが見えないということ。第二に、「なぜ音楽を入れたのか」ということ。わたしは述べました。「しかしあなたがたはこの音楽をよく知っているのではないですか？　狩人に勇気を与える音楽でしょう」。すると彼らはこう応じました。「おまえはバカか。そんなものを入れたら、水中で待ち構えるカバにまで勇気を与えてしまうじゃないか」

（Rouch, "Jean Rouch, Maître du désordre"）。ニジェール川においては、ソルコや銛だけでく狩りの標的となるカバもまた、音楽や言葉に感応する情動体なのである。

▽31　箭内「ジャン・ルーシュの思想」、九五頁。

▽32　わたしが二〇〇六年に観察した狩りにおいても、銛が標的のカバをいったんはとらえたものの、その後抜けてしまい、仕留め損ねるという事態が生じた。このとき人々は、標的をとらえた銛が雌であるにもかかわらず、雄にすべき褒め言葉をかけたがゆえに銛が抜けたのだと解釈していた（Sakuma, « Surrogate of Fear », p. 21）。

▽33　Rouch, *Les hommes et les dieux du fleuve*, p. 207.

▽34　現地の脈絡に照らした場合、ルーシュの祖先がソルコではない以上、彼をソルコとみなすことは通常はできない。ただし、のちにニジェール北西部で調査を行い、（呪術師という意味での）ソルコとなったアメリカ人人類学者がいる。その人類学者ポール・ストーラーは、彼の祖先がソルコではないがゆえに、師であるソルコから「ソルコ・バンニャ（奴隷のソルコ）」と扱われたと記している（Paul Stoller and Cherly Olkes, *In Sorcery's Shadow: A Memoir of Apprenticeship among the Songhay of Niger*, Chicago, The University of Chicago Press, 1987, p. 41）。

▽35　Rouch, *Les hommes et les dieux du fleuve*, p. 280.

［謝辞］本研究は、ＪＳＰＳ科研費 15H05385、17H00948 の助成を受けたものです。

5

# 神々が息づく映画

## ルーシュとアフリカ的自然

箭内 匡 | Yanai Tadashi

二〇〇四年二月、ルーシュは、映画『死よりも強い夢』（二〇〇二）の上映のため滞在中だったニジェールで交通事故により客死する。ニジェール的な知の「死よりも強い」価値を訴えたこの長編映画は、期せずして、後世に向けての彼の遺言になってしまったのだった。[▽1] ところで、私は今「客死」と書いたが、ルーシュの場合、本当のところ客死という表現は当たらない。ニジェールの自然と人々——特にニジェール川周辺の自然とそこに住むソンガイ系諸民族を中心とする人々——とルーシュのつながりは非常に根深いもので、実際、彼の遺体は、現地での葬儀のあと首都ニアメの墓地に土葬されている。フランスおよび世界の映画史に大きな足跡を残し、シネマテーク・フランセーズの館長も務めたルーシュが今もニジェールの土の中に眠っているのだ。この事実は、彼の映画について考えるうえでも大きな重みを持つはずである。[▽2]

映画の世界におけるルーシュの貢献は、一般に、「シネマ・ヴェリテ」の手法、および、手持ちカメラや即興演技、ジャンプカット等の一群の技法の導入にあると理解されている。[▽3] しかし、ルーシュ自身にとっては技法はいわば二次的な産物であって、彼が最も重視していたのは、既存のセオリーに頼らずに、制作の現場において「発明の野蛮さ」を見出すことであった。[▽4] 多様なジャンルにまたがるルーシュ映画の全体を丹念に見てゆくと気づくのは、彼の最も「フランス的」な作品群にもアフリカ的なものが色濃く影を落としていることである。「ルーシュ的なもの」の秘密を探ろうとするなら、彼が数十年間、ニジェールの大河と土埃と雷雨のもとで現地の人々とともに積み重ねた経験の物質性（マテリアリティ）について考えることが不可欠であろう。

いま物質性（マテリアリティ）という言葉を使ったが、この言葉にここでは次のような意味をこめたいと思う。我々は物事を言葉で把握しようとするとき、物事の形相や質料を一般化した形で捉えることに流れがちである。例えば私がある岩石片を見てそれに「岩石片」という言葉を当てはめるとき、私が捉えているイメージは、ある一般性のもとでの、岩石片の形状、その質料的な硬さ、突端部分の鋭利さといったものであるだろう。これに対して物質性（マテリアリティ）とは、そうした一般性に行き着くことなく、いわばその手前に踏みとどまって事物と向き合う時にはじめて現出してくるものである。私が岩石片を例に挙げたのは、次のエピソードを念頭に置いていたからである。画家ファン・ゴッホはある時、弟のテオが送ってくれた「山のチョーク」という岩石片のようなもので絵を描き始める。そして彼は、次第にコンテ（通常用いられる類のクレヨン）では得られない独特の感触に深い喜びを感じていく。彼はテオに書き送る。「あのチョークには魂と命がある——コンテは死んでいると僕は思うのだ。〔……〕〔山のチョークは〕僕の意志を理解し、知性とともに聴き入れて、従ってくれる。コンテは冷淡で、協力してくれない。山のチョークには本物のジプシー魂がある」[▽5]。ファン・ゴッホがこの「山のチョーク」との間に営んだ親密な関係——「山のチョーク」は魂ないし命を持つものであり、つまり一般性には還元することができない——こそ、私が物質性（マテリアリティ）と呼ぶものである。ルーシュにとって、ニジェールの大地や大河、埃や嵐、カバやライオン、トウジンビエの芽や供犠獣の血は、ファン・ゴッホがいうのと同じように、命を、魂を持つものであったと言える[▽6]。

とりわけ、彼の民族誌映画の中に頻繁に現れるニジェールの神々の憑依霊について、その物質性（マテリアリティ）に正面から向き合うことは、ルーシュ映画を根本から考える際に不可欠になってくる。憑依霊は単なる文化的事象でもなければ、もちろんニジェールの人々の集合的狂気の現れでもない。憑依する神霊たちをそれ自体の物質性（マテリアリティ）において受け止めること、それは我々の思考力に大きな負担を強いる作業である。しかし、まさにそうした思考の隘路を通り抜けることで、ルーシュ映画が今なお秘めている計り知れない可能性に触れることができるであろう。

## 1　二つの自然

ルーシュは自然科学者の家庭で生まれ育った。父ジュールは名の通った海洋気象学者、母の弟ルイ・ガンは生物学者で、ルーシュの生まれる前、二人は一緒に北極探検にも参加している（父のジュールがのちに幼い息子ジャンにフラハティの『極北のナヌーク』（一九二二）を見せたのはこうした背景もあった）。父は感性豊かな人だったようであり、一九二九年――ジャンが一二歳の頃――には『文学における雷雨と嵐』という著作も刊行している。[▽7]フランス文学における自然描写を主題としたこの本は、卓越した詩人や小説家たち――ロンサールからフローベール、ロティまで――の文学的想像力がしばしば正確な自然観察に基づいていることを、ジュールが自らの専門である気象現象の文学的描写を中心に論じたものである。ルーシュは、こうした家庭環境のもとで、自然科学と文学・映画等の両方に心惹かれていったのだと想像される。

ルーシュは結局、高等教育の進学先として理工系の国立土木学校を選ぶことになるが、そこで彼を魅了したのは、流体力学・土質力学の深い知識を持った工学者アルベール・カコーの講義であった。[▽8]土・水・空気の状態や動きを厳密に見極めつつ、独創的なアイデアで橋を架けダムを作った恩師カコーの教えを、ルーシュは後年好んで想起し、その影響は自らの民族誌・民族誌映画の作業に及んでいるとも述べている。我々はこの意味では、ルーシュの映画作品に出てくる具体的な自然現象や建造物の諸々――例えば、短編『北駅』（一九六五）のラファイエット橋を始めとする様々な橋――を映画的のみならず科学的・工学的にも考えてみるべきなのである。[▽9]

しかしながら、この若き土木工学者ルーシュの自然観は、一九四二年のアフリカにおける経験により、劇的に改変ないし拡張されることになる。当時ルーシュはニジェールで大規模な道路建設計画を監督していたのだが、この年の六月初め、工事の一環としてニアメ西方の漁村の近くで作業していた現地の人夫一〇人が落雷によって死亡し、彼はこの事件を発端としてソンガイの憑依儀礼の世界に出会うのである。打楽器とフィドルの音色とともに踊る人々の身体に、ニジェールの自然の諸力の現れであるところの様々な神霊――水神ハラコイ・ディッコ、雷神ドンゴ、稲妻神キレイをはじめ――が憑依してゆく。そしてニジェールの人々は、それらの神霊と対話し交渉しながら、いうなれば自然の物質性（マテリアリティ）のただなかで、彼らの日々の生活を築いていく。ルーシュはそうした世界に心から魅了され、二〇〇四年の死に至るまで、それを生涯の人類学的・映画的探究の対象としたのであった。

それにしても、科学的・工学的視線のもとで現れる客観的自然と、神霊たちが現出するニジェール的自然は、一体全体ルーシュの中でどのように重なりえたのだろうか。▽10 実はこの問いにはルーシュ自身が明瞭に答えている。その答えは、ほかでもなく、「映画制作を通じて」である。ルーシュによれば、映画撮影とは、裸眼である左目の「現実的」な視線と、カメラを通して見る右目の「想像的」な視線を重ね合わせる行為である。映画制作は、現実を客観的に捉えることと、神霊が現れるニジェール的現実を捉えることの両方を同時に達成させうる行為なのである。▽11 このアイデアを私なりの理解に基づいて敷衍してみたい。裸眼である左目の視線は、撮影現場を外側から全体として見渡そうとするのに対し、手持ちカメラを通した右目の視線には、フレーミングを選びながら特定のものにフォーカスして見るという、撮影対象により深くコミットする動きが含まれている。言い換えれば、左目の視線は多かれ少なかれ「客観的」な視線であるのに対し、カメラを通した右目の視線は、見る行為と見られる事物とが不可分に融合した、いうなれば「主観‐客観的」な視線とでも言うべきものである。そして、こうした二重の視線が撮影者の中で生み出す経験の厚みは、憑依儀礼を生きるニジェールの人々の経験の厚みと無関係ではない――現地で撮影を続ける中で、ルーシュはこのことを確信していったのである。付言すれば、ルーシュはこうした右目と左目の関係が、撮影の場面のみならず、映像編集の場面においても重要であることを指摘している。撮影者は自分が撮った映像を現場で左目で見た「現実的なもの」との関係で見るのに対し、編集者は、撮影されたフィルムの集積――右目の「想像的」な視線の集積――だけを手掛かりに考える。映画作品はこの二つの視線の対話の中で鍛えられ、映像のモンタージュとして練り上げられていくのである。

ところで、そうした作業の結果としての映画作品はそれを観る我々にどのような経験を与えるのだろうか。この点に関して私が想起するのは、哲学者アンリ・ベルクソンの『創造的進化』の一節である。ベルクソンはそこで「詩を読む」という行為について触れ、それが単に「諸々の語、行、節」を読むことではないこと、そうした語や行や節を読むと同時に、それらを横切って走るインスピレーションとしての「詩の全体」を把握することこそがまさに「詩を読む」ことなのだと論じている。▽12 それと同じようにして、例えばニジェールの憑依儀礼についての「主観‐客観的」な映像、そしてそうした諸々の映像のモンタージュとしての映画作品は、それを観る人に対して現実の客観的なイメージを与えると同時に、それとは別のレベルに存在する「現実の全体」のインスピレーションをも与えるだろう。では、この「現実の全体」は、憑依儀礼を実際に行っている現地の人々の経験とどう関係するのか。明らかに想像できるのは、彼ら自身もまた、憑依儀礼を行う中で、打楽器やフィドルによる音楽、神々に呼びかける歌、そして踊りを彼らの身体において経験すると同時に、神霊たちを含むニジェール的自然の「全体」を一種のインスピレーションとして経験していることである。民族誌映画の営みとは、ルーシュにとって、この映像の被写体の人々が経験しているインスピレーションと、映像を観る人の中で生まれるインスピレーションとを、映像の物質性（マテリアリティ）によって連結させることであったと言えるかもしれない。

## 2　『イェネンディ、雨を降らせる人々』

具体的に考えるため、初期の民族誌映画の傑作である『イェネンディ、雨を降らせる人々』（一九五一、以下『イェネンディ』）を取り上げてみよう。「イェネンディ」とは「冷たくする」という意味の言葉で、ソンガイの人々が不安定な雨季の天候を操るために毎年乾季の終わり頃に行う、きわめて重要な儀礼の名称である。まずはルーシュの著書『ソンガイの宗教と呪術』に従って、この儀礼の気象学的および民族誌的な背景を眺めておきたい。

この地域の気候を全般的に支配するのは東方から吹く乾いた熱風ハルマッタンである。しかし夏の数ヶ月間には、西方から雨雲をもたらすモンスーンの風が吹いてきて、ハルマッタンと衝突して雷雨が発生する、雨季となる。この東風と西風が衝突する状況はきわめて不安定なものであり、年によって降雨のある期間は三ヶ月余りから六ヶ月余りと大きく変動し、降雨量は場所によっても上下する。飢饉となるか豊作となるかはこの降雨量次第であり、雨季にはさらに、頻繁に起こる落雷によって人命が失われる危険が常にある。ニジェールの人々からみると、こうした一連の現象は「天空の主たち」である一連の神霊——雷神ドンゴ、稲妻神キレイラを中心とする——の力に大きく依存している。それゆえ人々は、乾季の終わりに「イェネンディ儀礼」を開いて、踊り手に憑依する神霊たちと対話し、雨を多く与えてくれるように、また落雷で人命を奪うことがないようにと約束を求めつつ、彼らに生贄を捧げるのである。▽13

民族誌映画『イェネンディ』は、一見、ありきたりの民族誌映画のようにみえるかもしれない。フィドルと打楽器の演奏が始まり、やがて踊り手たちに憑依が起こり、憑依した神霊たちと村人たちの間で対話がなされ、それが終わったあと、呪器ハンピをめぐる儀礼的動作が行われて、供犠がなされる……。イェネンディ儀礼の各場面を撮ったそれらの映像は、確かに時系列に沿って素直に並べられている。しかしもう一方で、この映画を見る経験は明らかに、民族誌映画というより、一つの映画作品としての強烈なインパクトを含んだものである。映画を見る我々は、映像が伝える現場の緊迫感、憑依者たちの身体の震え、儀礼の最中に起こる様々な予期しない言動といったものをたえず肌で感じさせられる〔図1〕。さらにそうした触覚的ともいえる経験は、現地の人々の主観的現実に深く踏み込んだルーシュのナレーションによって、ニジェールの人々が現場で触感しているはずの経験と連結されてゆく。この点、ルーシュが『イェネンディ』で、一般性としてのイェネンディ儀礼についてではなく、一九五一年五月のある日、ニジェールのある特定の場所で行われた一つの出来事について語っていること

図1　憑依状態の踊り手の表情（『イェネンディ、雨を降らせる人々』1951）。

は重要である。この映像の出来事的ないし一回的な性格は、憑依儀礼の持つ独特の性格によっても強められているだろう。憑依儀礼では、神霊が踊り手にきちんと憑依してくれるのか否か、憑依しても神霊が人々のいうことを聞いてくれるのか否か、誰も知らない。またイェネンディ儀礼の中のある決定的な場面で、憑依した神霊がハンピと呼ばれる甕(かめ)——天空と大地を結び、神霊たちが集まる呪器——を傾けるとき、そこでうまく水が流れて豊穣な一年を招かれるのか、それとも失敗して飢饉が招かれるのかは、誰も知らない。そしてルーシュは、映画を観る我々をこのように一九五一年五月のイェネンディの一回性の中に深く引き込んだ後に、我々を呆然とさせるような素晴らしい結末を用意している。雨を予告するコウノトリが空を舞い、そして白い雲が現れ、ついには一帯が黒い雨雲ですっぽり包まれて、雨が降り始めるのである。

映画作品として眺めるならば、『イェネンディ』の結末に現れる雨は、デンマークの偉大な映画監督カール・ドライヤーの『奇跡』(一九五四)の結末を私に思い起こさせずにはいない。『奇跡』の中心人物である、ユトランド半島の農家の長男の嫁インガーは、家庭内での深刻な諍いや義弟ヨハンネスの狂気——そしてその後の失踪——という困難にもめげず、明るく家事を切り盛りして皆の気持ちを救っているのだが、映画の後半、身重だったインガーの容態が急変し、彼女は遂に息を引き取ってしまう。そして、一家が深い悲しみに沈んで葬儀を行っている時に、行方不明だったヨハンネスが不意に正気となって立ち現れ、棺桶の中のインガーに近づいて、起き上がるようにと静かに言う。するとインガーはうっすらと目を開け、息を吹き返すのだ。この結末部が、映画の歴史の中でもおそらく最も感動的な場面の一つであるのは、それが「死者が生き返る」というまったく例外的な出来事を名状しがたい説得力をもって観客に納得させてしまうからである。『イェネンディ』の雨もこれと似ている。この降雨は、儀礼によって雨を降らせることなど絶対不可能だと考える人に対しても、「ともかくこの降雨は——偶然にせよ何にせよ——起こったのであろう」と信じさせる説得力を持っているのである。

この力はどこから来るのだろうか。それは、ルーシュの映像が成し遂げている、(儀礼の)反復性と(出来事の）一回性の絶妙な混合にあるように私には思われる。すでに述べたように、ルーシュは一方でイェネンディ儀礼の反復的側面を外側から「客観的」に捉え、それを時間的順序に従って配列している。踊り手はみな数々の儀礼の中で経験を積んできた人たちであり[▽14]［図2］、そこには確かに、ソンガイの人々が彼らの人生の中で繰り返し、精一杯の力を込めて行ってきた行為の、客観的事実としての重みがある。もう一方でルーシュは、「主観－客観的」な映像とナレーションによって、この儀礼とその後の降雨が一回的過程として内側から生きられた仕方を鮮やかに表現している。『イェネンディ』は、映像のこの二つの側面が浸透し合い、お互いを強め合う中で、我々の内部に深い感動を引き起こすのである。

　ルーシュはこの映画の後も数々の「イェネンディ映画」を撮った。その中でも特に印象的な作品の一つは『ガンゲルのイェネンディ、落雷を被った村』（一九六八、以下『ガンゲルのイェネンディ』）であろう。これは一九六〇年代前半の「シネマ・ヴェリテ」の経験を背景に、同時録音による長回しという新技術を用いて撮影された作品である。この映画ではもはや儀礼の全体は描写されず、神霊が踊り手に憑依して、人々が神霊と対話する場面にのみ焦点が当てられているが、それだけに、憑依儀礼における人々の経験の一回性、そのドラマティックな性格がより強調される形になっている。ニジェール河畔のガンゲル村——実はルーシュが一九四二年に初めて憑依儀礼に出会ったのと同じ村——で行われたこの儀礼で、村人たちは

図2　音楽に合わせ、憑依状態で踊ることに慣れてゆく女性（『ホレンディ』1972）。

図3　村人たちと対話する雷神ドンゴ（『ガンゲルのイェネンディ、落雷を被った村』1968）。

踊り手に憑依した雷神ドンゴ、稲妻神キレイと対話を始めるのだが、村人たちはドンゴが求める生贄が過大であると受け止めた。村人は交渉を求めるがドンゴはそれに応じない。そして、交渉に応じてほしいと懇願する村人たちを前に、神霊たちは交渉が決裂したまま立ち去ってしまうのだ［図3］。この不幸な対話の後、ガンゲルの人々は、あたかもギリシア悲劇におけるような悪運の中に投げ込まれることになる。この年人々が育てたトウジンビエは不作であった。のみならず、この村を含むサヘル地域は七年間の干ばつに見舞われたのであった。

## 3 ニジェールの物質的想像力

ルーシュの民族誌映画に関するここまでの考察は、いまだ外面的なものである。ルーシュの仕事は、ニジェールという場所やそこで繰り広げられるソンガイの人々の営みの物質性（マテリアリティ）と不可分な形で絡み合うものであり、彼の思考をさらに深く追うためには、一般論的な語彙を離れて、ソンガイ的な思考の筋道に沿った形で考察を進める必要がある。そこでここでは、「ビア」「フンディ」「ハンピ」という三つの現地語についてコメントしながらソンガイの物質的想像力とでも呼ぶべきものを浮き彫りにしてみたいと思う。

まず「ビア」だが、これは霊的な「影」を指す言葉で、光に対する「影」とも同じ言葉である。二つの意味は区別されるものの、ここでいう意味のビアも、あらゆるもの——生物か無生物かを問わず——に影のように付きまとうものとされる。▽15 例えば植物は雨のビアを受け取ることで成長すると言われるように、生のいわばビア的な次元——「影」の次元——はあらゆる存在にとって重要である。人間の場合には、ビアは身体の後方左側あたりに位置するとされ、鏡の前に立つとビアが見えるという。人々によると、人間のビアは昼間は身体とともにあるが、夜になると身体から離れて様々な場所に行き、それが夢として経験されることになる。神霊たちもビアを持つが、彼らの場合は身体は目に見えず、彼らのビアが人間に憑依する場合にのみ可視的存在になるとされる（憑依という現象は、憑依霊のビアが、踊り手のビアに一時的に取って代わることで生起すると説明される）。面白いのは、一人の人間が特定の場所にだけ存在しているのと同様に、神霊のビアも同時に複数の場所には存在できないと考えられていることである。例えば雷神ドンゴは、様々な村で行われる憑依儀礼で呼び出されるが、そのビアは一つしかない。できるのはただ、つむじ風の形で村から村へ瞬時に移動することだけである。人々によれば、憑依儀礼でしばしば神霊の憑依が起こらないのは、すでに別の場所で憑依霊として入っているからである（実際、儀礼の最中に憑依霊自身が「急げ、別の村で私を呼んでいる……」と人々に告げたりすることもある）。

先述したようにビアとは――あたかも光には影が、昼には夜が伴うように――万物に付きまとい、その生物および無生物の生に影響を与えるものであり、そしてこのビアの問題は、やがてニジェールにおけるルーシュの民族誌映画の撮影の作業にも直接関わるものになってゆく。鏡にビア（＝「影」）の像が現れることはすでに述べたが、それと同じように、現地の人々は映画カメラが記録する映像（＝「影像」）もビアと深く関わるものと考えたのだ。このことの背景には、憑依儀礼をめぐる現地の人々のルーシュとの交流が、一九六〇年代後半以降、同時録音の長回し映像――『ガンゲルのイェネンディ』を始めとする――をルーシュが現地の人々に見せる中で、大きく深まっていったことがある。ソンガイの人々によれば、経験を積んだ祭司者たちは儀礼の際、トランスに入らないで神霊のビアを見ることができるのだが、それと類比的な形で、神霊の憑依を撮影するルーシュも、カメラを通してビア（＝「影像」）を捉える一種の祭司的存在と見なされるようになったのである。祭司者たちは憑依儀礼の中で、神霊が踊り手に接近してくる時、呪具を振りかざしながら神霊の歌を歌って憑依を触発する役割を果たすが［図4］、ルーシュはそれに酷似した形で、広角レンズをつけた映画カメラを手に持ち、踊り手を間近で追いかけつつ撮影を行う。ソンガイの人々から見ると、彼のカメラの中では明らかに何か重要なことが生起しているのである。ルーシュがこの時期に撮った『トゥルーとビッティ、昔の太鼓』（一九七二）は、儀礼の一場面を九分ほどのワンショットで一気に撮影したものだが、ずっと踊り手に憑依が起こらない状態が続く中、ある瞬間、忽然と神霊が到来する様子が生々しく捉えられている。ルーシュはこの映像について、もしかすると彼がずっとカメラを回して撮影を続けたことが、そこで憑依が生起した原因になったのかもしれないと述べている。[16]流石にそれはルーシュの思い込みではないかと考えたくなるところだが、同時期のルーシュの民族誌映像を眺めていると、彼に一理あるように思えてくることも確かだ。『ガンゲルのイェネンディ』を始めとするこの時代の憑依映画の中では、神霊たちは踊り手に憑いた後、あたかも当然のことのように、カメラを肩に担いだ「祭司者ルーシュ」に近づき、握手を求めているからである。ルーシュのカメラが神霊のビアを本当に捉えていたのか否かという問いはここでは重要ではない。大事なのは、カメラが当然ビアを見ているものとして全てが運んでいったという事実であり、その事実は映像によって確かに記録されているのである――そしてこれが、ルーシュの有名な「シネ・トランス」という言葉の根本的な意味なのである。

ところで、ソンガイの物質的想像力という観点からいえば、神霊の憑依はその一側面でしかないことも指摘しておかねばならない。憑依は、神霊たちが何を求めているかを知り、彼らと交渉するための手続きだが、そうした交渉の結果は、その後の儀礼的行為を通じて、神々と人間を結ぶ契約として公認されなければならない。「ハンピ」はこの過程で決定的な役割を果たすところの儀礼用の甕のことである。このハンピの甕は、注意して見ればわかるように、『大河での闘い』（一九五一）、『ワンゼルベの呪術師』（一九四九）、『狂った主人たち』（一九五七）といった初期の代表的な民族誌映画から、遺作の『死よりも強い夢』に至るまで、ルーシュの諸作品の随所に見出すことができる。ハンピの甕は雷神ドンゴと深く関わるも

図4　踊り手の傍で呪具を振り回しつつ憑依霊を呼ぶ祭司者（『イェネンディ』1951）。

ので（そこには「雷の石」と呼ばれる石が入れられている）、棒状の枝の上に置かれて空中にあるときには天空の最下層、つまり雷神ドンゴたちのいる空間を表象する。そして、イェネンディ儀礼の中でハンピが地上に置かれる時、「天空が大地の上に置かれる」。それは神霊たちがハンピに集まる劇的な瞬間であり、村人に憑依した雷神ドンゴの指示によって甕が傾けられ、甕の中の水が首尾よく地上に流れることで——その場合にのみ——来るべき降雨が約束されるのだ［図5］。ちなみに、ハンピの甕に張られた水の中にドンゴにまつわる樹皮やトウジンビエの種が注意深く投じられ、作物の豊穣さや女性の豊満さを生む、呪的な水が作られたりもする。従ってハンピの甕は、降雨や落雷のみならず、自然における力の働きの全体と関わるものである。

　ただし、そうした神霊の力の働きが実現されるためは、さらにもう一つのことが行われなければならない。それは、正しい仕方で動物の供犠が行われ、供犠獣の「血」が流されることである。[17] 儀礼の中で動物が殺され、その血が地面に流されたり、様々なものに塗られたりする——そうした儀礼的行為は映像を見る我々にとっても常に印象的なものだが、ルーシュはソンガイの物質的想像力におけるこうした行為の重要性を自ら感じつつ、民族誌映画の中で常にそれに焦点を当てて撮影している［図6］。ただ、憑依の場合と異なり、供犠の意味についてルーシュが与えている説明は多くない。著書『ソンガイの宗教と呪術』では、供犠が「フンディ」というソ

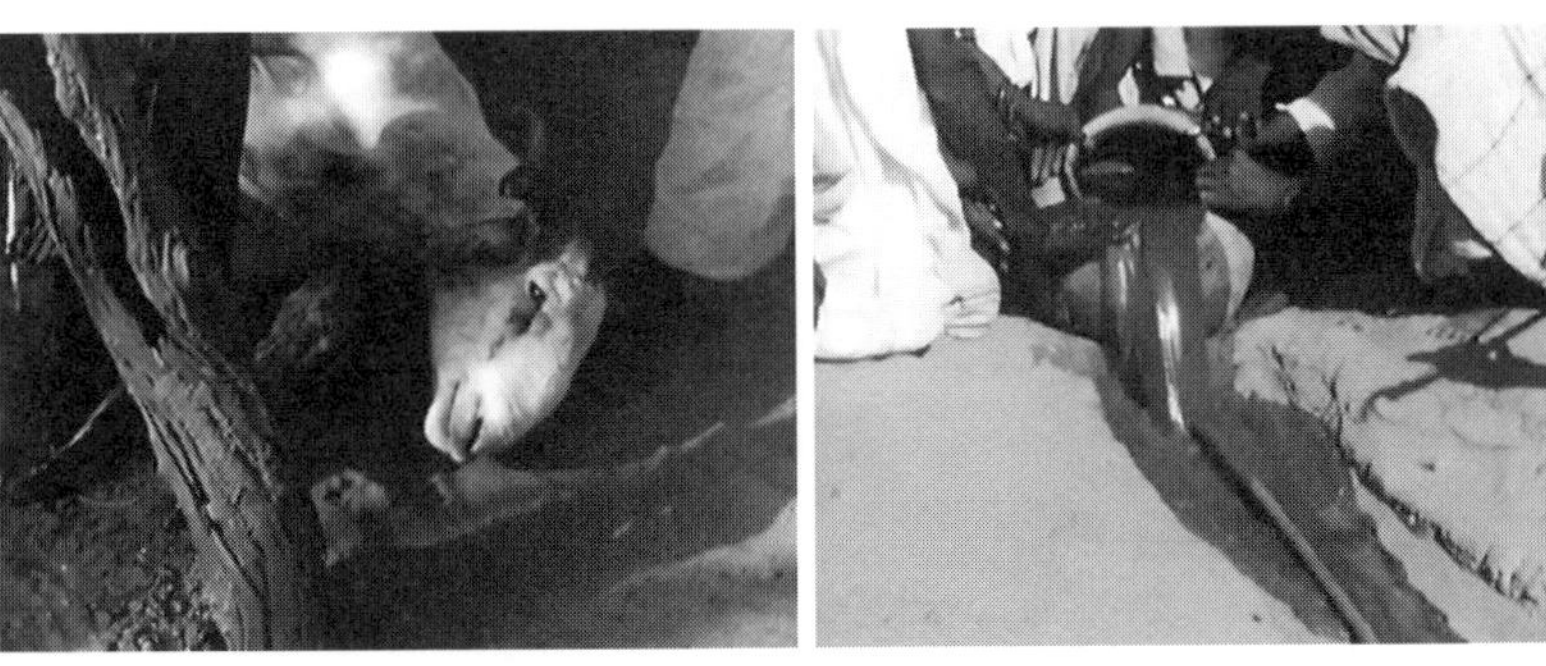

図6　ヤギが地面に倒され、供犠獣として殺される（同）。

図5　ハンピの甕が傾けられ、水が大地に流れる（同）。

ンガイ的概念と関わっていることが論じられている。[18] 先に述べたビアが万物に付随する影のようなものであったのに対し、フンディ——語源的には「息」と関連する——は、生物だけが持つものだとされる。それは一種の「流れ」のようなもので、血や排泄物や唾液や呼吸によって流出する可能性があるが、体内でたえず再生されてもいる。ソンガイの人々にとって、供犠によって流される血は、この生命力としてのフンディを運ぶものである。[19] つまり供犠とは、霊的存在との交渉の中で血を流し、生命力を操る技術なのである。[20]

こうしたソンガイの物質的想像力は、予想もしない場所で噴出してくる可能性を持っている。そのことを見るため、ルーシュが一九六〇年に撮影したニアメ国立博物館に関する民族誌映画『ハンピ』（一九六二）について述べておこう。この博物館は、一九五〇年代末、ニジェール共和国が独立に向かう中で、初代の大統領と国会議長の肝煎りで作られたものである[21]（ルーシュもその開設のために重要な役割を果たしている）。博物館本体は小さな建物だったが、広い敷地には人々の協力でニジェール各地の諸民族の家屋が建てられたほか、国内の動物を集めた動物園、手工芸品の工房なども併設されて、国民的な人気を博すようになった。いうなれば、ニアメ国立博物館は新生国家ニジェールの多様な全体を一箇所に集めて一覧できる特別な場所になったのであり、諸民族の事物が共存するこの博物館のイメージは、国内での内部対立を和らげるためにしばしば役立ったとさえ語られる。さて、ルーシュの民族誌映画『ハンピ』は、開館して間もない時期に、ソンガイ系漁労民ソルコが、彼らの家屋群が作られた場所にハンピの甕を設置した経緯を撮影したものである。ソルコは雷神ドンゴと特別なつながりを持つとされる人々であり、ハンピの甕を博物館の敷地内に持ってくるには、憑依儀礼を行ってドンゴの許可を得ることが必要になる。『ハンピ』では、ソルコの祭司の指揮のもとで憑依儀礼が行わ

図7　ハンピの水を口に含み、ニアメ博物館の家々に吹きかける（『ハンピ』1962）。

れ、博物館の敷地内で踊り手に神霊が次々に憑依してゆく。そして、憑依した雷神ドンゴが、対話ののちに博物館内でのハンピの設置を許可し、ドンゴの指示通りにハンピの甕が設置されて、甕の水の中に樹皮の粉やトウジンビエの種が入れられる。映画ではさらに、この儀礼の一週間後、ハンピの甕の中でトウジンビエの種が発芽した頃に、ソルコたちが甕の中の水を口に含み、敷地内の諸民族の家屋や博物館の建物に吹きかける様子も示されている［図7］。そうやって博物館の全体は（ドンゴの意志のもとで起こる）落雷から守られることになったのである。なお、博物館ではその翌年から、このハンピの甕を用いて毎年乾季の終わりにイェネンディ儀礼が行われるようになった。国立ニアメ博物館はそうやって、西欧的意味での国家の表象にとどまらず、ニジェールの物質的想像力をも深く反映する施設になったのである。▽22

## 4 映画は何をなしうるか

一九四〇年代に土木工学者としてニジェールの地に赴いたルーシュは、映画カメラという、撮影対象の現実を「客観的」にフィルム上に収めるのと同時に「主観－客観的」にイメージとして把握する技術を媒介として、ニジェールの人々の物質的想像力に肉薄していった。子供の頃から科学的思考に親しみ、アルベール・カコーの土質工学を学んだ彼は、まさにそうした科学的思考と同じ厳密さをもってアフリカの人々の営みを追いかけ、そこに潜む西洋人たちが未だ知らない叡智を表出させようとした――その結果は、新しい科学というよりは、むしろ新しい映画の創出として大きく結実してゆくのではあるが。ここまで私は、彼の民族誌映画の中核をなす憑依映画に焦点を当ててルーシュの思考を追ってきたが、最後に、そうした考察によって得られた視野のもとで、ルーシュ映画の全体を展望してみたいと思う。

もっとも手近なところから始めるなら、ニジェールの物質的想像力と深く関わる映画として、ガーナにおける憑依映画『狂った主人たち』はもちろんのこと、ニジェール人スタッフとの共同制作によって作られた劇映画のいくつか――とりわけ『コケコッコー！ にわとりさん』（一九七四）――がすぐに頭に浮かんでくる。また、ルーシュがフランスで作った作品群の中では、ルーシュの思想的総決算ともいえる一九八五年の長編劇映画『ディオニュソス』をまず挙げるべきだろう。これは、エウリピデスの悲劇『バッコスの信女』を現代風に、かつユーモラスに翻案した映画だが、そこでのルーシュの根本的な意図は、憑依と仮面の神であるディオニュソスを結び目としてアフリカ・古代ギリシア・現代世界の三つの世界を重ね合わせること、そしてその重ね合わせの中で、アフリカ的な叡智が現代世界にとって持っている意義を示すことであったと思われる。[23] 三つの異質な世界が入り混じったこの不思議な映画の中で、ニジェールの物質的想像力が――ルーシュのもう一つのフィールドだったマリ共和国のドゴンの物質的想像力とともに――中軸を担っているのは当然である。憑依者たるディオニュソスの信女たちが映画全篇にわたって現れ、また例えば、中途に出てくるディオニュソスの絵を描いた大きな器はハンピの甕を思い起こさせる。そして、映画の中盤以降の、旧式の自動車を雄牛に見立ててそのモーター＝心臓を吊るして供儀を行い、「芳しき豹」と呼ばれる新しい自動車を作り出すという筋書きは、明らかにアフリカ的な供犠のアイデアを参照せずには理解困難なものである[24]［図8］。

さらに考察の範囲を広げてみたい。ソンガイのビア（＝「影」）の概念を、現地の人々の思考に触発されつつ、ルーシュが映像（＝「影像」）と重ねて考えたことはすでに述べた。光というよりも影、昼の知覚とい

図8　現代風の奇妙な「供犠」が行われ、旧式の自動車が「解体」されて「芳しき豹」として生まれ変わる（『ディオニュソス』1985）。

うより夜の夢想と関わるビアの世界は、人々の心が日常生活における物事の連関を抜け出したところに展開する世界であり、そこでの「主観−客観的」な経験を一回性と反復性の張り詰めた関係の中で捉えることは、映画制作についての全く新しいアイデアを与えうる。映画撮影の最もスリリングな瞬間においては、映画カメラは、ちょうどニジェールの憑依儀礼でフィドルや打楽器や歌が踊り手たちの中に憑依霊のビアを招き入れていくように、被写体となった人々のビア（＝「影」）を特別な経験の相に招き入れるかもしれない。

一九五四年に撮影された『狂った主人たち』は、ガーナの首都アクラに移民したソンガイ人たちのビアが近代の機械文明や植民地権力をめぐる夢想となる様子を捉えた映画であり、それはルーシュが憑依映画から都市的世界の映画へと移行する瞬間の作品であった。[▽25] その四年後、コートジボワールの首都アビジャンで撮影された『私は黒人』（一九五九）では、「エドワード・G・ロビンソン」を始めとする登場人物のニジェール人移民たちがトランスに入ることはもはやない。その代わりに彼らは、映画――そしてボクシング、ダンス、都市生活一般――が引き起こすビアの夢想的世界を、憑依者たちに勝るとも劣らない迫力で演じるのである［図9］。翌一九五九年、同じアビジャンにおいてフランス人とアフリカ人の高校生たちに即興演技をさせた『人間ピラミッド』（一九六一）では、ビアの夢想的世界――ないし「影像」の夢想的世界――はさ

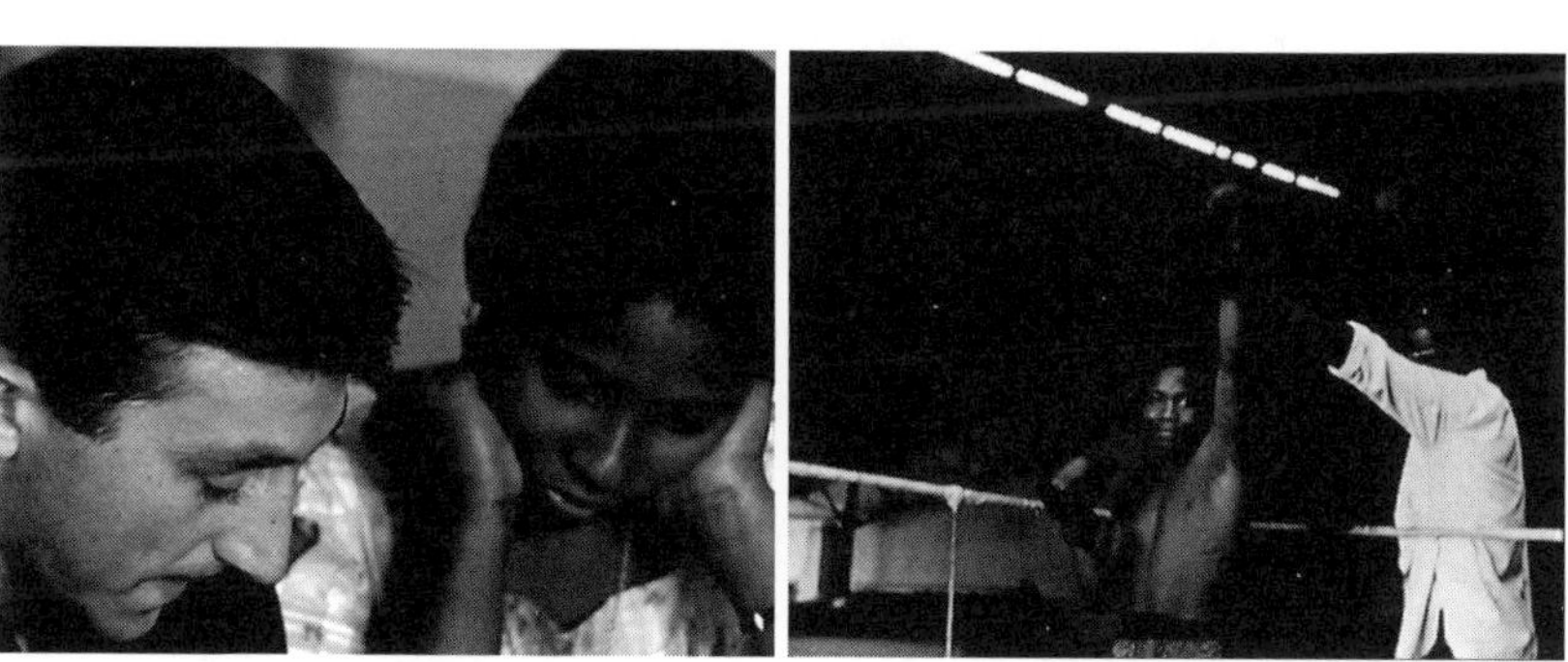

図9　ボクシングの世界王者となった自分を夢想するニジェール人移民、通称エドワード・G・ロビンソン（『私は黒人』1959）。

図10 「映画」という設定のもと、アビジャンの高校生たちが人種の壁を越えて深い付き合いを始める（『人間ピラミッド』1961）。

らに「アフリカ人」の枠をも超えていき［図10］、それはフランスにおける『ある夏の記録』（一九六一）や『罰あるいは不運な出会い』（一九六三）の映画的実験につながっていくことになる。

内容的な面についても考えてみよう。例えば短編『北駅』では、早朝からの建設工事の騒音で不機嫌な朝を迎えた主人公の若妻オディールが、仲良しのはずの夫のジャン＝ピエールと激しく口論し、気が動転したまま――いわばビアが半ば外に飛び出した状態で？――家を出る。そのあとオディールは、路上で不思議な魅力を湛えた男性に出会うが、この謎の人物は、あたかもオディールの夫に対する不平を全て聴いていたかのように語り、「私と一緒に旅に出よう」と彼女を誘う［図11］。オディールが「それは私にはできない」と踏みとどまると、男性は、二人が歩いていたラファイエット橋の欄干を飛び越えて自殺する。この映画で、オディールの心の動きは、憑依者のように不安定で、かつ未知のものに向けて開かれており、そして路上の男性は妖術師のビアのような危険を感じさせる[26]（結末での男性の死は供犠なのか、あるいは悪魔祓いなのか……）。そう考えるなら、この作品でのルーシュの目論見はある部分、ニジェール的想像力に基づくアイデアをフランスにおける生の問題として再創造するという知的実験だったようにも思われる。なお、二つの長回しのショットだけで撮影された『北駅』は、ルーシュがそれ以降、民族誌映画を含めて、徹底して長回しを用いるようになったという意味でも重要な作品である。容易に撮り直しできない長回しのカメラが与える緊張感は、おそらくルーシュにとって、神々が現れる憑依儀礼の時空に似たような緊迫感――反復性と一回性の精妙な結合――を与えるものだったのである。

ところで、もしルーシュ映画の全体が、様々な意味でアフリカ的な叡智の再創造であるとするなら、そうした

図11　家を飛び出したオディールは路上で謎の人物と出会う（『北駅』〔1965〕の結末部、ラファイエット橋の場面）。

企てにルーシュは一体どんな意味を見出していたのだろうか。シネ・トランスのアイデアを突き詰めるなら、次のような答えが浮かんでくる――ニジェールの人々が神霊をハンピの甕に集めて自然全体を操ろうとするのと似た形で、ルーシュは映画作品という「イメージの甕」に人々や事物のビアを集め、その「影像」を通して、世界をより良いものにする可能性に賭けていたのではないだろうか。もちろん映画が客観的自然を物理的に動かすことはないだろうが、しかし、人々の生と不可分な「主観‐客観的」な現実であれば動かすことはできる。『ハンピ』をめぐる国民統合のテーマ、『人間ピラミッド』が扱った人種差別の克服のテーマを、こうした考えと関連づけることもできるだろう。『ディオニュソス』の中で、ルーシュの分身である主人公ヒュー・グレイは、「古代ギリシア語で最も美しい言葉は熱狂（エントウシアスモス）だ」と叫ぶ。ルーシュはここで、「神が入る」ことを意味する **enthousiasmos** という古代ギリシア語を引きながら、現代世界の人々の生の中に神々を再び息づかせようと訴えるのだ。おそらくルーシュにとって、映画はすべて「神々が息づく映画」だったのである。

▽1　本章を通じ、「ニジェール」という言葉で私が指しているのは、ルーシュの民族誌映画の主対象となったニジェール西部――ソンガイ系の人々が多く住む――で一九四〇年代から一九七〇年代にかけて存在した歴史的現実のことである。さらに言えば、この歴史的現実の中でも、ルーシュが特に興味を持った憑依儀礼は、彼自身が著書『ソンガイの宗教と呪術』の冒頭で述べる通り、イスラム教の陰に隠れる形で存続してきたものであり、いわば「影のニジェール」とでも言うべきものでもあった。一九七〇年代以降、憑依儀礼をめぐる状況がイスラーム主義の広がりの中でさらに変化してきたことは、『死よりも強い夢』の中でルーシュの思索の対象にもなっている。

▽2 なお、本来ならマリのドゴンの人々の儀礼がルーシュに与えた重要な影響も合わせて考察すべきであるが、様々な意味で別枠の議論が必要になるため、ここではニジェールに焦点を絞って考えることにする（第6章も参照のこと）。

▽3 ルーシュの貢献がこのように理解されているのは、それらの技法上の革新が、ヌーヴェル・ヴァーグがルーシュから吸収し、そして世界の映画作家たちに広めたものだったからである。ルーシュ映画とヌーヴェル・ヴァーグ映画の関係については、村尾静二・箭内匡・久保正敏編『映像人類学——人類学の新たな実践へ』（せりか書房、二〇一四年）の「映画作家ルーシュ」の章（小河原あやとの共同執筆）で踏み込んだ形で論じた。

▽4 本書所収のルーシュの論考「人格の変化について」を参照。

▽5 『ファン・ゴッホ書簡全集3』二見史郎ほか訳、みすず書房、一九七〇年、七二六頁。ただし訳文は仏語訳に従って少し変更してある（これに関しては次註も参照）。

▽6 ここでの物質性（マテリアリティ）をめぐる私の考察の背景にあるのは、哲学者ガストン・バシュラールの一連の詩学的研究である。実は先に引用したファン・ゴッホの手紙の一節もバシュラールが「詩と元素」（"La poésie et les éléments"）と題された談話の中で言及しているものである（Gaston Bachelard, *Causeries*, INA/Radio France, 2004）。

▽7 J. Rouch, *Orages et tempêtes dans la littérature*, Paris, Société d'Éditions Géographiques, Maritimes et Coloniales, 1929. なお、この本はガストン・バシュラールの詩学的著作『水と夢』（一九四二）の中でも言及されている。

▽8 カコーは独創的なアイデアで軍用気球や様々な公共建造物（橋、ダム等）を設計したほか（*Sabix*, No. 28, juillet 2001 の特集"Albert Caquot 1881–1976"を参照）、土質工学者として地盤の安定性について斬新な理論化を行ったことでも国際的に知られていた。後者については、Albert Caquot, Jean Kerisel『カコー ケリゼルの土質力学』（藤田亀太郎・最上武雄監訳、技報堂、一九七五年）を参照。

▽9 ルーシュに関する伝記的事実については本書所収の「真と偽と」を参照。パリのラファイエット橋はアルベール・カコー設計の代表的な公共建造物の一つであり、ルーシュが『北駅』——この作品にはあとで触れる——の制作にあたってこのことを想起していなかったはずはない。

▽10 ここでの問いも含め、本章での自然をめぐる考察は、拙著『イメージの人類学』（せりか書房、二〇一八年）の後半部を

通じて行った、四つの自然観に関する議論を背景として展開するものである。

▽11 本書所収のルーシュの文章「真と偽と」を参照。

▽12 アンリ・ベルクソン『創造的進化』合田正人・松井久訳、ちくま学芸文庫、二〇一〇年、三二九頁。

▽13 Jean Rouch, *La religion et la magie Songhay*, 2e édition revue et augmentée, Éditions de l'Institut de l'Université de Bruxelles, 1989, pp. 325–337（また pp. 235–239 も参照）。

▽14 初期の民族誌映画『憑依舞踊へのイニシエーション』（一九四九）や後年の『ホレンディ』（一九七二）では、憑依儀礼の踊り手たちが修練によって憑依状態で踊ることを学んでゆく過程が描かれている。

▽15 ビア（bia ないし biya）の概念については、本書所収のルーシュの論文「人格の変化ついて」のほか、*La religion et la magie Songhay*, pp. 34–37 を参照。以下では、後者における神霊についての説明（pp. 56–58）も参照した。

▽16 ルーシュの論文「人格の変化について」を参照。なお、この映画の導入部でルーシュが自らの作品を「一人称の民族誌映画」として特徴づけているのも興味深い。この言葉は、正確に、「主観–客観性の民族誌映画」と言い換えることもできるであろう。

▽17 ここではドンゴを中心とする憑依儀礼について述べているためにこのように書いたが、実際には、動物供犠はそれよりも広い文脈で行われるものである。例えば『ワンゼルベの呪術師』の終盤では、土地の精霊に向けての動物供犠の様子を見ることができる。

▽18 ルーシュはフンデ（hunde）と書いているが、ここでは現地の発音により近い、フンディ（hundi）という一般的な表記を用いることにする（佐久間寛氏のご教示による）。

▽19 Rouch, *La religion et la magie Songhay*, 2e éd., p. 34; p. 222.

▽20 供犠をめぐる重要な民族誌的・象徴論的研究としては、リュック・ド・ウーシュの『アフリカの供犠』（浜本満・浜本まり子訳、みすず書房、一九九八年）が挙げられる。ただし、ソンガイ的想像力の物質性をより深く受け止めるためには、生命力や血と錬金術との関係を論じた、ガストン・バシュラール（『大地と意志の夢想』及川馥訳、思潮社、一九七二年）やミルチャ・エリアーデ（『鍛冶師と錬金術師』大室幹雄訳、せりか書房、一九七三年）らの著作も参照する意義がある

と思われる（「金属」的なテーマはソンガイの神話や儀礼にもしばしば現れる）。

▽21 この博物館の歴史についてはJulien Bondaz, *L'Exposition postcoloniale: Musées et zoos en Afrique de l'Ouest* (*Niger, Mali, Burkina Faso*), L'Harmattan, 2014を参照。開館当時の盛況については初代館長による報告がある（Pablo Toucet, "The National Museum of the Republic of Niger, Niamey," *Museum* 16〔3〕: p. 188–196, 1963等）。

▽22 これには後日談がある。一九七四年の軍事クーデターで初代大統領が追放された際、国立ニアメ博物館の館長も交代し、新館長のもとで博物館でのイェネンディ儀礼が取りやめられることになる。ところが、その後から博物館では、館長室への落雷を含め、不吉な出来事が相次ぐようになった。そこで儀礼は再開されるのだが、それでも博物館では一九八〇年代末に至るまで毎年のように火災等が発生し、野外博物館の家屋の多く――ハンピの甕を収めた家屋も含め――が破壊される。そうした中、博物館全体も大きく衰退してしまうのである（Bondaz, *L'Exposition postcoloniale*, pp. 127–128）。

▽23 なお、古代ギリシアとアフリカの関係に関するルーシュの考察は、『ディオニュソス』以降も続いてゆく。ニジェールの二一世紀を考察した遺作『死よりも強い夢』においても、アイスキュロスの悲劇『ペルシア人』に関する映像が多く含まれている。

▽24 もちろん、それでもこの「供犠」は合理的には理解しがたいものではある。しかし、本論考で論じたように、我々の生において、世界が「客観的」に存在することと同じくらい、それが「主観‐客観的」に生きられることが重要であると考えるならば、ルーシュの思いつきは全く荒唐無稽なものとも言えなくなってくるだろう。

▽25 この作品のタイトルにおける「狂った」（fou）という形容詞は、第一義的には、精神医学的意味での狂気を表す言葉ではなく、植民地体制を批判する言葉でもない。この言葉が名指すのは、儀礼の中で人々に憑依する「ハウカ」の神霊である（「ハウカ」とはハウサ語で「狂っていること」を意味する）。「ハウカ」は伝統的な神霊とは違い、二〇世紀に東方から現れた外来の「力の神霊」であり、ニジェールの人々にとっても、常軌を逸したクレイジーな神霊であった（*La religion et la magie Songhay*, pp. 80–84）。『狂った主人たち』が示すのは、ガーナに移民したニジェール人たちの身体的実践の中で、西洋の機械文明や軍事力の、まさに常軌を逸した力が、この「ハウカ」の枠の中で捉えられている状況である。

▽26 男性がオディールに左後方から近づいていくという演出もソンガイの憑依理論を想起させるものである。

6

# グリオールとレリスのあいだに

## ドゴンの儀礼をめぐるルーシュの映像誌

千葉文夫 | Chiba Fumio

ジャン・ルーシュの世界はかぎりなくひろい。二〇〇本以上に及ぶといわれる作品数は、それだけでわれわれを茫然とさせるに足りるが、[▽1]本数ばかりではなく手がける作品の多様性にも驚かされる。ニジェール川流域ソンガイおよびさらにその上流に位置するバンディアガラ断崖周辺のドゴンの土地をフィールドとする一連のフィルムは、その本数と規模からしてもジャン・ルーシュの名を映像民族誌の重要な一角に据えるものだが、それも彼の仕事の一部分にすぎない。ジガ・ヴェルトフに捧げられた『ある夏の記録』（一九六一）はシネマ・ヴェリテの旗手なる地位を彼にもたらし、さらにダイレクト・シネマ、シネ・トランス、エスノ・フィクションなどの実践者、ヌーヴェル・ヴァーグの先駆者といったさまざまな形容のもとに彼の名が語られるに及んでいる。そしてまた『ジャガー』（一九六八）、『少しずつ』（一九七一）、『コケコッコー！ にわとりさん』（一九七四）など、彼の盟友ともいうべきダムレ・ジカとその仲間たちの彷徨を即興的に描くロードムーヴィは、ジャンルの垣根など苦もなく跨ぎ越し、独自の境地をきりひらくルーシュの面目躍如たる姿を示している。

跨ぎ越すとは、脚力の問題でもある。ルーシュの映画の変化自在なスタイルは、基本的に一六ミリ撮影、ごく少人数のチームでの行動という遊撃的な撮影形態によって可能になるものでもあるだろう。ルーシュはジャン＝ポール・コランとの対話のなかで、ほとんど三脚を用いずに撮影してきたのは、三脚を使用すると、どうしても視点をひとつに決めなければならなくなるからだと語っている。固定カメラのズーム撮影ではなく上下方向と水平方向のトラヴェリングを多用する、そこに彼にとって世界を発見する方法があるというのだ。[▽2]

このような遊動的な性格に加えて、数多くのフィルムが未完の状態にあるというのもジャン・ルーシュの映画の目立った特徴をなしている。ドゴンの人々が受け継いできたシギの儀礼に関する映画撮影のように、いったんは「総集編」の完成を見ても、なおもその後の新たな展開が示唆されている場合もある。ルーシュの映画に多かれ少なかれ進行中の作業（ワークス・イン・プログレス）というべき性格がつきまとうのを見ると、そもそも「ジャン・ルーシュの作品」という固定的なコーパスを想定することに無理があるのではないかとも思うのである。ルーシュにあってカメラは文字通り拡張された身体となり、ペンあるいはキーボードに代わって世界を記述するための道具となるとされる。ならば「映画作品」という言葉にはうまくおさまりきらないカメラ＝人間という存在様態にアプローチするにふさわしいふるまいとはどのようなものなのか。

## 1 シギの儀礼――「総集編」に見るその概要

ジャン・ルーシュの世界はひろいと同時に、その背後にある歴史的時間の層を感じさせる点で奥が深い。その恰好な例として、かつてはフランス領スーダン、今日はマリ共和国に属するバンディアガラ断崖周辺に暮らすドゴンの儀礼に関する一連のフィルムをあげることができるだろう。儀礼には「葬礼」、「ダマ」と呼ばれる喪明けの儀式、「シギ」の三種類があり、「葬礼」は模擬戦が演じるところに独自の特徴があるが、仮面のダンスをともなう点は前二者に共通している。ルーシュの映画では『断崖の墓場』（一九五一）に始まり、『アンバラのダマ、死を祓う』（一九八〇）および『ボンゴの葬礼、老アナイ一八四八―一九七一』（一九七九）にいたる系列がこれに関係する。これとは別に一九六七年から七四年にかけて撮影された「シギの儀礼」に関するフィルムはもうひとつの極をなしている。撮影に協力したジェルメーヌ・ディテルランは、マルセル・グリオールの衣鉢を継ぎドゴン研究に取り組んできた人物であり、彼女の最初のフィールド調査は一九三七年に遡る。彼女の師であるグリオールがサンガを拠点として、現地調査を始めたのは一九三一年秋のことだから、シギの儀礼に関するフィルムを再編集した「総集編」（一九八一）完成にいたるまで、撮影の背後には半世紀におよぶフィールド体験の蓄積があったことになる。

シギの儀礼に関する「総集編」の完成以後も数多くのドゴン関連のフィルムが撮影されている。その大半はラッシュの状態にあるが、リストの最後を占めるアマンディエのダマの準備を扱うフィルムの撮影がなされたのは一九九九年だから、『断崖の墓場』を出発点として、ルーシュ自身もほぼ半世紀にわたりドゴンの地でカメラを回し続けてきた計算になる。

一九九六年六月にＮＨＫ教育テレビで放映された番組「神話に生きるドゴンの民――壮大な叙事詩シギ」では、このシギの儀礼に関する映画撮影が詳しくとりあげられていた。[▽3] 筆者もこの番組によって映画撮影のことを知り、衝撃を受けた。シギの儀礼は六〇年に一度、次々と近隣の集落に舞台を移しながら、七年間にわたって連続しておこなわれる。儀礼には集落の男性構成員ほぼすべてが参加する。太鼓と鐘がリズムを刻むなかで、歩行がしだいにダンスとなり、踊るという以上に、打楽器のリズムと身体の動きが一体化して集団的なうねりが生まれる姿に儀礼の本領を見る思いがした。儀礼の広大な規模はもちろんだが、これに密着してその全貌をとらえようとするルーシュとディテルランの熱っぽい語り口もひときわ印象的だった。

バンディアガラの断崖はグランドキャニオンを思わせる峻厳な光景によって、すでに二〇世紀初頭から繰り返しカメラが向けられる対象になってきた。[▽4] グリオールの撮影になる『ドゴンの土地で』（一九三五）および『黒い仮面の下に』（一九三八）の短篇二本はドゴンに関する最初期の映像であるが、いずれも断崖を垂直、水平の両方向に追ってカメラをパンさせるショットで始まっており、そのようなカメラの動きはルーシュの『断崖の墓場』にも受け継がれている。シギの儀礼に関するフィルムでは、空中撮影による断崖の俯瞰が挿入されることで風景のスケール感が増している。[▽5]「シギ総集編」の冒頭部分では、同時録音なのか、それとも編集の過程で加えられたものなのか判別できないが、うなりをあげる風の音が断崖の光景にかぶさり、吹きさらしの高所に身をおく臨場感がある。

断崖の集落でシギの儀礼が開始されたのは一九六七年のことだが、ルーシュとディテルランはその前の年にもこの地を訪れ、ユゴ・ドグル村の長老が翌年からの儀礼の開始を告げる瞬間を収めたフィルム『シギ零年』（一九六六）を撮影しており、これを起点に計八本の映画が撮影されている。上映時間の総計は四〇〇分を上回り、その全体の規模からしても、これがルーシュの手になる映像民族誌の重要な一角をなしていることに疑いの余地はない。それぞれの映画タイトルと上映時間を記すと、『シギ零年』（五〇分）、『シギ一九六七、ユゴの鉄床』（三八分）、『シギ一九六八、ティヨグの踊り手たち』（二六分）、『シギ一九六九、ボンゴの洞窟』（三八分）、『シギ一九七〇、アマニの朗唱者』（三六分）、『シギ一九七一、イディエリの砂丘』（五四分）、『シギ一九七二、ヤメの腰巻き』（五一分）、『シギ一九七三―七四、割礼の覆い』（一八分）となるが、一九八一年にはこれらを再編集した総集編（サンテーズ）『シギ（一九六七―一九七三）、言葉と死の発明』（一二四分）が製作されている。一九六六年に始まり、総集編の完成にこぎつけるまで、十数年という長い時間をかけた作業となっているが、これと並行して例の『ジャガー』から『コケコッコー！にわとりさん』にいたる系列も撮影されているわけであり、そのパワフルな仕事ぶりに驚かされる。

シギの儀礼に関する映画撮影の経緯を記すルーシュ自身のメモ[▽6]（一九九七年六月）には全体で七年におよぶ儀礼全体のシナリオが以下のような簡潔なかたちでまとめられている。[▽7]

ユゴ・ドゴル村、最初の祖先の死。

ティヨグ村、この祖先の喪。蛇への変身の始まり。

ボンゴ村、祖先の喪明けと巨大な木製の仮面のかたちのもとでの祖先の再生。

アマニ村、シギソ（シギの儀礼の秘密言語）をもってなされる言葉の創造。

イディエリ村、新たな人間の誕生。

ヤメ村、母による子供の養育。

ソンゴ村、割礼（おそらくはまたクリトリス切除）。これ以後、男女は子孫をつくれるようになる。それから出発点のユゴ村へと戻り、六〇年後の二〇二七年には、次回のシギの儀礼が同じ村から始められることになる。ルーシュによるこの「シナリオ」を補足するかたちで、「総集編」にもとづき、シギの儀礼がどのように展開するのか、流れを追ってみることにしよう。儀礼は年ごとに別の集落に舞台を移し、神話の異なる局面を上演する。

一年目の儀礼はタブーを犯したことによって死んだ祖先ヨング・セルーを主題としている。人々は年齢別のグループに分かれ、太鼓を叩く者と長老たちを先頭にして、モロコシのビールを飲むのに用いる半球状の器を右手にもち、Y字型の白木の腰掛けを左手にもち、太鼓のリズムに合わせ、「シギは風の翼に乗って飛び立った」と歌いつつ蛇がうねるようにして広場に入ってくる。男たちの上半身は裸で、比較的簡素な装いである。踊りの進行とともに土埃が舞い上がり、あたりは騒然とした雰囲気になる。

二年目の儀礼は「祖先の葬式」を主題とするものであり、祖先は蛇に変身する。広場で踊る男たちは、明るい色の腰帯を巻き、また上半身には子安貝を連ねたサスペンダー状の飾りをつけている。二人の男が向きあって競い合うように飛び上がって踊る姿が印象的だ。この年、ルーシュとディテルランには仮面結社の構成員の資格があたえられ、洞窟に入ることが許された。そこではすでに大きな仮面が用意されているが、彩色がなされてない状態で寝かせられている。

三年目は「祖先の喪明け」が主題となる。大きな仮面四体には彩色がほどこされ、シギの洞窟の入口に立てかけられた状態にある。すでに二度シギを体験したという一二〇歳の老人アナイの紹介がなされる。男たちは「一族の広場」に集まりY字型の腰掛けに座り、蛇を思わせる長い列をつくる。そしてモロコシのビールを飲むが、そうすると耳がひらいてシギソと呼ばれる儀礼の言葉がわかるようになると言われる。「夜がやってきた」という言葉で長老が朗唱を始める。これに続いて男たちは立ち上がり、徐々に踊り始める。広場の周囲に大きく展開するその姿は全景を捉えようとする引きのカメラにもおさまりきらない。

四年目の一九七〇年にアマニ村を舞台としておこなわれた儀礼は、さまざまな意味で転換点となるものだとされ、ルーシュは後に、この段階で初めて儀礼の連続性が理解できたと語っている。鶏が生贄に供され、広場に投げ入れられる。「水の神が言葉をあたえる」、つまり「秘密言語」シギソによる本格的な朗唱がおこなわれるのだが、儀礼の参加者の大半にはその意味がわからない。「シギの最初の年は人間の死をあらわし、二年目はその葬式、三年目は喪明けで、死んだ祖先を象徴する仮面が登場する」、つまり儀礼の初めの三年間は死の儀式であり、次の四年間は新しい生命、新しい世界の誕生の儀式を意味することをルーシュとディテルランが理解したのは、総集編製作の段階になってのことだったという。

五年目の儀礼では「砂丘からの人間誕生」の物語が演じられる。儀礼の参加者全員が前日から砂丘の穴に入り、一夜を過ごす。砂丘一面に男たちが隠れるために掘った穴がある。午後になって、老人が村からやってきて、声をはりあげシギソで語り始めると、穴に隠れていた人々が次々と姿をあらわす。「新しい男たちが、砂の中の胎盤から生まれた」のである。

六年目は「母がこどもを育てる」という主題のもとに儀礼がおこなわれる。母を演じるのは女装した男たちであり、育児を象徴する儀礼をおこなう。男たちは腰を後ろに突き出し、女の身ぶりを模倣して踊る。

七年目の儀礼では「割礼の洞窟」で少年たちが割礼を受けて、「成人になる」。ただしこの年に大旱魃（かんばつ）がこの地域を襲い、儀礼に欠かせないモロコシのビールを作ることが不可能になり、儀礼は中止となった。ルーシュとディテルランはその翌年にソンゴ村に舞い戻る。このとき一頭の山羊が生贄に供され、割礼を受けた包皮の象徴である山羊の皮とモロコシのビールをユゴ・ドゴル村に持ち帰り、一連の儀礼の出発点に立ち戻ることですべてが終了する。

以上が「総集編」の流れであるが、ここに見られる神話解釈を踏まえた儀礼の再構成は、別の言い方をすれば、未知の部分を多く含む儀礼という対象を分節化し、了解可能な物語に書き直す行為である。

ジャン・ルーシュはガリマール書店刊行の『一般民族学』(プレイアード百科事典叢書、一九六九)に掲載された論考「民族誌映画」において、リュミエール兄弟、ヴェルトフ、フラハティなどが果たした先駆的役割を軸として「民族誌映画」の歴史的概観を描くとともに、理論面と実践面から、そのあるべき姿を論じている。そこで展開される集団的儀礼についての考察にしたがえば、撮影者は研究対象となる儀礼についてその内容を熟知していなければならず、この種の映画は、それゆえに若干の例外を除けば「発見の映画」とはなりえない。▽8 ただし一九六〇年代後半から七〇年代前半にかけておこなわれたシギの儀礼を対象とする彼自身の仕事は、この図式にあてはまらない。むしろ規範から逸脱している点にその特徴が見出せるように思われる。

シギの儀礼を前にして自分たちがどのような状態におかれていたかをルーシュは以下のような言葉で語る。

〔……〕一九〇七年から一四年にかけておこなわれた前回のシギの儀礼には部外者は誰一人立ち会うことはなかったが、それから二十数年後にマルセル・グリオールとミシェル・レリスは何ヶ月もかけてこの驚異的な儀礼、その展開、意味、習俗、儀礼、シギソと呼ばれる「秘密」言語の調査に身を投じた。宗教学の分野で、一個の儀礼が、実際には立ち会っていないというのに、これほどまでに精緻なかたちで記述されたことはなかった……。そしてわれわれはその幕があく以前に、台本をすでに諳んじている想像を絶するオペラの最初の観客となったのである。▽9

この一節ではダカール＝ジブチ調査旅行（一九三一―一九三三）への言及がなされている。調査に加わったミシェル・レリスの旅日誌『幻のアフリカ』には、一九三一年一〇月二日付の記述に、「ほぼ半世紀ごとに、大きな赤いしるしが遠く東の方に現れ、この地域でもっとも東の一群の村々に、偉大な入社式の時が来たと告げる」という言葉が認められるが、これはシギの儀礼についての最初の言及と考えることができるだろう。この現地調査を踏まえて、グリオールは『ドゴンの仮面』（一九三八）を、また秘書兼記録係として調査旅行に参加したレリスは『サンガのドゴンにおける秘密言語』（一九四八）をいずれも博士論文として書き上げている。ルーシュ自身が『ドゴンの仮面』を手にして語る姿がインタヴュー映像のなかでしばしば見られ、しかも手元の本には付箋が挟まり、長年にわたって読み込んだ形跡が認められる。とはいっても、ダカール＝ジブチ調査団の一行は直接シギの儀礼に立ち会ったわけではなく、インフォーマントを通じて得られた知識は限られたものだった。それでもルーシュが言うとおり、『ドゴンの仮面』にしても、『サンガのドゴンにおける秘密言語』にしても、対象を構成要素に分解して徹底的な記述を試みるという点ではこれ以上ないほどの精緻な記述になっている。だからこそルーシュは台本を暗記しているオペラという表現を用いたわけだが、オペラにあって台本と個々のパフォーマンスとはまったくの別物であることはいうまでもない。

ルーシュらがシナリオの見えない状態で撮影を始めざるを得なかった理由のひとつは、シギの儀礼が六〇年の周期をもっておこなわれるという点にある。そのサイクルは人間の一生に相当するとも言われているが、タイミングを逃せば、永久に立ち会えない。前回の儀礼は二〇世紀初頭に遡るものであり、直接その儀礼に参加したドゴンの古老の記憶を除けば、書き記された記録もなく、ましてや映像記録の存在など望むべくもない。となれば撮影は必然的に偶然のなりゆきに左右されることになるだろう。見方にもよるが、「発見の映画」としてこれを捉え直す余地もありうる。

台本に書かれていない偶然的要素は数多くあるのだ。シギの儀礼の撮影はドゴンの長老の許しを得て開始された。グリオールを記念する論文集へのルーシュの寄稿「熱狂的人類学のために」は、ほかの研究者たちの論考とは肌合いが異なる叙事詩的トーンに貫かれたものだが、そこには一九六六年に彼がディテルランとともにドゴンの長老オゴンに面会した際に、「神があなたがたにシギを見せるように」という言葉が発せられ、撮影が可能になったという逸話が引かれている。[▽10] 撮影許可だけでなく、ほかにもシギの洞窟に立ち入る許可などの特別のはからいをルーシュが受けることができたのは、ディテルランと彼がグリオールの継承者たる人間としてドゴンの人々に認知されていたからである。グリオールの最初の調査は、一九三一年九月末から一一月半ばの六週間にわたり、ダカール＝ジブチ調査旅行の一行がサンガに滞在したときのものであるが、これを皮切りに、一九五六年に彼が死去するまで四半世紀にわたって数多くのフィールド調査が積み重ねられ、研究成果として、すでに触れた『ドゴンの仮面』を手始めに『水の神』（一九四八）、『青い狐』（一九六五）などの名高い著作が生まれている。グリオールの死去の知らせを受けて、ドゴンの人々はその死を悼み、特別に彼のための葬礼をおこない、断崖の墓地に模擬の遺体をおさめるという別格の扱いをしている。[▽11]

儀礼の遂行を不安定なものにする要素はほかにもある。一九六〇年代後半のドゴンの集落は過疎化の危機にさらされている。若者たちは首都バマコをはじめとして、モプティ、クマシ、アビジャンなどの都市部に働きに出ていて、村は閑散としている。ジャン・ルーシュは一日でそのような状況が大きく変化したと語っている。

夜が明けて、驚くべき発見があった。前の年にはほとんど人影がなかった村は平地から、あるいは南方の地平線の彼方にあるガーナあるいはコートジボワールの諸都市から戻ってきた若者たちの姿であふれかえっていた。彼らは交易の最盛期だというのに、一九六〇年から七〇年にかけてのシギの最初の儀礼に参加するために、これらの土地から戻ってきたのである。[▽12]

この事実はシギの儀礼の撮影をめぐって書かれたテクストに記されるだけだが、六年目にあたるヤメ村での儀礼を追うフィルムでは、同じく働きに出ていた若者たちがスーツケースを手にして集落に帰ってくる姿がカメラに捉えられている。その姿を見るわれわれは、少しばかり儀礼の舞台裏を覗いた気分になる。

一九六〇年代半ばから七〇年代前半にかけての段階でのシギの儀礼にとっての脅威となる要素は、旱魃などの天候現象だけではない。儀礼に冷淡もしくは敵対的なイスラムの支配の拡大こそ、すでにこの時点において儀礼の存続を危うくする最大の脅威となっていた。「総集編」では、一九六九年のボンゴ村の章の最後の部分で、広場の向こうに立つ回教寺院の姿が示され、寺院が「挑戦するかのように」立っているというナレーションが加えられていた。

「総集編」そのもののなかでは示されてはいないが、撮影にとってツーリストの存在も危険な要素となりうるものだったことが、映画製作の経緯を記す文章中で語られている。すでに二〇世紀の初頭には、バンディアガラ断崖周辺の地域がツーリズムの対象となっていたとする指摘もあるが、六〇年代後半には旅行会社が旅の目的地としてこの地域の宣伝に力を入れたこともあいまって、サンガにはツーリスト・キャンプが出現していた。観光客の存在に煩わされずに撮影できたのは奇跡的だったとルーシュは語っている。二〇二七年から始まる予定の次回のシギの儀礼に関しては、ナディーヌ・ワノノとフィリップ・ルルドゥを中心とするメンバーが儀礼を撮影する予定になっているというが、その際、ツーリストの存在がカメラのファインダーに入らずにすむという保証はない。

予定されていた七年目の儀礼が大旱魃のために中止を余儀なくされ、撮影できなくなったのは、不可抗力によるとしても、ほかにも撮影が困難にさらされる局面は何度かあった。ユゴ・ドゴル村での初年度のシギの儀礼が三日目を迎えたとき、突如現れたマリ共和国の官憲に映画と写真の撮影をただちにやめるよう求められた瞬間もそのひとつである。その翌朝、ディテルランとルーシュは一〇〇〇キロほど離れたバマコに向かい、新たに書面による特別許可を得ることで辛うじて難を逃れたというが、彼らのほかにもマリ共和国独自のクルーの撮影の計画があったようであり、ドゴンの人々と「グリオールの息子たち」の親密な関係の外部に、長老オゴンの撮影許可とは別の次元での政治的な判断が介在しうることにルーシュらはあまりにも無自覚であったというべきかもしれない。▽13

撮影が続行できるかどうかの瀬戸際に立たされたもうひとつの体験は四年目のアナイ村での儀礼が始まるときのものであるが、ドゴンの共同体の伝統的慣習に沿ってなされたそのときの判断と問題解決法はきわめて興味深い。すでに述べたように儀礼は七年続くが、ドゴンの共同体の構成員は自分たちの集落でおこなわれる儀礼以外には、前年と翌年に限って立ち会うことができるだけで、これを超えてほかのものを見ることは禁じられていた。撮影行為はこの掟を破ることになる。その事実に戸惑ったアナイ村の長老は、ほかのすべての共同体の問題を解決する場合とおなじく、撮影続行を許可するか否かの判断を「青い狐」の占いに委ねる。この占いは、まず集落から少し離れた砂地に格子状の線に囲われた幾何学模様を描くことから始まる。最後に動物の餌となるピーナッツを撒いて立ち去り、一晩おいて次の日の朝、狐がどのような足跡を残し、それが幾何学模様との関係でどのような意味をもつのかを判断するというものである。「青い狐」の占いの結果、儀礼の七段階すべての撮影ができるようになったというが、儀礼の担い手たるドゴンの人々が本来体験し得ぬはずの部分までが映像として残され、場合によってそれを彼らが目にする機会をもつという変化の意味は大きい。

儀礼の一定部分にしか立ち会えない、あるいは共同体の限られたメンバーしか儀礼に立ち会えないという禁止は性差の問題にも関係する。シギの儀礼は六〇歳以下のすべての男が参加すると言われるのだが、これは逆に言えば、女たちが排除されていることを意味する。儀礼のなかで重要な役割をもつモロコシのビールの醸造や食糧の準備など、女たちに割り当てられた仕事はあるが、ヤシギネと呼ばれる例外を除けば女たちは表舞台にはあらわれない。儀礼に立ち会うディテルランが特別にヤシギネと呼ばれるのもこのことに関係している。さらにまた母の子育てを主題とするヤメ村の儀礼にあって、男たちが女装して演じ踊るのもこのような禁止が働いているからだ。女たちの姿を撮影することは許されなかったとルーシュは語っている。

## 3 フィードバックの技法

ミシェル・レリスは一九五〇年三月七日におこなわれた講演「植民地主義を前にした民族誌」において、研究対象となる社会のなかに調査者が入り込むだけで一個の介入となり、観察者の存在が観察そのものに干渉することは避けられないと述べている。[14]さらに彼は「植民地の国々にあっても地域独自の民族誌家を養成し、われわれの国にやってきて、われわれの生活様式を研究するための調査をおこなうようにしなければならない」[15]と述べるのだが、ルーシュはこのような考えを引き継ぎ、独自に発展させたと考えることができる。彼もまた「観察者の存在は無色透明ではありえない」、あるいは「望むと望まないにかかわらず、観察者もまた全体の運動に統合され、ほんのわずかな反応といえども、この特別な思考システムと照らし合わせて解釈される」[16]という認識から出発し、「フィードバックの技法」あるいは「創造的エコー」[17]と呼ばれる具体的実践をもって「共有人類学」[18]（anthropologie partagée）の可能性を模索することになるのである。

シギの儀礼の撮影および編集のプロセスはまさにそのような実践の跡を示すものになっている。一九六六年から七四年にかけて撮影されたフィルムをもとに「総集編」が製作される過程では「参加」と「共有」の試みとして、パリの人類博物館でのフィルム編集がアマンディネ・ドロなどドゴンの人々との共同作業としておこなわれ、またバンディアガラ断崖の村落では村民を対象とするフィルム上映がおこなわれている。とくにボンゴ村での映写体験は彼にとって、「フィードバックの大いなる発見」だったという。[19]

観察者の存在が観察対象の共同体あるいは観察そのものに干渉するように、シギの儀礼に関するフィルムはドゴンの共同体に干渉せざるを得ない。すでに述べたように、ドゴンの共同体の構成員は七年にわたる儀礼のうち、三年を超えてこれに立ち会うことはできないとされている。しかしながら原理的にはフィルムを通じて、現実には立ち会うことができない七年間全体にわたる儀礼の展開を見ることができるようになるわけである。さらにまたシギソと呼ばれる「秘密言語」の問題がある。日常的言語とは異なる儀礼特有の朗唱のための言語はモロコシのビールを飲むことで耳がひらいて理解可能になるとされるが、もともとは少数の選ばれた人々のあいだに伝承されるものであって、共同体の一般の構成員には馴染みのないものである。映画ではシギソの朗唱にルーシュ自身の声が重なり、いわば同時通訳のかたちでこの聖なる言語が翻訳される。翻訳された瞬間にそれは否応なく聖性を失い「秘密言語」ではないものに変わる。そこにもまた映画によってもたらされる変化を見てとることができるだろう。

ルーシュとディテルランにあって「フィードバックの技法」は、儀礼と神話の照応関係の発見に結びつくものとして理解されている。そのような解釈学的行為はドゴンの人々の側からは、どのように見えるのだろうか。以下の一節にはそのヒントが潜んでいるように思われる。

それゆえに、われわれが映画全体を上映し、これに引き続き最初の総集編ヴァージョンを上映したとき、かつてドゴンの人々の誰も見たことのなかった本質的儀礼を彼らは見ることになったのである。われわれには彼らの反応が予測できなかったが（断崖のインフォーマントのなかには、われわれの知識欲が一連の出来事の終わりを見る前に、われわれは死によって罰せられるだろうと仄めかす者もいた）、こうして新たな応答によって対話が始まる確信があったという点で、民族誌調査は一方通行の独語をやめ、ヤシギネ、すなわちシギの姉妹であるジェルメーヌ・ディテルランの霊感のもとに、それは「共有人類学」の決定的体験となったのである。▽20

ルーシュとディテルランが儀礼の解釈を繰り返し試みようとするのを見るとき、われわれは改めて西欧的な「知への意志」のはたらきを印象づけられることになるだろう。ダカール＝ジブチ調査旅行に始まる資料収集と現象の徹底的記述という集団的作業として始まったフランス民族学のドゴン研究は、グリオールと盲目の賢者オゴテメリとの出会いをきっかけに新たな転換を迎え、『水の神』に始まり、『青い狐』に継承される神話や宇宙哲学の解釈へと向かうが、その流れはディテルラン経由でシギの儀礼の「総集編」に受け継がれ、具体性を付与されることになるのである。複数の視点による観察が強調されながらも、ドゴンの人々が、そのような神話解釈の意志に向かう「共有人類学」に奉仕しているように見える場合があることは否めない。「死によって罰せられるだろう」という言葉には、必ずしも軽口として受け止められない含みがあるように思われる。

とはいえ「総集編」のクレジット表記には、たしかに「共有人類学」への志向を読み取ることができる。一九六六年から七四年にかけて撮影された計八本の映画にクレジットされるのは基本的にルーシュとディテルランの二人の名前だけだが、▽21「総集編」に関しては製作協力者として、アンバラ、アマンディエをはじめとする四名、撮影にラムなど三名、音響担当としてルジェのほかに、二名のドゴン側スタッフの名が記されている。名前の重複があるが、ドゴン側には延べ人数にすると九名の技術陣がいる計算になる。八本のフィルム撮影と「総集編」の製作過程で「共有」に関する意識が急速に進んだ事実がそこに認められる。

民族誌映画だけにそなわる特性――それはこの調査方法に固有の性格である――、それは記録済みの最初の資料に立ち戻ることができる点にある。民族誌家は研究対象となる人々を相手に、自分が撮影した映像の上映ができる。映画に登場する人々は撮影者の求めに応じて映像に批判的見解を述べるよう導かれ、この突き合わせからは比類なき豊かさをもつ対話が生まれる可能性がある。われわれはそれゆえに、別の言い方をす

れば、映画を見るこの体験の可能性を通じて、民族誌家の仕事を「民族誌」によって見直す機会があたえられるのである。▽22

この考えにしたがうならば、ルーシュとディテルランによるシギの儀礼に関するフィルムはいかなる「民族誌」をもって見直されるべきなのだろうか。批判的読解としては、まずポール・ヘンリーの例をあげることができるだろう。彼はジャン・ルーシュの個々のフィルムを詳しく論じた著書『現実的なるものの冒険者』において、シギ儀礼を対象とする映像作品についてもかなりの紙数を割いており、その形式的特徴として記述的、長回し、ルーシュ自身による画面外のナレーションなどの要素をあげている。▽23 対象と一定の距離をおいた撮影が中心となり、個々の人物のキャラクターに踏み込むことがないという彼の指摘は概ねその通りだが、手持ちカメラによる撮影は行列のなかに入り込んだり、俯瞰撮影ばかりでなく、仰角の構図に及んだりで、必ずしも一定したスタイルで統一されているわけではない。一定の距離をおいた撮影方法も決してネガティヴな要素とばかりは言えず、広場でのダンスなど集合的な運動を分析的にとらえる効果をあげていることはたしかだ。

ヘンリーはグリオールのドゴン研究を出発点としてルーシュとディテルランの映像民族誌にいたる流れが、ドゴン社会の日常的現実を等閑視しているとして、さまざまな偏向を指摘している。彼の批判の基本は、「総集編」の導入部分でシギの儀礼をドゴンの人々の日常生活のなかに位置づける試みが若干なされてはいても、より広い視野をもって政治的・社会的文脈との関連から見ようとはしていないという点にある。ヘンリーの視点からするならば、過疎の問題、若者が都市部での労働に従事するために集落を離れざるを得ない現実は、すでに触れたようにスーツケースをもって儀礼のために戻ってくるヤメ村の青年たちの姿に反映しているとしても、それはたまたまレンズに映り込んでしまったものであって、ルーシュみずからそのような現実に積極的に目を向けようとはしていない。そしてまた、イスラムの支配圏の拡大もシギの儀礼の持続に脅威となるものだが、この問題への踏み込みも不十分ということになる。何よりもシギの儀礼における女性たちの不在は決定的である。ルーシュはドゴンの女たちの世界は西欧の人間が近づくことのできない領域となっていると述べるが、ヘンリーはそのような説明が説得的だとは見ていない。[24]『イェネンディ、雨を降らせる人々』（一九五一）などソンガイを舞台とした映画では女たちの姿が自然に捉えられている。ドゴンの儀礼を主題とする映画では、バオバブの木陰で子供たちがビールを飲み過ぎないか心配そうに見ている母親たちの姿の短いショットがせいぜい記憶に残るくらいで、その落差はあまりにも大きい。

ヘンリーはシギの儀礼に関するフィルムについてきわめて丁寧な記述を重ねながらも、結論的には、厖大な時間と労力を費やしたのに比して、最終的に得られた結果は「期待を裏切るもの」（disappointing）だとして厳しい評価を下している。ルーシュはグリオールの指導のもとに博士論文を書いたが、ディテルランの介在も含めて、その師の影響から抜け出していない点に弱点を見出している。むしろグリオールへのオマージュと解釈することもできるというのが彼の結論である。[25]

このヘンリーの辛口の評価には、イギリスの社会人類学とフランスの民族誌研究の競合関係の反映を見ることができるだろう。あえて極端な図式化を試みるならば、政治的・社会的関係を中心課題として掲げ、プラグマティックな傾向をもつ前者と、儀礼と神話に特化し思弁的傾向をもつ後者との方向性の違いのなかで、ヘンリーの評価は前者の視点からする批判に概ね一致したものとなっているのである。この英仏の対立にはイギリスの社会人類学者・文化人類学者であるメアリー・ダグラスもまた繰り返し言及しているが、[26]「青い狐」の問題に関して、彼女がドゥニーズ・ポームの著作に啓示を受けたと述べている点がとくに興味深い。メアリー・ダグラスによれば、グリオールとディテルランの『青い狐』を読んでもドゴンの神話が日常生活に対してどのような関係性をもつのかは見えてこないが、ポームの著作はすでに一九三七年の時点において「青い狐」による占いが日常生活のさまざまな問題の解決に用いられていることを明らかにする点で先駆的だとして高く評価する。[27]

すでに見たようにシギの儀礼に関する「総集編」には、四年目の儀礼の映画撮影を許可するかどうかを決める際に用いられた「青い狐」の占いを扱った部分がある。エピソード的なシーンにも見えるが、ルーシュらの映画撮影という行為の行く末が、近代的思考とは別種の占いという名の解釈学、つまり砂の上に描かれた図形と狐の足跡の解釈をもってする実践的な判断によって決定される点を見るならば、それ以上の深い内容を含むものであることがわかる。メアリー・ダグラスは「渾沌の主」あるいは偶然性の象徴たる「青い狐」をシュルレアリスムの思考に結びつけようとする。

## 4 『ミノトール』誌に見るドゴンの儀礼

シュルレアリスムと映画と民族学の関係を論じるC・W・トンプソン編の論集への寄稿「他者と聖性」において、ルーシュは彼がまだ一六歳のときに体験した出会いを青天の霹靂という形容をもって語っている。一九三四年春のこと、モンパルナス大通りとラスパイユ大通りが交わる角にある書店の飾り窓に、夕方の光に照らされて『ミノトール』誌がおかれ、ドゴンの仮面の写真が掲載された頁とジョルジョ・デ・キリコの形而上絵画《二人(デュオ)》のカラー写真が掲載された頁が横並びになっているのを目にしたという。そのときの印象は次のような言葉で語られている。「突然、驚異との出会いが生じた。マルセル・グリオールが撮影したバンディアガラの断崖のドゴンの写真の場合も、そしてこちらの方も同じく夕日が差し込むテラスの上に立ち、不安の色に染め上げられたあの二人の姿の場合も、この驚異との出会いにひとしくかかわっていた……」▽28。

キリコが描く二人の人物像はカラー図版であり、扱いも一頁大であるのに対して、カナガの仮面の写真は数カ所で使われているが、モノクローム写真でサイズも小さく、誰もがそこに拮抗する力を見出すというわけではないだろう。ルーシュはさらに問題の人物像が第一次大戦中に負傷したアポリネール、そしてまたドゴンの死者のように頭に包帯を巻いたように見えることを付け加えている。この逸話が興味深いのはカナガの仮面とキリコの描く人物像という異次元にあるものの出会いが、ジェームズ・クリフォードが論じるような「シュルレアリスト的民族誌」の一例と見えるという以上に、ルーシュが十数年後にバンディアガラ断崖で遭遇することになる葬礼の一シーンの予告をなすように見えるからである。[29] 戦争で負傷し頭を包帯で巻いているアポリネールの写真はよく知られたものだが、キリコの描く人物像はそのような詩人の姿への連想を誘発し、それと同時に何重にも布が身体に巻かれたドゴンの死者の姿を誘い出す。ルーシュが最初にドゴンの土地で撮影した『断崖の墓場』のもっとも印象的な場面のひとつは、ロープに吊された遺体が断崖の途中にある墓地に向かって、少しずつ引き上げられてゆく瞬間だった。

『ミノトール』誌はアルベール・スキラによって刊行された雑誌で、カラー印刷を含む豊富な写真図版を掲載し、その図版の処理などの点でも、この時期の芸術雑誌として圧倒的な豪華さを誇っている。ともすれば、アンドレ・ブルトンを中心とするシュルレアリスム寄りの雑誌と紹介されることが多いが、もともとはアンドレ・マッソンとジョルジュ・バタイユの発想のもとに刊行準備がなされたものだった。一九三三年に刊行された同誌第二号はダカール＝ジブチ調査旅行の特集号となっているが、創刊号にもこの調査旅行関連の記事がいくつか掲載されており、レリスのテクスト「ドゴンの葬礼のダンス」にはカナガの仮面の写真が添えられている。[30]

一九三一年五月から三三年三月の期間にわたるダカール＝ジブチ調査旅行で、調査団は三五〇〇点の民族誌関係資料を収集し、三〇の言語および方言を採録、三〇〇点以上の写本、六〇〇〇枚の写真、二〇〇点の録音資料を持ち帰ったとされる。これらはトロカデロ民族誌博物館が人類博物館へと装いを新たにする過程でコレクションの最重要部分を形成することになった。グリオールはまた調査旅行で映画撮影をおこなう計画も抱いており、アンリ・ストルクに映画撮影の担当者となるよう依頼したが、健康上の不安を理由に断られたという。[31] 一九三二年末までの調査団の活動を総括するグリオールの中間報告にしたがえば、一六〇〇メートルのフィルムが存在しており、また映画撮影と同時に写真を撮影することで、撮影対象の同定を容易になしうるように工夫されている。グリオールの『ドゴンの仮面』の巻末にはダンスの展開を示す手書きの図が挿入されているが、これは撮影されたフィルムをもとに作成されたものだという。

調査団は一九三一年九月二九日から一一月一九日までの六週間にわたりフランス領スーダン（現在はマリ共和国）のサンガに滞在し、主として仮面結社についての研究調査をおこなう。秘書兼文書係として調査団に加わったミシェル・レリスはサンガ到着の第一印象を次のように書き記している。

> すばらしい宗教的な感情。聖なるものが隅々まで漂っている。あらゆるものが思慮に満ち、荘重に見える。アジアの古典的イメージ。[32]

レリスが後にリュック・ド・ウーシュに語ったところによると、サンガ滞在をグリオールに提案したのは彼だったという。レリスは調査旅行出発前にアメリカ人冒険家W・シーブルックとの会見記を『ドキュマン』誌に寄稿し、そのなかで仮面の魅惑を語っている。レリスをダカール＝ジブチ調査旅行に誘い込んだのはグリオールだが、シーブルックから聞いた冒険譚の影響のもとに、グリオールを説得して調査団のサンガ滞在への流れを作りだしたのはレリスだったと考えられるのである。『ミノトール』誌第一号に掲載されたレリスの「ドゴンの葬礼ダンス」は『幻のアフリカ』として刊行される旅日誌の転載であるが、そこに付された註には、仮面の登場と踊りを対象に映画撮影がなされ、また打楽器演奏の録音が同時になされたという興味深い記述が認められる。同じくこの註では一連の主だったマスクが収集の対象となり、民族誌博物館のコレクションになっていることも記されている。[33]『ミノトール』誌第二号に掲載されたグリオールの「方法論序説」には、「博物館的民族誌」

す表現だということが納得されるのである。

(ethnographie muséale) という用語が見出されるが、この調査旅行において映像・録音・現物資料などすべてのレベルで集中的かつ組織的に収集が試みられたことに照らし合わせると、これが「調査」の本質的性格を如実に示す表現だということが納得されるのである。

『ミノトール』誌第二号は全篇ダカール＝ジブチ調査旅行に捧げられている。導入部にはトロカデロ民族誌博物館館長ポール・リヴェおよび副館長ジョルジュ・アンリ・リヴィエールによるダカール＝ジブチ調査旅行の概要を記す短文、そして基調報告にあたるグリオールの「方法論序説」がおかれ、グリオール、レリスのほかにエリック・リュッタン、アンドレ・シェフネル、デボラ・リフシッツなどの調査団メンバーの論考が順次掲載されている。全体の構成からして公式の報告書に相当する内容をもっているが、すべてモノクロ写真であるとはいえ、仮面、絵画、その他のオブジェなどの写真の扱いには、単なる民族誌資料を扱う学術的出版物には到底見られない種類の視覚的効果を考えた配慮がなされている。なかでもグリオールの署名をもつ「一〇月二〇日の狩人」と題する論考における写真とテクストを組み合わせたレイアウトは、まるで短篇ドキュメンタリーを思わせるものとなっている。

全体で一四頁にわたる誌面は、現場となるサンガの高オゴル地区全景に始まる計二八枚の写真、そして複数の観察者が現場で書いたカードのメモを再編集したテクストから構成されている。調査対象は葬礼であるが、観察調査の範囲は、あくまでも大がかりな（三日間つづく）儀礼の公の部分に限られ、文学的でもルポルタージュでもなく、現場での観察からなるドキュメントを裸の状態で提示すると謳われている。以下は事柄の急展開をわれわれに印象づける書き出し部分である。「一九三一年一〇月二〇日、夜八時頃、インフォーマントがキャンプにやってきて、高オゴルのアンタバ地区に住むモンセという名の狩人で耕作者の男が死んだという知らせをもたらした。この知らせは満足をもって迎え入れられた。われわれにとっては葬礼の長い道のりが始まったことを意味していたからだ[34]」。

ジャン・ルーシュは民族誌映画の重要性は、モースとグリオールが強調するように、「複雑な儀礼のさまざまな構成部分を一望のもとに把握することが可能になる」点にあるとしている。[▽35]「一〇月二〇日の狩人」と題された紙面に話を戻すと、さまざまな箇所で同時並行的に進行する集団的儀礼を捉えるにあたって、グリオールの「方法論序説」に合わせて掲載された調査者の配置の見取り図が示すように、複数の観察者を効果的に配置するという周到な準備がなされており、その点でも、ジャン・ジャマンが言うように、すでに映画撮影を思わせるものになっている。この葬礼の記録に臨むのはグリオール、レリス、シェフネル、リュッタンの四人であり、実際に映画撮影がなされたとすれば、リュッタン、もしくはグリオールの担当であったはずだが、現実にはそれだけの余力はなかったにちがいない。レリスが語っていた映画撮影の実例は、むしろ調査団の依頼に応じてなされた儀礼の再演を対象とするものであった可能性が高いと思われる。実際に『幻のアフリカ』のなかでレリスは撮影目的でなされた期待はずれの再演のことを語っている。

高オゴル村地区全景につづく二七枚の写真は二日間にわたる葬礼の展開を時間的に追うかたちで配列されている。ロングショットに相当するものからバストショットに相当するものまで被写体との距離の点でも変化があり、俯瞰や仰角などのカメラ・アングルも試みられている。模擬戦を捉えた写真などは、走り去ろうとする男の姿にブレが生じていて、運動感がある。写真を一枚一枚追って見てゆくと、たしかに映画撮影に近い効果が感じ取られる。ただし写真と現場の観察メモを組み合わせた模範例とも言うべきこの「複数的観察」には、同時にどこか息が詰まるような印象があることも否めない。「秘密言語」で朗唱される追悼の言葉をあいだに差し挟み、場合によって数分刻みで儀礼の展開を記録するメモを組み合わせるやり方は徹底して記述的であって、何かが欠落しているように思われるのだ。そこにないもの、それはルーシュの映画が基本的には記述的な映画でありながらも、そこに否応なく紛れ込む遊動性あるいは偶然に反応する即興性に類する要素だといえるのではないか。

シギの儀礼を主題とする一連の映画撮影を終えた後にルーシュは、ダカール＝ジブチ調査旅行以来長いことインフォーマントおよび通訳の役目を果たしてきた人物の喪明けの儀礼を扱った『アンバラのダマ』を撮影している。この映画では、さまざまな仮面をつけた踊りが次々と展開される。構成としては、基本的にグリオールの『ドゴンの仮面』第四章「ダマ」をなぞったかたちになっていて、騎士、キジバト、狐（アザゲ）、ハゲコウ、キジ、若い娘、祈禱師、双子の狐、高楼など、それに交通整理の役目の警官まで、多種多様の仮面が次々と登場するが、その様子は、百科事典あるいは図録の解説を思わせるグリオールの『ドゴンの仮面』の図版頁に新たな生命を吹き込んだかのようでもある。三日間に及ぶ儀礼の山場は仮面のダンスにある。高さ四、五メートルに達するという「高楼」と呼ばれる仮面を前後の地面に倒す踊りは夜明けと日没の太陽の動きを象徴するものだと言われ、数々の仮面のなかでも王者の風格があるが、圧巻はロレーヌ十字架とも呼ばれるカナガの仮面の激しい動きだろう。若き日のルーシュが書店の飾り窓に見た写真もこの仮面の写真だった。

ダカール＝ジブチ調査団が最初に仮面の出現を目の当たりにしたのは一九三一年一〇月二日のことだと推定される。『幻のアフリカ』には、カナガの仮面の激しい動きに関係する記述がある。

> 大きい十字をつけた仮面たちの踊りは、主として頭の急な動きから成り立っている。つまり兜に載っている十字の先端で、一番下の部分が地面と接触するほとんど垂直な円を、空中に描くのだ。したがって、十字の先は、馬が苛立って、前足で地面を蹴上げるときのような音とともに、大地を激しく搔きけずる――大地と接触を取り戻そうとするアンタイオスのような兇暴な回転運動。[36]

ルーシュとディテルランによる映画撮影よりも四〇年以上前の記述であるが、『アンバラのダマ』のために書かれたテクストだと言っても不思議ではないほど細部は一致している。ダカール＝ジブチ調査団が残した映像資料が同時代の映画と写真の双方にわたるモンタージュの思考に敏感に反応する姿勢を示していたとしても、モノクロ写真の映像は有機的で動的な儀礼の展開を生きた形で伝えるにはほど遠いものがあった。『ミノトール』誌の紙面上に写真と記述の組み合わせをもって試みられた「映像民族誌」は、カラー撮影と同時録音の組み合わせ、さらには映像と音声を同期させ、さらにスローモーションのショットを挿入するルーシュの仕事によって刷新されるのである。喪明けの儀式というのだが、何よりも血のように赤い腰飾りと頭飾りの色が印象的だ。『アンバラのダマ』には「死を祓う」（enchanter la mort）という副題がついている。その映像と音響は、死者に感謝を捧げ、死の穢れを引き受け、陶然たる踊りの渦のなかに感情の共同体が形成される瞬間をとらえようとする。仮面とダンスを切り離すことはできない。ダンスから切り離された仮面は死を導き入れる存在であり、博物館あるいはコレクターがドゴンの仮面を収集するのはその危険を認識しない行為だという。逆に言えば、ルーシュが捉えようとするのはダンスのなかで仮面が生きたものに変化する瞬間である。

ヘンリーが言うようにルーシュの映画を「オマージュ」と見るとき、何もその対象をグリオール個人に限って考える必要はないだろう。ここでの「喪明けの儀礼」がアンバラ・ドロおよびそのほかの長老たちの死を記念するものであることは象徴的である。ダカール＝ジブチ調査団が一九三一年一〇月初めにサンガに見出した最初の情報提供者アンバラは、ルーシュとディテルランによる映像民族誌の生成にいたる流れのなかで最大のキーパーソンとなった人物だといえる。オゴテメリのように神格化された姿ではなく、ヘルメスのようにドゴンとフランス民族誌のあいだで忙しく立ち働くアンバラ、『幻のアフリカ』のなかで描き出される若き日のアンバラは必ずしも模範的なインフォーマントとしての姿を見せているわけではない。ルーシュの映画をオマージュと言うならば、それはグリオール個人だけではなく、ドゴンの地でなされる儀礼の営み、その営みに関係するすべての人々に対して向けられたものだと考えるべきではないか。その意味で『アンバラのダマ』もまた「総集編（サンテーズ）」という表現をあたえるにふさわしい性格をおびているように思われる。

## 5 人類博物館とシネマテークのあいだに

ルーシュは来日時になされたインタヴューのなかで、グリオールとレリスの対立関係に触れている。[37]『幻のアフリカ』の出版（一九三四）を契機にグリオールとレリスが訣別したというのは、その通りであるが、「互いに最良の友人だったのに、実に残念なこと」であり、さらに「その損失は計り知れない」という言葉には、ルーシュの折衷的な姿勢を垣間見ることができるかもしれない。ルーシュが撮影したドゴン関連のフィルムはグリオールからディテルランへと継承される研究調査の成果を受け継いでいることはまちがいない。ポール・ヘンリーの言うように、見方によっては彼らの仕事へのオマージュと見える部分を濃厚に抱え持っている。しかしながら、ルーシュの憑依現象に対する関心は、グリオール＝ディテルランに象徴されるこのような線とは違ったところにも向かっている。人類博物館において『狂った主人たち』（一九五七）が最初に上映されたとき、グリオールは激怒してフィルムをただちに破棄するように迫ったという。その光景は、エチオピアのゴンダール滞在中にレリスとグリオールのあいだに生じた激しいやりとりを連想させる。ザール信仰の集団にあまりにも深く入り込みすぎていると言ってグリオールはレリスを批判したのだった。

もちろん『幻のアフリカ』は、先のインタヴューでルーシュの言うように「悪口を言いふらす」だけのものでもないし、またレリスにとって「悪意のある話を書くことは普通のことだった」という言い方で事が終わるものでもない。二人の決裂は、『幻のアフリカ』には、ほとんど窃盗にもひとしいやり方で器物を持ち去ったことも含めて調査の赤裸々な日常が書き記され、民族誌調査のイメージを貶める危険があったことに起因するものだ。刊行以前にグリオールに原稿を見せるとしていた約束を果たさなかったのはレリスにとってみれば確信犯的行為ともいえる。だが、ことはレリスに限らない。一九三五年の調査旅行でグリオールと合流したドゥニーズ・ポームとデボラ・リフシッツ、そしてまたダカール＝ジブチ調査旅行とサハラ＝スーダン調査旅行に参加したアンドレ・シェフネルも結局のところ彼から離れていった。『ミノトール』誌第二号に掲載された「方法論序説」に示された複数的観察の成果たる集団的調査は短期間で最大限の効果をあげるものだと謳われていたが、持続的な追究の対象とはならなかったし、その後の展開のなかで民族誌は場合によっては植民地主義的イデオロギーともうまく折り合いをつけることができることを『ドゴンの土地で』および『黒い仮面の下に』の二本の短篇映画はおのずと示してしまっているのではないだろうか。「巨大なスーダン平原の南端に位置するバンディアガラの断崖は、フランスの入植者の精髄をもって肥沃な土地となったが、その断崖の縁に、太古の昔からつづく習慣をまもる人々が住み着いており、我が国の行政がその特性と伝統の保持につとめてきた」[38]と謳う映画冒頭のナレーションもまたグリオールによって書かれたものなのである。

「複数的観察」に対して、いささかユートピア的かもしれないが、「双方向的な観察」という視座をもちだすとどのようなことになるのか。『少しずつ』においてダムレ・ジカがパリの街頭で行き交う人々に声をかけ、立ち止まった相手の頭や身体の寸法をはかるシーンをもう一度思い出してみよう。撮影は何回か場所を変えておこなわれ、最後はエッフェル塔が目の前に見えるシネマテークと人類博物館に挟まれたテラスの場面になる。そこでなされる人体測定とは、植民地主義のもとにある初期の民族誌に特有の方法であり、これをダムレ・ジカがパリ市民に対しておこなうというのは無償の（必ずしも無償とはいえないかもしれない）パロディ以外の何ものでもないが、モンテスキューの『ペルシア人の手紙』をなぞったかのような設定、さらにはルーシュ自身ときわめてつながりが深い場所の選択がなされているなど、背後にさまざまな含みがあることをわれわれに感じさせるシーンになっている。

ダムレ・ジカはニジェール川流域でのルーシュの調査のほとんどすべてに同行しているが、『ＮＲＦ』誌一九五六年一月号から三月号まで計三回にわたり「旅日誌」と題された文章を寄稿している。内容は一九四八年から四九年にかけておこなわれたルーシュの最初の調査、すなわちワンゼルベでの呪術師集団の調査旅行に随行した自由な記録であるが、ルーシュの依頼を受けて『ＮＲＦ』誌に原稿を持ち込んだのはレリスである。「共有人類学」の発想がこの三者をつないだことになる。

撮影場所の話に戻ると、人類博物館は、トロカデロ民族誌博物館の発展形態として一九三八年にシャイヨ宮の一角を占めるかたちで開館式をおこなう。言うまでもなく、人類博物館はレリスのみならず、ルーシュにとっても重要な活動の拠点となった場所である。一方、シネマテーク・フランセーズはアンリ・ラングロワ、ジョルジュ・フランジュ、ジャン・ミトリの三者によって一九三六年九月に設立された。ルーシュはすでにその翌年には会員になっていたという。シネマテークはその後何度か引っ越しをするが、一九六三年から二〇〇〇年初頭までは、これもまたシャイヨ宮の一角にあって活動を続けた。人類博物館とシネマテークの両者を分け隔てる距離はほんのわずかである。シャイヨ宮と呼ばれる建物に両者が同居していたように、ルーシュにおいて民族誌と映画は一体となっていて区別がつかない。

ルーシュはディテルラン経由でグリオールの遺産を受け継ぐ。ただしこれと矛盾することなく、憑依現象、感情の共同体への関心、さらには「共有人類学」なる発想をレリスと共有する。矛盾なくその両者が同居するのもルーシュの脚力のなせる技であるだろう。『ジャガー』『少しずつ』『コケコッコー！　にわとりさん』が天衣無縫な即興性の賜物だとすれば、そのような特質は彼の映像民族誌にも入り込んでいるはずだ。ポール・ヘンリーもまた「グリオールは自分自身を「社会的事実の警察犬」とみなしていたが、これに対してルーシュはつねに自分の対象と思いがけないハーモニーを即興で編み出すことを願ってルイ・アームストロングがやったトランペット奏法のようにしてカメラを扱おうとした」[▽39]と述べている。

最後に、本章のタイトルとして「映像誌」という聴き慣れない言葉をあえて滑り込ませたのは、映画、写真の区別を超えたところで試みられる映像化の作業に注意が向かったからである。グラフェインを意味する「誌」が、これに付け加わるのは、ダカール＝ジブチ調査旅行を契機として舞台の上にあらわれる写真と記述の組み合わせをモデルとしたあり方も念頭にあるが、ルーシュの映画にともなう彼自身のナレーション、さらには映画製作と並行して書かれる文章の重要性に目を向ける必要があると考えたからでもある。そしてまた「誌」はダカール＝ジブチ調査旅行から、ルーシュのドゴン行へと系譜をたどる歴史の追体験の意味でもある。ひとまず本章を書き終えたいま、無意識のうちに筆者の思いがそれらの事柄に向かっていたことに改めて気づく。

▽1　ジャン・ルーシュのフィルムを収集整理し、その目録作成にあたったベアトリス・ド・パストルによれば、二〇一一年の段階で一二〇本であった作品数は、現在では二〇〇本以上に膨れあがっているという。日仏会館の招きで二〇一八年一二月に来日した彼女に直接話を聞くことができた。

▽2　Jean Rouch, « 54 ans sans trépied », in *Jean Rouch cinéma et anthropologie*, Cahiers du cinéma/ INA, 2009, p. 74.

▽3　その数年前の一九九一年一一月にはルーシュの来日に合わせて、有楽町の読売会館で彼自身の講演をともなう『シギ総集編』の上映がおこなわれている。

▽4　この地に最初に足を踏み入れたフランス人民族誌家ルイ・デプラーニュはすでに写真撮影をおこなっている。Cf. Louis Desplagnes, *Le Plateau central nigérien, une mission archéologique et ethnographique au Soudan français*, Larose, 1907.

▽5　すでにグリオールは、対象となる地域の認識に果たす空中撮影の効果を認識していた。その意味でこの空中撮影にもグリオールの影を見るべきかもしれない。

▽6　Jean Rouch, « Historique du tournage des films du Sigui », in Jean Rouch, *l'Homme-cinéma. Découvrir les films de Jean Rouch,*

CNC, 2017.

▽7　*Ibid*., p. 157. 以上はあくまでも「シナリオ」であって、現実には七年目にあたるソンゴ村でおこなわれる予定だった儀礼は、大旱魃がこの地域を襲い中止となった。当然のことながら、儀礼の中止は映画撮影に大きな影響を及ぼしている。

▽8　Jean Rouch, « Le Film ethnographique », in *Jean Rouch cinéma et anthropologie*, *op.cit*., p. 106.

▽9　Jean Rouch, « Le Renard fou et le maître pâle », in *Jean Rouch cinéma et anthropologie*, *op.cit*., p. 67.

▽10　Jean Rouch, « Pour une anthropologie enthousiaste. Titre d'honneur pour Marcel Griaule », in *Ethnologiques. Hommages à Marcel Griaule*, textes réunis par Solange de Ganay, Annie et Jean-Paul Lebeuf, Dominique Zahan, Hermann, 2005, pp. 311–312.

▽11　この葬儀に関連するものとしてフランソワ・ディ・ディオ監督による短篇映画『マルセル・グリオール教授のドゴンの葬儀』（一九五六）がある。その後ディテルランについてもルーシュについても同じくドゴンの葬礼が営まれている。三日間続いたルーシュの葬儀にはルーシュ夫人が列席し、ルーシュをあらわす藁人形が平屋根（テラス）に乗せられ、広場では牛が生贄にされ、カナガの仮面の踊りが演じられた。

▽12　Jean Rouch, « Le Renard fou et le maître pâle », in *Jean Rouch cinéma et anthropologie*, *op.cit*., p. 64.

▽13　*Ibid*.

▽14　Michel Leiris, *Cinq études d'ethnologie*, Denoël Gonthier, 1969, pp. 85–86.

▽15　*Ibid*., p. 107.

▽16　Jean Rouch, « Essai sur les avatars de la personne du possédé, du magicien, du sorcier, du cinéaste et de l'ethnographe », in *Jean Rouch cinéma et anthropologie*, *op.cit*., p. 150.

▽17　*Ibid*., p. 66.

▽18　Jean Rouch, « Le Renard fou et le maître pâle », in *Jean Rouch cinéma et anthropologie*, *op.cit*., p. 67.

▽19　これとともに以下の一節は映画が観客におよぼすエモーショナルな力を改めて想起させる事例となるだろう。「たとえば『シギ一九六九』を一年後に同じくボンゴ村で上映したときのように、この映画の上映に立ち会っていなければ、このような試みが過ぎ去った時間を追体験させ、織物の切れ端に死んだ人々の姿、こちらからは姿が見え、声が聞こえるのに、

向こうの方では見ることも聞くこともできないでいる印象的な亡霊を甦らせ、心的なショックをあたえることを理解することはできないだろう」とルーシュは語っている。Cf. Jean Rouch, « Essai sur les avatars de la personne du possédé, du magicien, du sorcier, du cinéaste et de l'ethnographe », in *Jean Rouch cinéma et anthropologie*, *op.cit.*, p. 152.

▽20 Jean Rouch, « Le Renard fou et le maître pâle », in *Jean Rouch cinéma et anthropologie*, *op.cit.*, p. 67.

▽21 ただし『シギ一九七一』には編集フィリップ・ルジュイ、『シギ一九六七』にはアシスタントとしてアンバラ、イレコ、アマンディネ、キンバ、音響にジルベール・ルジェ、グインド・イブラヒマらの名がクレジットされている。

▽22 Jean Rouch, « Le Film ethnographique », in *Jean Rouch cinéma et anthropologie*, *op.cit.*, p. 107.

▽23 Paul Henley, *The Adventure of the Real. Jean Rouch and the Craft of Ethnographic Cinema*, The University of Chicago Press, 2009, p. 234.

▽24 この欠落部分を補うものとして、エリック・ジョリはビールの醸造という観点から新たなフィールド調査の領域を開拓している。Cf. Eric Jolly, *Boire avec esprit : Bière de mil et société Dogon*, Société d'ethnologie, 2004.

▽25 Paul Henley, *The Adventure of the Real, op.cit.*, p. 234. たしかに『トゥルーとビッティ、昔の太鼓』（一九七一）は手持ちカメラによる長回しの手法の到達点を示す最大の傑作だといえるだろう。カメラの動きもまたトランス状態に入り込んだような撮影ぶりだが、それは、あくまでも小規模の集団を対象とし、しかも音楽を奏する人々が座り込んでいて、憑依のダンスを踊る者の人数も限られているがゆえに実現可能になったと思われる。これに対してドゴンの儀礼は、このような撮影スタイルによってはカバーしきれない規模を有していると見るべきではないか。

▽26 Mary Douglas, « If Dogon... », in *Cahiers d'études africaines*, vol. 7, n° 28, 1967, p. 659 : « It is hard to imagine because the Dogon now seem so unmistakably French. »

▽27 Mary Douglas, « Réflexions sur le Renard Pâle et deux anthropologies : à propos du surréalisme et de l'anthropologie françaises », in *L'Autre et le sacré*, textes recueillis par C. W. Thompson, L'Harmattan, 1995, pp. 213–215.

▽28 Jean Rouch, « L'Autre et le sacré », in *L'Autre et le sacré*, *op.cit.*, p. 410.

▽29 ルーシュが最初にドゴンの地に入ったのは、一九五一年のことであり、そのとき撮影されたのが、『断崖の墓場』であった。

イレリ村のひとりの青年が川に溺れたが、遺体が上がってこない。司祭が川に赴き、遺体を戻してくれるように水の精ノンモに訴える。ひな鳥を生贄にしてその血を水面に滴らせると遺体が浮き上がってきた。弔いがおこなわれ、遺体は布に包まれ、断崖の上からロープでつり上げられ、断崖の途中にある墓地に葬られる。ルーシュは事故を知って現場に駆けつけその一部始終の撮影に及んだ。

▽30 ポール・ヘンリーは『現実的なるものの冒険者』において、このカナガの写真をグリオールの論考との関係で考えており、『ミノトール』誌第二号に掲載された写真としている。第二号においてカナガの仮面が印象的に登場するのは、むしろレリスの論考「ドゴンの仮面」の写真図版においてのことであり、さらに言うならば「テラスの上に乗った仮面」というルーシュの記述は、第一号掲載のレリスの文章「ドゴンの葬礼ダンス」のための写真と合致する。

▽31 『シネマフィア』（一九八〇）はヨリス・イヴェンスとアンリ・ストルクの「遭遇」を辿り直すドキュメンタリー・フィルムである。二人は共同して『ボリンゲ』（一九三三）を撮影しているが、もしストルクがグリオールの求めに応じてアフリカに旅立っていたとしたならば、この映画にかかわることはなかったかもしれない。ほかにブニュエルにも提案があったとする証言があるが真偽のほどは疑わしい。

▽32 ミシェル・レリス『幻のアフリカ』岡谷公二・田中淳一・高橋達明訳、平凡社ライブラリー、二〇一〇年、一八二頁。

▽33 *Minotaure*, nº 1, 1933, p. 76.

▽34 *Minotaure*, nº 2, 1933, p. 31.

▽35 Jean Rouch, « Le film ethnographique », in *Jean Rouch cinéma et anthropologie*, *op.cit.*, p. 106.

▽36 レリス『幻のアフリカ』、一九〇頁。

▽37 本書所収「ジャン・ルーシュ　インタヴュー［1988］」を参照。

▽38 Eric Jolly, « Démasquer la société dogon. Sahara–Soudan, janvier–avril 1935 », *Les Carnets de Bérose*, pp. 89–90.

▽39 Paul Henley, *The Adventure of the Real*, *op.cit.*, p. 317.

7

# 神々との終わりなきインプロヴィゼーション

川瀬 慈　Kawase Itsushi

## 1 太陽の塔とジャン・ルーシュ

粗いモノクロ映像が太陽の塔をとらえる。塔のてっぺんから少しずつティルト・ダウンしていく。そうして、ちょうどフレームが塔のまんなかあたり、太陽の不愛想な表情をとらえた瞬間、太陽はその男の顔のカットへとすり替わる。男は両手をひろげ虚空をみあげている。男の背後にはうっそうとした樹木のシルエットが連なる。そのさらにむこうには観覧車がうっすらと浮かんでいる。そう、そこは「人類の進歩と調和」を謳った日本万国博覧会の跡地だ。どんよりと重く湿った映像の質感。外灯の輝き具合と、空の色あいから、撮影が夕刻に行われていることがわかる。カメラは反時計回りに、男の背後にまわり込む。両手をひろげて太陽の塔を正面から仰ぎ見る男の背中と、そびえたつ太陽の塔が重なる。男は太陽の塔の姿を模倣する。その仰々しい所作は、まるで塔と交歓する宗教儀礼のようにも見うけられる。男は両手を降ろした後も、さらに塔を凝視し続ける。カメラのアングルが変わる。今度は、ぐっと男に近づき、彼の左横顔をアップで映し出す。男は何度か眉間に皺をよせ、鋭い目つきで太陽の塔を睨みつけ、塔を指さす［図1］。禿げ上がった頭、額に深く刻み込まれた皺。この紳士は、いわゆる老人の部類に属するのであろうが、対象を射るかのような、あるいは対象に生命を注ぎ込むかのような力強いまなざしは若々しい。眼前の太陽の塔を、彼自身の力の働きかけによって異化し、読み替え、そこに別の世界の広がりを見出すかのようだ。

私の現在の職場である国立民族学博物館の地上階のシーン。壁から掌が出てくる。右掌のみで、身体は壁のむこうに隠れている。その手は、ゆっくりと徐々に下降していくと同時に閉じていく。拳がフロアに触れるか、触れないかというところで、ロングコートを着た手の主、その男が登場する。暗くてわかりにくいのだが、老人は撮影者に対して顔面をくしゃくしゃにさせて笑っている。勝ち誇った表情のようにもみえる。ここで彼の遊戯は終わり、次のカットに移行するのかと思ったその瞬間、老人はとっさに思いついたとばかりに、体をひらりと反転させる。そうして、両手を大きくひろげ、翼のようにはばたかせながら、博物館のインフォメーションカウンターの方向にめがけて、一気にフロアを駆け出す〔図2〕。鳥か？ 飛行機か？ それともこの短い映画に何度も象徴的に登場する太陽の塔の模倣の続きなのだろうか。カメラはすかさず老人を追いかける。しかしこの老人は、トリッキーな動線を描く。まっすぐ走って逃げるのではなく、わざわざ旋回したかと思うと、左にそれていく。さらに柱に隠れ、撮影者の、視聴者の予想を裏切るような位置からカメラのフレームに登場し、駆け抜けていく。まるでいたずら好きな、すばしっこい子供が鬼ごっこでもしているかのように、嬉々としてふざけた様子である。この老人は、撮影者が嫌がる動きを、あえて試みているのかもしれない。彼は、カメラによって撮影されていることを楽しんでいるのだろうか。俺をとらえてみな、捕まえられるものならやってみな、とでもいわんばかりに、撮影者を挑発しているのだろうか。

七〇代のなかばにさしかかったジャン・ルーシュをとらえた『ルーシュへの手紙』*Lettre à Jean Rouch*（一九九四）。ルーシュに師事したベルギーの映像人類学者であるエリック・パウウェルが撮影、制作した六分一四秒の短い映画だ。同じくルーシュに師事した大森康宏の研究室において、太陽の塔を前にして、滞在するホテルのなかで、移動中のタクシーの中で、パウウェルの語りとルーシュの語りが重ねられていく。この語りは、ルー

図1　太陽の塔をにらむルーシュ（エリック・パウウェル『ルーシュへの手紙』1994）
図2　国立民族学博物館内を駆け抜けるルーシュ（同）

シュの学問上の師たち、マルセル・モースやジャルメイン・ディエンデーレンの系譜のなかにルーシュを位置づける。同時に、記録・観察者としてのルーシュの立場や哲学がパウウェルとの関係性のなかで、淡々と示されていく。

　本作でもっとも印象的な場面である、太陽の塔と対峙するジャン・ルーシュの映像には、ルーシュ自身の語りがかぶせられる。

> 自然に演出するのさ。我々撮影者は、カメラのファインダーを通して、即興的に対象と戯れる。たとえば、タローがつくった太陽の塔を撮影するとしよう。私がまなざす対象、この太陽の塔によって、カメラのフレームの切り方、そしてカメラの動きが決められていくのさ。

民族誌映画の歴史に名を残した学者・作家、たとえばマーガレット・ミード、ジョン・マーシャル、ティモシー・アッシュにとってのカメラが、研究者が対象と一定の距離を保ちながら対象を観察記録する、〝科学的な道具〟▽1であったのならば、ルーシュにとってのカメラは、対象との動的かつスリリングなかけひきのなかで、その動きや位置を、場面対応的に規定される触媒なのだ。被写体は、撮影者のカメラの動き、撮影者の立ち居振る舞いに、主体的に働きかけ影響を与える存在でもある。それは、時として、撮影者の意図を真っ向から覆す次元の力も持ち合わせている。

　国立民族学博物館内で、自らの姿をとらえようとするカメラと嬉々として戯れ、撮影者を挑発するルーシュ。それは、観察者という固定的な位置に安住することによっては、引き出し、とらえることが難しい〝リアリティ〟という名の精霊を、ルーシュ本人が、自らの即興的なパフォーマンスを通して演じているかのようである。

## 2 ルーシュの黄金の指先

アフリカ研究の道を歩みはじめて間もないころ、幾度となくルーシュの映画に触れる機会を得てきた。最初の出会いについては鮮明には思いだせない。学生の時に訪れた映画会、人類学映画祭での特集上映、さらにはケ・ブランリ博物館の常設展示のインスタレーション。それらの機会で触れた『大河での闘い』*Bataille sur le grand fleuve*（一九五一）、『狂った主人たち』*Les maîtres fous*（一九五七）、『シギ一九六九、ボンゴの洞窟』*Sigui 1969. la caverne de Bongo*（一九六九）、西アフリカを舞台とするこれら一連の作品からは、一六ミリフィルムの映像を通して、人々の肉体の躍動、深淵な神話世界の蠢き、そして精霊たちと人々の豊かなやりとりが、スクリーンをとおして否応なくこちらにリーチし、揺さぶりをかけてきた。ルーシュの映像との接触は、自分がどこか別の次元に連れていかれるような危険かつ魅力的な行為にも思われた。

しばらくすると、私自身が、アフリカの音楽や宗教を対象にしたフィールドワークにどっぷり浸かるようになっていた。研究の主なアウトプットとして映画を制作し、人類学の映画祭や学会での発表を積み重ねるなかで、さらに多くのルーシュの作品に触れる機会が増えた。様々な方法で、〝リアリティ〟を客体化し考察させるかのようなルーシュの映像実験に触れることは、自らの映像話法の地平を拡げていくうえで常に大きな刺激になった。英国での研究生活を通して、欧州の映像人類学の研究・教育プログラムに私がより深く関わるようになるのは、ルーシュが亡くなったずっと後のことである。しかしながら欧州では、ルーシュの元学生や関係者を通して、いたるところに彼の息遣いを感じた。それらの研究者や映画作家と交流する機会を重ねるなか、映像人類学の現在の論壇における、ルーシュの影響の大きさを感じることが多かった。ルーシュによる直接的な指導のもと、映像人類学者としての自己を形成していった彼ら、彼女たちからは、ある種の選民意識のようなものを感じることすらあった。ルーシュのトーテム（パウウェルの表現を借りるなら、〝ルーシュ族〟、あるいは〝ルーシュ・ギャング〟）に属することを過度に振りかざし、自己を権威づけることに躍起になる輩も少なくなかった。いずれにせよ、そこまで多くのフォロワー、崇拝者を生み出したルーシュの魅力、磁力とはいったいどのようなものであったのだろうか。

国際映像人類学理事会の私の同僚で、イタリア人映像人類学者のロッセラ・ラガッツィも、ルーシュから薫陶を受けた一人である［図3］。彼女は、トロムソ大学、ベルリン自由大学で教鞭をとり、数多くの映像人類学者を育ててきた。彼女は、ルーシュの魅力について、あるいはルーシュのセミナーから得た知的興奮について、私にしばしば語ることがある。

図3　ロッセラ・ラガッツィ（本人提供）

一九八〇年代のイタリアで彼は神格化されていたわ。イタリアでの私の民族誌映画の師匠は、私たちに、ルーシュの映画で手に入るものはすべてみせてくれた。私がローマを離れパリへ向かった理由は、ルーシュのセミナーを受けるためだったのよ。フランスでの一〇年間の生活のなかで、私は、シネマドゥリール国際映画祭、人類博物館、フランス国立科学研究センター、シネマテーク・フランセーズそしてパリ第一〇大学という、ルーシュの〝黄金の指先〟が触れた組織に深く関わるなかで、ルーシュをよく知ることになっていったの。〔……〕

シネマテーク・フランセーズで、ルーシュはよくセミナーをやっていたわ。このエリアはルーシュのパトロン的な存在だった、ジャルメイン・ディエンデーレンの家も近く、ルーシュの仲間たちがよくたむろしていた。いつも彼はたくさんのフォロワーに囲まれていた。彼は、いわば、〝動く宮殿〟。彼を通して人が出会い交流したのよ。ルーシュ独自の世界、いや、ルーシュの宇宙といったところかな。ルーシュのセミナーが行われる土曜日、シネマテーク・フランセーズの客席は人でいっぱい。私たちは椅子に座れず、床に座ることもあった。

ルーシュは自意識が強く、気取っていて、機知に富み、皮肉屋だった。物事を多角的にとらえることに長けていた。彼は、エピキュリアン、いや、フランス語のbon-vivant（人生を楽しむ人）という表現がぴったりの人だったわ。〔……〕

みなが知っている通り、ルーシュは、映画を集合的なアートととらえていたのよ。彼は、映画と人類学が具体的に交わる〝共有人類学〟という、当時誰も到達していなかった境地にいた。

彼から学んだ最も大きなこと、それは、映画というものが、つねに創造の途上にある営みであるということ。作品には、いろんなバージョンが可能で、そのどれもが重要な価値を持ちうるということよ。そう、まるで、彫刻、デザイン、音楽作品のように。作品にどれだけ手を加えるか、あるいは加えないかは、制作者自身が慎重に考えるものよ。ルーシュは、出来事の再演をベースにした映画制作や、存在論的転回など、我々が今日、真摯に向き合い取り組んでいるような課題について、当時から考えていたように思うわ。

（二〇一八年一一月、ロッセラ・ラガッツィへのインタヴューより）

ラガッツィはルーシュの影響のもと、アフリカや欧州で、民族誌映画を制作することになる。彼女の代表作『受け継ぐ人々』*Firekeepers*（二〇〇七）〔図4〕は、北欧の先住民サーミの唄、ヨイクの継承と革新をテーマにした作品である。本作の主人公ラウラとサラは、ノルウェーの若いサーミである。ノルウェーには現在約四万人のサーミが存在するといわれているが、同国の歴史のなかでサーミは、同化政策やキリスト教化政策によって苦しめられてきた。サーミの精神世界をあらわす唄であるヨイクは、同国のキリスト教会からは、呪術的で邪悪な実践としてとらえられ、排除されてきたのである。そのようななか、ロックミュージックという脈絡のなかでヨイクを再生させる、ラウラとサラ。サーミの青年二人とラガッツィの深い信頼をベースに制作された本作は、国際的な民族誌映画祭において入選、受賞を重ねるなど高い評価を受けてきた。しかし、ラガッツィは、この「共有」という概念を、被写体の先住民コミュニティと人類学者である彼女の知的な交流のみに限定しない。

ラガッツィの映画は、制作者、被写体、視聴者との議論のアリーナそのものを指すのである。それはつまり、民族誌映画を人類学者による完結した研究成果として位置づけるのではなく、調査対象の人々や、学界を超えた社会の様々なアクターと新たな関係性を育む媒体として探求することを意味する。

図4　ロッセラ・ラガッツィ『受け継ぐ人々』(2007)

サーミが自らのために本作『受け継ぐ人々』を使うことはもちろん可能だ。しかしそれと同時にラガッツィは、様々な葛藤を抱える各国の先住民が、本作を通して自文化の継承について議論すること、さらに本作が〝自集団〟の認識と自覚の手助けになることを願う。ルーシュにとって、カメラはリアリティをとらえるものではなく、シネ・リアリティとでも呼べるような世界を創造するものであった。観察者、被観察者、視聴者の間にアイデアが呼び起こされ、対話が促進される。▽2「映画は、つねに創造の途上にある」。ルーシュが描いたヴィジョンは、彼女のなかで生き続けている。

## 3 サウンド、イメージ、文化

「Who are you?」。この言葉をどれだけ聞いただろうか。

欧州をベースに活動していたある時期、私はベルギーの芸術人類学、映像人類学のマスタークラス、SoundImageCulture（以下ＳＩＣ）の客員講師を務めた。前述の『ルーシュへの手紙』を制作したパウウェルが主宰するＳＩＣは、映画、人類学、コンテンポラリー・アートの関係者の領域横断的な議論と実践を通し、文化の記録と映像表現における、新たなオーディオヴィジュアルの話法を開拓しようという野心に満ち溢れていた。ＳＩＣは、現代メディアにおける〈他者〉の表象のありかたを省察的にとらえつつ、映像表現を模索する場である。特定の大学や研究機関に属する組織ではなかった。当コースは、パウウェルの提唱により、ベルギー・フランダース政府の助成を受けて二〇〇六年にスタート。四月から一二月にかけての九か月間、選抜された一〇名の参加者の映像制作プロジェクトを、各国から集った映像人類学者や映画関係者が指導し、補助する。私が関わった年の参加者の顔ぶれには、人類学の修士課程を終えたばかりの者や、博士課程の学生、映画学校の学生等がいた。参加者の出身国は、イタリア、オーストリア、ドイツ、ベネズエラ、アメリカ、ベルギー、フランスと七か国にわたった。我々講師陣は付属物（Attachment）と呼ばれ、参加者のプロジェクトをサポートする。これはパウウェルの発案で、講師も生徒も対等に論をまじえる同僚である、という考えが背後にある［図5］。

ＳＩＣの映像実践の特徴のひとつとして、想像と想像の共振のなかに宿る流動的な現象としての文化に対する、映画的なアプローチが挙げられる。ベルギー人講師のアン・ヴァン・ディエンデレンとディディエ・ヴォルカートが監督した『フランダースの犬、メイド・イン・ジャパン』*DOG OF FLANDERS – MADE IN JAPAN*（二〇〇七）では、イギリス人作家のウィーダが一九世紀に書いた児童文学が、ハリウッド映画として、さらには日本のテレビ番組（一九七五年に初放送された日本アニメーションによる『フランダースの犬』）として、いかに改変、再編され、あらたな物語として生み出されていくのかを、歴史文化的な土壌も考慮しつつ描いた力作である。ローン・ヴァン・ランカーが制作した『スーリヤ』*Surya*（二〇〇六）は、一〇か国の吟遊詩人やストリーテラーそれぞれに「名前のない英雄」というキーワードをあたえ、そのキーワードをもとに、唄や踊りを通して即興の物語を紡ぎだしてもらうという実験作である。また、参加者の一人であるオーストリア人の映像人類学者は、チュニジアの革命に対する現地の人々の語りに、現地の人々が再演した革命時の出来事（放火、デモンストレーション）をスーパー八ミリフィルムによって記録した粗い映像を挟み、革命が語り継がれるなかでコミカルにフィクション性を増していく過程を示した。また、イタリア人の映画作家は、東南アジアにおいて性産業に従事する女性との交渉過程をYoutubeに定期的にアップするドイツ人ツーリストのオンライン上のダイアリーをテーマにする映画を制作した。そこでは、制作者自身が罪悪感にとらわれながらも、ネット上のイメージの世界に自らが惹かれ〝侵食〟される過程を、Youtubeの再編映像、ビデオ映像、八ミリフィルムや自身のナレーションによる告白とともに表現した▽3。

参加者たちのオーディオヴィジュアルの試みは、常に主宰者パウウェルによる厳しいフィードバックを受ける。特に、制作途上のプロジェクトの発表セミナーでは、パウウェルが、いささかきつい口調で「Who are you?」という質問を参加者になげかける姿が印象的であった［図6］。本人によれば、この問いかけによって、撮影者の姿、まなざし、被写体との関係について撮影者が自覚的に考えることを促すのだそうだ。「まなざす対象、この太陽の塔によって、カメラのフレームの切り方、そしてカメラの動きが決められていく」（前述のルーシュのことば）。今から振り返れば、この「Who are you?」は、観察者の地平に安住するのではなく、対象との動的なつながり、関わりのなかで撮影者の行動を省察的にとらえよ、というルーシュからの伝言であったのかもしれない。ＳＩＣ

の実践は、サウンド、イメージを通した文化の記録という命題と、撮影者自身の立場／まなざしの客体化という映像実験があやうく、スリリングな均衡を保ったインプロヴィゼーションであったともいえる。

ルーシュの〝黄金の指先〟による影響は、上述のラガッツィやパウウェルのように彼が直接的に指導した学生だけにとどまらない。マンチェスター大学の私の同僚には、スウェーデンの人類学者、ヨハネス・ショーバーグがいた。彼は、『人間ピラミッド』*La Pyramide humaine*（一九六一）などで、ルーシュが試みた実験的な民族誌映画制作の方法論、エスノフィクションを彼なりに咀嚼し、実践する急先鋒であった。ショーバーグは、この方法で、サンパウロのトランスジェンダーのコミュニティについての映画『トランスフィクション』*Transfiction*（二〇〇七）を制作した。彼は本作で被調査者に日常の生活を演じさせている。演じさせる、といっても被写体に適当に好きなことを再演させるわけではない。制作者、被写体間である程度の議論を行い、作品のテーマやコンセプトを抽出する。それらのテーマに準じて、被写体は自らの日常生活を即興的に演じるのである。彼によれば、エスノフィクションには、主人公の生活の描写、主人公の夢・欲望・感情の投影、そして主人公のエンパワーメントという三つの機能があるという。[▽4] 近年、ショーバーグは、エスノフィクションによる民族誌映画制作を、マンチェスター大学の大学院教育のカリキュラムのなかにもとりいれるようになった。時代と場所を越え、ルーシュの方法論的な問題提起は今後どのように生き続けていくのであろうか。

図6　SICのパウウェル（右）

図5　SICのセミナー風景

## 4 精霊の馬

音と匂いの渦のなかにいた。濃い煙のなかにいた。楽師アズマリが奏でる弦楽器の短いフレーズの反復が私を揺さぶる。小型の太鼓ディビのビートが続く。乳香、香木、安物の香水。羊の内臓の饐えた匂い。小型の炉のなかには炭火。薄手の鉄板の上では、カラリカラリとコーヒー豆が煎られる。モクモクと出てくる真っ白い煙。コーヒー豆の匂いは嫌いではないが、質の悪いサンダルウッドの香りと絡まり、部屋に充満し、息苦しい。ここでぼーっとしている場合じゃない。撮影記録をしなければ。自分に言い聞かせる。儀礼の参加者たちから、アラケ（蒸留酒）を飲めとせかされる。それを飲み干すと、酩酊状態になり撮影どころではなくなるので、飲むふりをして、実際には飲まない。

私はある時期、とりつかれたようにエチオピア北部の憑依儀礼ザールの撮影に没頭した。ゴンダールの著名な霊媒のもとにやってくるという、精霊セイフチャンガルに映像でせまろうと試みていた。この時の記録は、後に拙作『精霊の馬』*When Spirits Ride Their Horses*（二〇一二）にまとめることになる［図7・8］。セイフチャンガルは、ミシェル・レリスの『幻のアフリカ』にも何度か登場する、ゴンダールでは古くからよく知られた精霊だ。

夜通し、神々との混沌としたインプロヴィゼーションが待っている。ここでの神（ゲタイエ）とは、私が調査を行うエチオピア北部の代表的な宗教、キリスト教エチオピア正教会の神をあらわすものではない。ザールの精霊、コレを指すのだ。エチオピア北部の古都ゴンダールにおいては、キリスト教の神とコレの区分があいまいになるどころか、溶解し、混沌とする。ザールにはイスラム教徒も参加し、それどころか、日中はザールを否定する教会の修道士が参加することさえある。

ザールにおいては、コレまたはアウォリャと呼ばれる精霊が、霊媒バラコレに憑依するとされる。憑依の媒体はアラビア語起源で、馬を意味するファラスと表現される。すなわち精霊が霊媒を〝乗りこなし〟、彼／彼女の口を通し、人々へ託宣を行う。この儀礼が開催される目的は、病気の治癒、人間関係の改善、学業の成績向上、失くしもの探し等が挙げられる。ザールの参加者は、アムァムァキ（温める人）あるいは、アンカサッカサシ（揺り動かす人）と呼ばれる。コレを呼び寄せるためには、その空間を〝温め〟ねばならない。温めるというのはこの場合、熱を加えて場をあたたかくすることではない。しいて言うならば、人が歌い、踊り騒ぐ、さらに、お香や香水、コーヒー豆、コレに捧げる食べ物、飲み物の匂いなどによって空間の密度を高めていくことを意味する。音、匂い、その他の要素によって場を温め、眠っているコレを揺り動かし、部屋に呼び寄せるのだ。逆に、コレが去ったあとの霊媒の体や、儀礼の場は〝冷める〟と表現される。この〝温め〟具合が足りないと、コレはやってこない。それどころか、コレはザールの参加者、関係者を病気にさせたり、不幸にさせるともいわれる。[5]

霊媒は両ひざを床につきながら上半身を大きく旋回させ、揺れる。苦しそうだが、恍惚とした表情にもみえる。ザールの参加者たちは、歓喜の声をのどの奥から振り絞るように出し、彼女を煽る。霊媒は、叫びながらも、踊り続ける。私は彼女が精霊と交わる動きにあたかも吸い込まれるように、カメラの動きをあわせる。カメラを引いては、押しだすという動作を繰り返し、霊媒の身体動作にあたかも呼応するかのように場を温めようと試みる。私の持つカメラが、楽師が奏でる弦楽器となり、

図7・8　川瀬慈『精霊の馬』（2012）

精霊セイフチャンガルを煽り挑発する。

ザールの場で、幾たびか経験した霊媒との同期感覚。トランス。場のグルーヴと一体になるような感覚。いやそれは、ただの妄想なのかもしれない。被写体を長時間観察するなかで、彼ら／彼女らとの間に、ある種の〝共犯関係〟が生まれ、互いの言動に影響を与え合っていくような感覚にとらわれることもある。憑依儀礼の参与観察と撮影を重ねるなか、私はシネ・トランス（ciné-transe）という概念について思いを馳せ、考えてきた。

ルーシュ自身がシネ・トランスを考え発展させるうえで重要になった『トゥルーとビィッティ、昔の太鼓』*Tourou et Bitti. Les tambours d'avant*（一九七二）は、冒頭のシーンを除き、ほぼシングルショットに近い撮影によって、ニジェールの憑依儀礼をとらえる。本作冒頭では、ルーシュが録音技師とともに、ニアメ郊外のシミリ村に到着する。すると、村の広場では憑依儀礼が展開している。楽師たちによる太鼓や弦楽器の演奏を通して精霊を呼び寄せ、霊媒に憑かせ、穀物から害虫を守ることを懇願することがこの儀礼の主な目的である。しかしながら、何か様子がおかしい。儀礼が開始してすでに数日が経っているものの、精霊はなかなか霊媒に降りてこないのである。そのようななか、ルーシュが広場に歩み寄り、楽師たちよる弦楽器のメロディとドラムのリズムが変更された直後に、憑依現象がとつぜんはじまるのである。後に本作の制作を振り返りながらルーシュは、自身による撮影行為が、さらには、撮影者（ルーシュ）自身のシネ・トランスが、憑依の世界の蓋をこじあけ、促進させたのかもしれないと述べる。▽6 シネ・トランスという概念を文字通りにとらえるのではなく、むしろ示唆に富むメタファーとして受け取り、探求するのが適切であるという考えもある。▽7 しかしながら、撮影者自身のシネ・トランスが、カタリストとして憑依の世界に働きかけ共振するとは、どのようなことを意味するのだろうか。

## 5 神々とのインプロヴィゼーション

さあ神よ、お前がのぞむものはすべてそろった
われわれの神よ　おりてこい
さあ神よ、お前がのぞむものはすべてそろった
北ゴンダールの神よ　おりてこい

神よ、平和をもたらせ、ブレンニョー、喜びをもたらせ
神よ、平和をもたらせ、セイフチャンガル、喜びをもたらせ
神よ、平和をもたらせ、スィメンの神よ、喜びをもたらせ
神よ、平和をもたらせ、ライヤの神よ、喜びをもたらせ

楽師アズマリの歌と演奏はさらに続く。コレにはそれぞれ名前があり、性があり、住処があり、気性にもそれぞれ特徴があるとされる。楽師がそれぞれのセンテンスを歌い上げると、参加者がそれを繰り返す。歌詞のなかで重要なのが、精霊たちの出身地と名前である。特にザールの歌に登場するエチオピア北部の地名、スィメンやライヤは、人が住まない荒れ地の多いエリアで、強大な力を宿した精霊の多くが棲むとされる。ザールでは、それら精霊の出身地とされる地域にまつわる伝承曲ソコタやライヤと呼ばれるレパートリーを好んでとりあげる。ゴンダールのザールに頻繁に登場する精霊にはセイフチャンガル（剣のようにするどい鞭）のほかに、ブレンニ

ヨー（荒野に住む者）やイスラム教徒の女性とされるソフィア等が知られる。

楽師は、精霊たちの出身地や名前をたたみかけるように歌い込み、場を盛り上げる。霊媒は楽師に対して曲調や曲のテンポについて頻繁に指示を与える。キリスト教徒も、イスラム教徒もこのザールという混沌としたサロンのなかで嬉々として戯れる。その場に居合わせ、飲み、歌い、踊り、騒ぎ、粛然とし、またさらに騒ぐ。すると馬／霊媒にコレが入る。いや、それだけではなく、その場に居合わせた参加者たちにもコレが乗る。上半身を旋回させたり、痙攣させたり、あるいは前後に激しく揺らしたりする運動がそのサインだ。その運動はその場に居合わせた人々に感染していく。コレが入ったとされる肉体は叫ぶ。自らの名前を、出身地を。それは理路整然としたメッセージではなく、支離滅裂で、断片的な言葉の束である。場を〝温め〟、精霊を〝揺り動かす〟。ここに霊媒、参加者の区別はなく、そこに居合わせた者みなすべてが、ザールの空間を共有、構成しつくりあげていくコンダクターでもあり、演奏者となるのである。そこに対象と距離をとる〝冷徹な〟観察者はいない。あるのは、その特定の空間に響きあう、触媒としての肉体である。

今まで出会った馬／霊媒たちの顔を思い浮かべる。馬／霊媒たちをとりまく人々を思い浮かべる（一部をのぞき、その多くが女性たちであった）。そして様々なコレたち。私が向けたカメラをいやがるコレ、逆に撮影しろと何度も要求するコレ、カメラ用のライトで照らせとせがむコレ。いたずら好きな者、トリッキーな者、せっかちな者、獰猛な者。こちらの意図した通りに捕まえ、コントロールすることなどできない。ゴンダールでコレたちと人々の戯れに魅了された者たち。それを記録、分析しようとしたミシェル・レリス、サイモン・メッシング、セタルゴ・カンニョー。それぞれ演劇の観点から、精神療法の観点から、企業家の観点から、ジェンダー研究の観点から、ザールに迫り、馬／霊媒と交流した者たち。しかし、彼らのことばがコレをとらえたことは、はたして一度でもあったのだろうか。

楽師アズマリの演奏と指揮のもと、人々は歌い踊り、叫び、場を温める。私はカメラで、コレを、いや〝シネ・リアリティ〟という名の精霊を揺り動かそうと試みる。しかしそれは今晩も私の意図とは逆に、私の手をすりぬけ、私を挑発し、あざ笑い、ゴンダールの時空のなかを駆け巡り、闇夜に消えていくのである。そう、『大河での闘い』のなかで、数々の槍の攻撃を受け、河を血で染め上げながらも悠然と消えていった、あの大きなカバのように。私にわかっていること。それは、私自身が、儀礼の参加者たちと共振しながら、このインプロヴィゼーションを奏でる奏者であるということ。そして、この演奏がさらに延々と続いていくということだけである。

▽1 Paul Henley, *The Adventure of the Real: Jean Rouch and the Craft of Ethnographic Filmmaking*, The University of Chicago Press: Chicago and London, 2009.

▽2 Paul Stoller, *The Cinematic Griot: The Ethnography of Jean Rouch*, The University of Chicago Press: Chicago and London, 1992, p. 193.

▽3 川瀬慈「文化の記録と映像表現——ブリュッセルの映像制作実習コース見聞記」『フィールドプラス』no.9、東京外国語大学アジア・アフリカ言語文化研究所、二〇一三年、二四—二五頁。

▽4 Johannes Sjöberg, *Ethnofiction: Genre hybridity in theory and practice-based research*, A thesis submitted to The University of Manchester for the degree of a Practice PhD in Drama in the Faculty of Humanities, School of Arts Histories and Cultures, 2009.

▽5 川瀬慈「映像がとらえる儀礼と音楽——エチオピアのザール憑依儀礼と楽師アズマリを事例に」『文化遺産と生きる』飯田卓編、臨川書店、二〇一七年、一六三—一八三頁。

▽6 Jean Rouch, "On the Vicissitudes of the Self: The Possessed Dancer, the Magician, the Sorcerer, the Filmmaker, and the

Ethnographer," *Studies in Visual Communication 5*, Issue 1, Fall 1978（Translated by Steve Feld and Shari Robertson）.

▽7 Henley, *The Adventure of the Real*, p. 277.

[付記] 本論の冒頭でとりあげた映画『ルーシュへの手紙』のフランス語翻訳については、都留ドゥヴォー恵美里氏の協力を得た。また、生前のジャン・ルーシュ氏との交流や、氏をめぐる様々なエピソードについて、ロッセラ・ラガッツィ氏、大森康宏氏より、多くを教えていただいた。この場を借りて謝意を表したい。

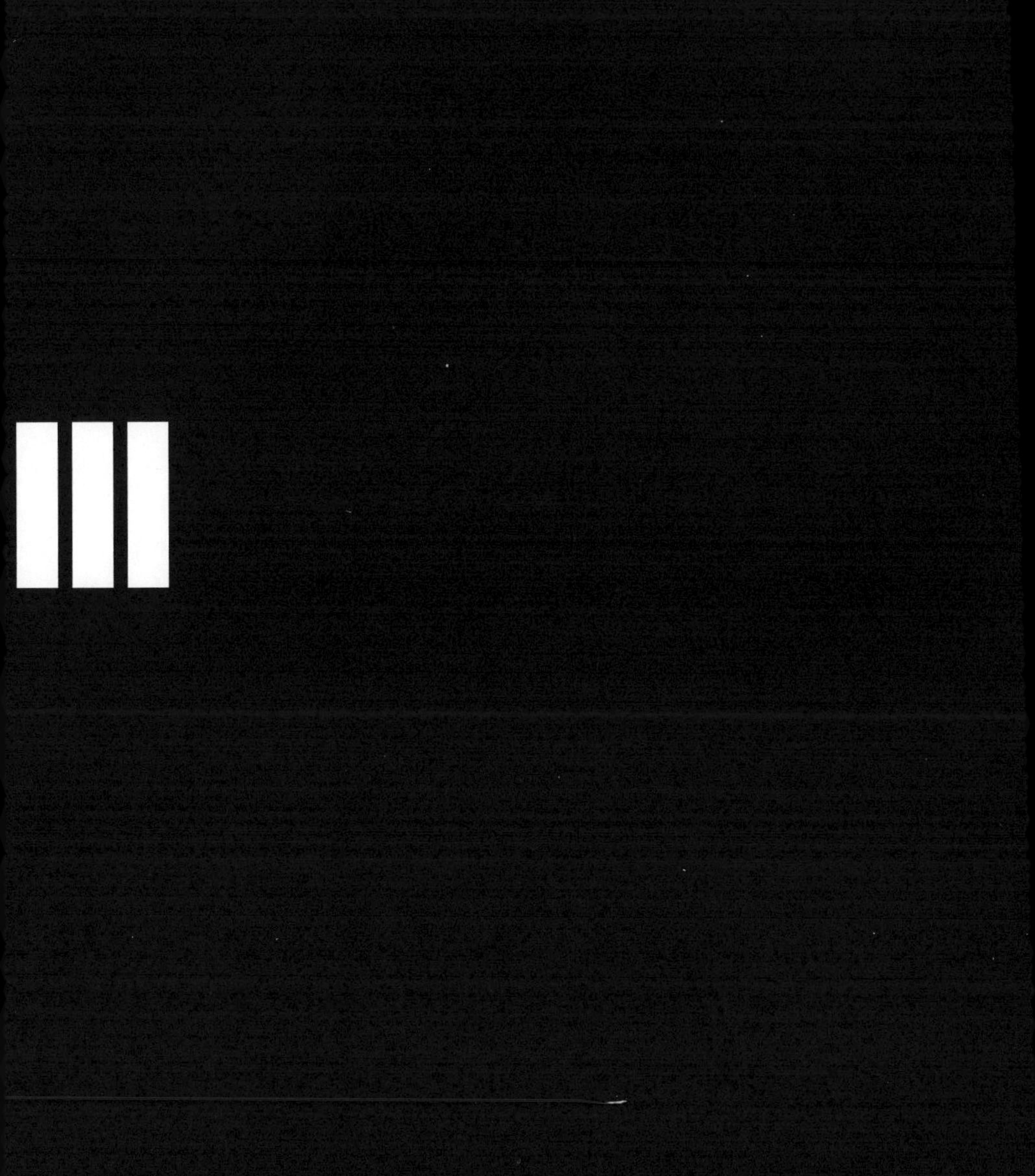

8

# 交差する視線

## ジャン・ルーシュとクリス・マルケル

東 志保｜Azuma Shiho

## 1 ジャン・ルーシュとクリス・マルケルの接点――アフリカとシュルレアリスム

ナチス・ドイツ傀儡のヴィシー政権が誕生したのち、一九四一年にジャン・ルーシュはニジェールの土木工事に携わるためにパリを離れた。このニジェールでの体験が引き金となり、ルーシュは人類学の道を志すこととなる。同時期、クリス・マルケルは文筆活動を開始し、のちにレジスタンス運動に加わった。ここで文学と政治という、マルケルの創作活動の源泉が形成されたと考えられる。のちに、ルーシュとマルケルは戦後フランスを代表する映画作家となるのだが、ヌーヴェル・ヴァーグ周辺の映画作家として多くのドキュメンタリー映画の傑作を生み出したという点だけでなく、ふたりには多くの共通点をみることができる。そのひとつがアフリカとの関係である。旅する映画作家として、世界中を移動しながら写真や映画を撮影したマルケルについて、特に親密な関係を結んだロシアと日本に関して語られることは多いが、アフリカについて言及されることは少ない。しかし、アフリカの影像を通して植民地主義を告発した、アラン・レネ、ギスラン・クロケとの共作『彫像もまた死す』(一九五三)、パリ在住のダホメ人留学生のインタヴューを通して差別の問題を取り上げた『美しき五月』(一九六二)、アフリカ(主にギニア・ビサウ)と日本を「生の存続の二つの極地」として呈示した『サン・ソレイユ』(一九八三)などにみられるように、マルケルは継続的にアフリカへの関心を持ち続けていたのである。

もうひとつの共通点は、シュルレアリスムからの影響である。ルーシュは、自身が語っているように、一九二〇年代のパリで花開いた前衛芸術運動(シュルレアリストたちの名前が多く挙げられている)から大きな影響を受けている。▽1

たとえば、『狂った主人たち』(一九五七)で、ルーシュは自らのコメントをボイスオーバーで吹き込む際に、何かに憑依されたような感覚に陥り、それはアントナン・アルトーの残酷劇場や、ポール・エリュアールとジャン＝ルイ・バローによるシュルレアリスムの詩の朗読を想起させる体験であったと語っている。[2] また、マルケルもシュルレアリスムの美学的手法に関心を持っていたことが、近年のアーカイブの調査から明らかになっている。[3] 更に後年、マルケルは、ヤニック・ベロンとともに、ヤニックの母ドゥニーズ・ベロンの報道写真をシュルレアリスムの文脈に位置づけた『未来の思い出』（二〇〇一）を制作している。ここで、ドゥニーズ・ベロンの写真は、過去を指し示すと同時に、未来への予兆に満ちたものとして呈示され、シュルレアリスムの芸術が表現した、夢と現実の閾に特徴付けられた世界観と共鳴するものとして描かれている。この『未来の思い出』で取り上げられた戦間期は、マルケルが「まるで、ふたつの象の銅像の間の一冊の本のように、ふたつの戦争の間で固定された、おかしな子供時代[4]」として拘泥している時代であり、やはり戦間期に幼年期、青年期を過ごしたルーシュとの同時代人的な感覚をみることができるだろう。更に、ルーシュがニジェールに旅立つ前に、のちに映画作家となるヤニックと交流があった[5]ということも併せて考えると、ルーシュとマルケルをつなぐ不思議な巡り合わせを感じずにはいられない。実際、一九六〇年代初頭に、マルケルとルーシュは、シネマ・ヴェリテの中心的人物として限りなく接近していくことになるのである。シネマ・ヴェリテは、ふたりの映画制作に転換点をもたらした映画運動であるが、それについて詳しく見る前にまず、ふたりを繋ぐもうひとつの線であるアフリカの表象について考察していくこととする。

## 2

## 『彫像もまた死す』とルーシュの民族誌映画

### 『彫像もまた死す』と反植民地主義

一九五二年、マルケルは教育文化組織「民衆と文化」から依頼を受け、ヘルシンキ・オリンピックについてのドキュメンタリー映画『オリンピア52』を制作する。これがマルケル初の映画監督作品であった。その翌年、今度はプレザンス・アフリケーヌのアリオーヌ・ジョップから依頼を受け、「ニグロ芸術（アール・ネーグル）」[6]についての映画をアラン・レネ、ギスラン・クロケと共同で制作することになる。黒人による芸術に価値を見出すことは、一九四七年に設立されたプレザンス・アフリケーヌの目的のひとつであり、一九五一年には「ニグロ芸術」についての特集号を発刊していた[7]。マルケルはその一年後の一九五二年に黒人芸術（アール・ノワール）についての論考を発表していたので、この特集号を読んでいた可能性があるが、レネは全くの門外漢であったようである。映画を制作するにあたり、ふたりはシャルル・ラットン、マドレーヌ・ルソーなどの黒人美術の専門家に取材した。そして「なぜ「ニグロ芸術」は人類博物館に展示され、ギリシア美術やエジプト美術はルーヴル美術館に展示されるのか」という問いを立てることとなる[8]。

映画は、朽ち果てた西洋の彫像をとらえた一連の映像から始まる［図1］。それに、彫像は時の経過とともに劣化していく儚さを持つことを語るコメンタリーが被せられ、美術館で展示物を鑑賞する人々のショットが続く［図2］。その後、アフリカの自然の風景が映され、リズミカルな編集によって次々とアフリカの彫像が映し出されるシークエンスが続いていく。しかし、それはオランウータンの死をとらえたショットによって休止し、今度は、彫像が博物館に収集・保存されることで元の文脈から切り離されて死を迎えることについて、植民地主義への批判の文脈のなかで語られることになる。映画の終盤では、南アフリカのアパルトヘイトやアメリカ合衆国での暴力的な黒人差別をとらえた映像が登場し、そうした差別に異義を唱えるものとして、アフリカ現代美術家による闘いの芸術への共感が寄せられる。それは、バスケットボールやボクシングの試合で黒人が白人に対して見せつけた「白人の高慢さを煙に巻く」身体能力や黒人ジャズ・ミュージシャンによる即興演奏とともに、「世界を把握する意志のための道具」としての黒人美術の精神を受け継ぐものなのだ。[▽9] マルケル、レネ、クロケは、「ニグロ芸術」の新たな形での再生を言祝ぐこととなるのである。

　この映画が、当時高まりつつあった植民地独立の気運を警戒していたフランス政府の神経を逆なでするものであったことは想像に難くない。作品は全面的に上映禁止となった。CNCのジャック・フローの尽力により、検閲対象外の場であるカンヌ映画祭での上映にこぎ着けるが、その上映に対しても検閲局は口を出した。ジャーナリストと一般公衆は閉め出され、審査員のみが鑑賞を許されるという事態へと発展したのである。[▽10] マルケルはコメンタリーを一部変更し、再度検閲局に提出するが、それでも上映禁止処分の決定は覆らなかった。しかし、このような限られた条件下においても『彫像もまた死す』はジャン・ヴィゴ賞を受賞し、作品の芸術的価値は即座に認められた。『ファン・ゴッホ』（一九四八）、『ゴーギャン』（一九五〇）、『ゲルニカ』（一九五一）などの美術映画制作で培われたレネの編集リズム、文筆家として活動し既に小説やエッセイを数冊上梓していたマルケルの文才、クロケのカメラワークの結びつきが、植民地支配によって生を奪わ

図1・2　クリス・マルケル、アラン・レネ、ギスラン・クロケ『彫像をまた死す』（1953）

れた彫像を鮮やかに甦らせることを可能にしたのである。

この点について、フランソワ・フロンティは、詩人で、のちにセネガルの初代大統領となるレオポール・セダール・サンゴールが指摘した、アフリカ芸術におけるイメージとリズムの重要性との共鳴関係を見出している。▽11 フロンティは、映画においてリズムが重要な要素となる例として、仮面が音楽とともに延々と写し出される第四シークエンスや、彫像や織物に刻み付けられた幾何学的な模様のクローズアップが続く第九シークエンスを挙げている。たとえば、第九シークエンスでは、幾何学的な模様が続いた後に、川で泳ぐ人の映像が突然出現し、村の日々の生活とそれを説明するコメンタリーとともに映し出されるのだが、情報（彫像、織物の概要）を感覚（模様のクローズアップ）へと転換し、最後にもののあり方（人々の暮らし）を呈示する編集は、サンゴールの詩のリズムを想起させる。▽12 実際、フロンティが参照したサンゴールの論文のなかで、色や形だけでなく、質感、匂い、動作など、あらゆるものに意味を見出す、アフリカの人々の特性について言及があるが、▽13 それは『彫像もまた死す』のなかでは、近接的なヴィジョンによって触覚的な視覚をもたらすような、▽14 模様への極端なクローズアップと呼応するものといえないか［図3］。更にこの作品は、映画の連続的な時間によって彫像に動きや表情を与えることで、彫像を大文字の歴史による忘却や抑圧に抵抗する存在として呈示しているが、それは、サンゴールが考えた政治参加としてのアフリカ芸術と共鳴するものである。つまり、『彫像もまた死す』は、植民地独立の過程のなかで呈示された美学概念に応答する形で作られた映画であり、そこにレネとマルケルの後の映画作品にみられる政治性や倫理性の萌芽をみることができる。また映像表現の面においても、写真の凍結した形象による外的な時間と映画的編集による内的な時間が共存する▽15『ラ・ジュテ』（一九六二）への繋がりがみられよう。つまり、プレザンス・アフ

図3　同

リケーヌをはじめとするニグロ芸術運動との出会いが、レネとマルケルの創造力の源泉となったといえるのではないだろうか。

## 民族誌映画から人類学的劇映画へ

さて、レネとマルケルが「ニグロ芸術」の美学に魅了される以前から、ルーシュは西アフリカに残る伝統的な狩猟や憑依儀礼の世界にどっぷりと浸かり、すでに六本の民族誌映画を発表していた。戦争中、ファシズムに染まったヨーロッパから逃れるように辿り着いたニジェールで、ルーシュは、のちに映画を共同で作ることになるダムレ・ジカと友人となり、彼に導かれるように目撃した憑依儀礼の虜となってしまう。[16] 戦後、マルセル・グリオールのもとで民族学を専攻し、憑依儀礼についての本格的な研究を開始するが、それは映画制作への熱意と軌を一にするものであった。子供の頃に見た『極北のナヌーク』（一九二二）を民族誌映画の傑作として賞賛し続けたルーシュにとって、映画は、近代化によって失われゆく伝統的な人々の暮らしを記録するために欠かせない手段であったのだ。当時はちょうど、マルセル・グリオールの民族誌映画によって、映像記録が文字記録と同等の価値を認められ始めた時代であり、民族学は、映画と憑依儀礼というルーシュのふたつの情熱の共存を可能にする学問であったのである。

ルーシュの処女作として知られているのは『黒い呪術師の国で』（一九四九）である。これは、ルーシュが、土木学校時代からの友人である、ピエール・ポンティ、ジャン・ソヴィとともにニジェールで撮影した、カバ狩猟と憑依儀礼の一部始終をアクチュアリテ・フランセーズが編集したものであり、コメンタリーや音楽から、狩猟と儀礼の順番を無視した編集まで、全編から漂う異国趣味に、ルーシュ本人は我慢ならなかったようである。[17] この経験から、ルーシュは、いかにアフリカの精神を保持しながら映画の編集を行うべきか、という課題に立ち向かっていくこととなる。その代表的な例が『イェネンディ、雨を降らせる人々』（一九五一）と『大河での闘い』（一九五一）である。『イェネンディ、雨を降らせる人々』では、ソンガイの雨乞いの儀式の後に降雨の映像が繋げられるのだが、それは、箭内が指摘するように、「アフリカの人々に対して知的に忠実であること」[18]を重視したルーシュならではの編集であった。こうした編集は、『大河での闘い』で、「ソルコ」と呼ばれるソンガイ人漁民たちによるカバ狩猟の一部始終が示される合間に挿入される、ソルコの若者であるダムレとカバの子供の親密な交流をとらえたシークエンスにもみられるものである。ここでルーシュは、カバがいかにソンガイの人々にとって重要な動物であるかを、カバと人間との戦いを通してのみではなく、カバと人間の近しさをともに示すことで表現したのである。狩猟の準備から終わりまで順序を混乱させることなく映像が編集されている『大河での闘い』は、狩猟と儀式の順序を入れ替えた『黒い呪術師の国で』への回答として作られた映画なのだ。更に『大河での闘い』は、ルーシュ映画に欠かすことのできない存在であるダムレ・ジカが初めて出演した作品であり、現地の人々や被写体からのフィードバックを受けることで、映像を介して共有される人類学の可能性をルーシュが見出す契機となった作品であることを鑑みると、撮影しながら出演者とともに物語を作っていく、のちの「人類学的劇映画（l'ethno-fiction）」の誕生を予感させる映画でもある。その意味で、『大河での闘い』は、ルーシュの初期の民族誌映画の集大成的な作品といえるだろう。それは『黒い呪術師の国で』の苦い経験を昇華させた上で、別の映像表現の可能性へと開かれるものであった。

『大河での闘い』の後も、ルーシュは、伝統的な憑依儀礼や狩猟についての民族誌映画を撮り続けていくが、同時に、内陸部から黄金海岸への移住労働という近代的な現象にも関心を寄せるようになる。その過程で作られたのが『狂った主人たち』である。この作品で、ルーシュは、植民地主義によってもたらされた近代の暴力が反映された「ハウカ」と呼ばれる憑依儀礼を取り上げた。この映画は、人類博物館で上映された際、激しい批判に晒されるが、植民地支配下にあるアフリカのいまをとらえたという点で、初期の民族誌映画の枠に収まらない可能性を孕んだ作品であることは確かである。その文脈で、『狂った主人たち』は、『大河での闘い』とは別の道筋で人類学的劇映画へと繋がるものであった。それはすなわち、移住労働によるアフリカ社会の変動を見つめることであり、伝統的共同体から切り離された人々の現実をいかに反映させながら映画を作るのかという問いの発見であった。その結果、移住労働者ウマル・ガンダと即興で物語を作りながら撮影された人類学的劇映画の傑作、『私は黒人』（一九五九）が作られることになる。

セネガルの映画作家、ウスマン・センベーヌは、ルーシュの民族誌映画について、「(アフリカの伝統的な生活の現実）の進化を見せていない。まるで私たちを昆虫かのように観察しているようだ」[19]と批判している。その一方、センベーヌは『私は黒人』を高く評価し、『影像もまた死す』と同様に新しいアフリカを描き出すものとして称賛している。[20]センベーヌにとって重要であったのは、植民地主義の抑圧との関係性において変動する過程にあるアフリカ社会の現実をとらえることであった。だからこそ、アフリカの儀礼と狩猟の忠実な再現よりも、彫像を現在形の文脈に置き直すことで蘇生させる『影像もまた死す』の批評的な編集とコメンタリーに可能性を見出したのであろう。パリに出稼ぎに行っている甥からの書留を受け取ることができない男性の悲喜劇を通して植民地由来の行政システムを風刺した『郵便為替』（一九六八）や、フランス人カップルのもとで働くセネガル人メイドの姿を通して差別の問題を描いた『…の黒人女性』（一九六六）の監督ならではの指摘であるが、センベーヌへの応答として、ルーシュは口承文明に基づいたアフリカの伝統的な生活をとらえることの重要性を語っている。[21]ルーシュにとって、失われゆくアフリカの「物語」は、近代文明を相対化する視点を提供するものなのだ。しかし、センベーヌの主張は、アフリカの伝統文化の強調はいかにそれが忠実に描かれていたとしても、「野蛮な、手つかずのアフリカ」というステレオタイプを変えるものにはならない、というものであった。[22]ふたりの議論は平行線のまま終わり、その後、センベーヌがルーシュについて語ることはなかったようである。[23]しかし、『影像もまた死す』と同様に、ルーシュの民族誌映画も、反植民地運動の興隆と無関係ではなかった。その意識の目覚めは、『私は黒人』と同じく民族誌映画から発展した人類学的劇映画の『人間ピラミッド』（一九六一）では、アパルトヘイトに反対するアフリカ人女学生ドゥニーズという登場人物に具現化され、パリを舞台にした『ある夏の記録』(一九六一)では、フランス社会における人種や階級の問題にまなざしを向ける契機となるのである。

## 3 シネマ・ヴェリテの勃興――『ある夏の記録』と『美しき五月』

### ダイレクト・シネマからシネマ・ヴェリテへ

一九六〇年、ルーシュがエドガール・モランとともに『ある夏の記録』を発表したとき、マルケルは『ある闘いの記述』を完成させ、次回作『キューバ・シ!』(一九六一)の準備を始めている頃であったと思われる。『キューバ・シ!』は、一九五六年の『北京の日曜日』を皮切りに始められた、旅のエッセイ映画の連作のひとつであるが、映像とコメンタリーの複雑な絡み合いに特徴付けられる独特の叙述の形式は、続く『美しき五月』と『ラ・ジュテ』によって、一旦休止することになる。スチル写真によって構成されたSF映画『ラ・ジュテ』と、『ある夏の記録』と同じシネマ・ヴェリテの手法を使って作られた『美しき五月』は、マルケルのその後の映像制作のあり方を決定づける、大きな転換点となった。そして、マルケルにとって、『美しき五月』が新たな展開をもたらす作品であったのと同様に、ルーシュにとっても『ある夏の記録』は、アフリカから離れ、フランスを舞台に映画を撮影するという新たな挑戦をもたらす作品であったのだ。

このふたりの転換点について見る前に、シネマ・ヴェリテとダイレクト・シネマとの関係性を理解しておく必要があるだろう。ミシェル・ブローの『かんじき競歩者たち』(一九五八)に端を発したダイレクト・シネマは、ロバート・フラハティ・セミナーにおいて、同時録音の技術を効果的に取り入れた作品としてルーシュに高く評価された。ルーシュはブローをパリでの映画制作に誘い、『ある夏の記録』を完成させたことがシネマ・ヴェリテの始まりである。では、なぜフランスでは、ダイレクト・シネマが「シネマ・ディレクト」と直訳されず「シネマ・ヴェリテ（映画、真実）」となったのだろうか？　理由は、共同監督のモランが、同時録音技術や軽量カメラにより「生き生きとしたものをとらえる、新しいシネマ・ヴェリテ」[24]を提唱したことにある。それは疎外状態にある各個人の殻を打ち破るような「博愛の映画」[25]であり、モランが著書『映画あるいは想像上の人間――人類学的試論』で論じた、受動的で孤立した観客とは対照的な、他者に開かれた観客を生み出すような映画であった。このことは、ルーシュが観客や出演者との対話を重視したことを想起させる。その意味でふたりには最初から共通の目的意識があったのである。実際、撮影者がカメラに写り込むことの少ないダイレクト・シネマと異なり、『ある夏の記録』では、冒頭からルーシュとモラン、インタビュアーのマルセリーヌ・ロリダンが登場し、撮影をどのように進めて行くかを議論していく。そして映画の終わりには、完成したフィルムを見た登場人物たちの反応が映され、続いてルーシュとモランにより、果たしてこの映画は真実を映したのだろうかという自問自答がなされるのである。

「シネマ・ヴェリテ」の参照軸としてよく挙げられるのは、ジガ・ヴェルトフの「キノ・プラウダ」である。[26]前述のように『ある夏の記録』は、パリの市井の人々の生活だけではなく、映画が作られていく様子をも呈示したが、それはヴェルトフが『カメラを持った男』で、編集の作業やカメラマンの撮影行為、そして撮影された自分の姿を見て反応する映画館の観客などの場面を通して、映画の生成過程を表したことを思わせる。つまり、ルーシュとモランは観察者ではなく触媒となって、現実世界の隠れた真実を浮かび上がらせようとしたのだ。[27]『美しき五月』でも、触媒としての映画作家が、パリの人々の無意識を露わにしていく。しかし、マルケルは『美しき五月』について「シネマ・ヴェリテ」という呼称は使用せず、インタヴューとコメンタリーが響き合う「シネ・マ・ヴェリテ[28]（映画、私の真実）」と評されるような作品を発表した。このように、シネマ・ヴェリテはダイレクト・シネマとは別の展開を見せることになった。しかし、ケベックのダイレクト・シネマが生み出される契機となった、少数者の表象、小さな主題の追求、そして失われゆくものへのまなざしは、『ある夏の記録』や『美しき五月』にも見ることができる。ダイレクト・シネマの精神はシネマ・ヴェリテにおいても形を変えて受け継がれていることは確かであろう。

## フランス、オランダを舞台にした人類学的劇映画

一般的に、ダイレクト・シネマも、シネマ・ヴェリテも、同時録音による音声がその特色として挙げられるが、ルーシュは『ある夏の記録』以前の作品においても、出演者の生き生きとした語りを強調する音声表現を追求していた。前述の通り、ルーシュは一九五〇年代中頃から、アフリカ内陸部から沿岸への移住労働について関心を持つようになり、一九五四年、沿岸への移住労働者の問題を扱った映画『ジャガー』（一九六八）の撮影に取りかかる。『ジャガー』は、被写体となる四人のニジェール人青年（ダムレを含む）に撮影された映像を見せて、思いつきで物語を語ってもらうことで音声を追加した実験的な作品であり、こういった音声表現は『私は黒人』でも継承されている。出演者による語りは、その即興性によって、一般的なボイスオーバーとは異なる生々しさを帯びている。このように、映像と音声のズレを逆手にとってライブ感を生み出そうとしたルーシュが、同時録音の技術に興味を示したのは当然の流れであった。『ある夏の記録』で、パリに住む人々を撮影対象にするために、ルーシュは、すでにヨーロッパで映画を撮る企画をともに立てていたモランに協力を求めた。[▽29] 映画理論家であると同時に、近代社会を研究対象とする社会学者でもあるモランとの共同制作によって、ルーシュは新たな冒険に乗り出すことができたのである。

『ある夏の記録』では、人々の語りが、言いよどみやためらい、言い間違いなどを含んだ形で映像と同期する生々しさを十全に生かした作品である。そのなかでも特徴的なのが、インタビュアーのロリダンが街を彷徨っている映像に強制収容所での記憶を語る彼女の声が重ねられるシークエンスである［図4］。ポケットに入れたマイ

クによって収録された父の喪失を語るつぶやきは、ロリダンの口の動きやふらふらとした足取りと同期されることによって、見る者に強い印象を与えている。そして、ロリダンの語りは、このシークエンスの前に話し合われていた黒人差別の問題と呼応するものである。話し合いのシークエンスでは、ロリダンは「黒人とは結婚できない」という発言をする。性的な差別主義者とルーシュに揶揄されるロリダンは、しかし、コンゴのアパルトヘイトとそれに対する反乱について、アフリカ人留学生のランドリーが「アフリカは全て植民地化されていたので、黒人が白人に抑圧されている事態を見ると、それに反対しなければという連帯感を感じる」という意見を聞いてから顔色が変わる。アパルトヘイトと、自身が経験したユダヤ人差別との繋がりを感じたからである。この例に見られるように、ルーシュとモランという触媒によって引き出され、ブローの同時録音によりとらえられた、多様な属性を持つ人々の声は『ある夏の記録』をこの上なく多面的な映画としている。そこで表されているのは、他者との出会いや対話によって変化していく人々の意識であり、生のひとつの真実であった。この作品を契機に、ルーシュは、当時の変貌するフランス社会の諸相を、虚構の側面を強調することであぶり出していくことになる。

『ある夏の記録』以降、ルーシュは『罰あるいは不運な出会い』(一九六二)、『一五歳の未亡人』(一九六四)、『北駅』(一九六五)という、パリを舞台にした三本の中・短編映画を作っている。いずれの作品も、大都市に生きる人々の夢と現実のズレ(『罰あるいは不運な出会い』『北駅』)や五月革命の予兆(『一五歳の未亡人』)を描き出したもので、ここでも作り話はひとつの現実を浮かび上がらせる手段となっている。これらの映画を経由して、ルーシュによるパリについての人類学的劇映画が、アフリカとの関係において生き生きと発揮される『少しずつ』(一九七一)が出来上がることになる。物語は、「少し

図4　ジャン・ルーシュ『ある夏の記録』(1961)

ずつ」という会社をニジェールのアヨルで経営しているダムレが、友人のラムとともに高層ビル建設のためパリに視察に訪れ、フランス人の生態を人類学者のように観察するというもので、植民地主義への皮肉がいたるところに散りばめられている。ダムレはパリの様子を詳細に観察してメモを取る。そして、道行く人々に頭蓋骨の計測を行い、植民地支配を肯定した人種論を痛烈に風刺する。このように、アフリカ人たちの視点によって、華の都パリの風景は異化され続けるのだ。例によってこれら全ては登場人物たちの即興と作り話によって構成されており、複数の女性たちに追いかけられるという展開はダムレの妄想が投影されたものだろう。しかし、『少しずつ』は単なる夢物語ではない。独立してもフランスの影響と支配を受け続けるアフリカの「フランサリック」と呼ばれる現実を笑い飛ばすもので、ルーシュはここに映画の、そしてポスト植民地の現状を打破するような未来を見出したのではないだろうか。▽30

ダムレとラムが今度はタルーと再びヨーロッパへ旅立つ『水の女神』（一九九三）では、『少しずつ』の風刺精神は薄れ、ヨーロッパとアフリカの交流という点により焦点を当てている。干ばつに悩まされた三人は、風車による灌漑技術を視察するためにオランダを訪れ、木製の風車を輸入することに決める。そして、最後はオランダ人技術者がニジェールを訪れ、村人たちと力を合わせて風車を建設するのである。『水の女神』の主題は異文化の出会いであるが、その象徴的な存在が、タルーが我が子のように溺愛するロバのブリコである。タルーはブリコをオランダへ連れていくが、そこでブリコは身ごもり、子供たちを引き連れてニジェールに戻ってくるのである。更に、水車を建設する前に三人は成功を祈って鶏を供犠に捧げるのだが、このエピソードにもアフリカの儀礼とオランダの伝統的な技術の混ざり合いをみることができるだろう。また、『水の女神』は、『ミストラル』（一九六五）や『風の物語』（一九八八）などで、風を特徴的に使用したオランダ人ドキュメンタリー映画作家、ヨリス・イヴェンスへの目配せも感じさせる映画である。というのも、オランダ到着後に三人が直行するのは海辺であり、ここでオランダの現地案内人と土産物の交換を行うのだが、このシーンは、ルーシュ、イヴェンス、アンリ・ストルクが映画について語り合った『シネマフィア』（一九八〇）を想起させるからである。『水の女神』で案内人を演じたベルグスタインが指摘するように、ルーシュとイヴェンスは「東であれ、西であれ、南であれ、公的な権力の網目をすり抜け、継続してゲリラ映画を先導しようとしたマージナルな映画作家の一味[31]」であるという点で共通している。ふたりとも失敗を恐れることなく、近代の荒波のなかで抑圧されている人々や失われゆくもののために何ができるかを真剣に問いながら映画を作っていた。つまり『水の女神』に表現されている、ある種ユートピア的なヨーロッパとアフリカの間の贈与の関係は、イヴェンスとルーシュのこれまでの軌跡を反映させたものということができるだろう。それは『シネマフィア』で、ルーシュ、イヴェンス、ストルクが共通の参照軸として挙げている、ドキュメンタリー映画における水の表象の重要性や、ロバート・フラハティの寛容さと呼応している。その意味で、『水の女神』は、異文化交流の主題と、フラハティや水の表象を介した、ドキュメンタリー映画の歴史がこだまし合う希有な作品なのである。

## 対話形式のコメンタリー

一九六一年の終わり、マルケルはピエール・ロムに、パリの人々へのインタヴューで構成された映画撮影を呼びかけた。時期は一九六二年の五月。その頃にアルジェリア戦争が終結しているとは、まだ誰も予想していなかった。一種の直感と賭けにより[32]、マルケルとロムはフランスの脱植民地化という大きな出来事を迎えた時期のパリを鮮明に映し出すことに成功したのだ。地下鉄の出口から出て来る人々のショットに映画の題名が映された直後から会話が始まる『ある夏の記録』とは対照的に、『美しき五月』では、話し言葉はすぐには登場しない。冒頭では、屋根を上がる女性のショットに「世界で最も美しい街なのだろうか」という問いかけが重ねられ、しばらくコメンタリーが続いた後、「エッフェル塔からの祈り」という第一部のタイトルが現れる。このタイトルが、ジャン・ジロドゥの著作からの引用であることからもわかるように、『美しき五月』のコメンタリーは、様々な参照から成る文学的なものであり、インタヴューされる人々の言葉とは全く趣が異なるものであった。

この乖離は、公開当時に批判の対象となったが、マルケルは正反対の質のものを並列することで、イメージに厚みを与えようとしたのではないか。例えば、再開発の波に脅かされるカフェの店主の言葉が、後に続くコメンタリーによって詩的に昇華されるシークエンスは、それを顕著に示している。また、第二部「ファントマの帰還」の冒頭で、植民地独立に反対する極右によるテロリズムへの抗議が語られるように、『美しき五月』は『ある夏の記録』以上にフランス社会が無意識に追いやっている事柄を浮かび上がらせようとしたという点で政治的な映画であるが、それはアルジェリア人青年やアフリカ人留学生へのインタヴューによって強調されている。そして、アルジェリア人青年が、職場で受けた差別と、ダホメ人留学生が、支配者の意識を内面化しているフランス人への違和感を語るとき、彼らの言葉は、『彫像もまた死す』のコメンタリーと響き合っている。[33] そして、コメンタリーとインタヴューの共鳴関係は、『不思議なクミコ』(一九六五)や『もしラクダを四頭持っていたら』(一九六六)に引き継がれ、更に深化していくことになる。

『不思議なクミコ』では、マルケルのコメンタリーとクミコへのインタヴューが並列する形で東京のイメージに重ね合わされている。しかし、マルケルとクミコの対話は撮影中に録音されたものに留まらない。日本への旅が終わってから届いたクミコからのカセットテープの声が入り込むことによって、時差が生じることになるのだ。そして、事後的に届いたクミコからの手紙は、歴史的・社会的出来事についての無意識が主題となっており、それはまさにマルケルが『美しき五月』で浮かび上がらせようとしたものであった。ここで表されているのは、撮影者と被写体の間の距離であると同時に、時空間を超えて響き合う言葉なのだ。この対話型のコメンタリーは、世界二六カ国を旅した写真家が撮影した写真に、三人の友人がコメントを付けていく『もしラクダを四頭持っていたら』の特徴でもある。過去形としての写真と現在形としての三人の対話の交錯は、映画を見る者に時間のズレを感じさせると同時に、イメージを複数の解釈へと開くものである。マルケルは、彼の最初期の映画の特徴である声と映像の間の時差を、対話という形式に応用することによって、ポリフォニックな映画表現を達成しようとしたのである。

そして、『もしラクダを四頭持っていたら』の一六年後、インタヴュー映像を多く取り入れた政治映画時代を経て、マルケルは『サン・ソレイユ』で対話型のコメンタリーに再び取り組むこととなる。『サン・ソレイユ』では、文筆家であり写真家であるサンドール・クラスナからの手紙が、手紙の受取り手の女性の朗読によって、映像に音声が付けられている。何度も繰り返される「彼は、私にこう書いてきた」というフレーズは、マルケルの初期のエッセイ映画『シベリアからの手紙』(一九五八)の冒頭で読み上げられる「私は遠い国からあなたに書いています」というフレーズを想起させる。しかし、『サン・ソレイユ』のナレーションは一人称ではなく虚構の語り手を想定しているという点で、初期のエッセイ映画のコメンタリーへの単純な回帰ではないということがわかる。こうした『サン・ソレイユ』の語りについて、バルバラ・ル・メートルは、マルケルの日本についての写真集『異/故国』(一九八二)の以下の文章を参考に分析している。[34]

〔君(tu)を用いた語り方を使うことは〕一九七九年九月から一九八一年一月までに日本で撮られたこの写真と、一九八二年二月にパリで書かれたものとの間に距離を作りたいという本能的な欲求からくるものである。それは同じではない。しかし、単に伝記的な理由ではない。というのも、私たちは変化するし、決して同じではいられないからだ。だから生涯のあいだ、「君」を用いた語り方で話さなければならないのだ。[35]

ここでは、『異/故国』の文章のなかで、なぜ主語が「君」であるかについての理由が語られており、それは映像が撮られた時と映像について語る時の間の隔たりを示すためであったとされている。ル・メートルは、この点を『サン・ソレイユ』に応用し、マルケルが別の自分自身である「彼」を創造することで、「私」との対話者となっていると指摘する。[36] この撮影中の時間と撮影後の時間のズレは『不思議なクミコ』や『もしラクダを四頭持っていたら』の対話形式のコメンタリーと通じ合うものである。

実際、『サン・ソレイユ』で常に問題となっているのは、撮影者と被写体、日本とギニア・ビサウ、人間と動物の間など、異なるものどうしの隔たりである。そして、映画のなかでは、その隔たりを「思い出の一致」や「まなざしの平等性」による編集によって乗り越えようとする試みが行われている。これは、西洋の彫像と黒人美術の彫像が、美術館で展示物を見る女性の眼差しを介して繋げられる『彫像もまた死す』の冒頭の場面を想起させる。しかし、『彫像もまた死す』の編集がヨーロッパとアフリカの不平等を克服することを意味していたのに対して、『サン・ソレイユ』の編集は、その不平等に反対する戦いの後に残された傷跡を別の記憶へと導くことに力点を置いている。それは、具体的にはギニア・ビサウの独立運動成功後の絶え間ない権力闘争による独裁化という傷であり、その傷は「ゾーン」と呼ばれるシンセサイザーで加工された映像へと繋げられることを介して、別の場所の記憶に刻まれた傷跡（成田空港建設反対運動、太平洋戦争、ベトナム戦争）と共鳴することになるのだ。そして、ギニア・ビサウについてのパートは、カーニバルの映像がギニア・ビサウの映画作家のサナ・ナ・ナダによって撮影されたものであることからわかるように、マルケルがビサウでの国立映画センターの設立に関わった際の記憶が織り込まれている。[37] この事実を考慮に入れると、被写体の女性から見つめ返される「まなざしの平等性」を見出したプライアの市場のショットには［図5］、ギニア・ビサウの人々による映画制作への期待をみることもできる。[38] そして、この女性の見つめ返す眼差しがシンセサイザーによって加工されたショットで映画が終わりを迎えるように［図6］、『サン・ソレイユ』は、社会運動の終焉の追憶というメランコリーのみに彩られた映画ではない。マルケルが次に取り組むことになる電子映像による「いま存在してない、或はもはや存在しない、或はまだ存在しないものの輪郭を辿るチョーク」[39] によって、未来への希望も潜り込ませたといえる。[40]

こうした『サン・ソレイユ』のギニア・ビサウについてのパートは、思想史家のスーザン・バック＝モースの近年の提言と重なり合っているように思われる。それは、ヨーロッパ中心の「普遍性」という概念が排除してきた他者性を救済するべく、「非歴史的歴史」への価値を認める作業を進めようとするもので[41]、バック・モースは、この試みを「事実をそれが埋め込まれている集合的歴史から解放する闘い」であり、「グローバルな広がりをもった社会的領域の多孔性を露わにし、広げていくこと[42]」であると説明している。逆説的に「普遍的な歴史」と名付けられたこのプロジェクトは、たとえば、ハイチ革命という特定の出来事の残余を、そのラディカルな反奴隷制という性質をもって、「すべての人のものであるがゆえに、誰のものでもないもの」として、シニシズムによる忘却から救い出すことである。そして、こうした「過去の解放」は、「国境を越えておこなわれるのではなく、国境なしにおこなわれる発掘作業」であり、支配関係なしに結び付けられる水平的で、加法的で、混合的な、際限なく繋がっていくリンクであるとされている[43]。このことを鑑みると、ギニア・ビサウの独立運動の理想の残余を、際限なく繋がるリンクのうちに配置した『サン・ソレイユ』の編集は、植民地主義による構造的な抑圧や忘却から過去を解放しようとする、バック＝モースの提言と対応している。だからこそ、前述したプライアの市場の女性のまなざしを通して、ギニア・ビサウにおける反植民地闘争は単なる過去の失敗ではなく、極めてアクチュアルな意味を持つ出来事として表されているのではないだろうか。

以上、見て来たように、ルーシュもマルケルも、脱植民地化と社会運動の隆盛

図5・6　クリス・マルケル『サン・ソレイユ』(1983)

という世界的な変動の時代のなかで、近代西洋によって定められた国境を疑い、他者とどのように協働できるのかを探求した。それは彼らの活動初期から後期まで一貫した態度であったといえるだろう。ルーシュが、一九四六年から一九五一年の間に綴られたニジェールへの旅日記をまとめた書籍に「だから、黒人と白人は友達になれるだろう」[▽44]という題を付け、マルケルが『彫像もまた死す』の結論として「アフリカの文明と私たちの文明の間には断絶はない。「ニグロ芸術」で表された顔はまるで蛇の皮のように同じ人類の顔なのだ。それらの死の姿の彼方に、全ての偉大な文化に共通する、世界に勝ち誇る人間の、この約束を私たちは知っている。そして、白人であれ黒人であれ、未来はこの約束で形作られているのだ」と述べるとき、一見ナイーブすぎるほどの楽観主義にみえるかもしれない。しかし、ふたりとも各々のやり方で、越境を可能にする映画の想像力によって、時空間の分断によるシニシズムに立ち向かう努力を続けていた。彼らの試みは、グローバル資本主義も国家主義も原理主義も突き抜けるような豊かな可能性に満ち満ちている。

▽1 Jean Rouch, « L'autre et le sacré : jeu sacré, jeu politique » in Jean-Paul Colleyn（ed.）, *Jean Rouch cinéma et anthropologie*, Cahiers du Cinéma, 2009, pp. 31–34.

▽2 *Ibid.*, p. 44.

▽3 Christine Van Assche, « De l'assemblage surréaliste au dispositif muséal », dans *Chris Marker*, Cinémathèque Française, 2018, pp. 117–118.

▽4 Chris Marker, *Immemory*, からの引用。

▽5 Éric Le Roy, « Yannick et Jean », dans Frédérique Bredin（dir.）, *Jean Rouch, l'Homme-Cinéma*, Bnf Éditions, 2017, p. 14.

▽6 「ニグロ芸術」という用語は、柳沢史明氏の『〈ニグロ芸術〉の思想文化史――フランス美術界からネグリチュードへ』（水声社、二〇一八年）を参照した。柳沢氏は「L'art nègre」を「ニグロ芸術」と訳出した理由について、フランスを出自とする「アール・ネーグル」という語がアフリカ系アメリカ人の芸術活動に関する議論へと展開したこと、また、非白人への侮蔑的な総称という性格を有していた「ニグロ」という語が、黒人文化運動において、支配者側からの分断統治を乗り越える抵抗の旗印として使用されたという文脈から、「ニグロ」という訳を採用したとしている。また、「アール」を「芸術」と訳した理由として、「L'art nègre」が彫刻や彫像だけでなく、建築や音楽、インダストリアル・アートまでも含む用語であるということから、「美術」より広範な区分を示す「芸術」を採用したとのことである。『彫像もまた死す』が、『プレザンス・アフリケーヌ』の「L'art nègre」特集号をおそらく参照にしていること、また、「ネグリチュード」による脱植民地運動との共鳴を思わせる映画であることから、柳沢氏による「ニグロ芸術」という語が適切であると考えた。

▽7 Chris Marker, « Art noir », in Doré Ogrizek（dir.）, *L'Afrique Noire*, éd. Odé, 1952, pp. 29–49. この論考のなかで取り上げられている彫像の多くは、『彫像もまた死す』にも登場している。また、この書籍には、ジャン・ルーシュも「アフリカの魂」という論考を寄稿し、アフリカのさまざまな地域の儀礼や狩猟について紹介している。Jean Rouch, « L'ame noir », in *L'Afrique Noire*, *op.cit.*, pp. 69–92.

▽8 « Les statues meurent aussi et les ciseaux d'Anastasie », Propos d'Alain Resnais, recueillis par René Vautier et Nicole Le Garrec, in Françoise Barrier（dir.）, *Ode au grand art africain : les statues meurent aussi*, Primedia, 2010, p. 35. このレネへのインタヴューの初出は、*Téléciné* vol.175, dossier no.560, 1972, pp. 32–36. フランス政府による植民地での暴力や拷問を批判した『アフリカ1950』*Afrique 50*（一九五〇）で検閲の憂き目にあったルネ・ヴォーティエと、ヴォーティエの映画のスクリプト等を手がけ、のちにブルターニュの原発建設計画への反対運動をとらえた『プロゴフ、銃には石を』*Plogoff, des pierres contre des fusils*（一九八一）のニコル・ル・ガレクによってまとめられた。

▽9 「さしあたり、スポーツで、黒人は白人の高慢さを煙に巻く最適の場を見出すことができる」「黒人美術は世界を把握する意志のための道具であった。ここに別の形で受け継がれているのは、それと同様の意志なのだ」（Chris Marker,

*Commentaires1*, Seuil, p. 23）。

▽10 « Les statues meurent aussi et les ciseaux d'Anastasie », *op.cit.*, pp. 37–38.

▽11 François Fronty, « La peau du serpent（De la vie des statues filmées, parfois）», pp. 51–55. フロンティが参照しているのは、以下のサンゴールの論文である。Léopold Sédar Senghor, « De la Négritude（1969）», in *Liberté5. Le dialogue des cultures*, Seuil, 1993。

▽12 *Ibid.*, p. 55.

▽13 Léopold Sédar Senghor, « De la Négritude（1969）», *op.cit.*, p. 18.

▽14 Gilles Deleuze, Francis Bacon, *logique de la sensation*, Seuil, 2002, p. 15, pp. 115–116. ここでは、フランシス・ベーコンの絵画の近接的なヴィジョンについて、「触感的（haptique）」という表現を使用している。

▽15 Philippe Dubois, « La Jetée ou le cinamatogramme de la conscience », in Philippe Dubois（dir.）, *Recherches sur Chris Marker*, Presses Sorbonne Nouvelle, 2006, pp. 39, 41–42.

▽16 Rouch, « L'autre et le sacré », *op.cit.*, pp. 37–38.

▽17 « 54 ans sans trépid », Entretien avec Jean-Paul Colleyn in *Jean Rouch, cinéma et anthropologie, op.cit.*, pp. 77–78; *Jean Rouch, l'Homme-Cinéma*, *op.cit.*, pp. 24–27.

▽18 箭内匡「ジャン・ルーシュの思想」村尾静二・箭内匡・久保正敏編『映像人類学――人類学の新たな実践へ』せりか書房、二〇一四年、九五頁。

▽19 « Une confrontation historique en 1965 entre Jean Rouch et Sembène Ousmane : « Tu nous regardes comme des insectes » » in René Prédal（dir.）, *CinémAction n° 81 Jean Rouch ou le ciné-plaisir*, Éditions Corlet, 1996, p. 106.

▽20 Ousmane Sembène, « L'image cinématographique et la poésie en Afrique（1964）», dans Paulin Soumanou Vieyra, *Sembène Ousmane*, Présence Africaine, 2012, pp. 170–172.

▽21 « Une confrontation historique en 1965 entre Jeqn Rouch et Sembène Ousmane » , *op.cit.*, pp. 105–106.

▽22 Sembène, « L'image cinématographique et la poésie en Afrique（1964）», *op.cit.*, pp. 167–168.

▽23　« Une confrontation historique en 1965 entre Jeqn Rouch et Sembène Ousmane », *op.cit.*, p. 104.

▽24　Edgar Morin, « Pour un nouveau "cinéma-vérité" », *France-Observateur*, nº506, 1960.

▽25　Sévrine Graff, *Le cinéma vérité. Films et controverses*, Presses Universitaires de Rennes, 2014, pp. 50–51.

▽26　« Entrerien avec Edgar Morin（1978）» in *CinémAction nº 81-Jean Rouch ou le ciné-plaisir*, *op.cit.*, 1996, p. 127; Jean Rouch, « Le Vrai et le Faux（1989）», dans *Jean Rouch cinéma et anthropologie*, *op.cit.*, pp. 112–113. 以上のテキストにあるように、モランとルーシュはシネマ・ヴェリテでのヴェルトフへの参照を認めている。しかし公開当時はモランとルーシュがこういった影響関係に言及することはなかった。例えば、シネマ・ヴェリテのマニフェスト的文章といえる、前述のモランの「新しいシネマ・ヴェリテのために（« Pour un nouveau cinéma vérité »）」では、ヴェルトフは被写体に対して不道徳的であると批判している。この点はグラフの研究に詳しい（*Le cinéma vérité Films et controverses*, *op.cit.*, pp. 61–63）。本論考は、それを踏まえた上で、ルーシュとモランの後年のヴェルトフへの言及から、両者に共通する点を見出す試みを行った。

▽27　エリック・バーナウ『ドキュメンタリー映画史』安原和見訳、筑摩書房、二〇一五年、二七九–二八〇頁。

▽28　Roger Tailleur, « Parisiennes », *Artsept2*, Avril–Juin, 1963, pp. 83–84.

▽29　Graff, *Le cinéma vérité. Films et controverses*, *op.cit.*, p. 40.

▽30　ルーシュは、ラム、そして『水の女神』のタルーとともに、各々の名前の頭文字を取った「DALAROUTA（ダラルタ）」というグループ名で映画を共同制作している。

▽31　*Jean Rouch, l'Homme-Cinéma*, *op.cit.*, p. 119.

▽32　『美しき五月』フランス版ＤＶＤ（arte éditions, 2013）のパンフレットに記載された、ピエール・ロムへのインタヴュー。

▽33　アルジェリア人青年のインタヴューの後、移民労働者が工事現場で働く映像が続くが、その映像には「一九六二年五月、エヴィアン協定の幸福感のなかで忘れがちなことであるが、宗主国の最下層のプロレタリアは、常に被植民地国で、更に搾取されているプロレタリアがいるということを忘れがちである。この現実が植民地主義を残存させているのだ」というコメンタリーが挿入されている。これは『もしラクダを四頭持っていたら』に登場する、パリ郊外に暮らすアルジェリア系移民たちの幸福と貧困について述べたシークエンスを思わせる。

▽34 Barbara Le Maître, « Sans Soleil, le travail de l'imaginaire », *Recherches sur Chris Marker*, *op.cit.*, pp. 63–65.

▽35 Chris Marker, *Le Dépays*, Ed.Herscher, 1982, n.p.

▽36 Le Maître, « Sans Soleil, le travail de l'imaginaire », *op.cit.*, p. 65.

▽37 このことは、一九七〇年代のギニア・ビサウの独立運動と連動した政治映画の興隆についての、フィリパ・セザーラによるドキュメンタリー『スペル・リール』（二〇一七）のなかで、サナ・ナ・ナダによって語られている。『スペル・リール』の一部はYouTubeにアップされている。https://www.youtube.com/watch?v=ocl1ZwkuRkE（最終閲覧：二〇一八年一一月三〇日）。

▽38 マルケルとともに、ギニア・ビサウの国立映画センターの設立に関わったサラ・マルドロールがアフリカ映画を代表する女性映画作家であり、マルケルのギニア・ビサウでの映画ワークショップに関わったアニタ・フェルナンデスが「女性映画」を提唱していたことも併せて考えると、このシーンには女性映画作家へのオマージュも感じられる。アニタ・フェルナンデスと女性映画については、フィリパ・セザーラへのインタヴューが詳しい。« Conversation with Filipa Cesar », Filipa Cesar（eds.）, *Luta ca caba inda. Time Place Matter Voice. 1967–2017*, Archive Books, 2017, n.p.

▽39 Chris Marker, *Sans Soleil*, *Trafic*, n°6, printemps, 1993, p. 96. クリス・マルケル「サン・ソレイユ――日の光もなく」福崎裕子訳『すばる』一九八六年九月号、一三〇頁。

▽40 この点については、マルケルの六〇年代の政治映画を八〇年代以降のマルチメディアによる映像制作と繋げて考察した次の論考が詳しい。Bamchade Pouvari, « L'utopie électronique : une nouvelle mobilisation », in Kristian Feigelson（dir.）*CinémAction n°165 Chris Marker, pionnier et novateur*, Ed. Charles Corlet, 2017, pp. 167–176.

▽41 スーザン・バック＝モース『ヘーゲルとハイチ――普遍史の可能性に向けて』岩崎稔・高橋明史訳、法政大学出版局、二〇一七年、一四〇頁。

▽42 同前、一四二頁。

▽43 同前、一四三頁。

▽44 Jean Rouch, *Alors le Noir et le Blanc seront amis : Carnets de mission 1946–1951*, Mille et une noites, 2008.

9

# 未完のまま、どこかあるところに

## ジャン・ルーシュの映画におけるパリを舞台とする出会いのポエジー

ガブリエラ・トゥルジーリョ | Gabriela Trujillo

千葉文夫［訳］

ジャン・ルーシュは映画作家にして民族学者であり、脱植民地化の過程にあるアフリカの現実に関する革新的な観察をもって彼の作品の本質的部分を築いてきたことから、同僚のあいだでは「白人」グリオと称されることがある。先駆的な性格をもつ彼の映画のルーツを探ると、一九三〇年代のパリの知的動向の熱狂的な雰囲気のなかで、太古の昔から続くブラック・アフリカの文化とシュルレアリスムの双方を同時に発見した学生時代の体験に行き着く。シュルレアリスムの影響を受けた雑誌『ミノトール』は一九三三年に刊行された第二号において「ダカール＝ジブチ調査旅行」の特集を組むが、この名高い民族誌・言語学調査を率いたマルセル・グリオールは、後にルーシュの指導教授となる人物だった。ルーシュみずから語るところによれば、書店の飾り窓に、ドゴンの仮面の写真を掲載するこの雑誌の頁が、ジョルジョ・デ・キリコの絵の図版を掲載する頁と向きあうようにして置かれているのを見たとき、彼にとって決定的な意味をもつ二重の出会いが生じたという▽1。

一九六〇年代初頭、ジャン・ルーシュはすでに「シネマ・ヴェリテ」の旗手となっており、ダイレクト・シネマという新たな映画のあり方を示すのに必要となる機器操作をマスターしたうえで仕事をしていた。「シネマ・ヴェリテ」は、映画スペクタクルの標準化に対抗する旗印のもとに、軽量機器を用いることで、偶然生じる出来事に扉をひらいて映画製作の中心部に偶然を招き入れようとしたのである。まさに、この偶然という領域は、それだけで映画とシュルレアリスムの双方に共通する特徴をなしている。どんな表現形式をとるのかはよく知られている。カメラの眼のもとに、職業的俳優ではない人間があたえられた主題に応じて即興的に演じるというやり方である。ジャン・ルーシュがパリを舞台とする映画を撮影したのはこの時期のことだった。エドガール・モランと協力し合って撮影された『ある夏の記録』（一九六一）、『罰あるいは不運な出会い』（一九六二、以下『罰』）、これに加えて『一五歳の未亡人』（一九六四）と『北駅』（一九六五）の二本の短篇がある。以上の映画は都市との強い結びつきを示している。それは同時にまたシュルレアリスムを代表する人々、とくにアンドレ・ブルトンやポール・エリュアール、さらにはサルバドール・ダリなどを含む人々との強い結びつきを示すものとなっている。

パリを舞台とする映画は、まずアンケート調査という原理をもとにして始まるが、シュルレアリスト詩人がとくにパリの一定の象徴的ともいえる区域を選んで歩きまわったあてどない移動に合流しようとする。つねに欲望、偶然、逸脱、出会いが問題化され、最後はお祭り騒ぎのパニック状態となる。

## 1 幸福についてのアンケート調査

ジャン・ルーシュの回想によれば、エドガール・モランの虚をついた表現がきっかけとなって『ある夏の記録』が製作されたという。つまり、この社会学者は次のように言ったとされるのである――「きみはこの一五年間アフリカで映画を撮ってきたが、〈部族〉、つまりパリジャンという部族を知らないじゃないか[▽2]」。さらにルーシュはこうも語っている――「こんなふうにして一九六〇年の時点でのパリジャンなる部族がどのようなものであるかを撮影したのだ」。アンドレ・クータンが調整したKMTカメラの原型、そして録音装置としてはナグラ3という軽量機器を携え、撮影スタッフは路上で通行人をつかまえては質問を浴びせるのだが、その質問なるものは、たとえ表面は他愛ないものに見えても、詩的で哲学的な含蓄があるものだった。調査員となったマルスリーヌ・ロリダンとナディーヌ・バロが訊ねるのはただひとつの事柄、すなわち「あなたは幸せですか」という何とも恐るべきものである。この点で『ある夏の記録』には、雑誌というメディアを介して実存的な問いにアプローチしたシュルレアリスム初期の動向を思い起こさせる部分がある。シュルレアリストは、自殺について（『シュルレアリスム革命』誌第二号における「自殺は解決だろうか」）、愛について（『シュルレアリスム革命』誌第一二号における「愛にどのような種類の希望を託しますか」）、出会いについて（『ミノトール』誌第三号における「あなたの人生で最大の出会いはどのようなものですか」）というぐあいに、繰り返しアンケートをおこなっていたのである。

撮影スタジオおよび純然たるフィクションの双方と手を切って、別の地点に向かおうとする意志は、ルーシュが体現する大きな変化を示す証しとなっている。要するに、通行人に「あなたは幸せですか」といきなり訊ねることは、一九六〇年代初頭に生きるパリジャンが生活上の問題をどのように解決しているのかを探ることになるのだ。いったい彼らを動かすのは何なのか、また彼らを困らせるのは何なのか。この意味でエドガール・モランは言う。「映画は、地下鉄内でも路上でも集合住宅の階段でも、いたるところでわれわれを分断しようとする膜を切り裂く手段のひとつとなりうるのではないだろうか[▽3]」。

マルスリーヌ・ロリダンとナディーヌ・バロへの通行人の応答は、じつに単純なものから、きわめて攻撃的なものまで（ある男は「あんたに何の関係があるんだ」とマルスリーヌに言う）ありとあらゆる種類のものがあるが、おそらくそこで明らかになるのはアンケートという枠組みの限界だともいえる。こうしてルーシュとモランはアンケート調査の議論をさらに深めるために友人たちに呼びかけ、戦後のパリにおける生活条件についての討論の場を設ける。政治的理念、人種差別、戦争、恋愛などの主題をめぐる議論の進行と並行してカメラがマルスリーヌ・ロリダンを捉えるシークエンスが差し挟まれる箇所はなかなか感動的だ。この若い女性は強制収容所の生き残りであり、見かけはひ弱だが、八月一五日にパリの中心部（コンコルド広場、レ・アル市場）を歩きながら、彼女の父が強制収容所に移送されたときの記憶を呼び戻して語り出す。

映画を成り立たせる設定の臨界点は、エドガール・モランとジャン・ルーシュのあいだの見解の相違が際立つ瞬間に見て取ることができる。ルーシュはといえば、フィクションの要素を取り込み、物語的で想像的な囲い地を設けて映画のアクセントにしたいと考えている。パリを舞台とする彼の映画は、両者の見解の相違が明白になったときにおのずから生まれたと考えてもよいだろう。『罰』では、ナディーヌ・バロが、パリの街路を遊歩する身体になりきって、欲望がおもむくままに迷路のような道筋をたどる。俳優の即興的演技をベースにして、ジャン・ルーシュの映画を想像とフィクションの方角に一気に走らせようとするとこんな映画になるという見本がここにあるといってもよい。この若い女性が次々と居場所を変えるなかで、三つの出会いが生じ、これを媒介として、映画による新たな都市の幾何学が生まれるのである。

## 2　ナディーヌをめぐる変奏

ナディーヌ・バロは、ジャン・ルーシュの映画に繰り返し登場するだけでなく、フィクションの系列の登場人物のなかでもひときわ目立つ存在となっている。女神が姿を変えて日常生活に舞い降りたといった雰囲気がある。熱しやすい性格、耳障りで、きつい響きをもつ鋭い声は、パリジエンヌ特有の話し方を際立たせる。戦後、三〇年間におよぶ輝かしい経済発展をみたフランスにあって、彼女が表現するのは、夢見がちで、うまく現実に適応できないでいる人間、不満を抱え、周囲との折り合いがつけられない者の姿だが、そうだとしても、見かけほどには、日常生活への希望を捨ててはいない。彼女は新しい映画の寓意像(アレゴリー)であり、『人間ピラミッド』(一九六一)から『北駅』にいたるまで、力強い女性の新たなモデルとなる。

ナディーヌ・バロが映画に登場するのは、『人間ピラミッド』が最初だが、そこで彼女が演じるのは、パリからアビジャンのリセに転校し、黒人と白人のあいだに成立していた暗黙裡の関係を攪乱し、混乱を持ちこむ生徒の役である。いっぽう『罰』では、出会いを求めるという点において、映画を動かす真の中心的存在となっている。『一五歳の未亡人』での登場シーンは限られているが、思春期の女子を大人の異性交際の世界に導き、官能的世界へと案内する役目を果たす。これに対して『北駅』での彼女は、結婚はしたものの、不満だらけで夫にあたりちらす女性を演じている。ナディーヌ・バロは一九六〇年代前半のジャン・ルーシュの映画には欠かせない存在となり、怖いもの知らずの向こう見ずなリセの生徒だったり、結婚して妻となり夢が破れて倦怠感に襲われる女性だったり、その姿はさまざまだが、現実には起こりそうにもない出来事が生じるとき、その当事者となるのは一貫して彼女なのである。

『人間ピラミッド』は以下の言葉とともに始まる。「いったん事が始まってしまえば、作者はあとの展開をカメラにおさめるだけで十分だ」というその言葉は、演技と台詞に偶然の果たす役割を確保しなければならないと主張しているかのようだ。アビジャンが物語の舞台となる。ナディーヌはリセ・ココディに転校してきた「新顔」である。同じ年齢のアフリカ人との交流を深めたいと思って、彼女はクラスの人間関係を作りかえようとする。子供たちの世代も、それまでは親のやり方に倣っていたのだ。ナディーヌは夢と理想を抱き、理性よりも感情に走ることが多い高校生である。映画全体が詩的な目配せのもとにおかれている。映画タイトルはポール・エリュアールの詩集に由来するものだが、語り手をつとめるドゥニーズはその詩集の一篇「ダイヤの女王」の一節を引用する――「まだ小さかったときに、私は純粋さを抱きとめようと腕をひろげた」。そこにこの映画がめざす方向、つまり、うまくゆかなかった出会いという方向が示されている。ヒロインの目からするならば、ここに登場する仲間の高校生の生き方はシュルレアリスムの詩の発見の刻印を受けている。だからこそ、彼女は以下のように言うのである――「その日、すべてが始まった。まさにその日、詩はわたしたちの心に入り込んできた。みごとな魚のように、詩と愛が」。

## 3 遊歩する女

エリュアールの詩集のタイトルとして用いられ、シュルレアリスムを象徴する言葉であった「詩」と「愛」の二語が呼び出されるのを見たあと、われわれは『ある夏の記録』において、ナディーヌと束の間の再会を果たす。

マルスリーヌの物語、さらにはマリルー・パロリーニの危機を引き立てるため、この映画での彼女は脇役に退いているが、中編『罰』において彼女はふたたび主役の座に舞い戻る。この映画には「不運な出会い」という副題がつけられているが、まさに自由に気の向くままにふるまう彼女は「見境もなく」偶然に身を預けるのである。一六ミリフィルムによる撮影だが、一〇〇パーセントのフィクション映画である。街中を歩きまわり退屈を紛わそうとする娘が少しばかり経験を積んで大人になる話をもとにした、いわば「三幕物の即興劇」の試みである。彼女の一日は哲学の授業に遅刻して、教室から追い出されるところからはじまる。ほかに人に会う約束もなかったから、こうして彼女にとっては完全なまでの「休暇」の一日が始まることになるのである。彼女が最初に向かうのはリュクサンブール公園、それから植物園に回り、その後でセーヌ河岸を訪れる。場所の移動に応じて、そのつど、新たな男との出会いがある。『罰』は、自分から進んで火遊びに身を投じようとする一方で、旅に出て、すべてをやり直そうという思いに駆られる自分を理性的に見つめてもいる娘の不安な心のきらめきの瞬間を追う記録である。刺激に満ちた人生、遠いところへの旅、大恋愛を夢想する彼女の姿は若い世代に特有のものであり、絶望的で雲をつかむように漠然としている。軽量カメラ、そして彼女の鞄に仕込まれた録音機によって、映像と音響の遊動性が担保され、次々と場所を変える彼女の動きに対応したものとなる。ナディーヌは、自分の欲望がたえず揺れ動き、また彼女が出会う男たちの方も煮え切らない態度でいるのを見て、いったんは自分の家に帰ろうとするが、その途中なおもあてどなく歩き続け、少しばかり落胆した気分になる。それとも、映画の観客のほうこそ、彼女が運命を左右する恋愛、心を動かす火花が出るような恋愛に出会えなかったのを目にして、裏切られた気分になるというべきだろうか。

現実にはかなわなかった出会いという漂流の主題は、シャルル・ボードレールに端を発しヴァルター・ベンヤミンを経由してシュルレアリストに向かう流れに見出されるものである。『罰』は、標識を探して街路をさまよい歩くその種の様態へのオマージュとなっている。映画の冒頭では、ジャン・ルーシュ自身の声と言葉でもって、秋の詩的な雰囲気が喚起される。ナディーヌが出会う最初の男は大学生（ジャン＝クロード・ダーナル）であり、彼の方もリュクサンブール公園で暇つぶしをしているところだった。話をしているうちに一緒に旅に出てもよいという気になるが、昼飯を食べに家に帰るという彼に肩すかしを喰らわされる。裏切られた気分のままに彼女はバスに乗って植物園に向かい、そこで今度はアフリカ人の友人ランドリー（ルーシュの映画に何度も登場している人物）とばったり顔を合わせる。彼は受け入れてくれるリセが見つからず絶望しているところだといい、彼女と一緒に旅に出る余裕などないと素っ気ない態度を見せる。そのあと彼女はセーヌ河岸をぶらついて、ブキニストが並べる本を好奇心の目で眺めていると、「技師」（ジャン＝マルク・シモン）に出会い、自分よりもずっと年上のこの男に誘われるまま彼の家に行く。人生と恋愛についてのおしゃべりのあとで、彼女がその家を出るとき、画面外の声のナレーションによって引用されるのは、サド侯爵の『ジュスティーヌまたは美徳の不幸』（一七九一）の一節である――「ああジュスティーヌ、かよわい生き物よ、おまえのような娘に金を渡してその見返りを求めず、施しをするなんて馬鹿な男がいると思っているのかい。あの男は、あまりにもお人好しだから、あんなふるまいをしたのだ。わたしだったら、おまえから満足をえられないままおとなしく帰らせたりはしない」。

漠然たる果てしない欲望がナディーヌを突き動かす様子には、『ナジャ』（一九二八）や『狂気の愛』（一九三七）などの代表的な一節に示されるように出会いに敏感なシュルレアリスト的詩学の残響を認めることができるだろう。たしかに、この映画の最後には『狂気の愛』の一節が引用されていたのである。「いまもなお、ただわたしが待ち受けるのは、自分が自由にひらかれていることであり、どんなものでも出会いにむかってさまよいだす渇きであり、待つとは、それもまたれっきとした仕事なのであって、何もないのが恐ろしいのだ」。ナディーヌは、夢にあこがれ、哲学を学ぶ若者に特有な苛立ちをもって、この待機状態、あらゆる可能性を待ち受ける状態を全身で表現している。

この映画に対する観客の反応は賛否が相半ばするものだった。フィクションの挿入、偶然の役割、映画の設定などは、批評家や映画作家を驚かせるとともに苛立たせる原因となる。批判的反応を示した者にロベルト・ロッセリーニがいたが、ジャン・ルーシュは『レクスプレス』誌の記事で、シュルレアリスム運動に関係する二人の画家の名を引用しつつ、彼の批判に答えている――「重要なのは、一個の存在、ひとりの人物が生まれる瞬間に目を向けることである。会話の中身がありきたりのものでしかなくても、それは現実的要素の組み合わせから夢幻的世界を生み出すキリコやダリの世界にもつながる詩的創造の一要素となる。それは任務放棄ではなく、ただ少しばかり権謀術策を用いる、とくにモンタージュの段階でそうしているということなのだ。台詞は夢のなかでそうであるように、つねに少しばかりずれており嚙み合っていない……」。

## 4 思春期の娘たち

その後の『一五歳の未亡人』でのナディーヌ・バロは、ヴェロニックとマリー＝フランスに男の子たちとどうつきあうのかを教え、恋の手ほどきをする役目を引き受ける。この短編映画はオムニバス映画『思春期』(一九六四)の一挿話として、三五ミリフィルムを用いてパリで撮影された(ほかにはミシェル・ブロー、勅使河原宏、ジャン・ヴィットリオ・バルディがこのオムニバス映画の製作に加わっている)。ここでは生きて行くのに必要な恋愛の発見が二種類のあり方で示されている。ヴェロニックの場合は短調にあたり、さまざまな出会いがあるが、いずれも平板なままで、決め手を欠いたままに終わる。モーリス・ピアラ演じる写真家との会話のなかで明らかになるのは、ニヒルな未来への見通しであり、モードの世界にも関係する順応主義ができあがっていることだ。それから両親の友人に会ったと言うときのマリー＝フランスの場合は完全にプラトニックな恋愛だが、長調にあたる。この映画は良家の子女の挫折を描くステレオタイプを思い起こさせるが、ジャン・ルーシュの映画に特有の夢想的部分をなす亡霊的な人物像を理想的で近寄りがたい男の特徴をもって描きだしている。

ヴェロニックは同世代の男の子と一緒に遊ぶが、マリー＝フランスの方は彼らには関心がない。彼女が恋するのは、両親の友人、独身と思われる中年の男で、どこにでもいるようなタイプではない。これを演じるのは、ジル・ケアン、「運命」という名の白馬に跨がる姿は、まるで若い娘の夢想から抜け出してきたかのようだ。ジル・ケアンは翌年の『北駅』では、夫と喧嘩して家を飛び出してきたナディーヌが出会う通りがかりの男を演じている。その登場の仕方は出会いと偶然の詩的な要素を一身に引き受けるというかのように唐突である。

## 5 影のある男

『パリところどころ』（一九六五）はジャン・ドゥーシェ、ジャン＝ダニエル・ポレ、エリック・ロメール、ジャン＝リュック・ゴダール、クロード・シャブロルなどの面々が参加したヌーヴェル・ヴァーグのコーラスともいえる作品だが、『北駅』はその一篇をなすスケッチである。一六ミリフィルムを用いて撮影され、リール二巻分からなっているが、両者は切れ目が目に見えないように編集されているせいで、ひとつづきの長回し撮影のように見える。この映画の撮影テクニックは驚異的なものであり、またナグラ3を用いた同時録音がなされていることもあって、技術的な制約はあっても、俳優たちの即興的な演技がじつにうまく捉えられている。

ナディーヌは、結婚はしたものの気まぐれで欲求不満の女性、現実から逃げだして別の人生を始めたいと思いに駆られた瞬間に、不吉な運命のもとにある暗い影のあるハンサムな男に出会う。出会いの偶然の衝撃的な寓意を表現するのは、ルーシュの映画に登場する俳優のなかでももっとも謎めいていて陰鬱なジル・ケアン、映画に登場する回数が少ないので不当にも無視されている人物である。『一五歳の未亡人』では、「運命」という名の馬にまたがって思春期のマリー＝フランスの夢想の対象となった彼だが、『北駅』では、白いスポーツカーを運転し、あやうくナディーヌを轢き殺すところだった。どちらの場合も、彼の声はこの世と思えぬ彼方から聞こえてくるようであり、マリー＝フランスにしても、ナディーヌにしても、そんな言葉を聞きたいと思っていたとおりの言葉をこの人物は口にする。旅への誘いという点で理想的な男の姿がそこにあるのである。彼はナディーヌに言う――「オルリー空港に行こう。案内の放送が最初に聞こえた便にそのまま乗ろう。あなたは謎を好んでいる。だとするなら、ぼくについて来ることだ。私たちは死よりも強い絆に結ばれている。ぼくはもうすべてに飽きてしまった。そんなときにあなたの笑顔を見たのだ。ぼくと一緒に出発する気になってくれたら、どんな冒険なのかはぼくにもわからないけれど、すべてが可能になる」。でもナディーヌをその気にさせることができず、申し出を断られて、彼の姿は視界から消える。その場に一切合切――ヒロインも、観客も、映画そのものもまた――を放り出し、何も持たずに視界から消えてしまうのである。

ナディーヌはヒロイン役をつとめたそれぞれの映画で、ある種の成長を演じてみせている。『罰』のラストシーンでの彼女は「狂気の愛など存在しない」ことに気がついたと言う。たしかに狂気の愛はうまくコントロールできるようなものではない。なぜならそれは自分の内側から湧き上がるものだからだ。夢は裏切られ、醒めた意識をもつようになっても、彼女はなおも驚異や出会いの訪れを待ち焦がれ、偶然と詩に反応しようとする姿勢を変えることはない。一九六〇年代のジャン・ルーシュの映画におけるこのようなパリへの通路は、謎の中心としての都市、生命力をふたたび得るための理想的な誕生の場としての都市と新たな関係を結ぶことを可能にする。

トリノで『エニグマ』（一九八六）の撮影に取りかかったジャン・ルーシュは、若きアリアーヌの彷徨と出会いを通じて、ジョルジョ・デ・キリコおよびフリードリヒ・ニーチェの亡霊へのオマージュを表現しようとしたものの失敗に終わり、この体験を経て、パリを舞台をする映画の撮影に舞い戻ることになる。ソルボンヌの教室の壁を乗り越え、現実の生へと足を踏み出す探求の記録となる『ディオニュソス』（一九八五）では、インスピレーションが赴くまま、舞台となる場所は次々と変わり、想像的なものの記録に向かうダイレクト・シネマの技法をルーシュはふたたび試みることになる。この映画の主人公ヒュー・グレイは「産業社会における自然信仰の必要性」を主張する研究者である。随所にルイス・キャロルの『不思議の国のアリス』への言及が鏤められているが、これはシュルレアリストの絶えざる参照系にもなったものであり、そのほかにアンドレ・ブルトンの肖像写真がストーリー・ボードとして用いられてもいる。製作スタッフは「ディオニュソスの誕生と破壊の祝祭、つまりは歓喜のなかで作り上げられる、ほかに類を見ない自動車」をめぐる即興に駆り出されるのである。ここでのジャン・ルーシュは、確信をもって、パリを舞台として詩と偶然のオルギア的で根源的な力能を甦らせる試みをおこなおうとしているように思われる。これはジャン・ルーシュの映画のなかでもっとも陽気で、またもっとも狂ったものだといってよいが、映画を撮り始めた頃の昔に立ち戻っているようにも見えるのである。『ディオニュソス』の撮影に関して、彼は「この物語をうまく語ることができるなら、パンの神は死んだということにはならないだろう」[▽4]と語っているのだ。

▽1 「一九三四年の春はバカロレア基礎数学部門の試験にあたる時期だったが、モンパルナス大通りとラスパイユ大通りの一角で「青天の霹靂」ともいうべき出来事が生じた。午後の終わりの光が斜めに射しこむ書店の飾り窓に『ミノトール』誌の大阪の紙面二葉が展示されていたのだ。そのうちの一頁には、ダカール＝ジブチ調査団を扱った同誌特集号のもので、そのダマ〔喪明けの儀礼〕のために、カナガの仮面をつけた何人かが狩人モンゼの家の平屋根に登っているのを撮影した忘れがたい写真があり、もう一頁は、ジョルジョ・デ・キリコ作の「形而上学的」絵画《二人（デュオ）（バラ色の塔のマネキン）》

が掲載された第五号（一九三四年五月号）口絵頁にあたるものだった」（Jean-Paul Colleyn, *Jean Rouch, cinéma et anthropologie*, Paris, éd. Cahiers du cinéma / Ina, pp. 31–32)。

▽2 Jean Rouch, le 29 juin 1995 transcrit par Anne Pascal, in Béatrice de Pastre, *Jean Rouch, l'homme-cinéma*, Paris, éd. Somogy, 2017, p. 65.

▽3 Edgar Morin, « Résumé », Institut Lumière Lyon, Archives Argos, Fonds Chronique d'un été. « Pour un nouveau 'cinéma-vérité' », in *France-Observateur*, n° 506, 14 janvier 1960.

▽4 Béatrice de Pastre, *Jean Rouch, l'homme-cinéma*, *op.cit.*, p. 124.

10

# 「シネ・トランス」と生成変化

## ジャン・ルーシュにおける客観的偶然と憑依の映画的作用

谷 昌親 | Tani Masachika

一九四一年、二四歳のジャン・ルーシュは、西アフリカ連邦公共事業省の民間土木師として、ニジェールに滞在していた。この地で、生涯の友であり協力者ともなるダムレ・ジカと出会い、そのダムレの紹介でソンガイ族の憑依の儀式に立ち会い、それがルーシュをいわゆる映像人類学の道に導くきっかけとなるのである。憑依の儀式の記録と写真を人類学者マルセル・グリオールに送り、人類学の研究を始める一方で、やがて映画の撮影を始める。初期の短篇のひとつであり、ソンガイ族のひとりの女性が憑依の儀式の踊りの手ほどきを受ける様子を撮影した『憑依舞踏へのイニシエーション』（一九四九）は、ジャン・コクトーらが企画したビアリッツの〈呪われた映画祭〉で一九四九年に上映され、短篇部門の最優秀賞を獲得することになるのだ。

ところが、そもそもニジェールを訪れたこと自体、ルーシュ本人に言わせれば偶然のなりゆきだった。二年前、戦争が始まってまもなく、まだ国立土木学校の学生だったルーシュは応召し、橋の建設ではなく爆破をするという皮肉な任務についていたものの、一九四一年にフランスがドイツの占領下に入るとパリに戻って復学、この年の復活祭休暇に、ジュリアン・グラックの小説『アルゴールの城』の足跡をたどるべく、友人二人とブルターニュ地方に旅行に出たのだが、それをイギリスへの逃亡の企てと勘違いされ、ドイツ兵に拘束されたのである。嫌疑はすぐに晴れたものの、ドイツ軍に眼をつけられたルーシュたちは、植民地での公共事業に技師として参加するという名目で国外脱出を図った。そしてそのために、それまでまったくといっていいほど知らなかったアフリカのことを学ぶべく、人類博物館に通うようになり、マルセル・グリオールのほか、グリオールの弟子筋にあたる作家のミシェル・レリスやのちに一緒に仕事をすることになる人類学者のジェルメーヌ・ディテルランと知り合ったのである。一方、ルーシュが国立土木学校に入学した一九三七年は、アンリ・ラングロワのシネマテークが産声をあげたばかりのころであり、映画にも興味のあったルーシュは、シネマテークの初期の会員のひとりともなっていた。もともと、ルーシュ家では誰もが絵や版画を描いたり写真を撮ったりと、芸術に親しむ環境があり、そうしたなか、七歳のころに父親に『極北のナヌーク』（一九二二）を、そして母親に『ロビン・フッド』

（一九二二）を観に連れていかれて以来、ジャン少年は映画を愛するようになっていたのである。ドイツ占領下のパリにおいて、シネマテークはレジスタンの拠点のひとつともなり、余計にルーシュを惹きつけることとなった。そうしたなか、彼はニジェールに派遣され、上述のように、憑依の儀式と出会うのだ。いまとなっては、あらゆる偶然が重なり、映像人類学の作家となるべくジャン・ルーシュを導いたかのように思われるが、それも、ルーシュ本人がそうしたさまざまな偶然を受け入れたからにほかならない。

はからずもニジェールに滞在してアフリカと出会ったルーシュだが、最初から民族誌映画を撮ろうと思っていたわけではない。ニジェールからダカールに政治的理由で転属させられ、さらに一九四四年、アフリカの自由フランス軍技師部隊に所属したのちにパリにもどって学位の取得をめざしたルーシュは、マルセル・グリオールの勧めで、アフリカでの経験を活かして博士論文を書くため、一九四七年に仲間二人と再びニジェールに赴き、ニジェール川を丸木舟で下りながら調査旅行をおこなった。この時点で、ルーシュに映画を撮る意思はとくになかったようだが、グリオールの助言でベル&ハウエルの一六ミリ・キャメラを持参していき、その結果、『黒い呪術師の国で』（一九四九）、『割礼』（一九四九）、そして『憑依舞踏へのイニシエーション』が撮られることになった。▽1 そのようにたまたま映画を撮るようになったルーシュは、撮影スタイルも偶然のおかげで見出すことになる。『黒い呪術師の国で』にも使われたカバ狩りの場面を撮影した際、川の急流で三脚をなくし、手持ちで撮影を続けたのである。偶然へと開かれた柔軟な感性がジャン・ルーシュという映画作家を生み出したのである。

## 1 シュルレアリスムと客観的偶然

映画を撮り始めたジャン・ルーシュは、その映画作りにおいても、つねに偶然へと扉を開きつづけることになる。それはひとつには、彼が民族誌映画の作家となったからでもあった。なかでも、ルーシュが何度も取り上げる憑依の儀式というテーマにおいては、求める現象が起きるのかどうか、起きるとしてもいつになるかが定かではない。「憑依はあらかじめ決まったかたちで起こるのではないことを理解しておかないといけない。ときには二〇分で起きるし、ときには二日かかる」[▽2]とルーシュ本人が述べてもいる。

だがルーシュの特異性は、フィクションの要素を織り交ぜた作品を撮るようになっても、あえて偶然を排せず、思いがけない出来事に身を任せようとしたことだ。もちろん、いわゆるドキュメンタリーと劇映画の境界線がどこまで明確なものであるかについては議論の余地があるし、ルーシュの民族誌映画が最初から最後までドキュメンタリーだとは言い切れない部分もあるだろう。しかし、あきらかにフィクションの要素が入ってきた最初の例は『ジャガー』（一九六八）と言えるはずで、ルーシュ自身、「ひたすら物語を語りたかったし、すでに、ドキュメンタリーの外に少し出て、フィクションをやりたくなっていた」[▽3]と述べている。この作品の場合、出演者自身によるコメントを追加の音声として新たに入れた完成版の編集が終わったのは一九六七年だが、撮影自体は一九五五年におこなわれており、ルーシュの代表作のひとつである『私は黒人』（一九五九）よりもむしろ早いことになる。ダムレをはじめ、ラム、イロといった、彼の撮影をこれまで手伝ってきた旧知のニジェール人青年の三人に、隣国の英領ゴールドコースト（一九五七年に独立してガーナ共和国となる）に旅をしてさまざまな体験をし、さらに小金も稼ぐという設定だけを与え、あとはその場その場で物語を即興で紡いでいった。たとえば、ラムが市場を見つけるシーンでは、実際にラムに市場に入っていかせ、そのあとで彼が憲兵に身分証の提示を求められたり、友人に出会って露天商用のテーブルを都合してもらったりするのだが、それは実際にそのときに起きた出来事であり、ラムのあとをキャメラで追ったルーシュがその様子をフィルムに定着させていったのである。ルーシュは次のように言っている。

> 客観的偶然が作用するんだ。何かとの出会いだ（いつだって人は何かと出会う）。出会いが起きたら、また別の場所に行く。[4]

周知のように、客観的偶然とはシュルレアリスムによって生み出された概念である。アンドレ・ブルトンは、一九三五年にプラハを訪問した際におこなった講演「オブジェのシュルレアリスム的状況」のなかで、みずからのそれまでのシュルレアリストとしての探求を振り返りつつ、次のように述べている。

> 『ナジャ』や『通底器』といった作品やその後のさまざまな報告のなかで、いくつかの気がかりな事実、心を揺さぶられるようないくつかの偶然の一致に、わたしなりにあらゆる機会に注意を喚起した結果、客観的偶然の問題、換言するなら、人間が生命を維持するうえで必要と感じているにもかかわらず、捉えられないでいる必然が、人間にとってはいまだにきわめて神秘的なかたちで姿を現してくる契機をもたらす偶然の問題を、まったく新しい強烈さで提起することになりました。[5]

さらに後年、ブルトンはアンドレ・パリノーとの連続ラジオ対談のなかでも、いわゆる偶然の一致になぜそれほど特別な興味を寄せるのか、という問いに答えるかたちで、それは客観的偶然が、「わたしにとって問題中の問題であったものの核心をなすように思われたからだ」としたうえで、「「自然の必然性」と「人間の必然性」のあいだに、それと相関的に必然性と自由のあいだに存在する関係を明らかにすることが目指されていたのです」と明言する。ブルトンはさらに、次のように説明を続けている。

> 人間精神をもってしてはたがいに独立した因果系列にしか帰しえないいくつかの現象が――たしかにごくた

までですが——出会い、混ざりあうほどにまでなるということがどうして起こるのか、この融合から生じる光が、はかないにもかかわらず、あれほど強烈なのはどうしてなのか。そんなことは神秘主義的な関心事にすぎないというのは、単に無知であるがゆえに出てきた結論にすぎないのです。さもないと、エンゲルス自身が、「因果律は、必然性の発現形態である客観的偶然の範疇との関係においてしか理解できない」と言っている以上、エンゲルス自身も神秘主義者ということになってしまいます。▽6

この「客観的偶然」に、ブルトン自身、「わたしたちが探求をおこなう価値がとりわけある」▽7として、こだわりつづけたのである。そしてルーシュもあえて「客観的偶然」という言葉を使っているわけだが、そこには、彼の偶然を求める強い意志とともに、シュルレアリスムに対する関心が透けて見えてくる。パリで生まれたジャン・ルーシュは、父親の仕事の関係でブレスト、アルジェ、マイヤンス、カサブランカとフランス内外を転々としたのち、一九三二年にパリに戻って、リセ・サン＝ルイの生徒となっている。少年ジャンにとって、両大戦間のパリは「世界的なアヴァンギャルドの首都」だった。もともと絵を描くのが好きだった彼は、キリコの絵画、さらにはダリの絵画と出会い、一九三七年にはピカソの《ゲルニカ》の展示に立ち会い、ヴィクトル・ブローメルの展覧会やシュルレアリスムの画廊「グラディヴァ」にも足を運んでいる。一方、アンドレ・ブルトンの『ナジャ』（一九二八）やルイ・アラゴンの『パリの農夫』（一九二六）を読み、一九三七年にシャンゼリゼ劇場で開かれたブルトンの『黒いユーモア』についての夕べに駆けつけ、翌一九三八年のシュルレアリスム国際展ではポール・エリュアールがブルトンの起草した開会の辞を朗読するのに耳を傾けたのである。

そして、ルーシュの民族誌学との出会いにもシュルレアリスムが関係していた。一九三四年、基礎数学のバカロレア取得を目指していた時期に、モンパルナス界隈の本屋のショーウィンドウに飾られていたシュルレアリスムの雑誌『ミノトール』が彼の眼を引いた。展示されていたのはマルセル・グリオールが率いて一九三一年から三三年にかけてアフリカ北部を横断したダカール＝ジブチ調査団についての特集が掲載された第二号、キリコの《二人（デュオ）》——幾何学的ともいえる風景のなかにマネキンとも人物ともつかない像が二体佇む、いかにもキリコらしい絵画——が冒頭見開きの左ページにカラーで掲げられた第五号だったのである▽8［図1］。第二号のほうは、ミシェル・レリスの記事「ドゴン族の仮面」のなかで、死者追悼のためにサンガの広場で踊る人びとがつけた「カナガ」の仮面の写真が載ったページであり［図2］、おそらくルーシュの眼には、このアフリカの仮面とキリコの人形めいた人物が相関するものとして映ったのだろう。ルーシュが憑依の儀式をしばしば撮影の対象にするのもそのためだろう。見慣れた現実が変容し、一種の異界との交流が成立する場面に彼は惹かれていたのだ。民族誌学との最初の出会いにおいて、彼はすでにシュルレアリスム的な感性を働かせていたことになる。

「客観的偶然」とは、そうした変容の契機を生むがゆえに、ルーシュによって重視されたのである。実際、大まかな枠組みは与えられているとはいえ、偶然に身を任せるようにダムレ、ラム、イロの三人組がおこなう冒険旅行は、いかにもアフリカの部族らしい暮らしを維持し、衣服はほとんど身につけず、そのかわりにさまざまな装飾物を顔や身体につけている部族に途中で遭遇したり、ゴールドコーストのとある村では、さまざまな儀式がおこなわれる祝祭に立ち会ったりする一方、一種の競馬レースを観戦したり、広大な面積にわたってバラック小屋の店が建ち並ぶマーケットに入り込み、そこで自分たちも店を開いてしまうなど、どこか現実離れした様相を呈してもくるのである。『ジャガー』についての『カイエ・デュ・シネマ』でのインタヴューで、聞き手が、この作品を観て感じるのは、映画自体が「作られつつある」といった側面をつねに示し、それぞれの挿話が偶然でありしかも必然的であると思わせる点だと、まさに「客観的偶然」を言い当てたような分析をしてみせ、さらに、「最初から終わりまで物語を包み込むまぎれもない夢の性質」も印象的だと指摘したのに対し、ルーシュは次のように答えている。

# Promenade à travers le Roman noir

par MAURICE HEINE

*Il y a là-dedans le tragique intérieur le plus accablant, le plus compact, le plus essentiel, le plus vénéneux que je sache, quelque chose qui me donne l'idée de l'envers psychologique d'une de ces tragédies de l'inexpiable Cyril Tourneur.*

(Maurice Maeterlinck, Lettre à Iwan Gilkin.)

(*Gand, 24 janvier 1890.*)

S'il est besoin de définir ce terme, toute fiction peut être qualifiée de *roman noir* lorsqu'y dominent les effets conjugués de la terreur et du surnaturel. L'expression anglaise, *novel of terror and wonder*, rend un compte exact du roman noir, c'est-à-dire à la fois terrifiant et merveilleux.

Les origines anglaises de cette formule littéraire sont trop accréditées pour n'en pas masquer d'autres, qui se trouveraient en Allemagne aussi bien qu'en France. Mais pareils échanges entre littératures voisines sont moins faits pour surprendre que cet engouement général du public européen pour le roman terrifiant tout au long d'un demi-siècle. Circonstance remarquable au premier chef en France, où de convulsifs changements de régime politique demeurèrent sans influence apparente sur le goût des lecteurs et surtout des lectrices. Des événements sanglants d'une époque agitée ou de l'intense refoulement de la réaction consécutive, on peut donc se demander ce qui contribua le mieux à entretenir de telles dispositions d'esprit. Qu'il suffise ici de dénoncer cette couleur noire qui revêt indifféremment les actes, les œuvres et les âmes. Car celles-ci en sont à ce point imprégnées qu'il semble en résulter d'exceptionnels cas pathologiques : l'aventure du nécrophile sergent Bertrand, survenue en 1847-1848, révèle une réalité plus vertigineuse que toute horreur romanesque.

Voilà qui permettrait déjà de tenir pour négligeable, en l'occurrence, le mérite littéraire des romans noirs : leur intérêt profond est ailleurs. Ce point de

puis broyé et repris par l'eau ; on peut y mélanger les excréments d'un serpent tacheté.

Au repos, ces masques sont conservés partie dans les cavernes spéciales, partie dans les maisons de jeunes hommes.

Lors de la danse, ceux qui portent le masque sont l'objet d'un grand nombre de tabous. On ne doit pas, par exemple, prononcer leur nom, car il importe que le danseur masqué ne soit pas reconnu. Pour la même raison, celui dont le masque se détache est immédiatement entouré par les sociétaires, qui dansent autour de lui pour empêcher que les assistants le voient. Celui dont le masque se détache et qui est reconnu doit, pour éviter de mourir, retourner immédiatement à la caverne avec son masque, briser celui-ci en le foulant aux pieds et en disperser les morceaux. Par ailleurs, le danseur masqué n'a pas le droit de parler autrement qu'en langue secrète.

La nuit qui précède et la nuit qui suit une sortie de masques, celui qui porte le masque ne doit coucher avec aucune femme ; ce serait mauvais pour celle-ci, qui risquerait d'avorter ou de devenir stérile. Femmes et enfants peuvent regarder la danse mais seulement de loin, montés sur les terrasses.

La femme qui se trouverait en contact avec un masque ou rencontrerait un danseur revêtu du déguisement deviendrait possédée. On dirait que le masque « lui a pris la tête » ou « est monté sur sa tête ». Elle ne pourrait guérir qu'après une longue et coûteuse série d'offrandes, suivie d'une cérémonie d'intronisation à la suite de laquelle elle serait dite *ya sigui* ou « sœur des masques », aurait le droit, contrairement aux autres femmes, d'approcher ces derniers et vivrait très respectée, comme une illuminée.

Les masques reproduits ici étaient en activité lorsque la mission se les est procurés. Toutefois le masque *dégué* a été trouvé dans une caverne et le masque *kâ* (antilope-cheval) — fabriqué par un homme qui fut tué lors de l'occupation de Sanga par les Français — dans un de ces trous de rochers où les Dogon ont coutume de laisser pourrir ou disparaître, rongés par les termites, les masques usagés. Quant à ceux de Songo, ils ont été découverts dans un massif rocheux où les habitants du village avaient relégué les masques et leurs accessoires après s'être convertis à l'islamisme.

M. L.

上：図1　左頁にキリコの《二人》が掲載された『ミノトール』第5号（1934）
下：図2　ダカール＝ジブチ調査団についての特集が掲載された『ミノトール』第2号（1933）

いずれにせよ、本当にわたしが目指しているのはそうしたことなのです。それをわたしは求めているのですが、実現するのは非常にむずかしい。わたしにとっては、シュルレアリスム絵画に少し似ているんです……。非常に現実的な、きわめて写真に近い再現手法を用いていますが、それは非現実のため、非合理的な要素と向き合わせるためなのです（マグリット、ダリです）。絵はがきを使って想像力を喚起するようなものです。わたしはこうして二つの音域で演奏するわけです。つまり、民族学映画を撮ってそのなかで現実（それはしかもわたしの現実ですが、それが問題の本質ではありません）を表現しようとし、同じ手法を使って、人びとが自分のなかに秘めているああした夢の世界、『ジャガー』の撮影チームのみなが頭のなかで抱いていた夢の世界を描くのです。わたしたちは一年間、自分たちの夢を生きたのです。▽9

民族誌映画のようなジャンルは、一般にはドキュメンタリー映画の一種とされ、それこそ現実の記録とされるのだが、ルーシュは民族誌映画を撮るのと基本的には同じ撮影方法で劇映画も撮る。そのとき夢の世界、さながらシュルレアリスム絵画のような世界が現出するというのだ。ちなみにブルトンは、例のプラハでの講演で、客観的偶然について触れ、「客観的偶然というこのほとんど未探索の領域は、わたしが思うに、現在、わたしたちがとりわけ探求を続けるべき領域です」と断言したうえで、その領域は、「ダリが偏執狂的批判の追求に捧げた領域と完全に隣接している」▽10と述べていた。それこそマグリットやダリの絵画さながらに、ルーシュの映画は、現実を描いているようでいながら、いつのまにか夢の世界へとわたしたち観客を誘うのである。

ちなみに、ルーシュ自身はインタヴューのなかで「民族学映画を撮ってそのなかで現実〔……〕を表現しようとする」と述べてはいるが、そもそも民族学や民族誌学との出会いの時点において、もし彼がそれをキリコの絵と同じ次元で見ていたのであれば、彼の撮る民族誌映画のなかでも、夢の世界につうじる扉が開いているのではないだろうか。客観的偶然が作用するのは、劇映画のなかだけとはかぎらないはずだ。その点については、これからさらに論を進めるなかで考えていきたいが、いずれにしても、ルーシュの民族誌映画をたんなる現実の記録としてのみとらえるのがきわめて狭い見方であることを、フィクションの要素が混じった彼の作品が示してくれるのである。

## 2　出会いのテーマとオートマティズム

アンドレ・ブルトンは、そうした呼称を使うようになる以前に執筆した『ナジャ』において、すでに「客観的偶然」を萌芽的なかたちで語っていたのであり、だからこそ『ナジャ』は出会いのテーマをめぐる書物となっている。冒頭近くで、「これからはじめようとしている物語の余白に、わたしの人生のなかのとりわけ際立ったエピソードだけしか語らないつもりなのだが、そのわたしの人生とは、その根本的な面以外のところでわたしがとらえるような人生、つまりそれが、大きなものから小さなものまで振り幅はあるにしても、偶然にゆだねられているというかぎりでの人生、わたしが抱いてしまう社会通念に反して、突然の接近とか、呆然とさせるような偶然の一致とか、他のあらゆる心的躍動にまさる反射作用、ピアノで鳴らす和音のような一致、なにかを見せるような稲妻、それも他の稲妻ほどまだ光り方が速くない場合にならぶ、何かを本当に見せてくれるような稲妻といったものからなる、禁じられた世界へとわたしを導いてくれるというかぎりでの人生なのだ」[11]と書いたブルトンは、そこで問題になっているのは、「ほとんど制御が不可能だが、まったくもって予期できない性質ゆえに、暴力的なまでに偶発的な内在的価値をそなえた事実」であり、さらに、「たとえ純粋な確認行為であっても、そのつど信号ならではの外観を呈する事実」[12]とも述べていて、それこそ客観的偶然を想起させるわけなのだが、その後、物語を始めるにあたって、「夜、森のなかで、裸の美女に出会うことをわたしはずっと途方もないほど願ってきた」[13]と吐露しているのだ。

ブルトンの例にならうかのようにして客観的偶然を求めるジャン・ルーシュにおいて、フィクション的な要素を作品に持ち込む場合、出会いのテーマが重視されたのは当然の成り行きと言っていいだろう。そして、その出会いのテーマが最も明確に打ち出されたのが中篇映画『罰あるいは不運な出会い』（一九六三、以下『罰』）なのである。『人間ピラミッド』（一九六一）でコートジボワールのリセの生徒役として出演したナディーヌ・バロが、今回の舞台はパリであるものの、ここでもリセの生徒として登場し、授業開始時間に遅れ、さらに授業中に注意散漫だった罰として教室から追い出され、思いがけず手に入れた自由を持てあますかのように目的もなく街を歩くうち、リュクサンブール公園で地理学専攻の大学生から声をかけられ、バスで移動した植物園では昔の同級生に再会し、さらにパリ河岸の古本屋ではエンジニアに話しかけられて、彼らと順に会話を交わしていく。そうした設定、そしてナディーヌが出会う男たちはルーシュがあらかじめ決めていたが、ナディーヌには詳しい情報を与えず、それぞれの男とのあいだの関係性を即興で作り上げるように仕向けたのだ。この『罰』に関連して、ルーシュ自身は次のように述べている。

> 出会いのテーマは、わたしにとって大事なものです。わたしの世代全体に影響をもたらしています。シュルレアリスムの影響ですね。『罰』をテレビで観たアンドレ・ブルトンは、この映画に少し『ナジャ』に似た印象が見られたとわたしに言ってくれました。[14]

そうしたブルトンの感想を引き出すことからも明らかなとおり、『罰』はシュルレアリスム的な出会いのテーマを前面に打ち出すことで、客観的偶然そのものを描こうとした映画になっているのだが、興味深いのは、三つ目のエンジニアとのエピソードになり、ナディーヌもスタッフも疲れきった状態になったときの撮影の結果が一番気に入っているとルーシュが認めていることだ。撮影が進むとともに疲労がたまり、普段は精力的にキャメラを動かしてそこかしこの情景をとらえようとする撮影監督のミシェル・ブローもあまり動かなくなり、ナディーヌは相手の話にうまく反応できずにただくちごもってばかりいたのだ。ところが、ルーシュに言わせれば、「映画は、ことのき、質が格段にあがっていたのです。わたしたちが撮ったもののなかでこれが一番おもしろいと思います」[15]ということになる。スタッフやキャストが疲れのせいで思考能力が鈍った状態で撮られたのが三番目のエピソードであり、ルーシュはそうした映画のあり方を評価しているわけだが、これはシュルレアリスムの自動記述を思い起こさせる。周知のように、フィリップ・スーポーとともに自動記述を試みて『磁場』(一九一九)という作品を生み出したブルトンは、『シュルレアリスム宣言』(一九二四)のなかで、そのスーポーとの実験を紹介したうえで、シュルレアリスムについて、「心の純粋な自動現象であり、それにもとづいて口頭で、あるいは筆記で、さらにはそれらとはまったく異なる方法を用いつつ、思考の実際上の働きの表現が試みられる」と説明し、さらに、「理性によって行使されるいかなる制御もなく、美学上ないし道徳上のいかなる気づかいからもはなれた思考の書き取り」[16]と規定している。そして、『シュルレアリスム宣言』[17]を締めくくるに際し、シュルレアリスムにとって正当なものとして示すことができるのは、「完全な放心の状態」だけなのだと力説する。ブルトンにとって、「人間は自分の思考のなかで溶ける」[18]ものなのである。

そうしたシュルレアリスムの自動記述の観点から『罰』を見てみた場合、ナディーヌが男たちと交わす会話の平凡さも注目に値する。ルーシュは、「この映画における平凡さ、会話の陳腐さが非常に気に入っている」[19]として、アポリネールがビストロなどでの陳腐な会話を集めて作った詩(一般に会話詩と呼ばれるもので、その代表作は「月曜日クリスティーヌ街」)を引き合いに出している。これもシュルレアリスムの自動記述につながる側面だと言えよう。陳腐な会話をするなかで、思ってもいなかった方向に話が進むのはよくあることで、それもまた、一種の放心状態でおこなわれた思考の書き取りのようなものだからである。

ジャン・ルーシュ自身が読み上げるナレーションに、ランボーの『イリュミナシオン』やサドの『ジュスティーヌ』といったシュルレアリスト好みの作品、さらにブルトンの『狂気の愛』からの引用がある『罰』は、きわめてシュルレアリスム的な相のもとにあるが、それはたんにルーシュのシュルレアリスムに対する親近感を示すためのものではなく、ルーシュ自身の映画観がシュルレアリスム的な思想に非常に近い地点で醸成されていたからであろう。おそらくその点を抜きにして、民族誌映画の作り手としてのルーシュについても語りえないはずだ。

## 3
## 「シネ・トランス」と生成変化

出会いのテーマは、オムニバス映画『パリところどころ』(一九六五)の一篇として撮られた『北駅』に受け継がれている。この短篇の後半で、自宅を出て街路を歩くナディーヌに見知らぬ男が声をかけるからだ。[20] しかも、『罰』において大学生がナディーヌに旅立ちの提案をして、そのあと今度はナディーヌのほうから昔の同級生やエンジニアに旅立ちの誘いがなされていたのを逆転させるかのように、『北駅』では、まずナディーヌが、平凡な日常に満足している夫に対して旅立ちへの欲求をぶつけ、その一方、街路では見知らぬ男がナディーヌに旅立ちを呼びかけるのである。この『北駅』においても、『罰』と同じように人物たちは自由に会話をしていたのだが、短篇としての時間的制約があるなかで出会いやその象徴的価値はかなりの部分までルーシュによってお膳立てされていたと考えるのが自然だし、それ以前に、『罰』同様、この作品においても出会いそのものが仕組まれたフィクションである以上、それを本当の意味で客観的偶然と言えるかといえば、疑問の余地は残る。しかしルーシュにとって、テーマとしての出会いはいわば契機にすぎず、キャメラを回して撮影するという行為そのものが客観的偶然を招き寄せると考えていたのだ。周知のとおり、『北駅』は、最初と最後のショットを除くと、ほぼ一五分におよぶワンシーン・ワンショット――厳密には、エレベータのなかで画面が暗くなる部分で、ヒッチコックの『ロープ』(一九四八)さながらにカットが一度入っているが、そのようにワンショットにこだわったのは、それが「キャストやスタッフの情動を刺激する方法」だったからだ。そうすることで、撮影自体に「神話的な次元がもたらされる」[21]ともルーシュは述べている。

ジャン・ルーシュにとっては、撮影そのものが出会いをもたらす出来事なのである。すでに見たように、「いつだって人は何かと出会う」[22]と彼は考えていた。ただ、そのためにはキャメラを回さなくてはならない。そしてキャメラとともに自身も動かなくてはならない。はじめての映画撮影で三脚をなくしたのは、ルーシュにとってはむしろ僥倖だった。そのおかげで、彼はキャメラによる出会いを知ったのだから。「キャメラを操作するというのは、何かのなかに入っていくひとつの道だ。ズームはトラヴェリングの代わりにはならない。リュミエール兄弟は最初からそのことがわかっていて、ヴェネチアで水上バスに、リヴァプールで路面電車に、あるいはシオタ駅に向かう列車にもキャメラを据えたのだ。運動のなかでこうして世界を発見すること、このキャメラの運動、それがルポルタージュのキャメラにとっては本質的な要素のひとつとなるのです」[23]。そうしたキャメラによる世界の発見、それは一種の触媒としての働きにもつながることを、ルーシュは憑依のダンスを撮影していて感じとる。通常は太鼓が誘う憑依への役割をキャメラが演じたとしか彼には思えない体験をしたのだ。「潜在的にはすでにあった発作を早める触媒の役割を、もしかするとキャメラが演じたのかもしれない」[24]。それはルーシュが共有人類学の実践を進め、撮影した民族誌映画を、そこに映っている当人たちに見せるというフィードバックをしているからでもあった。ルーシュの映画のなかで憑依がしばしば起こるのを見ていた人びとは、彼がキャメラを持ち込んだとき、キャメラをとおして精霊を見ているのだと考え、すでに精霊が降りつつあるのだと見なした結果、憑依が起きたというのである。こうした経験をとおして、ルーシュはキャメラとともにその場面に積極的に参加していく方法を採るようになる。ドキュメンタリー映画、とりわけ民族誌映画のように科学的な目的で撮られるドキュメンタリー映画の場合、キャメラの存在は研究対象の観察の妨げになるというのが一般的な考え方であったが、ルーシュにとって、キャメラは「現実（真実）を発見したり、想像世界（虚偽）のなかに入って行ったりするための非常に効力のあるパスポート」[25]なのである。

ここでルーシュが現実と想像世界、真実と虚偽を同列に置いていることは注目に値する。通常、科学の一分野としての民族誌は、現実をありのままに観察してそこから真実を導き出すものと考えられている。だがルーシュは、あえて想像世界や虚偽のなかに入っていこうとする。それは、見かけの真実らしさの後ろに隠されているものにたどり着くためには、一種の想像力の働きが必要だと考えているからだ。ジガ・ヴェルトフにまで遡りつつ彼がしばしば強調するのは、「シネマ・ヴェリテ」について一般に考えられているように、「映画における真実」ではなく、「映画の真実」[26]をめざすべきだ、ということだ。ルーシュは、民族誌映画において自分自身でキャメラを回す場合を想定しながら、興味深い指摘をしている。憑依を撮影する場合に、彼は右目をキャメラのファインダーに押し当てて被写体の変貌をとらえ、同時に、次のダンサーやミュージシャンや司祭がやって来るのを左目でファインダー外に見据えようとしている。このときの左目と右目、真実と虚偽の弁証法のおかげで一種の「視覚的解体」が起こり、その結果、「想像世界への敷居を越える」ことが可能になるのだ。そうした状態をルーシュは「シネ・トランス」と呼び、ここでもまたシュルレアリスムを引き合いに出しつつ、「それこそ、ブルトンやエリュアールが、ただ言語だけで、ただ文章を書くだけで、自分たちに「憑依」を引き起こそうとした際に探求していたものだ」[27]と述べているのである。

そうした「シネ・トランス」の働きは、フィクションの要素が入った映画の場合も変わらない。ルーシュが『ジャガー』を例にして語っているように、キャメラは束縛ではなく「自由をもたらす」のであり、「キャメラがあれば不可能なものは何もない」[28]とまで思ったというのである。『罰』においても「シネ・トランス」の働きはあった。とりわけ、ナディーヌがエンジニアの車に乗ってセーヌ河岸を移動していくうちに、ナディーヌの態度が変わり、会話の調子にも変化が生じたシーンは掛け替えのないものになっているとルーシュは言う。そうした瞬間を彼は「一種の恩寵の状態」と呼び、撮影中に起きるそうした「恩寵の状態」において「何かが創り出される」[29]というのだ。

要するに、「シネ・トランス」は変容を導きだすのである。ダンサーは憑依状態に入り、俳優は思ってもいなかった自分の姿をさらけだすことになる。だが「シネ・トランス」の特異さは、被写体が変容するだけでなく、撮影する側も変容するということだ。「シネ・トランス」において、キャメラは単なる客観的な記録の道具ではなく、フラハティの場合もそうであったように「参加するキャメラ」になるのだし、そうである以上、キャメラの後ろ側にいる人間も変容していくのである。ジャン・ルーシュ自身、キャメラのファインダーを覗いている瞬間は、「撮影する側にとっても撮影される側にとっても、奇妙な変貌の瞬間[30]」になると断言し、特に憑依の撮影においては、フィードバックで映画に馴染んでいる部族民たちを対象とした場合、「わたしの人格は、憑依ダンスの踊り手たちの人格が変わるように、彼らの眼の前で変わり、他者の実際の憑依を撮影する者が起こす「シネ・トランス」にまで至る[31]」というのである。ジル・ドゥルーズは、『狂った主人たち』以来、ジャン・ルーシュの映画においては「人物のなかで、ある状態から別の状態への移行」があるのだと指摘し、「人物がまずは現実的であることが必要で、そのことでフィクションをモデルではなく力として認めることが可能になるし、人物が作り話を始めることも必要で、そうすると自分自身がフィクションではなく現実だと自他ともに認めることができるようになる」として、人物がつねに「他者に生成変化[32]」するのがルーシュの映画だと喝破している。だがドゥルーズの慧眼は、それのみにとどまるはずもなく、映画作家の生成変化をもしっかり見てとっている。

われわれが人物について述べていることは、他方で、そしてとりわけ、映画作家自身にも当てはまる。映画作家も他者に生成変化するが、それは現実の人物たちを仲介者とみなし、自分のフィクションを人物たち自身の作り話で置き換えるからだが、逆に、そうした作り話に伝説の趣をもたらしており、それに対して「伝説化」の操作をほどこしているからでもある。▽33

ジャン・ルーシュがこのように、被写体ばかりでなく映画作家の変容にも敏感であり、それを重視するのは、彼の資質ゆえであろうが、若い頃からのさまざまな体験が影響しているからでもある。シュルレアリスムにおける自動記述は、自己のなかの無意識をあぶり出す作業であり、客観的偶然は、ある意味では未知の自己との遭遇でもあったことを考えれば、そのシュルレアリスムの刻印を受けていたはずのルーシュがキャメラを構えた場合に、みずからは変わらぬままただ客観的に対象を見ることなどありえないだろう。

さらには、ルーシュの場合、アントナン・アルトーの残酷演劇を体験していることも看過できない。一九四二年にダカールで知り合っていた詩人イヴ・ル・ガルに戦後パリで再会したルーシュは、そのル・ガルに誘われるがまま、シュルレアリスムの詩人カミーユ・ブリアン、アニメーターのピエール・デュメイエとともに、残酷演劇の理念に従って戯曲を上演するという企画に役者として参加したのである。イヴ・ル・ガルは、自分自身を忘れて作中人物がいわば降りてくるまでひたすら稽古を繰り返すことを強いた。そしてある日、ルーシュは、自分が「他者の声」で話すのを耳にした。「それは「トランス状態への移行」を啓示してくれるようなものだったのですが、そうした「トランス状態への移行」が、憑依のダンスを学ぶ踊り手たちのなかに生じるのをわたしはそれまであまり理解できないまま観察していたわけで、踊り手たちは、同じステップを際限なく稽古し、カラバシユ〔マラカスの一種〕のリズムに何度となく合わせ、バイオリン〔ひょうたんで作ったルドゥガというバイオリンに似た楽器のこと〕のメロディや司祭が鎮めた精霊の金言にいつまでも耳を傾けていたのです」。▽34そのように、残酷演劇の体験はルーシュに憑依の本質を明かしてくれたのである。だがアルトーの求めた残酷演劇は、演者の変容のみにとどまるものではなかった。それはなによりも観る側の変容をもたらすべきものだったのである。アルトーは、

「働きかけるものはすべて残酷である」[35]と言い切っている。そのうえで彼は、「観劇によって抵抗しがたい力の渦のごときものにとらえられた観客の感受性を、荒々しい物理的なイメージで粉砕し、麻痺させてしまう演劇」[36]を提唱するのだ。そしてそれでこそ、「われわれを哲学的に〈生成変化〉と和解させてくれる観念」[37]が演劇に生じるのである。

ルーシュ自身も書いているとおり、そうした残酷演劇を体験する時点で、すでに憑依のダンスを実際に眼にしていたことも、彼が「シネ・トランス」という考え方をするのには大きく作用している。一九三一年から三三年にかけてのダカール＝ジブチ調査団に参加したミシェル・レリスは、エチオピアのゴンダールで憑依の儀式に立ち会った経験をもとに論文を書いているが、そのなかで彼は、意識はあるのにトランス状態を装う偽りの憑依を「演じられた演劇」と名づけ、それにたいして完全に意識を失ういわば真正な憑依を「生きられた演劇」と呼んだうえで、それは「見物人によっても同様に生きられる」と断じる。というのも、見物人は「実際いまにも自分自身が憑依されてしまうかもしれず、いずれにせよ、手拍子を打ったり精霊を呼ぶ歌を歌ったりして貢献するだけでなく、いったん精霊が「降りる」と、憑依された人間によって遠ざけられたりせず、精霊との交わり合いに加わるため、純粋な観客などではけっしてない」[38]からだ。

シュルレアリスム、残酷演劇、そして「生きられた演劇」としての憑依、それらがジャン・ルーシュを通常の映画づくりから逸脱させ、映画作家が撮影の場にキャメラごと参加し、被写体の変容を促すだけでなく、みずからも変容する「シネ・トランス」の実践へと向かわせたのである。

## 4　ヌーヴェル・ヴァーグと映画の変容

ジャン・ルーシュよりひと世代若いとはいえ、ほぼ同時代を生き、ルーシュを高く評価するばかりでなく、映画作家自身が変容する希有な映画作りをしている点に注目していたのがジャン＝リュック・ゴダールである。『私は黒人』を取り上げた記事のなかで、映画の題名に着目したゴダールは、アルチュール・ランボーにならってルーシュもまた、「わたしはひとりの他者だ」と宣言しているとみなしたのだ。[39]そのゴダールは、『私は黒人』がルイ・デリュック賞を獲得したことを報じる別の記事において、賞の他の候補作のなかにはクロード・シャブロルの『いとこ同志』（一九五九）も含まれていたことを述べたあとで、ルーシュの映画の斬新さを強調し、「『無防備都市』が当時の世界の映画においてそうだったように、『私は黒人』はフランス映画における青天の霹靂だったのである」[40]と述べている。彼にとって、『私は黒人』は、ヌーヴェル・ヴァーグ以上に映画の新しい時代を切り開く作品だったのである。

そうした高い評価を裏づけるように、ゴダールの長篇第一作『勝手にしやがれ』（一九五九）には『私は黒人』が残した刻印がそこかしこに見える。そもそも、『勝手にしやがれ』が封切られた当時、リュック・ムレは『カイエ・デュ・シネマ』に寄稿した記事で、ゴダールは「フランス版のルーシュ作品」を目指しているとみなしたうえで、『勝手にしやがれ』はどこか『私は黒人』を思わせ、この二作品は「二人の狂った主人の物語」[41]だと書いたほどなのである。両作品の影響関係を精緻に分析したロール・アストゥリアンは、アフレコの使い方や街の環境音の拾い方、会話の自然さ、パリの街のドキュメンタリー的な映し方、唐突なカットや不連続的なモンタージュの使い方、人物としてよりも俳優そのものを描いている点や俳優のキャメラ目線での台詞など、数多くの共通する特徴を挙げたうえで、ゴダールにかぎらず、当時の新しい映画は、「フランス人を民族誌学的な主題として、あるいは部族に属するような存在としてみなす[42]」傾向を呈してきていたと述べ、さらに、ヌーヴェル・ヴァーグがとりわけ若者をその映画のなかで描いたことに着目し、若者は当時の社会のなかでの一種の「他者」を表していたのだとして、ヌーヴェル・ヴァーグに民族誌学的な衝動があったとすれば、それはとりわけ「疎外感」とそれゆえの「高まる自己意識[43]」を表現していたのだと分析している。ルーシュとは事情が異なるにせよ、ヌーヴェル・ヴァーグの監督たちも、その映画をとおして一種の「生成変化」を実践せざるをえない状況にあったということだろう。

ルーシュの影響を受けたのがゴダールだけではなく、ヌーヴェル・ヴァーグの大半の監督がルーシュの足跡をたどっていることをミシェル・マリも認めていて、たとえば、確固とした劇構造を持っている「プログラムとしてのシナリオ」ではなく、偶発性へと開かれた「装置としてのシナリオ」の活用がその典型であるとするのだが、たしかに、マリが示すように、ゴダールばかりでなく、ジャック・ロジエやエリック・ロメール、そしてジャック・リヴェットも「装置としてのシナリオ」を導入したと言えるのである[44]。なかでも、自作の映画にブルトンの著作と同じ「狂気の愛」というタイトルをつけるなど、ルーシュ同様にシュルレアリスムへの関心があったと考えられるリヴェットは、おそらくもっともルーシュに近い映画観を抱いていた。長篇第一作の『パリはわれらのもの』(一九六〇)以来、『アウト・ワン』(一九七一)、『北の橋』(一九八一)、『パリでかくれんぼ』(一九九五)など、パリが舞台となった一連の作品では、たとえばパリの街を一種の双六(すごろく)とみなした『北の橋』が典型的であるが、つねに何らかの出会いが起こる場としてパリが描かれていたではないか。そして、これもまた『パリはわれらのもの』からはじまって、頻繁にリヴェット作品に登場する演劇のテーマも、残酷演劇的なあり方、あるいはレリスの言う「生きた演劇」のあり方を示唆しているように思えてならない。『パリはわれらのもの』もそうだったが、『狂気の愛』(一九六九)、『地に堕ちた愛』(一九八四)、『彼女たちの舞台』(一九八九)といったリヴェットの映画において、たとえ演劇のテーマが出てきても、最終的な上演のシーンはつねに欠けたままで稽古やリハーサルが繰り返されるか、演出家の屋敷での上演といった現実と地続きの不安定な形態にしかならず、完成形というよりも、それ自体がリハーサルのごとくに演じられる。そうした生成過程の演劇のなかに置かれた人物たちは、それが役者であれ、演出家であれ、知らず知らずに一種の「陰謀」に巻き込まれていくのだが、そうした「陰謀」とは彼らがいやおうなく変化していかざるえないことの暗喩であるかのようだ。「生きた演劇」に参加し、「生成変化」の過程にある、それがリヴェット的な存在の仕方と言ってまちがいではあるまい。『セリーヌとジュリーは舟でゆく』（一九七四）において、謎のキャンディを口に入れると、幻視のかたちで一種の演劇的な場面に立ち会うことになるヒロインたち、『地に堕ちた愛』で、リハーサルをしつつ幻視や幻聴に襲われるヒロインたちは、まさに憑依されているとしか言いようがない。しかもそうした生成変化に作り手も無縁ではないことは、『美しき諍い女』（一九九一）において描かれたモデルと画家の関係において、たしかに眼に見えて変容していくのはモデルのほうであっても、そうした変容をもたらす画家自体も明らかに変化の過程を生きていることからもわかるとおり、それこそ憑依をテーマとした民族誌映画にこだわる映画作家のあり方を髣髴とさせるのである。

いずれにしてもルーシュは、すでに述べたように、トリュフォーをはじめとする、その後ヌーヴェル・ヴァーグの監督になる若者たちが大挙して参加した一九四九年の〈呪われた映画祭〉において『憑依舞踏へのイニシエーション』が短篇部門の最優秀賞に輝いたことで、彼らに強い印象を残すだけでなく、彼らとのつながりもできていた。ヌーヴェル・ヴァーグ作品を数多く製作するピエール・ブロンベルジェがルーシュを評価し、その作品のプロデューサーになったことで、彼はさらに若い映画狂たちの輪に近づいていたはずだ。そして、『私は黒人』はそもそもトリュフォーやゴダールらとの共同企画から生まれた作品だったのである。一九五七年、ロッセリーニの要請を受けたトリュフォーは、『カイエ・デュ・シネマ』の事務所に、ゴダール、シャブロル、アラン・レネ、ジャック・リヴェット、エリック・ロメール、そしてルーシュを集めた。パリの大学都市を舞台にしてさまざまな人びとが交わる物語を共同で映画にするという企画が提示されたのである。結局、資金難で実現しなかったが、この企画がもとになって、トリュフォーの『大人は判ってくれない』（一九五九）、シャブロルの『美しきセルジュ』（一九五八）などの作品の最初のヴァージョンが生まれた。そして『私は黒人』も、ロッセリーニの発案の刺激を受けて誕生したのである。[▽45]

そうしたことからも見てとれるとおり、ルーシュは、ヌーヴェル・ヴァーグにとっていわば少し年上で異国に旅ばかりしている従兄のような存在だったわけだが、彼らとともにようやく実現した企画が『パリところどころ』だった。皮肉なことに、それがヌーヴェル・ヴァーグの一種の終焉を印づける作品となるわけだが、その『パリところどころ』のなかでも『北駅』が飛び抜けた斬新さを示しているのを目の当たりにすると、ルーシュの先進性をあらためて認めざるをえない。それは、手持ちキャメラによるワンシーン・ワンショットを駆使しているといった技術的な問題にとどまらず、「わたしは他者である」という感覚を映画に持ちこんだ点に存するのだ。レダ・ベンスマイアが述べているように、「わたしたちが彼の民族学者としての経験を特権化してみるときに気づくのは、「民族学的現実」、他者性――いかなる回収やいかなる性急な合理化にも本質的に抗う他者性――との絶えざる接触が、**西洋で映画が獲得したいくつかの支配的形態を根本から**覆す、という事実」[▽46]なのである。他者性との接触は、映画作家を不断に変容させる。それこそがルーシュの言う「シネ・トランス」の実践だが、その結果として「生成変化」しつづけるジャン・ルーシュの存在は、映画史そのものを変容させずにはおかないのである。

▽1 以上のルーシュの伝記的な事実に関しては、主に以下の文献を参考にした。Jean Rouch, «L'autre et le sacré», in *L'Autre et le sacré : surréalisme, cinéma, ethnologie*, L'Harmattan, 1995 ;「一九七三年、私はアンリ・ラングロワのシネマテークの最初の会員の一人でした——ジャン・ルーシュ インタヴュー」聞き手・構成・訳：武田潔『季刊リュミエール』第一四号、一九八八年（本書所収「ジャン・ルーシュ インタヴュー［1988］」）。

▽2 « 54 ans sans trépied», entretien avec Jean Rouch par Jean-Paul Colleyn, *CinémAction*, n° 64, 1992 ; repris in *Jean Rouch : Cinéma et anthropologie*, Cahiers du cinéma, 2009, p. 76.

▽3 « Jean Rouch "Jaguar"», *Cahiers du cinéma*, n° 195, novembre 1967, p. 17.

▽4 *Ibid.*, p. 19.

▽5 André Breton, « Situation surréaliste de l'objet », in *Œuvres complètes II*, Gallimard, « Pléiade », 1992, p. 485（アンドレ・ブルトン『アンドレ・ブルトン集成5』生田耕作訳、人文書院、一九七〇年、二四九頁）. ただし引用は拙訳による。以下、既訳のある場合はその都度参照してはいるが、本章における引用は原則として拙訳を使用することにする。

▽6 André Breton, « Entretiens 1913–1952 », in *Œuvres complètes III*, Gallimard, « Pléiade », 1999, p. 515（アンドレ・ブルトン『ブルトン、シュルレアリスムを語る』稲田三吉・佐山一訳、思潮社、一九九四年、一五一―一五二頁）. ちなみに、エンゲルスが「客観的偶然」という言葉を使った事実は確認されていない。

▽7 André Breton, « Situation surréaliste de l'objet », *op.cit.*, p. 485（『アンドレ・ブルトン集成5』、二四九頁）.

▽8 Cf. Jean Rouch, «L'autre et le sacré», *op.cit.*, p. 410–412.

▽9 « Jean Rouch "Jaguar"», *op.cit.*, p. 19.

▽10 André Breton, « Situation surréaliste de l'objet », *op.cit.*（『アンドレ・ブルトン集成5』、二四九頁）.

▽11 André Breton, *Nadja*, in *Œuvres complètes I*, Gallimard, « Pléiade », 1988, p. 650（アンドレ・ブルトン『ナジャ』巖谷國士訳、岩波文庫、二〇〇三、二一一頁）.

▽12 *Ibid.*, p. 650–651（同書、二一一―二一二頁）.

▽13 *Ibid.*, p. 668（同書、四五頁）.

▽ 14 « Entretien avec Jean Rouch par Eric Rohmer et Louis Marcorelles», *Cahiers du cinéma*, n° 144, juin 1963, p. 4–5.

▽ 15 *Ibid.*, p. 4.

▽ 16 André Breton, *Manifeste du surréalisme,* in *Œuvres complètes I*, *op.cit.*, p. 328（アンドレ・ブルトン『シュルレアリスム宣言・溶ける魚』巖谷國士訳、岩波文庫、一九九二年、四六頁）.

▽ 17 *Ibid.*, p. 346（同書、八三頁）.

▽ 18 *Ibid.*, p. 340（同書、七二頁）.

▽ 19 « Entretien avec Jean Rouch par Eric Rohmer et Louis Marcorelles», *op.cit.*, p. 5.

▽ 20 『北駅』の映画評を書いたクロード・オリエは、この作品に客観的偶然を見て取り、アンドレ・ブルトンの『狂気の愛』の一節を引用している。Claude Ollier, « Cinéma- surréalité », *Cahiers du cinéma*, n° 172, novembre 1965 ; repris dans *Souvenirs écran*, Gallimard, 1981.

▽ 21 « Jean Rouch "Jaguar"», *op.cit.*, p. 20.

▽ 22 *Ibid.*, p. 19.

▽ 23 « 54 ans sans trépied », *op.cit.*, p. 74.

▽ 24 *Ibid.*

▽ 25 Jean Rouch, « Le vrai et le faux », *Traverses,* n° 47, 1989 ; repris in *Jean Rouch : cinéma et anthropologie*, *op.cit.*, p. 115.

▽ 26 *Ibid.*, p. 113.

▽ 27 *Ibid.*, p. 116.

▽ 28 « Jean Rouch "Jaguar"», *op.cit.*, p. 19.

▽ 29 « Entretien avec Jean Rouch par Eric Rohmer et Louis Marcorelles», *op.cit.*, p. 10.

▽ 30 Jean Rouch, « Le vrai et le faux », *op.cit.*, p. 115.

▽ 31 Jean Rouch, «Essai sr les avatars de la personne du possédé, du magicien, du sorcier, du cinéaste et de l'ethnographe », in *La Notion de personne en Afrique noire*, CNRS, 1971 ; repris dans *Jean Rouch : cinéma et anthropologie*, *op.cit.*, p. 152.

▽32 Gilles Deleuze, *Cinéma 2 : L'Image-temps*, Minuit, 1985, p. 198（ジル・ドゥルーズ『シネマ2＊時間イメージ』宇野邦一ほか訳、法政大学出版局、二〇〇六年、二一二頁）.

▽33 *Ibid.*, p. 198–199（同書、二一二―二一三頁）.

▽34 Jean Rouch, «L'autre et le sacré», *op.cit.*, p. 408.

▽35 Antonin Artaud, « Le théâtre de la cruauté », in *Œuvres complètes IV*, Gallimard, 1978, p. 84（『アントナン・アルトー著作集Ⅰ 演劇とその分身』安堂信也訳、白水社、一九九六年、一三八頁）.

▽36 *Ibid.*, p. 80（同書、一三五頁）.

▽37 *Ibid.*, p. 105（同書、一八〇頁）.

▽38 Michel Leiris, *La Possession et ses aspects théâtraux chez les Éthiopiens de Gondar précédé de La Croyance aux génies zar en Éthiopie du nord*, in *Miroir de l'Afrique*, Gallimard, « Quarto », 1996, p. 1055（『ミシェル・レリスの作品4 日常生活の中の聖なるもの』思潮社、一九七二年、二四九頁）.

▽39 Jean-Luc Godard, «Étonnant », *Arts*, n° 713, 11 mars 1959 ; repris in *Jean-Luc Godard par Jean-Luc Godard Tome 1 1950–1984*, Cahiers du cinéma, 1998, p. 178（『ゴダール全評論・全発言Ⅰ』奥村昭夫訳、筑摩書房、一九九八年、三九二頁）.

▽40 Jean-Luc Godard, « Jean Rouch remporte le Prix Delluc », *Arts*, n° 701, 17 décembre 1958 ; repris in *Jean-Luc Godard par Jean-Luc Godard Tome 1 1950–1984*, *op.cit.*, p. 155（同書、三三四頁）.

▽41 Luc Moullet, « Jean-Luc Godard », *Cahiers du Cinéma*, n° 106, avril 1960, p. 26.

▽42 Laure Astourian, « « Moi, un Blanc » : de la genèse d'*À bout de souffle* », in *Dans le sillage de Jean Rouch : Témoignages et essais*, Maison des science de l'homme, 2018, p. 220.

▽43 *Ibid.*, p. 221.

▽44 Michel Marie, *La Nouvelle Vague : Une école artistique*, Nathan, 1997, p. 69–71（ミシェル・マリ『ヌーヴェル・ヴァーグの全体像』矢橋透訳、水声社、二〇一四年、一四四―一四五頁）.

▽45 Antoine de Baecque, *GODARD : biographie*, Grasset, 2010. p. 83–84.

▷ 46 Réda Bensmaïa, « Jean Rouch ou le cinéma de la cruauté », *CinémAction*, n° 17, 1982, p. 52.

# Ⅳ

ジャン・ルーシュ著作

# ジャン・ルーシュ——接触カメラを手にした人

アンドレア・パガニーニ／千葉文夫［訳］

ジャン・ルーシュが二〇世紀の越境者の代表的存在となったのは、情熱の賜物たる作品と行動、何よりも「接触カメラ」なる手段の賜物である作品と行動を通じて学術的研究と芸術を結び合わせ、人文科学の分野での研究を一新させ、映画に独自の道をきりひらき、アフリカとイメージの世界の双方へと新たなまなざしを向けた結果である。

ジャン・ルーシュは「美しき五月」にパリ一四区に生まれ、生涯を通じて同区に暮らしたが、のちに世界市民となる彼が育ったのは、学者、探検家、アマチュア芸術家を輩出する家庭環境だった。父ジュールの転勤にともない、世界各地を転々として子供時代を過ごした彼は、長じてパリに戻り、国立土木学校で学ぶ一方、詩、絵画、シュルレアリスム、ジャズ、映画、そして民族誌を発見する。若き民間技師として一九四一年にナメイに赴任した彼はマルセル・グリオールおよびテオドール・モノーの薫陶を受けて急速に民族誌にのめりこむ。ドイツ軍占領地域の解放のために従軍して功績をあげたのちに、アフリカとイメージの双方にかかわる冒険に乗り出すこととなる。

ジャン・ルーシュは六〇年間におよぶ研究生活の大半をCNRSの研究員として過ごし、民族誌と人類学のフィールド調査を数多く体験している。特筆すべきはニジェールのソンガイの文化、とくに憑依儀礼——『狂った主人たち』――の調査であるが、人類学者で友人となったジェルメーヌ・ディテルランとともに引き続きマリ共和国のドゴンの文化――「シギ」連作――の調査に取り組んでいる。ルーシュは早い段階から、最初の妻であるジェーンとともにアビジャンやアクラなどの「世界＝都市」に代表される現代アフリカに関心を寄せ、混合と雑種からなるダイナミックな世界の展開を驚異の目で見ている。伝統と現代が混じり合ったアフリカの姿を知ること、またダムレ・ジカやムッサ・アミドゥーなど、やがて彼の協力者、友人となる数々の人々との出会いがきっかけとなり、そしてまたドキュメンタリーとフィクションの境界線上に、想像力とユーモアに支えられ、独特な知恵に裏付けされた共同製作――『ジャガー』『コケコッコー！ にわとりさん』『疲れて立っている私、横になっている私』――を経て「反転」人類学、「共有人類学」へとたどりつくのである。

ジャン・ルーシュは友人アンリ・ラングロワのイニシエーションのもとに筋金入りの映画狂（シネフィル）となり、さらには道具を選び抜き、新たな用法とパイオニア的方法の発見をもってその精度の改良に貢献する技術マニアとなり、「軽量テクニック」の刷新に加わり、ヌーヴェル・ヴァーグに刺激をもたらし――『私は黒人』『ある夏の記録』――「映画の沼地をまたぐ石橋」を架けたのである。

ジャン・ルーシュは、IFANからUNESCOまで、そしてシネマテーク・フランセーズからヴェネツィア映画祭、ウナガドゥグ映画祭、マノスク映画祭まで、数多くのネットワークをもつ人であり、数々の機関と映画祭――アトリエ・ヴァランにおける民族誌映画委員会――の設立発起人となった。また彼が手がけた才能ある人間の発掘はニジェール映画の誕生――ムスタファ・アラサント、ウマル・ガンダ、イヌサ・ウセイニ――をうながし、また研究分野の開拓は映像（ヴィジュアル）人類学への貢献につながっている。

［訳者付記］

本テクストは「ジャン・ルーシュ生誕一〇〇周年」の記念行事に際して、フランス文化・コミュニケーション省によって刊行された冊子に掲載されたものである。

本論集の刊行にあたってはジャン・ルーシュ財団からさまざまなかたちで支援を受けることができた。とくにルーシュによる「カメラと人間」「他者と聖性」「真と偽と」「人格の変化について」など、計四本の論考の翻訳の掲載が可能になり、またルーシュ生誕一〇〇周年のロゴの使用許可を得たのは、ジャン・ルーシュ未亡人でありまた同財団総裁であるジョスリーヌ・ルーシュ氏、同財団監事であるアンドレア・パガニーニ氏の特別のはからいによるものであることを感謝とともにここに記しておきたい。二〇一七年から一八年にかけて「ジャン・ルーシュ生誕一〇〇周年」を記念して、シネマテーク・フランセーズにおける彼の映画の回顧上映、パリの人類博物館でおこなわれた「ジャン・ルーシュ国際映画祭」、フランス国立図書館における展示などの重要な催しがおこなわれている。ここに訳出した文章はこの数々の記念行事の出発点をしるす意味をもつと同時に、ジャン・ルーシュの業績を簡潔に示すという点で、ジャン・ルーシュのテクストの翻訳からなる第Ⅳ部の頭に、いわば「序」として掲げるのが適切ではないかと編者は判断した。

「ジャン・ルーシュ生誕一〇〇周年」記念行事としては、作品目録の新版『ジャン・ルーシュ、映画＝人間』が刊行されたことにも言及しておくべきだろう。二〇一〇年に国立映画センターから刊行された旧版と比べてみると、とくに頁数が増えているわけではないが、なぜか少し分厚くなっており、何よりも収録作品の本数が一二〇本から一八〇本に増えている点に大きな変化が見られる。拙稿の註でも言及したが、CNCでのフィルム収集と整理という作業を率いたベアトリス・ド・パストルからその後じかに話を聞いた二〇一八年末の時点では、本数はさらに二〇〇本以上に膨れあがっているということだった。

この作品目録新版は、CNCのほかにフランス国立図書館およびソモジー出版の名が版元として加えられている。作品紹介に先立つ序にあたる文章の執筆者もベアトリス・ド・パストルのほかに、フレデリック・ブルダン、アラン・カルー、アンドレア・パガニーニなどが加わり、この新版に生誕一〇〇周年の共同事業という意味を持たせる布陣になっている。アンドレア・パガニーニは上記の文章中でジャン・ルーシュがネットワークの人であった所以を語っているが、そのネットワークは死後も決して収縮にはむかわず、逆にさらに大きく発展を続けているというべきだろう。

12

# 他者と聖性｜聖なる遊戯、政治的なる遊戯

L'Autre et le sacré : jeu sacré, jeu politique

千葉文夫・柳沢史明［訳］

まさに政治的システムが氷山（その隠れた面は目に見える面以上に醜悪だ）のように大きく揺れ動くとき、的を射ていると思われたのは、権力のスペクタクルの残酷なはたらきを主題とする何かを即興的につくってみせ、これを裏返しにして儀礼的スペクタクルの残酷な力について何かを即興的につくってみせることだった。それは、アントナン・アルトーをラグビーのフライハーフに見立ててうまくゆくかどうかという話である。

その昔アントナン・アルトーがいたのだ……。

## 一九四二年ダカール―一九五〇年ヴュー・コロンビエ劇場

一九四二年のダカールに、ヴァン・ヴォレンオーヴェン高校への通学路を二人乗り用自転車で疾走する魅力的な兄妹の姿があった。両方ともリセ第一学年に籍をおき、アニックは画家、イヴは詩人だった。しかし、まもなく戦地に赴く運命のわれわれからみれば彼らは「下級生」であり、ダカールではバカロレア、本国ではフランス解放という試練がやがて訪れるのを待つ時期を生きた彼らは、ひょっとするとフランス人として生まれ青春を謳歌しえた最後の世代だったかもしれない。オーディベルティの親友だという彼らの父親から、二人は無条件にアントナン・アルトーを崇拝する思いを受け継いでいた。その影響はわれわれに及び、容易に拭い去れないものとなった。

バカロレア、さらには戦争が終わって、わたしたちはパリで再会した。父親以上にアルトー贔屓になっていたイヴ・ル・ガルは、ピエール・シェフェールにしたがい、大悪魔ベルゼブブのごとき魔術師グルジエフの怪しげな試みに加わっていたが、かろうじてそこから逃げおおせて次のように宣言する。この人生で唯一価値があるのは「残酷演劇」だ、と。言うならばこれを実行に移すため、彼はシュルレアリスト詩人カミーユ・ブリヤン、テレビ番組司会者ピエール・デュマイエ、そしてこのわたしの三人を口説いて、ベルトルト・ブレヒトとピエール・フレデリックの芝居二作（『マネキン』『蒸気機関をめぐる会議』）の上演企画にわれわれを引きずり込んだのだ。さらにイヴ・ル・ガルは、こちらをその気にさせるためにアントナン・アルトーの教えを守るように要求するのだった。「とにかく稽古だ、自分から抜け出して作品の登場人物になりきるまで稽古を繰り返さねばならない、そうすれば台詞は板についたものになる」。したがって、何ヶ月間ものあいだ、われわれが台本を諳んじることに夢中になっていた一方で、当初はグルジエフのような仕方でひたすら「駄目だ」と言うだけだったこの無慈悲な演出家に尻をたたかれて、われわれは稽古に稽古を重ねたのである。どうしたらよいのか途方に暮れて顔を見合わせるばかり、とにかく稽古を繰り返すほかなかった。しかし、ある晩、自分が「他者の声」で話しているのに気づいたとき、いわば「入神状態への移行」に匹敵する啓示があった。同じステップを際限なく繰り返し、何度となくマラカスのリズムに合わせ、さらには際限なくヴァイオリンのメロディや祭司の声に宿る精霊たちの言葉を聞くことで、憑依のダンスを踊りはじめる者たちの姿に知らず知らずのうちにわたしが見ていたのは、まさにこの「入神状態への移行」だったのだ。こうした身体技法は、じつに穏やかなソンガイの老婆を、瞬時のうちに猛り狂った雷鳴の精霊ドンゴへと変貌させる……。このような残酷演劇の経験は、いわば、変身を可能にし、アリスの鏡の向こう側へと誘い、不思議の国に導き入れる謎に満ちた仕掛けの小型で、そして俗っぽいモデルの一つであった。

純粋に舞台の出来という点では、かなりの成功だったにもかかわらず、ヴュー・コロンビエ劇場での公演は一回だけで終わってしまった。水夫の恰好をしたピエール・デュマイエはまさに本物以上に本物らしい蒸気機関車だったし、イブニングドレスを着たわたしはとめどなくしゃべる愚かな講演者という役回りだった。

要するに、この残酷演劇の体験はわたしには重要だったのである。風のサンダルを履き、グラディーヴァ、すなわち「歩みゆく女」に通じる敏捷な足の運びで、疲れを知らずに歩き続けるアメリカ先住民タラフマラを追うアルトーのごとくメキシコに旅立ちはしなかったとしても……いや、そうではなく、わたしはニジェール川の迂曲地帯へと向かい、映像と音声を扱う仕事にのめり込みながら、精霊に取り憑かれた者による儀礼の際の入神状態についての理解を深めようとしたのである。

## 映画、詩、民族誌──一九二〇―一九三九年パリ、「苦悩の首都」すなわち前衛の首都

わたしは世界でも最も幸せな少年だった、というのは、一九一一年から一二年に南極地方へと出発したシャルコー〔ジャン＝バティスト・シャルコー(一八六七―一九三六)はフランス人極地探検家〕による極地観測船「プルクワ・パ」号の息子だといってもよいのだから。つまり海軍勤務の気象学者だった父は、コウテイペンギンに関して誰よりも詳しい生物学者と南極地方で同僚となり、その妹と父は結婚することになったのである。そんなわけで、一九二四年にブレストで生まれてはじめて映画館に連れて行ってもらったときに見た『極北のナヌーク』の笑顔が忘れられないのも当然の流れだった。その一週間後、母に連れられてシャム通りの同じ映画館に行ったときに見たのは『ロビン・フッド』〔アラン・ドワン監督、一九二二〕だった。けれども、ダグラス・フェアバンクスが銃眼の高みから兵士たちを突き落とす場面で、わたしは泣き始めてしまった。母と姉は、兵士といっても本当は人形なのだと教えてくれた。そこでわたしは尋ねてみた。「じゃあ、ナヌークが銛を撃ち込んだセイウチたちも人形なの？」……。すでにそんな小さな頃に、わたしはフィクションと現実は別物だという発見をすることになったのだ。

家族の面々は、皆が絵、デッサン、石版画を手がけ、写真に凝っていた。愛好家というレベルを出てはいなか

ったが、それでも熱心で向こう見ずという点では二人の叔父は別格で、キュリー夫妻の実験室で用いられる砥石をアフガニスタンまで探しに行き、「ルミクローム」と呼ばれる色彩写真の束をついでに持ち帰り、子どもたちを喜ばせてくれたのだ。家族は誰もがラテン語とギリシア語を話し、小説を書いたり、さもなければ詩を書いたりしていた。本を書いてメルキュール・ド・フランス書店やガリマール書店から出したわけではないが、その代わり、みごとな文章表現をもって学術的報告文を書いていた。おそらくそんなわけで、小学校やリセ、その後の（いまもなお）大学（とりわけ高等研究所第五部門の宗教学、マルセル・モース、マルセル・グリオール、ミシェル・レリス、ジェルメーヌ・ディテルランがいた学校）が大好きなのかもしれない。

家の者は皆、一九一四年から一九一八年にかけての大戦の惨たらしい体験を実際にしていたが、戦争の話をすることはなかった（戦争の話を盛んにするのは体験していない連中なのである）。彼らは大戦を題材とする絵を描いたことも写真を撮ることも文章を書くこともしなかったが、彼らの無言の記憶のなかに大戦は否応なく姿をとどめていた。それらはおそらく、一九一七年五月まで子宮のなかにいたわたしにとって、突如断ち切られたそれまでのもう一つの生の記憶の水源である。そこにはグッタペルカ（マレーシア原産のゴムの樹脂）の匂いに包まれて、飛行士のブーツの紐がうまく結べないでいることから、優しい女性たちが心配して手渡す絹のスカーフの柔らかな感触までが潜んでいて、そのあいだにはヴィレ＝コトレ、ソアソン、ラン、ヴェルヴァンへと向かう国道二号線上に突如として浮かぶ見覚えのある風景が挟まっているのである。▽1

わたしにとって、（ポール・エリュアールがそう名付けたように）「苦悩の首都」パリは、何よりも両大戦間の世界に名を馳せるアヴァンギャルドの中心都市を意味していた。四年間の恐怖を抜け出した若者たちは、生への抑えがたい渇きを覚えていた。こんなふうに自由への渇望が生まれるには、国土の荒廃、友人との別離、若さの喪失を経験しなければならなかったのだ。パリでは、パリに限っては、あの尋常ならざる時代の並外れた芸術運動の勢いはとどまることを知らなかった。勢いはそれほど強かったので、もっと早く生まれ、二〇世紀の夜明けに生を受け、一九二〇年に二〇歳だったらよかったのにと悔やまれ、見者アルチュール・ランボーの予言にあるような「むしろ生を」という灼熱の体験に加われなかったのがしごく残念に思われるほどだった……。自分にあたえられた役回りは、大喜びで眺めている子供、その後は新たな破滅の切迫に苛立ちを覚える青年というものでしかなかった。至福の年月は二つの地獄に挟まれている。

一九三四年の春はバカロレア基礎数学部門の試験にあたる時期だったが、モンパルナス大通りとラスパイユ大通りが交わる一角で「青天の霹靂」ともいうべき出来事が生じた。午後の終わりの光が斜めに射し込む書店の飾り窓に『ミノトール』誌の大阪の紙面二葉が展示されていたのだ。そのうちの一頁には、ダカール＝ジブチ調査団を扱った同誌特集号のもので、そのダマ〔喪明けの儀礼〕のために、カナガの仮面をつけた何人かが狩人モンゼの家の平屋根に登っているのを撮影した忘れがたい写真があり、もう一頁は、ジョルジョ・デ・キリコ作の「形而上的」絵画《二人（デュオ）（バラ色の塔のマネキン）》が掲載された第五号（一九三四年五月号）口絵頁にあたるものだった。突如として、バンディアガラの断崖に生きるドゴンの人々を撮ったマルセル・グリオールの写真と、不安で包み込まれたあの二人の人物の両方に驚異なるものとの出会いを見出したというのも、キリコ描く二人の人物もまた日が暮れようとするテラスに立っていたのである……（そのときは気づかなかったが、彼らの頭には、同じくキリコの予兆的なタブローに描かれたギヨーム・アポリネールの頭部のように、あるいは、顎に儀礼用の木綿の包帯が巻かれたドゴンの死者の頭部のように、やはり布が巻かれていたのだ……）。

この夕日がもたらした啓示のあと、青年時代を通じて通過儀礼の道のりを辿ることになり、キリコの絵、そしてサルバドール・ダリの絵、さらにはダリ本人の発見へと導かれるのだが、その現場となったのは例の書店からもさほど離れてはいない場所、つまり従兄弟で画家、写真家、詩人であるアンドレ・ガンが「聖なる怪物」を見に行こうと誘うのでよくついて行ったル・ドームのテラス席だったのだ。感極まったあげく、スペイン語混じりの独特のフランス語の話し方、驚くばかりの優雅な身なり——明緑色の上着と、群青色に染めたその有名な口髭のほかは何も目に入らなかった。

高慢で内心は上の空のアンドレ・ブルトンの姿はしばしばヴェルニサージュで見かけた。たとえば、ヴィクトル・ブローネルが《K氏の奇妙な事例》の多色マルチ・フレームをはじめて展示したセーヌ通りのプチ画廊でのヴェルニサージュもそのひとつだった。一九三七年五月にブルトンの「グラディーヴァ」画廊がオープンしたときは彼の姿を見損なったが（まさにその日は国立土木学校入学のための筆記試験があった）、マルセル・デュシャンがカップルの姿を分厚いガラスに刳り抜いて作った画廊の扉は、セーヌ通りに集まる夢想家たちすべてを吸い込むように開かれ、そのすぐ近くには、イサドラ・ダンカンの兄がアトリエを持っていて、ギリシアの羊飼いが履く革製サンダルを手仕事で作っていた……（一九二七年ニースで、ブガッティの後輪スポークにからまって妹の首を絞めたあの長いスカーフがこのアトリエで織られたのかどうかは、結局わからずじまいだった）。

わたしはサン・ペール通りにある国立土木学校の入学試験を受けたのだが、そのすぐそばにはル・フロール、ドゥー・マゴ、さらにはアポリネールの屋根裏部屋のアトリエ〔サン＝ジェルマン大通り二〇二番地〕があった……。土木学校は大学と同じように一一月初頭に始まった。そのため一九三七年の国際博覧会、新たにスタートした人類博物館を発見するための時間的余裕はあった。人類博物館から坂を降りたあたり、鉤十字が半月鎌とハンマーに対峙する姿〔ドイツ館とソ連館が向き合う姿〕を横目で睨む位置におかれた共和国スペインの素晴らしいカタルーニャ館は、パブロ・ピカソの記念碑的な大壁画《ゲルニカ》の最初の展示のための場となった。

一九三七年一〇月九日、そこからそう遠くはないシャンゼリゼ劇場で、アンドレ・ブルトンは「黒いユーモア」に関する報告をおこなったが、シュルレアリストが結集する賑わいのなかで、彼らと一緒にいる女たちの姿はこの世で最も美しいものに見えた。アンドレ・ブルトンは、赤い紐がひときわ鮮やかな靴を履き、足を組んで、ポール・エリュアールが詩を朗読するのを聞いていた。わたしはエリュアールが読む詩を、ほぼすべて諳んじていたが、あんなぐあいに奇妙なまでにこもった声で読むのを聞くのは初めてだった。ジャン＝ルイ・バローは、似たような声色で切れ目なくアンドレ・ブルトンの作品を読み、ブルトンは表情をまったく動かさずに、朗読を聞いていた。

シュルレアリスト詩人の面々は、人民戦線政府によって急に地位を回復したのだが（共産党から公式に除名となった時代の埋め合わせがなされた）、いま彼らの姿を思い出すと、一九〇八年にマリー・ローランサンが描いた絵《芸術家集団》が頭に浮かぶ。その絵は、一冊の本を手にするギヨーム・アポリネールの周囲に、ピカソ、マリー・ローランサン、フェルナンド・オリビエが集うもので、現在はバルティモア美術館の所蔵品となっている（その複製図版をカラー版図解プチ・ラルースの新版でたまたま見つけた）。どちらの場合も、みごとな優雅さ、つまりは目には見えないところに優雅さがあり、悪魔的といってもよい知的な視線がそなわっている。ただしフェルナンド・オリビエのおおらかな微笑みはまったく別物である。

こんなふうにして、真の「奇人」たちを、真の変人たちを、語の厳格な意味での「当てどのない他所」を発見したのかもしれない。だがこちらは二〇歳になったばかりであり、こうした「聖なる怪物」にあえて近づく勇気はなかった。

少しあとの一九三八年一月一七日のことだが、サン＝トノレ街のボザール画廊でおこなわれたシュルレアリスム国際展の開会の辞をアンドレ・ブルトンに代わってポール・エリュアールが読み上げた際、土木学校の友人と連れだってその場に居合わせた自分は、「小サキナレド私ニハフサハシ」と名付けられた家の扉に完全に魅了された。ピーター・イベットソンとミミは手を繋いでその扉を通り抜ける。この扉は夢に通じる扉であって、囚われの身となってレディング刑務所にいるピーターが幼なじみのミミことメアリーとバガテル城の「小さいが相応しい」四阿（あずまや）へと入る夢を二人そろって毎晩見る際に通る扉なのである。その翌週には、『新フランス評論』誌によってジョージ・デュ・モーリアのこの傑作を知り、またシネマテーク・フランセーズでは、若きゲイリー・クーパーがピーター・イベットソンを演じる映画を知ったのである。

アンリ・ラングロワの名は、彼からグラン・ゼコールに送られてきた上映プログラムを通じてすでに馴染みあるものになっていた（送付先のリストには土木学校も入っていたのだ）。なんと幸運なことか。金曜日の晩は毎週、シャンゼリゼのマリニャン映画館の上の階にあった映写室で、背が高く痩せ型で内気な若い男が映画愛好者を集めて、不思議な頭陀袋から引っ張り出すようにして映画を上映していた。『担へ銃』『戦艦ポチョムキン』『霊魂の不滅』『M』など、なんとも驚くべき発見だった。金メッキがほどこされた椅子に座れるのは三〇人の映画狂だけ、誰もが上映は一本たりとも見逃さないという意気込みだった。当初、ほかに誰がそこに来ているのかわからなかったが、いるのはアンドレ・ジッド、ジャック・ブリュニウス、さらに休憩時間はブリュニウスの幼い娘と遊んでいたヤニック・ベロンとロレー・ベロン、ジャン・コクトーにアラン・キュニー、さらにはめかし込んだ恰好のルネ・クレールなどの面々だということが段々とわかってきた……。

じっさい、フレッド・アステアの映画や、サル・プレイエルでのルイ・アームストロングのコンサートでこれと同じ面々に顔を合わせることになった。サッチモのコンサートでは、その高音が攻撃的だと言ってユーグ・パナシエが《オン・ザ・サニー・サイド・ストリート》の演奏を止めさせたりした。ジェルメーヌ・ディテルランが言うように、この時代のパリは「地上の楽園」だった。彼女はあの破天荒な夕べのことを覚えていた。ジョルジュ＝アンリ・リヴィエール指揮のもとにおこなわれたサル・プレイエルでのピアノ四台によるコンサートにルー・レスリーズ・ブラックバードが乱入してきた夜のことだ。あの「黒い鳥たち」のダンサーのひとりは彼女をダンスに誘い、彼女をエスコートしながら最後にこう言ったというのだ。「マダム、あなたは非常にダンスが上手ですね……。白人女性を相手に踊ったのは生まれて初めてです……」。

何もかも一緒くたになっていた、モンパルナス、ナイトクラブのジョッキー、キャバレーのヴィラ・デステ……皆と同じようにわたしもグワッシュ絵を描き、詩、エッセー、小説を書いた。書きあげたテクストをギ・レビス・マーノに送り、少しばかりお金を払えば、印刷も自前でやっているドランブル通りのG・L・M書店から本が出せたが、われわれも同じように貧乏だったので出版とまではいかなかった。

われわれは意識せず「事情通」になり、偶然のはたらきで、現代文化の途方もない冒険へと導かれたのだ。サン・ペール通りにある国立土木学校もこれに参与していたとは思ってもみなかった。魔術師のような材料強度の専門家アルベール・カコーがどのようにして交番応力の強度に関する理論を考えついたのかを学生に説明するとき、その姿は客観的偶然の発想を得たアンドレ・ブルトンのように詩人というべきものだった。「逐次近似法」の手ほどきをしてくれたときの彼は《クレオール・ラブ・コール》の編曲を手がけるデューク・エリントンのように音楽家だった。「フーリエ級数展開」を説明するときの彼は、《ある街路のメランコリー》を描くキリコのように霊感にあふれていた。(開通したばかりだった) 金門橋の実験的試みについて語ってくれたときの彼は、ロッテルダムの鋼橋を撮影するヨリス・イヴェンスと同じくめまいの効果に通暁していた……。もっとずっとあとになって(一九八〇年)、ヨリス・イヴェンスとアンリ・ストルクにインタヴューして、三〇年代に映画作家であった意味を尋ねたことがあるが、映画作家ははっきりした職業になってはおらず、詩人、建築家、画家、音楽家、そしてまたロバート・フラハティのような驚異譚の語り手のそばで、何となく前衛の一角を成していただけ、という答えが返ってきた……。

こうしてわれわれは知らず知らずのうちに魔術師メルランの円卓を囲む者となったが、戦争、その手始めとなるスペイン内戦を別にすると、聖杯探求はまだ工程表に組み込まれてはいなかった。

## 政治的なる遊戯がまだ聖なるものでなかったとき、一九三九年の戦争

一九三六年以降とは、まずはモスクワ裁判であり、そして内戦と言われながらも、実のところはすでに世界大

戦の序曲となる戦争によって二分されたスペインのことだった。

アンリ四世校の数学準備学級では、生徒のなかには「ノーパサラン」（「奴らを通すな」）と書かれた帽子を早くもかぶる者がいたし、王党派員（カムロ・デュ・ロア）と愛国派の若者らが幅を利かせ、サン・ミシェル大通りを「死、万歳（ビバ・ラ・ムウエルテ）」と叫びながら合図をかわす連中がいたが、一方では『リベルテール』紙を読み、バルセロナに、FAI〔イベリア・アナーキスト連名〕に、CNT〔全国労働組合〕に連帯を表明する者がいた。ブルトンは、一九三五年六月には、仏ソ相互援助条約を非難した。その一年後、ブルトンはレオン・ブルムの中立的立場に反撥し、マックス・エルンストとともにスペイン義勇軍に身を投じる覚悟があると宣言し、その準備を始め、これはすぐに諦めざるをえなかったが、一九三六年一二月にはモスクワに背いてトロツキー陣営に加わると正式に表明する。わたしたちはすでに、（ジッドとともにソ連旅行中に突然生じたウジェーヌ・ダビの奇妙な死を受けて）アンドレ・ジッドが代弁するようにソビエト連邦には何の希望も持てないと悟っていた。さらには、カタルーニャの素晴らしき無政府主義者たちが、フランコ、ヒトラー、ムッソリーニ、スターリンの手で殲滅される運命にあることがわかっていた。これは残酷なる啓示であったが、諸事を正すという点で意味があったのだ……。

一九三八年にブルトンは予測している。「ひとつの運命共同体となった文明世界全体が危機にさらされている……戦争が近づいているだけではない。今はなおも平和だとしても、科学と芸術をめぐる状況は完全に耐えがたいものになってしまった」。

そして一九三九年八月がやってくる。世界大戦が始まり、もはや「闘争」ではなく「戦争」が問題となったのだ。世界に冠たるフランス軍は無敵だと誰もが言っていた（両親、歴史の授業、土木学校の教授陣……）。奇妙な戦争の時期、ヴェルサイユの工兵学校で習ったのはコンクリートで防塁を覆う工法と甲板の製作方法だった。いたって真剣と思えたが、一九四〇年五月には、ドイツ軍の攻撃を前にして、たった一月ですべてが瓦解した。われわれの使命は橋梁の建設にあったが、技師として着手した仕事は橋の爆破という作業だったのだ。マルヌ川にはじまり、セーヌ川、ロワール川、シェール川を経てリモージュにいたるまで、すべてはそんな具合だった。一九四〇年五月の素晴らしき日々、郵便局発行のカレンダーに載っている県地図を、参謀本部用の地図に見立てて、わたしたちは自転車でフランスを横断したのだった……。リムザン地方の南のラ・ステランまで行き、そこで休戦という屈辱を知ることになった。わたしは二三歳になったばかり、でも戦争には負けてしまったのだ。二三歳で戦争に負けはしたが、戦争がもたらす幻想も一緒に失ったことはとても幸運だったという確信が今はある。

ドイツ占領下のパリへと敗残者として戻ることでツケを支払わされたわれわれには、あと二年の土木学校の学年が残っていた。われわれは、臆面もなく「ザズー」と呼ばれるジャズ狂になり、どこから見ても反ドイツ的なスタイルを取り入れた。坊主頭に対抗する長髪、ドイツ国防軍の外套に対抗するイギリス空軍の軍服とおなじ青のズートスーツ、ドイツ国防軍長靴に対抗するウエストン社製の靴といった具合だ。おまけに、英語以外はしゃべらないことに決めたり、シネマテークやフランス・ホット・クラブ五重奏団のコンサートに通いつめたりしたうえで、一九四〇年一一月一一日のシャンゼリゼ大通りの学生デモに加わった……。

一九四一年の復活祭休暇を利用してジャン・ソヴィとピエール・ポンティと一緒にブルターニュへと向かったのは、ポン＝ラベからオディエルヌ、トレパセ湾からドゥアルネへと歩いてみようという考えからだった。主たる目的は、『アルゴールの城』をもとにジュリアン・グラックの足跡をたどり、海を眺め、海水浴をしたうえで、魚、ジャガイモ、バターなどを賞味することにあった。しかし、この夢の日々の終わりになって、ドゥアルネの橋を渡ろうとするとき、われわれ三人はイギリスへ逃亡しようとしているのではないかとドイツ兵に疑われて捕まってしまった。海で泳いだ証拠となる濡れた水着のおかげで難を逃れて無事パリに戻ることができたが、以後フランスを離れるにはそれ相応の理由が必要になり、勝手な真似をすると家族に被害が及ぶと言い渡された。そんなこともあってわれわれは、植民地での公共事業に従事する技師となったのだった。土木学校の卒業試験準備のかたわら、人類博物館で（何の知識もなかった）ブラック・アフリカについて基礎から学ぶことになり、そこではじめてマルセル・グリオール、ミシェル・レリス、ジェルメーヌ・ディテルランらに出会った。ドイツのソ連侵攻から数日が経ったある晩、シネマテーク――これもまた人類博物館へと避難していたのだが――で、ラングロワは危険を顧みずに、黒海での最初の水兵の反乱を扱ったウラジミール・レゴーシン監督の『弧帆は白む』（一九三七）を上映した（それ以来、博物館の映写室スクリーンは「自由のスクリーン」となったのである）。

これが二つ目の幸運だった。敗戦やブルターニュでの事件がなければ、ブラック・アフリカや民族誌とは縁がなかっただろう。

## 一九四一―一九四二年ニジェール

ダカールでポンティと、ギニアでソヴィと別れたあと、わたしがニアメに到着したのは一九四一年一一月のことだった。マルセイユ＝ダカール間の定期船に二週間、鉄道に二、三日間（ダカール＝バマコ間）、外輪船に二、三週間（クリコロ＝トンブクトゥ＝ガオ間）、そしてトラックに二日間（ガオ＝ニアメ間）乗ったあげくに辿りついたのは、まさに世界の果てというべき地だった。当時、数々のルポルタージュを世に送り出したジャーナリストとして有名なアルベール・ロンドルは、ダカールからジブチへと陰鬱な熱帯疎林を横断し、これを「鞭打ち爺さん（ズワルトピート）の国」と名付けている。たしかに幼少期に知ったあの恐ろしい人物ズワルトピートには、アフリカ各地で再会した気がする。痩せ細った木々の風景がそうだったというだけでなく、とくに管轄地総督ファルビィ将軍（モーリス・ファルヴィ〔一八八八―一九七〇〕は一九三八年から四二年にかけて陸軍准将、少将、大将を歴任）は、その化身のような存在だった。将軍は、隣国ナイジェリアからイギリス人を一掃すべきという信念のもと、ブラック・アフリカの外へと「イギリスを追い出す」のに有効と彼が考えていた「戦闘部隊」に即座に入隊するようわたしに勧めたのである。彼の取り巻き連中はみな救いがたいペタン派であり、わたしに向かってドイツ贔屓の妄言を繰り返した。ボルシェヴィズムからヨーロッパを救うのはドイツなのだ、と……危うくわたしはドイツと闘ったことで非難されるところだった……。

そんななかで、わたしの上司ジャン・エスタシーだけは別で、「そのうちナイジェリアへと逃げ出す必要に迫られたら」と言って、二〇〇リットル入りのガソリン缶の貯蔵場所を教えてくれた。そのときが来るまで、こうした忌まわしい同国人の顔を見なくてすむように、夕方になるときまって素晴らしきニジェール川へ泳ぎに出かけることにした。

ほどなくそこで知り合った若きソルコ人漁師ダムレ・ジカは、そりが合わずに学校はやめてしまっていた。泳ぎはわたしのほうが速かったので、非常に驚いていたが、彼の方がずっと長いあいだ水に潜っていられた。勝負はおあいこというわけだ。われわれは仲良くなり、わたしは公共事業の「記録係」として彼を雇うことにした。

わたしが担当したのは二本の「帝国道路」建設だが、ガオ及びアルジェリア方面に向かう北へのびるものと、ワガドゥグ及びバマコ方面へ向かう西にのびるものがあり、総計は六〇〇キロに達する幅一二メートルのほぼ直線の道路であり、どちらも河川、砂丘、森林を真っ直ぐ突っ切り、それまでの「補助監視員の道路」に代わるものとなるはずだった。従来の道路はバオバブの木を迂回するので。あきれるほど蛇行が多く、一直線に進むとなると木を切り倒す必要があった。さらに、こうした作業を進めるために用意されたのは木炭ガスで走るトラック一台だけ、道具は、鍛冶職人が朝から晩まで「再補充」し「焼入れ」するツルハシとスコップに限られていた。それとは対照的に、人手に困ることはなく、「強制労働」の「自発的志願者」ならいくらでもいたのである。太鼓の音に合わせて彼らはシャベルで土を掘り起こし、小さな網籠でこれを運び、別の太鼓のリズムに合わせて土を突き固める。さらに、道路が一時的にできた川の流れにどうしてもぶつかってしまう場合は、「石詰排水溝」を利用して川を越えたり、切石をモルタルで固めてアーチ型に組み合わせた本格的なローマ式の橋を作って川を跨ぎ越したりした。モルタルを使ったのは、鉄材もコンクリートもセメントもだいぶ前から調達できなくなっていたからだ。合計すると二万人に及ぶ頑強な男たちをまず募集し、白人の同僚に管理が委ねられていたキャンプまで彼らを輸送し、そのほかの世話、食事、宿泊施設の用意など、やるべき仕事は色々あった。たしかに工事現場の雰囲気は現場監督に大きく左右される。最悪の部類としてはカラマブ（「死ぬまで叩く」）、行く先を失って流れ着いた若者の例としては、ハウサの女性との間に女の子ができて、その認知の証人になってくれと顔を赤らめてわたしに頼み込んできた「ベルナール兄」、あるいは、ドイツ国防軍に入隊するのが嫌で偽名を使うアルザス出身者で、ヘルダーリンの目でアフリカとアフリカ人を発見したグラ、だらしない日々を送る冒険家としては、お土産に携えていったベネディクティンのボトルを一日で空けてしまう「シャルボネル兄」、あるいはベニン王国のお姫様たちへの愛に自分を見失ったアンティル諸島出身者サント・リュス親爺など……。わたしは一〇日ごとに各現場を回って過ごしたのだ。

ある日のこと、サコイレの現場監督グラのキャンプにダムレ・ジカと一緒に行き、そこで弦楽奏者ウスマン・ゴジェに出会った。彼は「一弦ヴィエール」を手にしてガウェ・ガウェ（ライオン・ハンターに勇気を与える歌）を奏でてくれ、叢林や河川の誕生にまつわる素晴らしい物語を語ってくれた。わたしはその話を書き写し、ダムレと一緒に翻訳してみたが、ウスマンは絵を描くこともできたので、色鉛筆を渡して、眼に見えない神々の顔をわたしに描いて見せてくれるように頼んだりした……。

またある日、フィルグンへと向かう途中、最後のところでトラックの燃料装置が壊れ、修理不可能だとわかったので、ティラベリィまでカヌーで下って行くことにした。精霊トルの歌に導かれ、群島の島々からなる精霊の聖域を初めて訪れるという素晴らしい旅になった。わたしは湖上のランスロとなり、「漁夫王」を発見したのだ。わたしのなかで民族誌的な好奇心が目覚めたのは、まちがいなくニジェール川の流れに浮くこの群島で、一弦ヴィエールの音楽とダムレが翻訳した物語に接したときである。素晴らしき秘密の花園の鉄門をわずかながら押し開けたことで、ルイ・アラゴンが昔書いた「オデュッセウス」の一節が頭に浮かんだ。「カリプソの島は舫い綱の上にゆっくりと揺れ動いていた……」〔アラゴン『テレマックの冒険』の一節〕。

そしてまたある日のこと、一九四二年七月から八月の雨季が始まった頃だが、この隠れた領地の扉が今度は轟音とともに開いた。紙片を挟んだ切り枝を手にした使いの者が、パヌーフ地区の現場監督の報告書を持ってきたのだ。そこに書かれていたのは以下の事柄だった。「技師殿へ、昨日ＰＫ25の工事現場で一〇名の作業員がドンゴに殺さる。ご指示あれ」。

ドンゴは雷鳴の精霊であり、それが一〇名の作業員を雷で打ったのだ。土木学校では雷に打たれた者の処置法など習わなかったし、助手のニジェール人はみんなかかわるのを嫌がったが〔雷に打たれた者は不浄なのである……〕、突然小さな声でダムレ・ジカがわたしにこう言った。「これはうちの婆さんの仕事だね」と。ガウェ地区に暮らす彼の祖母カリアは不可思議なパワーの持ち主で、ハンピと呼ばれる壺、鉄製の小さな鈴のついた斧を手にすると、楽器の演奏者、それから精霊が乗り移る「馬」を呼びにやった。そのすべてがなくてはならないものに見えた。われわれは木炭ガスで走るトラックに乗り込み、川向こうのパヌーフのキャンプがあるガウェの小さな集落へと向かった。見るも無惨な光景がくりひろげられていた。地面には一〇名ほどの遺体が横たわり、その傍らには焼け焦げた藁小屋の残骸があった。カリアは雷鳴の精霊ドンゴの霊言を語り始め、それからごく平然とミルクを飲み、雷に打たれて死んだ者たちの上にこれを吹きかけ、静かに拭うのだ。彼女が連れてきた弦楽奏者は、ドンゴとその兄弟、水の精霊アラコイの息子たちの歌を奏で続けた。お浄めが終わったあと、カリアは作業員に遺体を埋葬させた。

だが、次は雷鳴の精霊ドンゴを相手にした問答にならざるをえない。そこでわたしは、このおぞましい書き割りのなかで驚くばかりの迫力の憑依儀礼に立ち会うことになったのだ。カリアは鉄鈴のついた斧を手に、天空に陣取る数々の大精霊の「霊言」を語り始め、これに弦楽奏者とカラバシュ奏者の伴奏が重なった。すぐさま、女一人と何人かの男に霊が乗り移った。黒のブーブーを身にまとったドンゴ、そして赤い服を着た雷の精霊キレィの姿が見えた。彼らはこねて固めたモルタルの上に座り、遥か遠くから来る声で語るのだが、そのあと、この声は聞けばすぐそれとわかるものになった。ドンゴとその兄弟が恐ろしげな喚き声で途切れ途切れに語ったことを、ダムレは翻訳してくれた。話はごく単純で、何と原因はわたしにあった。要するに「ドンゴの道」の上に道路を敷いたのがいけなかったのだ。ドンゴは黒い牡牛一頭を要求しているという。工事現場の人々はまだ怖がっていたが、牡牛の群れから黒い一頭を選び出し連れてきて、これを生贄に捧げた（そして命を奪った砲弾たる「雷鳴石」、ドンゴの磨製石斧が埋められる場所に血を流す）。こうしてすべてが秩序を取り戻し、われわれはまたトラックに乗って引き返した……。精霊たちの魔術的世界へとわたしを引きずり込んだこの恐ろしくも壮麗な儀式は以上のようなものだった。狼狽しながらも、わたしは答えのない問いを反芻していた。どうやってこの儀式を調査したらよいのか、どのようにこの儀式を記述したらよいのか。皺だらけの老婆から激烈な神への不気味な変容がどのようにして生じるのかを理解するには、この儀式を映画に撮ってみる手があるかもしれない。

それから数日後、暴風雨のおり一人の漁師がガムカレの川で溺れたのか、雷に打たれたかして死んだとダムレが教えてくれた。カリアは新たな儀礼への参列をわれわれに許してくれた。今度はローライ社のカメラを携え、ダムレには鉛筆とメモ帳を持たせることにした。わたしは前のものと似た儀礼の写真を撮影し、ダムレは踊り手、演奏者、ソルコ人司祭の名を書き留めた。われわれはニアメの病院にあるX線写真現像所で写真を現像し、ダムレが書いたメモをもとにわたしにとって最初の民族誌報告書となる文書を作成し、それらすべてを（非占領地域にあったプリバ出版を介して）『アフリカ学会』誌と人類博物館に送った。そのひと月後、わたしはマルセル・グリオールから励ましの言葉を受け取り（彼は報告書の写しをダカールに拠点をおく「フランス黒人アフリカ研究所」の所長テオドール・モノに送るよう指示していた）、ジェルメーヌ・ディテルランからは、わたしの調査を受けて質問リストの一覧が送られてきた。なかに次のような項目があった。「溺死だとしたら、鼻孔と臍が切られていたのでしょうか……」。もちろんそうだ。

われわれは驚くべきパワーをもつ老婆、ガウェの「レディ」の地位にあるカリアに会いに行き、会えたのを幸運に、この質問をしてみた。ところがカリアは怒り狂って、こう切り込んできたのだ。「あんたもダムレも嘘つきだね。わかっているなら、無駄な質問でわたしを邪魔しないでほしい……」。

これに対して、こちらは笑って応じるだけだった。この野蛮なる儀礼の背後に、この驚くべき語りの背後に、比較検討の対象となりうる知の姿が潜んでいるのを見てとったからだ。というのも、切られた鼻孔と臍への信仰は、そこから二〇〇〇キロ以上離れたモプチ地域のボゾ人にも同じく認められるのである。

これがまさにわたしにとって民族誌に通じる「最初の一歩」だった。

## 一九四三—一九四五年、大戦の第二ラウンド　ダカール、ライン川、ベルリン、パリ

数週間後、こうした最初の段階の調査はすべて中止のやむなきを見た。新たな上司（ド・ゴール派のチャドとは縁を切り、ヴィシー政権寄りのニジェールと手を結ぶ必要に迫られていた）は、技師でありながら民族誌にのめり込むなど逸脱が目に余るとして、またとりわけド・ゴール派の危険人物だとしてわたしを告発し、その結果ダカールの行政総督に身分が預けられることになったのである。カリア、ニジェール川、未完了の調査から離れるのは何とも寂しいことだった。ダムレ・ジカは即座に公共事業の職を辞め、わたしの友人である医師フランシス・ボレイの後押しを受けて看護学校に入学した。いざ出発という際には気分は落ち着いていた。連合軍が北アフリカに上陸し、しかもダカールはその支持に回っている……。これで一息つける。

こうして奇妙な一時期が始まる。ヨフの新空港建設の工事現場の監督を部分的に任された（テオドール・モノ

のおかげで）のに相前後して、一九四三年二月には一兵卒として動員されることになった。つまりわたしの生活は一方では軍隊、ダカールの工兵舎（セルパン島に向き合い、マドレーヌ湾を上から見下ろしていた）の生活、もう一方では「フランス黒人アフリカ研究所」でテオドール・モノから学術的調査の手ほどきを受ける生活というぐあいに二分割されていたわけだ。朝は工兵に機雷や罠の安全化、あるいは下船の方法を指導し、夕方は研究所図書館の机に向かって、前に自分が書いたメモを読み直すのだが、テオドールは必読文献としてアラビア語の歴史書『タリク』、アラブの地理学者の書、モーリス・ドラフォス、ルイ・デプラーニュ、ハインリヒ・バルトなどの本を指定していた。

「予備兵」だったわたしは余計な問いに悩むこともなかった。フランスの占領を終わらせなければならない、難業であることは二年前にわかっていたが、できる限り周到な準備をもって自分たちで事にあたるほかなかった。しかし「実戦」下の状況にあって工兵を指揮してセネガル川河口サン・ルイでの船橋建設にあたっていたときに想像しえなかったのは、その一年後には、ストラスブール北部で師団用の橋をライン川に架ける建設作業に加わり、その橋を通ってフランス第一機甲師団が国境を越えてドナウ川へと向かう展開になるということだった……。チロル地方を目前にして進撃は止まり、一九四五年六月八日、その地でロンメル元帥の元捕虜にしてヒットラー崇拝へと転じたシーク教徒SS師団との最後の交戦がなされた。

戦争の第二ラウンドはわれわれの勝利だった……。ベルリンでは、もう少しのところで最初の映画（『時の色——ベルリン、一九四五年夏』）を撮り損なったが、ひと夏をそこで過ごして一九四五年一〇月にパリに舞い戻った。戦後のパリは不安定で罪人の顔をしていた。このときのパリの姿を描くにあたって、ポール・エリュアールによる以下の詩にまさるものは思いつかない。

できればわかってほしい／わたしにとっての自責の念／それは舗道にいる不幸な女だった／物わかりのよい

犠牲者／服は引き裂かれ／迷子の目をして／威信を失い、醜い姿に変わり果て／愛されるために死んだ／その死者たちに似た女／娘は花束を送られ／闇の黒き唾を／身に浴びせられ／娘の艶やかさは／メーデーの日の明け方のよう

わたしはジャン・ソヴィとピエール・ポンティの旧友二人に再会し、仕事探しに専念した。われわれの「先輩」にあたる一人、大企業の社長をしている男に会ったが、訊ねられたのはただ次のようなことだけだった。

「この四年間あなたは何をしていたのですか」

「戦争です」

「じつに無駄な時間だったね」

わたしは席をけって立ち上がり、無言のままその場を後にした。

ありえないほど天気のいい秋の日の午後だった。仲間と一緒に、もうフランスとは縁を切ろうと心に決めた。アフリカ戦線の部隊の「アラブ野郎とニグロ」と一緒にわれわれはつけを払わされたのである。絶対に「やりたいことだけ」をするのだ。こう誓って、いまにいたるまでそれを守り続けている。

わたしたちはソルボンヌで哲学と文学とを勉強することに決め、兵士だけのために特別に設けられた新たな試験枠の恩恵を受け、春には単位をかき集めて文学士となった。

次にアフリカへと舞い戻って、水源から河口までニジェール川を下る計画を立てた。

わたしたちはマルセル・グリオールの後を追って民族誌の仕事をすることに決めた。

映画制作もやってみたかった。

そして、この計画を現実にやりおおせたのだ。

その九年後、この危なっかしい計画の直線上に、映画『狂った主人たち』を撮ったのだ。

## 『狂った主人たち』、あるいはスキャンダルの種を蒔く者への称賛

一本の映画をつくる、それは一冊の本を書くのに似ている。本はひとりで読むものだが、映画の観客の場合は、映画館という魅惑の神殿でほかの人々と一緒に見るのである。

事件が起きたのは、一九五五年五月、人類博物館の映写ホール（「自由のスクリーン」のある部屋）、第二回民族誌映画週間の際である。映画はコダクロームの一六ミリフィルムで撮影され、コダックの現像所での現像が終わったばかり、音声はなし、これに即興でナレーションを入れながら上映した。わたしは映写室にいたのだが、窓穴からはホールに巻き起こる不満と抗議の嵐が聞こえてきた。

映写室から下に降りると囂々たる非難を浴びせかけられた。指導教授マルセル・グリオールは怒りで顔を真っ赤にし、「いますぐこのフィルムを破棄しなさい……」とわたしに迫り、また最初のアフリカ人映画作家になり、当時国立映画学校の学生にして『プレザンス・アフリケーヌ』誌の映画批評を担当していたポーラン・ヴィエラも怒り狂って「ジャン、今回に限ってはグリオール先生と同意見だ。この映画は破廉恥だから、破棄しなくちゃならない……」と言うのだった。民族誌家でシネアストのリュック・ド・ウーシュ（のちのブリュッセル自由大学教授）だけは、好意的な反応を示してくれた。「ジャン！　あの人たちの言うことは聞かなくていい、一〇年後には、この映画は古典となっているよ……」。シャルル・ピドー医師は、ミシェル・レリスの後ろ盾を得て、サンタンヌ病院の精神医療科での上映を企画してくれた。

精神科医のお墨付きを得たおかげで、この映画は破棄の運命を免れたといえるかもしれない。

この映画は人類博物館を巻き込む激しい論争を引き起こすまでにはならなかったが、古くからなされている議

論を復活させるきっかけとなった。つまり、精神分析医になるために必要な七年間の訓練を経た医師に、アフリカの伝統的医療の実践者ともいえる信者との共通点が果たしてあるのかどうかという議論である。その後、医師の一人から、毎週土曜朝に、当時流行していた集団心理劇(サイコドラマ)の実験をやるから来ないかと誘われた。ミシェル・レリスと一緒に一度だけこの奇妙な催しの現場を覗いていみたが、そこでは幼年期障害のとんでもない芝居が即興的におこなわれていた。われわれは木や少女の役を演じるよう求められ、二度とその場を訪れる気にはならなかった。

わたしにとっての本当の問題はこの映画の完成(当初は音声なしのプリントが一本あるだけ、コダクロームのフィルムは傷むはずはないと信じ切っていたので、反転現像用のオリジナル・フィルムをそのまま人類博物館で上映しても大丈夫だと思っていた)、つまり音声を入れ直して上映することだった。

一九四八年にアンリ・ラングロワが企画したビアリッツの〈呪われた映画祭〉では、ジャン・コクトーやもっと若い世代の当時の熱狂的シネフィルに出会えたが、わたしの初期の映画の一本『憑依舞踏へのイニシエーション』に(語のディオニソス的な意味において)惹かれたプロデューサーのピエール・ブロンベルジェもそのなかにいた(この映画祭ではカール・ドライヤーによる『喪服の似合うエレクトラ』と一緒に賞をもらった)。

一九五四年、ゴールドコーストから戻ってきたわたしに、ブロンベルジェは(マッカーシズムを逃れてきたばかりの)ジュール・ダッサンとの「ピクニック」の合間、新作を試しに見ようじゃないかと言った。そこで四時間にわたり、『ジャガー』『マミー・ウォーター』『狂った主人たち』を映写した。ピエール・ブロンベルジェはダッサンからアドバイスを引き出そうと巧みに誘いかけたところ、次のような評価が返ってきた。「『マミー・ウォーター』はバジル・ライトの『セイロンの歌』をお手本にしたありきたりのドキュメンタリー映画。『ジャガー』は抜群に面白いが、言葉のやりとりがなくては話にならない、その部分を後追いで録音するにはどうすればよいのか、一〇年はまたなければ。いまは「前衛的」すぎる。『狂った主人たち』は、ジャン本人のナレーションのおかげで素晴らしいものとなっているが、上映は難しいだろう。もし君が腕利きの女性フィルム編集者を見つけることができれば、道はひらけるだろうが……」。

この発言を受けてピエール・ブロンベルジェは一六ミリフィルムを三五ミリに引き伸ばし、ジャック・タチの『ぼくの伯父さんの休暇』のフィルム編集を終えたばかりのシュザンヌ・バロンとの共同作業の道筋をつけてくれたのである……（すでに彼女と義理の姉妹ルネ・リシュティグと共同で、わたしの初期の映画をまとめた一本にあたる三五ミリフィルムの編集をしたことがあった。『水の息子』というタイトルのこの映画は、当時、イギリスのデンハーン現像所に持ち込んでジェヴァカラー三五に引き伸ばすことになったのだが、そのネガはいまもなお現像所に残されたままで、音声は加えられていない状態にある……）。

ピエール・ブロンベルジェは、こうしてコダクローム一六ミリのオリジナル（まさにこれを人類博物館で、そしてサンタンヌ病院でわたしは上映した）を、イーストマン・カラー・ネガ三五ミリへと引き伸ばしたのである。同様に、彼は音声の方も三五ミリ磁気テープにダビングした。

二トラック録音に対応するモリトーン編集台を備えた手狭な編集室がわたしとシュザンヌ・バロンの拠点になった。わたしにとっては「本物の映画」固有の技術を発見する機会だったし、シュザンヌにとっては、ナンバリングも、カチンコも、シンクロ作業もない新種の映画を発見する機会だった。発見のなかで編集作業用のみごとな三五ミリのフィルム・プリントが出来上がったが、質の高さを得るには、われわれ双方にそれなりの技術の卓越が求められた。儀礼の撮影は一日で終わり、ダムレ・ジカによる音声録音の方は進行に即して順序通りになされ、あいだに欠けている部分はなかった（三〇分ごとにリールを交換した際に生じた中断は除く）。素材としては、一時間強の長さをもつ映像と、三、四時間に及ぶ音声録音が存在していた。最終的にたどりついた解決策はじつにシンプルなものだ。つまり、撮影ショットは、カメラモーターの音（ミシンに似た特徴的な音）がはっきり聞こえるので、音声フィルムとの対応関係が容易にわかる。撮影ショットは二五秒以上の長さになることはない（べル＆ハウエル社製カメラの連続動作の性能との関係）。音声フィルムをマークして、直前もしくは直後の録音を聞き比べて、映像にもっとも合う音声を探し出す。当然ながら、それは本当の意味での同期とはいえないが、本物の映像と本物の音響から成り立っていることに変わりはない。念のために、始まりと終わりの部分に適当な余裕を設け、切り替わる部分にナンバーを入れた。ショットが変わる継ぎ目のところで音響トラックを入れ替え、次のショットへと移る。こんなふうにして、撮影順序とは違った不連続の「継ぎ合わせ」が出来上がったが、映像の面では、前のショットと次に来るショットの映像の違いがはっきりしている。こうして出来上がったものはそれだけでも十分驚くに値したが、シュザンヌはこの最終段階までは音声ぬきの映像しか見ていなかったので、結果にひどく驚いたようだった。

一週間かけて出来上がったのはぎこちない怪物的存在であり、縫い合わせがうまく行っているとはいえないパッチワーク的なものだったが、それでもちゃんとした流れになっていた。シュザンヌがハウカの奇妙な世界を発見したのに対して、わたしの方は映画編集というなんとも不可思議で奥の深い世界を発見したのである。

そしてシュザンヌは、ピントの合っていない部分やつまらない部分を取り除き、大まかな見当をつけながら作業を続け、その他の部分を、連続性をもった最初のかたちへとしあげた。

すぐさま音声に関する問題が生じた。不気味な動きをする人たちは何を語り、この儀礼は何を意味しているのか。アクラにいたとき、ダムレ・ジカと一緒に録音テープを確認するなかで、すでに考えていたのは、この問題だった。言葉のやりとりがソンガイ・ザルマ語やハウサ語でなされていたとしても翻訳ができないわけではなかった。けれども、ハウカの儀礼言語は理解を超えるものだったのだ……。塩の取引がなされる市場で、何日も「物静かな男」ムカイラと一緒に作業にあたった。何度も録音テープを聞き直しながら翻訳にとりかかった。前に博士論文作成のときにやったように、まずは音声表記に書き改めてみることにして、最初は逐語訳を試みた。ムカイラはこうした奇妙なやり方、「白人の独特の作法」を寛大に受け入れ、ダムレとわたしが録音された言葉

（わたしはその「用語辞典」の執筆さえ試みていた）を聞き、逐一リピートしたときには笑いを抑えきれずにいた。こうした不毛な試みを数時間続けたあとで、ムカイラは、録音された言葉のやりとりすべてを「翻訳する」のではなく「解釈」すること、一語一語ではなくフレーズ単位で考えればよいのではないかと提案してきた。この言語は「人工言語」であるとわたしはノートに記したが、あとになってわかったのは、これは「グロッソラリア」の一種であり、実際に翻訳は不可能で「ペンテコステ派」の儀礼で非常に幅広く用いられている言語であり、解釈が必要となるものだということだった。つまり、ハウカは聖霊の言語を話していたわけだ……。

ムカイラによるこの言語の解釈をわれわれは録音した。テープレコーダーは一台しかなかったので、フレーズごとにリールを取り替え、ムカイラの声を録音し、オリジナルの収録音に立ち戻る。新しく録音したザルマ語の部分はダムレ・ジカの協力を得て翻訳し、書かれたテクストを作った。シークエンスごとに、儀礼の当事者と彼らのハウカの身元に関するムカイラの説明を入れた。こうして得られたのが「後追い（アポステリオリ）の撮影台本」であり、順序がきちんと整っていたので、編集作業の導きの糸になった。もうひとつは、当事者らの実際の名前と彼らのハウカとしての名前が記されたカードだった。「機関車運転手ゲルバ」はあとで「ゲルバ機関車」という簡略化された呼び名になったもので、ほかには「アダマル将軍一兵卒」という傑作があった（「馬」の名前、「それに取り憑く」精霊の名前、「普段の生活における」職業名を重ねた言い方になっている）。

編集過程で拾い上げられた言葉や表現には植民地行政にかかわる仏英語に由来するものがあった。例えば「円卓会議（round table conference）」「電信（télégramme-lettre）」「遠方の海（sea far away）」（これはＣＦＡＯ、つまり「フランス領西アフリカ会社」の言い換えである）、さらにはピジン英語やブロークン・フレンチによる罵りの表現も紛れ込んでいた。

そんな雰囲気のなか、聖霊の後ろ盾のもとに、そしてまた「機関車に関する講演」なる合い言葉に支えられ、騒擾的雰囲気のなかで映画編集が終わった。当然ながら、ときには音声が欠けている部分があり、マルゼルブ大通りに面した窓を開けて「街頭の雰囲気」を取り入れる録音をしたり、「自然のなかにいる雰囲気」を求めてサン・クルーの森に出かけて録音したりした。

こうして、作業はナレーションの重要な局面にさしかかった。ここでも役立ったのが、ムカイラの「グロッソラリア的」解釈、つまり完全に頭のなかに入っていた例の「後追いの撮影台本」だった。ナレーションの録音は、人類博物館の映写室で、映像に合わせて一気にやることに決めた。編集作業用の三五ミリフィルムを何巻も続けて上映しながらの作業となった。音響技師アンドレ・コタンは、何とか一時間の連続録音ができるように工夫してくれた……わたしは原稿を手にしていたが、最後の最後に、立ったまま話したほうがよいというコタンの判断にしたがうことになった。照明をすべて消したので、かなりリスクがあった。コタンはヘッドフォンで確かめながら音量調整にあたり、わたしの方もマイクとの距離が変わらないように気を遣った。使用したマイクはメロディウム社のリボンマイクだったが、コタンは斜め向きにつけるマイクの位置を驚くほどの精度をもって調節してくれた。

映像を見ながら話すというやり方だった。イヴ＝ル・ガルと一緒にヴュー・コロンビエ劇場でやった残酷演劇の体験が甦るような奇妙な印象があった。芝居の稽古を重ねたあげくに自分が誰なのかわからなくなってしまい、いわば別の人格が自分に乗り移って、機関車の講演者になりきっている感じがした。あの残酷な大スクリーン、数ヶ月前、何人もの先生や（リュックは別として）友人からの非難をこうむった時の同じスクリーンに映し出される映画を見ながら、奇妙な声で自分が語るのを同時に耳にしたときに（それは一九三七年にシャンゼリゼ劇場でエリュアールやジャン＝ルイ・バローがシュルレアリストたちの詩を読んだときのくぐもった声だ）あの奇妙な二重人格化が生じているのに気がついたのである。編集用プリントのつなぎ目でフィルムが切れてしまうのではないかという不安を抱きながら、あたかも内容を諳んじている話を自分に向かって語り聞かせるかのようだった。途中でやめてしまうと、もう二度とできないかもしれない、そんな雰囲気だった……これが、ジガ・ヴェルトフに着想をえて、のちにわたしが「シネ・トランス」と呼ぶことになる最初の体験だったのだ……とはいっても、何一つ無駄になることはなかった。ナレーションの最後の部分がうまくゆかないのではないかという大きな不安があった（あらかじめ録音しておいて、フィルム編集と同じく、最後の映像から逆に決めていった方がよかったのではないか……）。ぎこちない話し方になったかもしれないが、ひとまず最後までやり通した。音響技師アンドレ・コタンはただひとこと「よかったと思う」と言った。最初のテイクでうまくやり遂げたのだ。[▽2]

ゴールドコーストへと出発する前にアヨルで撮影したハンピと呼ばれる儀礼用の壺を写したコダクローム・スライドを「クレジット背景」に使ったが、このクレジットでは、映画撮影の経緯を示すのに「撮影にあたって、いかなる場面も祭司から撮影が禁止されたり隠されたりすることはなかったが、それはムカイラとムンチェバが自分たちの技能を誇りに思っていたからである」という言葉を入れた……。映画は完成し、別の冒険が始まった。

この映画はヴェネチア映画祭でドキュメンタリー映画賞を受賞したが、同時にスキャンダルを巻き起こした。ロンドンでさらに大きなスキャンダルが起きたのは、アクラのハウカたちに見せるために映画上映ができるように検閲済印証を得ようとしたときのことだ。事の起こりは、映画『大河での闘い』（アクラの「旧ポロ競技場」でのブリティッシュ・カウンシル主催の野外上映）のハウカの儀礼のシーンを見たハウカのグループが、毎年おこなわれる大がかりな儀礼の撮影をわたしに依頼してきたことに関係していた。わたしはムカイラと一緒に、どこでも映画上映ができるようにするため、レヴェンティス社を訪れて一六ミリの上映機材と発電機を物色したりした。ハウカイゼ（ハウカに憑依された者たち）は、自分たちの儀式でこの映画を恒例の儀礼に使うための予算申請の準備もしていたのだが……。実現はかなわなかった。すでに犬の供犠を不快に思っていたイギリスの検閲にとってみれば、「中尉」が総督の彫像の頭で卵を割るなんてもってのほか、総督は英国女王の代理なのだから、「英国女王の頭で卵を割るシーンを見せるのと同じで、不謹慎きわまりない」というわけだ……。

だが、これはかなり好都合でもあった。というのも（後で知ったことだが）「精霊の馬たち」に「憑依状態」にある自分たちの姿を見せるのはかなり危険なことだったからである。実際にこれをやれば、発作は極度に激しいものになってしまう。そんなふうに惑わされた「精霊」は、不器用にでも、すぐに「馬」に取り憑いて、償いにあたる供犠をやらないとその怒りは鎮まらないのである……。

パリの映画館でもスキャンダルだった。ピエール・ブロンベルジェは、映画館ラ・パゴドでベルイマン監督の映画『道化師の夜』が彼の初のパリでの封切り作品として上映されるのに合わせ、併映作品としてこの映画を上映プログラムに入れてくれた。国立映画学校の若きセネガル人学生ブレーズ・サンゴール（歴史学の修士課程がまもなく終わる頃だった）が、死の数ヶ月前に、彼が受けた屈辱をわたしに話してくれた。「ラ・パゴドを出たとき、白人の観客全員がただひとりの黒人の観客だったわたしをじろじろ見るのです。彼らが何を考えていたかは見当がつきましたよ。ほらあそこにも犬を食べかねない人間がいる、とね……」。昔から彼とつきあってきた批評家ポーラン・ヴィエラはあとになって最初の反応を見直している。「もしあなたが撮ったものが全部真実であり、何一つ演出は加えられていないと証明できるとして、なおも付け加えるべきことが一つある。それはシュザンヌ・バロンの仕事ぶりを称えることです。これはじつに素晴らしい映画です……けれども、上映にあたっては慎重を期すべきです……」。

ヌーヴェル・ヴァーグの若き旗手クロード・シャブロルの反応も似たようなものだ。彼はピエール・ブロンベルジェに電話し、「ピエール、ジャン・ルーシュの連絡先を教えてくれないか、どうやって彼が連中にあんな演技をさせることができたか知りたいから……」このように、現実はフィクションを超えてしまうのだ。

アンリ・ラングロワはアンティーブ映画祭で、すでにわたしの初期のフィルムをジャック＝イヴ・クストーの映画と抱き合わせて上映していたが、その後は『狂った主人たち』は「お気に入り」の一本だとして、初期の国際フィルム・アーカイヴ連盟の会議にあわせて、アムステルダムやドゥブロヴニクでの上映を企画してそこに連れていってくれた。したがって、ハウカの面々は、わたしがシネマテーク・フランセーズの秘密の大家族の懐奥深く入り込む際に紹介者の役割を果たしてくれたことになる。

わたしはタイトルに二重の意味があること、すなわち「みずからの狂気を司る者たち、けれど彼らの主人もまた狂っている」という意味があることをメリー・メールソンに説明し、その彼女はルイス・ブニュエルだけのために上映の機会を設けてくれたが、映画を見たブニュエルはかなり驚いた様子で黙ったままだった（おそらく彼はこの映画に『アンダルシアの犬』への意地悪な当てつけを見て取ったのだろう）。

一方ジャン・ジュネは、残酷演劇の舞台への突然の回帰を思わせる『黒んぼたち』においては、かなり露骨なまでにわたしの映画から着想を得ていたし、ピーター・ブルックは『マラー／サド』の出演メンバーの演技指導のためにこの映画を大いに利用した。同じく彼は、それ以後も「憂鬱質の黒き日差し」のもとに「野生のグロッソラリア」を「コメディア・デラルテ」と対峙させるため、さまざまな国籍の人々から構成される劇団を引き連れて、ニジェールとナイジェリアへの研修旅行を実現している。こうした経験を経てブルックは、「狂気の番人―主」であるジャン＝クロード・カリエールと謀って、ヴィルヌーヴ＝レ＝ザヴィニョンの石切場を舞台として、ドゥタ・セックやフィフィ・タンジール・ニャンなど、『マハーバーラタ』の魅惑的なインドの夜のみごとな演技者たちを率いるまでになったのだ……。

以上述べてきたように、この呪われた映画が、「重要なのは映画を撮ることではなく、別の映画が生まれるきっかけとなる映画を撮ることだ」というジガ・ヴェルトフの要請に応じるものだったとしても、今日の事情はどうだろうか。わたしがこの映画を見直すたびに、アンドレ・バザンが語ったのと同じ驚き、同じ不安を感じる。アンドレ・バザンは一九五七年一〇月二四日付の『フランス・オプセルヴァトゥール』誌に掲載されたみごとな批評文のなかでその驚きと不安をただひとり語っている。その一節を引用することにしよう（これを際立たせるために）。

さらに言うと、『狂った主人たち』がそれ自体で、まれに見る特質をもったドキュメンタリー映画となっているのではないかと思われる理由が並外れた巧みさとリアリズムをもって撮影がなされている点にあるとしても、この映画の例外的様相は、奇妙ではあるが伝統的といえる現象に、赤裸々なまでに斬新な意味をもたらし、単なる民族誌的な次元から歴史的で政治社会的な次元へと問題の重心を移動させるのである。ここにあらわれる「狂った主人」たち、彼らはむしろ、いやより正確には、それでいて同時に「分別のある奴隷」なのであり、つまり、主人の全能を称えるほどに奴隷としての役目を全うしているのではないか。彼らにあっては、植民地主義者の神話は想像を超えた地点で実現するのであり、同時に、弁証法的に崩壊する。なぜなら、結局のところ、太古の昔から受け継いできた先祖伝来の神々を、西洋文明から移譲された象徴とごく自然に置き換えてしまう以上の大きな勝利、壮麗なフィナーレがありうるだろうか。▽3

アンドレ・バザンはこの一年後の一九五八年に死去し、この先駆的批評がいかに的を射ていたのかをみずから認知することはなかった。というのも、この残酷映画に関するエッセーに「政治的なものの遊戯、聖なる遊戯」というタイトルを付けようと思ったのも、バザンの存在が念頭にあったのだ。ただし最後の語を入れ替えて「聖なる遊戯、政治的なものの遊戯」とする必要があることにも気づいた。というのも、儀礼が政治へと移行する思いがけない過程で「他者」がわれわれの文化そのもののなかに入り込み、われわれの文化を問い直す衝撃はますます大きなものとなっているのである。アンドレ・バザンはすでにこう言っている。「クリス・マルケルとアラン・レネはいかにして黒人彫刻が死ぬのかを明らかにしようとした……。ジャン・ルーシュはそこに論理的かつ実証的な補足を加え、いかにして神々が生まれるかを明らかにしようとする。なぜなら、ひとつの文明の死以上に酷い何かがあるとすれば、それはわれわれの文明の死が、死に際の錯乱状態においてわれわれ自身の死を浮き上がらせる点にある。そう、われわれは神々に似た存在となったが、どのような神だというのか」。

われわれは黒人兵士をインドシナ戦争やアルジェリア戦争に送り込み、自分たちの身代わりとして死なせて平気でいた人間だ。植民地諸国の独立前に現れた最後のハウカは「マルセイユ将軍」だったが、それは、フレジュス（そこでは、最後の植民地戦争の犠牲者に捧げられた記念碑の落成式が執りおこなわれたばかりだった）の兵営から送り出され、白人の政府のために戦って死ぬ運命にある者たちにとって、派遣のための上陸地がマルセイユだったからだ。それでも、出征前には、致命傷を免れるために、ハウカたち、あの「主人＝神々」に祈りを捧げ、「機関銃の弾を水に変える」魔術的力が授かるように願ったわけではあるが……。

ラッシュ・プリントを用いた人類博物館での最初の無声上映の直後、マルセル・グリオールとポーラン・ヴィエラが、それ以後の上映を禁じ、気味の悪い代物だとして、破棄を求めたとき、おそらく彼らの認識はそれなりに正しかった。でも、そのときすでに手遅れだったのだ。なぜなら、アクラの「狂った主人」たちは、あらゆる権力のイメージを、あらゆる政治的なもののイメージをことごとく火に投じることで、儀式のたびに白人権力と黒人権力のイメージを乗っ取ってしまっていたからである。「人間精神が炎のごとく燃えあがる」（アンドレ・バザン）シーンで、彼らはすでに誰にも消せない大火の火を放ってしまっていた。

植民地戦争を生きのびた者たちは戻ってきたが、自分たちのハウカを忘れることはなかった。映画作家となったウマル・ガンダにせよ、また、歴史家ジョゼフ・キ＝ジェルボが予見したように「大佐たちのアフリカ」という凄惨なファルスをハウカのように大声をあげて上演したクーデターの立役者の不幸なケースにせよ、いずれもハウカを忘れてはいない。なぜなら、どのクーデターにあっても、政権を奪取するのはまさに「狂った主人」だからである……。

アフリカに限った話なのだろうか？　いや、世界中どこでも同じなのだ。

▽1　『梟の精巣』の最初のシーンはサン＝ジェルヴェ教会〔ソワソン〕の周囲で撮影が始まったが、なかなか完成しない。『北駅』の撮影中に、これと同じように、子供時代に父と一緒に散歩した跡をもう一度辿り直してみたが、そのとき彼がラ・ファイエット橋の下を走る鉄道線路を指し示して「死へ向かう道」だと言ったことを思いだした。

▽2　十数年前にミュンヘンで開催された〈白人世界への黒人のまなざし〉展の図録（*Colon. Das schwarze Bildnis vom weissen Mann*, ed. Jens Jahn, Rogner & Bernhard, Munich, 1983）には、本来の編集にもとづく「言語」のナレーションのテクストが掲載されている。

▽3　このテクストは以下の出版物に再録されている。André Bazin, *Le Cinéma français de la Libération à la Nouvelle Vague (1945–1958)*, éd. Jean Narboni, Cahiers du cinéma/Editions de l'Etoile, 1983, pp. 184–187.

［付記］本稿は以下の全訳である。Jean Rouch, « L'Autre et le sacré : jeu sacré, jeu politique », in *L'Autre et le sacré : Surréalisme, cinéma, ethnologie*, textes recueillis par C. W. Thomson, L'Harmattan, 1995.

13

# カメラと人間

La Caméra et les hommes

谷 昌親［訳］

一九四八年に、第一回の民族誌映画会議を人類博物館で開催した際、アンドレ・ルロワ＝グーランは、民族誌映画は現実に存在するのだろうかと自問した。彼に出せたのは、「われわれが企画するのだから存在しないはずはない」[1]という回答だけだった。

一九六二年に、リュック・ド・ウーシュはいみじくも次のように書いている。

> 「社会学映画」という概念を振り回し、世界の膨大な数の映画制作のなかでそれだけを切り離して考えるというのは、アカデミズムにこだわった、現実離れした試みではないだろうか。社会学という概念そのものが曖昧で、国により、また、その地域の科学的な伝統により、さまざまに異なっている。その概念が、ソビエトや、アメリカ、西欧諸国で、まったく同じ種類の研究に当てはまるわけではないのだ。他方、映画を作り出す芸術家というのは、並々ならぬ貪欲さで、思想や、倫理的価値や、美的探求などを糧にしているものなのだが、そうしたいろいろなものが詰め込まれた混合物を任意の範疇に分けるということは、目録を作成せずにはいられないという、どうしようもない現代の悪癖ではないだろうか。[2]

一九七四年の時点で、こうした二つの見解が特別な意味をもってくるのだが、それは、一つには、民族誌学者たちが（さらに、最近では社会学者たちもが）自分の学問を恥じており、いま一つには、映画作家たちが創造に関する責任を放棄するという事態に直面しているからである。これまで民族誌学に対してこれほどまで疑義が唱えられたことはないし、作家の映画なるものがこれほどまで疑問視されたこともかつてなかった……。それでも毎年、民族誌映画は質量ともに上昇曲線を描いている。

ここで論争を続けるつもりはなく、ただ、次のような逆説が存在することを確認しておきたいのだ。つまり、外側からにせよ内側からにせよ（俳優や観客、あるいは監督と研究者によって）攻撃されればされるほど、こうした映画は発展し、あたかも、今日のあらゆる大胆な試みが安全な軌道に入ってしまいがちなのに、そのまったき周縁性のおかげで、そうした安全な軌道に収まらずにすむ道が示されているかのように、むしろ輪郭をはっきりとさせてきているのだ。

たとえば、一九六九年に、モントリオール（アフリカ学会）、あるいはアルジェ（汎アフリカ・フェスティヴァル）において、民族誌学者たちが「黒人文化のセールスマン」、そして社会学者たちが「労働者階級の間接的な搾取者」と（非常に巧妙な手口によってではあるが）見なされてからも、大学で人類学や社会学を新たに専攻する学生はいままでになく増えてきている。

たとえば、人類学を専攻する若手の映画作家たちが、儀式や伝統的生活についての映画は時代遅れであると宣言したものの、その後も、古風な社会形態を題材とした映画がこれほど数多く撮られたことはなく、社会発展を題材とした映画がこれほどわずかだったこともない。

たとえば、映画製作の協同組合が設立されてから、映画の分野でも、人間科学の分野でも、作家の映画がこれほど多く撮られたことはない（そしてこれと並行して、そうした協同組合に参加している作家たちがこれほど退廃したことはない）。

要するに、民族誌映画が攻撃されているのは、健全な状態にある証にほかならず、人間たちがいる場所にカメラを置くことが認められるようになってきているということを示しているのだ。

# 人間についての映画の一〇〇年

## 先駆者たち

しかしながら辿るべき道のりはとりわけ険しいものであったのだが、それは、一八七二年に、エドワード・マイブリッジ[*1]が馬の駆け方についての論争がらみで、サンフランシスコで最初のクロノフォトグラフィー[*2]を実現させたときから始まっていて、クロノフォトグラフィーは、動きを分割することでまさにその再構成を可能に、つまり、映画としての撮影を可能にすることにつながるのだ。

当初から、動物つまり馬のあとは人間の番で、男性騎手や女性曲馬師が（筋肉の動きを観察できるように、裸で）登場し、つぎに歩いている男、這っている女、運動選手、はたまたマイブリッジ自身といった具合で、全員体毛を風になびかせ、三〇台の自動撮影カメラの前で動き回ったのだ。こうした人目をはばかるような映像のなかに、一〇〇年前の西海岸のアメリカ社会が透けて見えてくるのであり、それはどんな西部劇にもけっして出てこない映像で、たしかに騎馬文化の社会だが、白人優先で、腕っぷしが物を言い、荒々しいが、ふしだらさもあるので調和が取れていて、善意のウィルスを世の中にまき散らす気が満々のうえ、アメリカ流の生活様式（ウェイ・オブ・ライフ）でもあった。

一二年後の一八八八年[*3]、エチエンヌ＝ジュール・マレイ[*4]が、トマス・エジソンの発明したセルロイド・フィルムを使うことで、マイブリッジの三〇台のカメラをその動体撮影用のライフルに入れ込んだとき、そのライフルで狙われたのはまたしても人間だった。[*5]さらに一八九五年には、若き人類学者のフェリックス・ルニョー博士が[*6]、人間の行動の比較研究にクロノフォトグラフを使うことを決め（マルセル・モースがあの忘れがたい試論「身体技み方、登り方」を撮影した。法」[*7]を書く四〇年も前のことだった)、フルベ人、ウォルフ人、デュラ人やマダガスカル島民の「歩き方、しゃが

一九〇〇年に、ルニョー(それに彼の同僚であり、エジソンのフォノグラム・シリンダーを用いてはじめて録音をおこなった人類学者のL・アズレー[*8])が、人間についての視聴覚博物館の構想を最初に思いついたのである。「民族誌学博物館は、その収集物にクロノフォトグラフィーを付け加えるべきだろう。織機や旋盤や槍を並べるだけでは充分でなく、〔……〕それらがどのように使われるかをも知らねばならない。クロノフォトグラフィーを用いてはじめて、正確なかたちでそれを知ることができるようになる」。

残念なことに、そうした視聴覚資料を備えた民族誌学博物館は、七〇年後の今日も、いまだに夢のままである。リュミエールのシネマトグラフとともに実際に動く映像が出現したとたん、またしても主要な題材となったのは人間だった。「今世紀の映画のアーカイヴの出発点にあるのは、こうした初期の素朴な作品である。映画は、人間の振る舞いをありのままにとらえられる客観的な道具となるだろうか。『工場の出口』『赤ん坊の食事』『小蝦での釣り』などでとらえられたすばらしい無邪気さは、そう信じさせてくれた」[▽3]。しかし、カメラは最初から「反映を盗む者」であることを示してもいた。リュミエールの工場から出ていく労働者たちは、クランクつきの小箱にほとんど注意を払わなかったが、数日後、短い映像を見せられたとき、突然、未知の魔術的な儀式を意識し、分身との運命的な出会いに対する昔ながらの恐怖を知ったのであった。

そこで登場したのが、「この新式の顕微鏡を科学者から取り上げ、玩具に変えた奇術師たち」だった。すると観客たちは、リュミエールの撮影班たちがもたらした中国の戦争についての恐ろしい記録よりも、メリエスがトリックで再現してみせたアンティル諸島プレー山の噴火の映像のほうを好んだのである。

## 天才的な先駆者たち

一九一四年から一九一八年にかけての動乱、ありとあらゆる価値の再検討、ロシア革命やヨーロッパの知的大変革があってはじめて、カメラはまた人間を被写体にするようになった。

この時代に、二人の先駆者が映像人類学という分野を作り出したのである。一人は地理学者兼探検家であり、もう一人は未来派の詩人であったが、両者とも現実を表現することに飢えた映画作家で、後者は、知らず知らずのうちに社会学もおこなうことになっていたソ連のジガ・ヴェルトフ[*9]、前者は、やはり知らず知らずのうちに民族誌学をやっていたアメリカ人のロバート・フラハティ[*10]だった。二人は顔を合わせることが一度もなかったし、民族学者や社会学者たちとも一切交渉をもたず、民族学者や社会学者は、自分たちのかたわらにこうした疲れを知らぬ観察者たちがいることにどうやら気づかぬまま、新しい学問を創設していたのだ。しかしながら、今日われわれがやろうとしていることは、ことごとくこの二人のおかげで可能になっているのである。

ロバート・フラハティに関しては、一九二〇年に、北極地帯のエスキモーの生活を撮ったが、ある特定のエスキモー、すなわち、単なる被写体ではなく一個人を撮ろうとしたのであり、彼にとって基本的な誠実さは、自分が撮ったものをそのエスキモーに見せるということにあった。フラハティは、ハドソン湾の小屋を現像室代わりに使い、撮ったばかりの映像をスクリーンに投影して、初めての観客であるエスキモーのナヌークに見せたわけだが、このとき、たいして予算もかけられない撮影ではあったものの、三〇年ほど後に社会学者や人類学者たちが用いるようになる「パーティシパント・オブザーベーション（参加観察法）」、今日われわれがいまだにひどく無器用にしか試みることができない「フィードバック」、この両方を発明したことになるのだが、彼自身はそのことに気づかぬままだった。

もし、フラハティとナヌークが、恵みと苦しみに満ちた自然と戦う一人の男の苦難の物語を描ききることに成功したとすれば、それは彼らとともに第三者、つまり気まぐれではあるが、忠実で、確実な映像の記憶をもっており、撮影するはしからナヌークに自分自身の映像を見せてやった小さな機械、リュック・ド・ウーシュがいみじくも「参加するカメラ」と呼んだものがあったからにほかならない。

それに、おそらくは、フラハティがイグルー[*11]のなかで自分でラッシュを現像していたとき、のちに撮られるであろうドキュメンタリーの九〇パーセント以上に死刑宣告を下していたこと、そして一九二一年のこの古き巨匠を、今日でもなお新しい手本として、そのあとを継ぐ人々が出てくるまでには四〇年もかかるということに、自身では気づいていなかったのである。

同時代のジガ・ヴェルトフに関しては、革命を撮影することが大事だった。その場合、たとえ原始的なものであれ演出はもはや問題とならず、大量の現実を記録することが課題であった。そこで、詩人から闘士となった彼は、ニュース映画の映画的構造の古さに気づき、キノキ、つまり「映画眼」を創案した。

私は映画の眼であり、機械仕掛けの眼であり、機械そのものであって、機械だからこそ見られるような世界を見せる。今後、私は人間的な不動性から解放されるだろう。永遠の運動のなかにあるのだ。ものに近づき、遠ざかり、下に滑り込み、なかに入り、競走馬の鼻づらまで移動し、全速力で群衆のあいだを横切り、攻撃を仕掛ける兵士の前を行き、飛行機で飛び立ち、仰向けにひっくりかえり、倒れて立ち上がる人体の動きと同時に倒れ、また立ち上がるのだ。(『キノキ宣言』一九二三)

幻視の先駆者は、こうして、「シネマ・ヴェリテ」の時代を予言したのである。

「キノ・プラウダ」は、芸術の新しい称号、人生そのものの芸術である。「映画眼」は、撮影技法のすべて、動く映像のすべて、真実に到達させてくれる方法なら例外なくそのすべて、要するに動いている真実を残らず含むのだ。

「純粋状態におけるカメラ」は、利己主義とは無縁で、いささかも飾ることなく人びとを描き、絶えずその姿をとらえるという意思のなかにある。〔……〕真実の部分的断片を散らかったパン屑のようにスクリーン上で示すだけでは充分ではない。そうした断片が練り上げられて有機的な全体になり、それが今度はテーマ上の真実になる必要があるのだ。（『キノキ宣言』）

このような熱のこもった断言のなかに、今日の映画のすべてがあり、民族誌映画や、テレビ用のルポルタージュ映画や、その後何年も経ち、今日ではわれわれの誰もが用いている「生き生きとしたカメラ」の創造の問題が、すべて存在している。

しかしながら、世界中の映画作家のなかで、これほど不当な扱いを受けた人、天才的な研究者のなかで、これほど孤独で理解されなかった人はいない。「キノキ」の足跡、「映画を生み出す映画」を作った者たちの足跡を映画監督や理論家たちが辿りなおすようになるのは、やっと一九六〇年代になってからであった。

一九二〇年代に、フラハティとヴェルトフが、被写体となる人間にしっかり向かい合った映画作家にはつねに突きつけられる問題を解決しなければならなかった時点では、撮影技法は初歩的なものだったし、映画の制作は産業というよりも手仕事的――それどころか芸術――にはるかに近かった。ナヌークを撮影したカメラは、アイモの祖型であり、モーターはなかったが、レンズに連動した「レフレックス」ファインダーはすでに付いていた。『カメラを持った男』に見られるように、「映画眼」のカメラもまた手回しで、つねに三脚の上に載っていたし、ヴェルトフの言う「動く眼」はオープンカーに載せないと動き回ることはできなかった。フラハティは単身だった（カメラマン、監督、実験助手、編集者、映写技師を兼ねた）。ヴェルトフは自分とは別の人間にカメラマンとして入ってもらうかたちでしか仕事をせず、小人数の技術スタッフの責任者だった（奇妙に家族的なチームで、弟のミハイルがカメラ、妻が編集であった――のちにフラハティも、弟のデイヴィッドが第二カメラ、妻のフランシスが助監督という家族的なチームを形成することになる）。

これらの先駆者たちが、われわれがいまだに問うている本質的問題を発見したのは、おそらくこの単純さと素朴さ（「洗練の映画」においてさえも）のおかげである。その問題とは、フラハティがしたように現実を演出すべきか（「実生活の演出」）、あるいは、ヴェルトフがしたように気づかれないようにして現実を撮るべきか（「不意打ちで撮った生活」）ということである。

## 映画産業の衰退

しかし一九三〇年代になると、技術的進歩（「無声映画」から「トーキー」への移行）が映画芸術を産業へと変え、だれも自分のしていることについて考えてみる暇などなくなり、他者について考えなおしたりすることもまったくなくなるのだ。白人の映画はほかの人種を食い物にするようなものになっていた。異国趣味映画の時代であり、野蛮な黒人のなかの白人のヒーローであるターザンの出現もそう先のことではなかった。[*12]

当時において映画を作るというのは、一〇人程度の技術スタッフを率いるということ、数トンにものぼる撮影および録音機材を使うということ、何千万（フラン）もの予算に責任を持つことだった。そのため、人間を求めてカメラを送りだすよりは、人びとをカメラのほうに、映画の工場に来させるほうが簡単であった。かの有名なジャングルの王、ジョニー・ワイズミューラーは、[*13]一度としてハリウッドの聖なる森を離れたことはなく、代わりにアフリカの野生動物や、羽をつけたトゥビ族のほうが撮影スタジオにやってくることになるのである。

一部の民族誌学者たちが試みたように、カメラという禁断の道具を扱うためには、常軌を失う必要があった。マルセル・グリオール[*14]の『ドゴンの土地で』（一九三五）、『黒い仮面の下に』（一九三八）、のちに『無人島ポポコ』と改題されたパトリック・オレイユ[*15]の『ブーゲンビル島』（一九三四）といった初期の不器用な試みを今日眼にすると、映画を作るための機械仕掛けのなかにすばらしい資料を投入し、突飛な編集、東洋的な音楽、スポーツ関係のニュース映画風のナレーションなどがほどこされたのち、彼らが自分たちの努力の結果にどれだけ失望したかを窺い知ることができる。同時期、マーガレット・ミード[*16]とグレゴリー・ベイトソン[*17]は、「いろいろな文化における人格形成」シリーズで、一・『赤ん坊の沐浴』、二・『バリ島とニューギュアにおける少年期の対抗意識』、三・『ニューギニアの赤ん坊の人生最初の日』を作った際、そうした歪曲を回避できたのだが、それは、研究と商売を一緒くたにするのは馬鹿げていると、他国の大学に先駆けてアメリカの大学が悟り、資金援助をしてくれたおかげであった。

### 戦後の技術革新——身軽な映画

戦争で促進された新しい技術開発、すなわち一六ミリという小さなフィルムサイズの出現は、民族誌映画の復活をもたらした。戦場でアメリカ軍が使用した軽量カメラは、やたらに大きい三五ミリではなく、アマチュア映画から直接生まれてきた、精密で頑丈な道具であった。一九四〇年代後半には早くも、若い人類学者たちが、マルセル・モースの入門書（『あらゆる技法で撮影したまえ……』）に一字一句したがって、再びカメラを人間に向けたのであり、なかには三五ミリフィルムカメラによる超大作（たとえば、一九四七年という早い時期に、レコードに録音された本物の音声を赤道地方の森から持ち帰ったあの素晴らしい『ピグミーの土地で[*18]』）を夢みておこなわれる調査旅行もいまだにあったが、一六ミリカメラが重視されるようになるまでさほど時間はかからなかった。

以降、事態は急速に進展した。一九五一年、最初のバッテリー駆動式テープレコーダーが出現し、三〇キロという重さと、クランクつきのモーターはあったものの、数トンもの荷を積んだトラックに取って代わった。だが、映画産業の専門家が目もくれなかった奇抜な道具の扱いを習得した数人の人類学者を除くと、だれもその価値を認めようとはしていなかったのである。そして、民族学者の何人かが、映画監督、カメラマン、音響技師、編集者、プロデューサーになった。おもしろいことに、リュック・ド・ウーシュ、イワン・ポルニン、アンリ・ブラント、ジョン・マーシャル、そして私は、自分たちが映画産業の余白に新しい言語を発明したということがわかっていたのである。一九五五年の夏、ヴェネチア映画祭の折に、映画雑誌『ポジティフ』で、私はつぎのように民族誌映画を紹介した。

これらの映画はどのようなものか、どのような耳慣れない名前で呼べばほかの映画と区別できるだろうか。実在するのだろうか。それはいまはまだ私にはわからないが、わかっていることは、観客が、字幕なしで知らない言語を突然理解したり、異文化の儀式に参加したり、それまで見たこともないのに、完全に見覚えのある街や風景のなかを動き回ったりする瞬間がごく稀にあるということだ。〔……〕このような奇蹟は、映画によってのみ引き起こされるもので、そのメカニズムを解明してくれる特定の美学的理論もなければ、それを引き起こす特別な技法があるわけでもない。カット割りによる複雑な対位法をほどこしたり、ステレオ音響効果付きのシネラマを用いたりしても、それほどの驚異は起こらないだろう。しばしば、非常に陳腐な映画のなかに、ニュースの粗雑な寄せ集めのなかに、アマチュア映画のとりとめのなさのなかに、神秘的な接触が生じる。それは、アフリカ人の微笑のクロースアップであったり、メキシコ人がカメラに向けて示す目配せであったり、いたって日常的で、だれも撮ろうなどとは夢にも思わないようなヨーロッパ人の身振りだったりで、心を揺さぶるような現実の横顔がそうして突きつけられる。[*19]撮影も、録音も、光電管も、古典映画の昔からの習わしをかたちづくる多数の付属品や技術者たちも、もはや存在しないかのようである。しかし、昨今の映画制作者たちは、このような危険な道を行くことを好まない。巨匠と狂人と子供たちだけが禁じられたボタンを押そうとするのである。[*20]

しかし、テレビの急速な発達のせいで、われわれの取るに足らない道具がやがてプロも使えるものとしての地位を確立するようになった。われわれの要求（軽さ、頑丈さ、品質）にこたえるべく、一九六〇年ごろ、録音機やカメラの製造業者は、バッテリー駆動式テープレコーダーや、動作音が静かなポータブル同時録音付きカメラといった傑作を完成させた。これらを最初に用いたのは、アメリカではリチャード・リーコック[*21]（『プライマリー』と『インディアナポリス』）であり、フランスでは、エドガール・モランとミッシェル・ブローと私で組んだチーム（『ある夏の記録』）であった。

## 今日の民族誌映画

こうして、われわれはいまでは素晴らしい装置を使うことができるようになり、一九六〇年以来、世界中でつくられる民族誌映画は質量ともに年々増加している（一九七一年の第一回ヴェネチア・ジェンティ映画祭の選考委員会に、七〇本以上もの映画が提出された）。それでも民族誌映画が、周縁的できわめて特殊なものでありつづけているのは、いまだに固有の道を見いだしていないからで、あたかも、技術上の問題を解決したのちに、われわれは一九二〇年代のフラハティやヴェルトフのように、あらゆる文明の間の境界を開いてやるような新しい言語の規則を再び創り出す必要があるというかのようだ。

あらゆる実験や傾向の一覧をここで作成することが私の目的ではなく、最も適切と思われる試みを提示してみたいのである。

## 民族誌映画と商業映画

技術的には何の障害もないにもかかわらず、幅広く普及した民族誌映画はきわめて稀である。とはいうものの、この二、三年につくられた民族誌映画の大半は、クレジットタイトル、伴奏音楽、洗練された編集、一般大衆向けのナレーション、長さなど、一般的な配給を想定した製作形態のもとで作られるのが常となってきている。その結果、たいていの場合、科学的厳密さも、映画の芸術性も満たしていない折衷的な作品になってしまっている。

もちろん、この避けがたい罠（民族誌学者たちは、映画を本と同様に見なすが、民族学の本も普通の本となんら変わるところはないのだ）に陥らなかった傑作や独創的な作品も何本かはあるのだが。

結果的に、この種の映画の原価が眼に見えて高くなり、もともと配給がほとんどされていなかったのに、さらに厳しい状況に追い込まれているが、『世界残酷物語』[*22]のような「センセーショナルな」ドキュメンタリーにばかり映画市場が開かれている場合には、特にそうなのである。

もちろん、つねに例外はありうる。若い映画作家シーン・ハドスンが、人類学者のジェームス・ウッドバーンとの緊密な協力関係のなかで撮った『フッザ』[*23]だとか、あるいは作家性のある映画監督ロジャー・サンドール[*24]がやはり人類学者と協力してつくった『ルグリにおけるエミューの儀式』[*25]をはじめとする一連のオーストラリアものがあり、さらに、ティモシー・アッシュがナポレオン・シャニョンによるヤノマモ族の調査に完全密着した『和解の宴――フィースト』[*26]もそうだ。

この問題を解決するためには、こうした映画の配給網を調べねばならない。大学、文化会館、テレビ局が、われわれの作るドキュメンタリーを上映する際に、他の商業的な映画の基準に合わせる必要がなくなり、逆に違いを受け入れてくれるようになれば、そのときから、独自の基準をもった、新しいタイプの民族誌映画が発展していくかもしれない。

## 民族誌学者兼映画作家か、映画作家と民族誌学者のチームか

同じような理由から、つまり「使える技法はすべて使う」ために、この二、三年、民族誌学者が撮影を自分でやりたがらず、代わりに技術スタッフに助けを求めるようになっている（実際には、むしろテレビの制作プロダクション会社から派遣された技術スタッフが民族誌学者に助けを求めている）。

個人的には、制作チームを使うことに——やむをえない場合でないかぎり——私は強く反対する。理由はいくつかある。録音技師は、録音対象者の言語を完璧に理解しなければならないから、被写体となる民族に彼が属していること、また、仕事の細かい点まで訓練を受けていることが不可欠である。そのうえ、（同時録音による）ダイレクト・シネマに使われている現在の技法では、監督がカメラマンになるしかない。そして、私が考えるに、民族誌学者だけが、いつ、どこで、いかに撮影したらよいかを、つまり映画の作り方を心得ている。さらに、おそらくこれが決定的な論拠となるが、民族誌学者は少しでもカメラを回す前に現地で長い期間を過ごすはずなのだ。その期間中に、考えを練ったり、いろいろなことを習ったり、互いのことを知ったりするのだが、それはきわめて長期にわたることもある（ロバート・フラハティは、わずかでもフィルムを使うまでに、サモア諸島で一年間を過ごした）が、技術スタッフを編成した場合、スケジュールと給与の面からそのような長期間にわたる準備は成立しがたいのである。

ネツィリク・エスキモーを撮ったアーセン・バシリック[*27]の映画、あるいは、ニューギニアのバルヤ族を撮ったイアン・ダンロップ[*28]の最近のシリーズは、非常に成功を収めはしたが、二度と繰り返してはならない撮影の例であって、人類学者の手ほどきがあっても困難の多い地帯にレベルの高いスタッフを乗り込ませているのだ。映画を撮るというのはいつの場合も禁忌の破棄につながるが、映画作家兼民族誌学者がひとりだけでいて、異国人が

集まったかたちの仲間（アフリカの村に二人の白人がいれば、それだけですでに共同体となるのであり、したがって、より強固なよそ者の集団として排斥される危険がさらにふくらむ……）に頼れない場合、不純な状態を引き起こした責任はその人ひとりで引き受けるしかない。あのエスキモーの小さな集団が、自分たちの野営地から缶詰を取り除かせたおかしな白人どもにどのような反応を示したのだろうか、と私はつねづね疑問に思ってきた……。

『砂漠の人々』[*29]のシリーズには――おそらく映画作家と彼が出会った原住民の家族が「道の一部分」を共同で使ったせいで――現れてこなかったこうしたすっきりしない感じは、当然ながら、ニューギニアを撮影した映画では、儀式の終盤の稀にしか見られない瞬間に姿を現かせるのであり、加入儀礼を執りおこなう集団は、実際に撮影スタッフを排除してしまうわけではないが、スタッフの仲間である人類学者に映画が見られる地域を限定してほしいと頼み（経験に基づく拒絶）、ニューギニアの外でしか上映できないことになるのだ。いずれにせよ、技術的なプロセスが大掛かりになると、それは「参加するカメラ」の妨げになる。

だからこそ、人類学の学生に撮影と録音の技術を教えることが不可欠であると私には思えるのであり、たとえ彼らの撮った映画が、技術的にはプロの作品にはるかに劣るにしても、撮影する人と撮影される人たちとの間の実際の触れ合いという、なにものにも代えがたい長所を得ることになるのである。

## 三脚カメラか手持ちカメラか――ズーム・レンズか単焦点レンズか

一九三九年から四五年にかけての戦争のあと、アメリカのテレビ番組が映画（特に、ソル・レッサー[*30]やCBSの「冒険」シリーズ）を求めていたとき、三脚を使わないで撮影したというような事例は、映像が安定していないゆえに、ほとんど致命的な欠陥があるとされていた。しかしながら、一六ミリフィルムで撮られた戦争ルポルタージュ（一六ミリで撮られた空の要塞の実際の冒険であり、三五ミリに引き伸ばされた最初の映画でもあるあの素晴らしい『メンフィス・ベル』[*31]もこれに含まれる）のほとんどは手持ちカメラで撮られていた。とはいえ、実際のところ、われわれがこれらの先駆者を手本にして、三脚を使わずに撮影するのは、とりわけ予算を抑えるためであり、また、撮影の合間にすみやかに移動ができるからで、というのも一般にはカメラがおおむね固定されていて、ときどきパンされ、例外的に移動する（しゃがんで「クレーン」の効果を出したり、車に乗せてトラヴェリングしたりする）しかないからだ。

このような固定性からカメラを解放したのは、モントリオールの国立映画制作所[*32]に所属する若手スタッフの大胆さであった。一九五四年に、ケニッグ[*33]とクロイター[*34]の『コラール』[*35]が道を示し、その道は、一九五九年に『クリスマス前の日々』[*36]のなかで、銀行のガードマンのリヴァルヴァーを徒歩で追うという、今日ではトラヴェリングの古典的な見本となっているショットによって決定的に開かれたものとなった。ミッシェル・ブロー[*37]がパリにやって来て『ある夏の記録』を撮ったとき、その撮り方はわれわれ全員にとって、そしてテレビのカメラマンにとっても天啓であった（リーコックがジョン・F・ケネディのあとを追って登壇する『プライマリー』のショットは、こうした新しい撮影スタイルで撮られた傑作と言っていいだろう）。

それ以来、カメラ製造者は、撮影機器の扱いやすさとバランスを改良しようと、並々ならぬ努力を払ってきた。そして今日では、ダイレクト・シネマのカメラマンは皆、自分のカメラを抱えて歩けるのであり、その結果カメラは、生き生きとしたカメラ、ヴェルトフのいう「映画眼」になったのである。

民族誌映画の分野では、この技法がとりわけ有効であるように思われるが、それというのも、そのおかげで、空間との関係で動きに対応できて、現実が観察者の眼の前を流れていくようにするというより、むしろ現実のなかに入っていけるようになったからだ。

しかしながら、きわめて普通のこととして——おそらくは相変わらず技術的な厳密さを求めて——三脚を使いつづけている監督もいる。私の考えでは、それがロジャー・サンドールや、特に、イアン・ダンロップがニューギニアで撮った最新作の重大な誤りである（この二人がオーストラリアの監督であるのは偶然ではなく、というのも、最高の三脚や最高の「可動式ヘッド」はシドニー製なのである)。撮影機具の固定性は、トラヴェリングの視覚的効果を可能にする焦点変動型レンズ(ズーム)を多用することによって補われるかのように感じられる。実際には、そうした詐術ではカメラの硬直性を忘れさせることはできず、人工的に遠ざかったり近づいたりしながら見ることはできても、ひとつの視点からしか見ていないことに変わりはないのだ。こうしたものぐさなバレエとでも言えるものにも明らかに魅力はあるが、視覚的に近づいたり遠ざかったりしても、撮影対象の人間にカメラは近づいておらず、離れたままであり、ズーム・レンズは、覗き見をして、遠くの高所から事細かに見ようとする眼にはるかに似ているということを、われわれは忘れてはならない。

撮影の際に生じるこうした意図せぬ横柄さは、注意深い観客には経験的に感じとれるものであるが、そればかりでなく、撮影される人間たちはもっと敏感で、観察者が待機していると感じてしまうのだ。

したがって私にとって唯一の撮影方法は、カメラをもって歩き回り、最も効果的な場所にカメラを持っていき、撮影されている人と同じようにカメラが生き生きとしてくるような、別のタイプのバレエが生まれるように即興で撮ることだ。それこそヴェルトフの「映画眼」についての理論とフラハティの「参加するカメラ」の実験のはじめての統合である。こうしたダイナミックな即興――私はしばしばそれを、牡牛を前にして闘牛士が繰り広げる即興と較べてみる――は、どちらの場合も、前もって決まっていることは何もなく、ファエナ[*38]の心地よさは、撮影される人間の動きに完璧に適合しておこなわれるトラヴェリングが示す調和と同じものにほかならない。

ここで再び、適切な運動によって得られる体の自由な動き、すなわち訓練が問題となる。そうすれば、ズームを使う代わりに、カメラマン兼監督は本当に主題のなかに入り込めるし、ダンサーや司祭や職人の先に立ったり、後に付いたりでき、もはやそれまでの自分自身ではなく、「エレクトロニックな耳」をもった「機械的な眼」となる。映画作家の人格のこうした奇妙な変貌を、私は、憑依現象との類推から「シネ・トランス」と名づけたのである。

## 編集

ダイレクト・シネマの監督兼カメラマンは、カメラのファインダーを覗く際に最初の観客となる。その行動にともなうありとあらゆる即興（動き、構図、ショットの長さ）は、最終的には、撮影時における編集に至る。われわれはここで再びヴェルトフの構想を見出すのだ。「〝映画眼〟とはすなわち、（主題となりそうな無数のもののなかから）自分にとって主題を選ぶときに、私は編集している、ということを意味するのだ。自分の主題を観察（撮影）する（観察できるものはいくつもあるなかで最良の選択を実現する）とき、私は編集している……」（『キノクスのＡＢＣ』）。

実際、現場でなされるこうした作業は、映画作家兼民族誌学者のアプローチの特性を形成するのだが、それというのも、現地から帰ったあとでメモを入念に書いていくのではなく、失敗するおそれはあっても、観察しているまさにそのときにまとめようとするからであり、すなわち、出来事を前にして、映画を自分なりの物語に導き、方向を変えたり、止めたりしなければならないのだ。この場合、もはや、前もって書きしるされたカット割りなど問題にならないし、カメラの都合でシークエンスの順序を決定するといったことすらありえず、各ショットは前のショットによって決定され、そのショットがつぎのショットを決定するという、別種の危険なゲームが生じてくるのである。同時録音による撮影では、カメラマンと録音技師との間に完璧な相関関係が必要とされる（そして録音技師は、繰り返しになるが、撮られる人たちが話す言葉を完全に理解していなければならず、こうした危うい試みにおいてはなくてはならぬ役割を果たす）のはまちがいない。もし、「映画眼」と「映画耳」で構成されたこのチームがしっかりとした訓練を受けていれば、技術的な問題は簡単な反射作用（焦点合わせ、絞り）により解決されるだろうし、監督とそして音声面でその対となる録音技師は、こうした自発的創造に対応できるのだ。「「映画眼」＝映画＝私は見る（私はカメラで見る）＋映画＝私は書く（私はカメラでフィルムに記録する）＋映画＝私は編成する（私は編集する）」（ヴェルトフ、前掲書）。

すでに撮影中に、ファインダーとヘッドフォンさえあれば、制作チームは記録されたものの質をただちに見極めることができるわけで、うまくいかない場合には（ほかのやり方を探るために）中断できるし、逆にうまくいっている場合には、アクションが生じるその瞬間につくられる物語の文章どうしをつなぎ合わせつづけていけるのであり、私の考えでは、それこそが真の「参加するカメラ」である。

第二の観客は編集者である。編集者はけっして撮影に加わってはならないが、第二の「映画眼」であるべきだ。すなわち、前後関係を何も知らないまま、（監督の意図がどうであれ）記録されたものだけを見たり、聞いたりしなければならないということだ。それはつまり、主観的な作者と客観的な編集者のあいだの関係性から生まれる編集は、厳しくむずかしい対話だということだが、その対話に映画の出来がかかっている。ただここでも、きまったやり方があるわけではない。「同種の映画の切れ端の寄せ集め（加えたり、引いたり、掛けたり、割ったり、括弧に入れたりする）。こうした映像の切れ端が絶え間なく相互に入れ替わり、ついにはある秩序に従って置かれてリズムを生み出し、意味の連鎖がことごとく視覚的な連鎖と一致する」（ヴェルトフ、前掲書）。

しかし、ヴェルトフが予見できなかったさらなる段階が、私には不可欠だと思われる。それは、最初のラッシュ（ただ順番におこなう「つなぎ合わせ」）を、撮影された人に見せるということであり、撮影された人のそうした参加が私には大事なのである（このことについてはあとでまた触れる予定だ）。

## ナレーション、字幕、音楽

同時に二つの音声メッセージを聞かせることはできず、片方が犠牲になってはじめて、もう片方が聞き取れるということになる。したがって理想は、もともと同時録音したものを音声として使うような映画を作ることだろう。だがあいにくなことに、民族誌映画は一般に複合的な文化を紹介し、知らない言語を話す人びとを見せようとするのだ。

無声で撮られた映画や講義用の映画がその直接の発生源となっているナレーションは、最も簡単な解決方法のように思われる。それは、自分と他者のあいだの架橋を果たす、監督の直接的な語りかけである。主観的なものになってもおかしくないはずのこの語りかけは、多くの場合に客観的で、教科書や学会発表の形態を取り、補足的な情報を最大限集めようとする。すると、奇妙なことに、ナレーションは映像を解き明かすどころか、だいたいの場合に映像を難解にし、仮面をかぶせ、ナレーションが映像に取って代わってしまうまでになる。それはもはや映画ではなく、講演であり、本来は映像そのもので示すべきはずなのに、動きのある視覚的な背景のもとでおこなわれる説明になるのである。それゆえ、ナレーションが映像にとって対位法的であるような民族誌映画は稀だ。その稀な映画の例を二つ挙げてみよう。ひとつはルイス・ブニュエルの『糧なき土地』[*39]であり、ピエール・ユニクの書いたナレーション原稿は、暴力的なまでに主観的で、しばしば見るにたえないような光景に対して、それに必要な残酷さをもたらしている。もうひとつはジョン・マーシャル[*40]の『狩猟者たち』[*41]であり、監督は、非常に簡潔な語り口で、キリンと狩人のあとをわれわれに辿らせてくれるのだが、するとこの映画は、狩人とその獲物についての冒険であると同時に、それに勝るとも劣らない、映画作家自身の冒険となっていくのである。

新しい装備によって同時録音での撮影ができるようになると、民族誌映画は、すべてのダイレクト・シネマの作品と同じで、饒舌になり、ナレーションにおいては、ほかの言語への吹き替えといった、ありえないような作業が試みられた。そうした「ナレーション」を担当してもらおうと俳優に声がかかることがどんどん増えていったが、それはつねに商業映画が求める質の基準に近づけたいという配慮から出たものだった。二、三の例外を除くと、結果はみじめなものであった。翻訳したり、伝達したり、身近に感じさせたりするどころか、この種のナレーションは裏切り、逸れ、離れるばかりだった。個人的には、嫌な経験（『弓でのライオン狩り』のアメリカ版）をしたのち、私は、ひどい訛りのある下手な英語でもよいから、自分の映画のナレーションを自分でやるほうがよいと思うようになった（たとえば『狂った主人たち』）。

それに、一九三〇年代以後の民族誌映画のナレーションのスタイルを調べると、植民地的なバロックスタイルから、冒険好きな異国趣味、さらには科学的な総括の無味乾燥さへと、いかに変遷していったかが見えて非常におもしろいであろうが、ごく最近の傾向としては、研究対象としている人びとへの情熱を明かしたがらない人類学者たちが恥ずかしがって示す距離感のある言葉だとか、あるいは、自分の国では受け入れきれなかった革命の思想を他国に持ち込もうとして映画作家が示す、イデオロギーに満ちた言説だったりする。そうなれば、われわれの学問分野の研究者について、どんな本、どんな講演でもそこまで明らかにされないような、さまざまな時代や場所における特徴的なプロフィールの一覧を得ることができるであろう。

したがって、タイトルと字幕は、ナレーションの罠からのがれる最も効果的な方法であるように思われる。私の見るところ、この手法を最初に用いたのはピーボディ博物館の「カラハリ」シリーズ[*42]におけるジョン・マーシャルであり、さらに、水飲み場の周囲でのブッシュマンのおしゃべりや恋のたわむれを同時録音で撮った、非常に素朴な映画『池』[*43]は、いまだにそのジャンルでの手本である。しかしながら、この手法のむずかしさをよくわかっていなければならない。映像が損なわれるばかりでなく、最もやっかいな障害として、字幕を読むのに時間がかかることである。商業映画でもそうであるが、字幕は、口で言われることを圧縮したかたちで示すしかない。私はそれをライオン狩りについての同時録音の映画（『アメリカ人と名づけられたライオン』）で使おうとしたことがあるが、ライオンの死の瞬間に朗読される重要な文章（毒矢の讃美）を翻訳するのは困難で、満足のいくかたちで文字化することは不可能であった（字幕にしても、観客には読める時間があたえられなかっただろう）。私はこの文章を口で言い（耳で聞くのに要する時間ははるかに短いので）、原語で文章を語る声に重ねざるをえなかった。実は、その結果にもやはり失望させられたのだが、それというのも、この秘教的な文章がその瞬間に詩的価値を帯びたとしても、なんら補足的な情報をもたらさないからである。いまでは、ナレーションも字幕もないヴァージョンに戻してしまっている。なぜなら、狩人自身が何十年もかけて習得する複雑な知識や技術に、観客をわずか二〇分間で通じさせるのは、奇蹟と言ってもいいからだ。そうなった場合でも、映画はその種の知識への門戸を開けただけにすぎないのである。もっと知識を得たい人びとは、今後は民族誌映画にはかならずついているはずのパンフレット（典型的なのは、『映画を観る際の民族誌的なお供』の類）を参照すればよい。

タイトルと字幕についての議論を締めくくるに当たり、『和解の宴――フィースト』においてティモシー・アッシュがおこなった素晴らしい試みについて触れておきたいのだが、この映画では、主要なシークエンスに付いたストップモーションでの前置きの部分で、必要な情報があらかじめ与えられるのである。その後、誰が何をしているということがタイトルで示され、さらにさりげなく字幕も入れられる。もちろん、このやり方だと、最初から謎解きをしてしまうが、私の考えでは、これまでのところこれが最も独創的な試みである。

バックグラウンド・ミュージックについては、あまり言及しないことにする。現地の音楽を録音した部分が、ほとんどのドキュメンタリー映画（そして一九五〇年代の民族誌映画）のサウンドトラックの基礎を形成していた（いまもそうである）。ここでもまた、「映画を作る」ということが何なのかが問題となった。ニジェールのカバ狩猟者たちと二年前に撮った『大河での闘い』という映画を、その狩人たちに映して見せた際、バックグラウンド・ミュージックを付けるという制度が狩人たちにとっては邪道だということに、非常に早い段階（一九五三年）で気づいた。サウンドトラックには、追跡をテーマにした、ビエール[*44]による感動を呼ぶような音楽を編集で加えていたのだが、それがこのシークエンスにとりわけよく似合っていると私には思われたからだった。結果はさんざんだった。狩人の頭目はその音楽を削除するように私に頼んだが、それは、獲物の追跡はひたすら静寂を保ったなかでやらねばならないからだった……。そうした体験をして以来、映画で音楽を用いる際に私は非常に気を使うようになり、商業映画の場合でも、それはまったく芝居がかった時代遅れの慣習だと確信するに至っている。音楽は人を包み込み、眠りに誘い、ショットつなぎのまずさをごまかし、リズムのない映像に人工的にリズムを与えるが、そうしたところでやはりリズムはないままである。要するに、それは映画にとっては阿片であり（残念なことに、テレビがこの凡庸なやり方を採用してきた）、『パプア 新しい生活』[45]、そしてとりわけ『クラ――西太平洋の遠洋航海者』[46]といった日本のすばらしい民族誌映画は、音楽のソースをかけられて、味が落ちてしまっていると私は考える。

いっぽう、作品の展開を本当に支える音楽は、それが世俗の音楽であれ、儀式の音楽であれ、仕事のリズムを刻むものであれ、ダンスのリズムを刻むものであれ、大歓迎だ。そして、この文章の主題を超えてはいるが、同時録音の手法が民族音楽学の分野で、これまでも、そして今後も、著しい重要さを占めるであろうことを指摘しておかなければならない。

音の編集（環境音、言葉、音楽）は、おそらく視覚面の編集と同様に複雑であるが、われわれはこの点においても、大幅な前進をなしとげねばならないし、たぶんラジオから生じてきた、映像より音をたいせつに扱うという偏見を振り払わねばならない。最近のダイレクト・シネマの映画の多くが、まるで言葉による証言が映像による証拠より神聖であるかのように、撮影された人びとのおしゃべりに対して信じがたいほど敬意を払い、そのせいでだいなしになっている。そうした映画の監督は、人物の動作の途中でためらわずにカットするくせに、文の途中で、それどころか単語の途中でさえ、言葉をカットしようとはしないのだ。ましてや、音楽の主題が最後まで終わらないうちにカットすることなどは思いもよらないであろう。この時代遅れの癖（テレビは大いに用いている）がまもなく消え去り、映像が優先されることになるだろうと私は思っている。

### **民族誌映画の観客**——研究のための映画と一般配給のための映画

この最後の点（もし、われわれの意図が非難されるような場合は、鎖の最初の輪にもなりうる最後の輪）は、私の考えでは、今日、民族誌映画にとって非常に重要である。アフリカでも、大学でも、文化センターでも、テレビでも、国立科学研究センターでも、シネマテーク・フランセーズでも、いたるところで、民族誌映画を上映したあとに最初に発せられる質問は、「誰のために、なぜこの映画をつくったのですか」というものである。

誰のために、なぜ、カメラが人びとのただなかに持ち込まれるのか。まず私が答える内容は、いつも不思議なほど同じで、「私のため」となる。定期的に禁断症状が起きる特殊な麻薬の中毒になっているわけではなく、なんらかのとき、なんらかの場所で、ある人びとのかたわらにいると、カメラ（特に同時録音カメラ）が必要だと私には感じられるのだ。もちろん、学問的理由（変化しつつある文化、消滅のおそれのある文化の視聴覚アーカイヴを作るという理由）や、政治的理由（耐えがたい情況を前にして反抗に与するという理由）や、美学的理由（そのまま消えさせてしまうことなどできない景色や顔や身振りから生み出されるはかない傑作を発見するという理由）により、カメラの使用を正当化することはつねに可能であろうが、実際には、突如、撮影せずにいられなくなったり、あるいはまったく同じような状況ではあるのだが、撮影してはならないという確信が生じたりするのだ。

映画館に足しげく通ったり、時宜にかなわないほど視聴覚的な表現手段を用いたりした結果、書かずにはいられない「ペンを持った手」（ランボー）がかつて存在したように、ことによるとわれわれのなかの何人かは、ヴエルトフ風の「キノキ」、すなわち「映画眼」になったのかもしれない。「私はそこにいた、するとこれこれのことが起こった」（ラ・フォンテーヌ）、というわけだ。もしも、自分の社会に立ち向かう「映画＝見者」[*47]が、こうした特別の戦闘的態度によってつねに自己正当化できるならば、われわれ人類学者は、壁越しに他者に投げかける視線に、どのような理由をつけたらよいのであろうか。

おそらく、すべての人類学者がこの種の訴えにさらされているのかもしれないが、どんな本や論文も人類学映画ほど問題視されたことはない。そしてこのことが、私の第二の答えとなる。つまり映画は、私がその人をどうみているかを他者に示すことができる唯一の手段なのである。言い換えれば、私にとって、（撮影や編集における「シネ・トランス」のあとで）自分の観客と言えるのはまず誰よりも他者、すなわち、私が撮っている相手なのである。

そうなると、状況がはるかにはっきりしてくる。今後、人類学者が使える唯一の道具は「参加するカメラ」となり、それは、研究対象となる集団と交流し合うという途方もない可能性をもたらすのだが、その可能性とはまさに、その集団について人類学者が作った映画そのものなのである。もちろん、技術的問題を解決する鍵をことごとく手にしているわけではないし、現地での映写はまだ実験の段階にある（たぶん、一二ボルトバッテリーで動く自律型のトーキー版スーパー・エイトの映写機が開発されれば大きな進歩となるだろう）が、手を加えた一六ミリ映写機と三〇〇ワットの小さい携帯用発電機を用いて私がおこなってきた実験は、それだけでもすでに決定的だった。たとえば、ボンゴ村で撮影した映画『シギ一九六九、ボンゴの洞窟』をそのボンゴ村で上映すると、バンディアガラ崖のドゴン族のただならぬ反応を呼び覚まし、新たに映画を作りたいという要望も彼らのなかから出てきて、そのシリーズを制作中である。ニジェールで憑依ダンサーたちの入門についての映画『ホレンディ』を映写したときも、ビューアーで映画を検討して、責任者の司祭から情報を得たが、そうして二週間の作業で得た情報は、同じインフォーマントを三か月間じかに観察したり、インターヴューをしたりして得られるような情報よりも多かったのである。そしてこの場合にも、また映画を作るようにと求められた。このように映画に関係した情報を事後的に得るという試みは、まだその端緒にあるにすぎないが、人類学者と研究対象グループの間に、まったく新しい関係をすでに導入しており、それは、われわれのうちの何人かがこれまですでに「共有人類学」と呼んでいたものの最初の段階なのである。ようやく観察者が象牙の塔から出てくるのだ。カメラとテープレコーダーと映写機が、奇妙な手ほどきの道を経て、知の中心へと観察者を導き入れ、彼の仕事ははじめて、論文審査委員会によってではなく、彼が観察しに来た相手の人たちによって、証拠に基づき審査されるようになるのである。

もちろん、「フィードバック」というこのすばらしい技法（「視聴覚的対抗贈与」[*48]と私は解釈している）の可能性がことごとく明らかになったわけではまだないが、すでにそのおかげで、人類学者が、昆虫学者さながらに他者を虫のごときものとして（つまり他者としての存在を認めずに）観察しているのではもはやなく、たがいの知的好奇心を引き起こす存在（それゆえに尊厳を備えた存在）とみなしているのである。

こうして完全な参加を求めるのは、いかにも理想主義に見えてしまうかもしれないが、いまのところ、人類学者にとって、倫理的にも学問的にも可能な唯一の姿勢であると私には思われる。現代の製造業者のほうは、技術面での発展（スーパー・エイトやビデオ・カメラ）に努力を払うべきだろう。

しかし、民族誌映画を視聴覚情報の閉じた回路に入れ込んでしまうのは、明らかにばかげている。だからこそ、「誰のために」という質問への私の第三の答えは、「できるだけ多くの人びとのために、ありとあらゆる観客のために」となるのだ。民族誌映画の配給が（ごくたまにある例外を除いて）大学や、学界や、文化団体などの慎ましいネットワークに限定されているのは、商業映画用の配給の欠陥というよりは、われわれが作っている映画の欠陥のせいであると私は思う。いまや民族誌映画は、端的に映画になる時期を迎えているのである。

一人あるいは二人の個人の特別な証言であるという本質が保たれるという条件が付きはするが、それが不可能だと私は思わない。探検家による講演や、「紀行もの」のスタイルを取ったテレビシリーズがあれほど成功を収めるのは、繰り返しになるが、映像が不器用であってもその背後に、それを撮影した人の存在があるからなのだ。人類学者兼映画作家が、科学至上主義から、あるいはイデオロギー的な羞恥心から、心地よい匿名性のかげに隠れているかぎり、その映画作品は去勢されたも同然で、もはや取り返しがつかず、シネマテークのなかで、専門家だけが見るアーカイヴ資料の仲間入りをしてしまうだろう。以前は、いくつかの学術図書館のあいだを行ったり来たりするというごく狭い流通にかぎられていた民族誌学の著作が、大衆的な叢書（「ポケット文庫」）で刊行されて広く読まれているが、民族誌映画もそれを手本としていくべきである。

真の民族誌映画、すなわち、二〇年近く前にわれわれが作った明白な定義をまた持ち出すなら、「科学の厳密さに映画言語を結びつける作品」の制作が待たれるなかで、国際民族学・社会学映画委員会は、この前のヴェネチア映画祭（「ヴェネツィア・ジェンティ」一九七二）において、ユネスコの援助を得て、「人間についての映画」の保存、収集、配給の真のネットワークをつくることを決めた。なぜなら、われわれ少数者の意見ではあるが、明日の世界、われわれがいま建設中のこの世界は、いろいろな文化の間の違いを尊重し、こちらが抱いているイメージに押し込めて他者を否定したりしないと心に決めることで、はじめて存続できると信じるからである。ところが、そのためには他者を知らなければならないし、その知識を得るためには、民族誌映画ほどすぐれた道具はないのである。

これは敬虔な祈りなどにとどまるものではなく、実例が極東からやってきているのであり、日本のあるテレビ局が、日本人を島国根性から目覚めさせたいと、週に一度、三年間、民族誌映画を一時間放送すると決めたのだ[*49]……。

## 結論——共有された映画人類学

いまやわれわれは、過去から現在にわたって、人間たちのあいだに置かれてきたカメラの軌跡をたどり、その終点に至ろうとしている。いまの時点で引きだしうる唯一の結論は、民族誌映画がいまだにその実験段階を超えていないこと、そして、すばらしい道具を手にしているのに、人類学者たちがそれをうまく使いこなせていない、ということであろう。

いまのところ、「民族誌映画の流派」は存在せず、ただいくつかの傾向があるだけである。個人的には、この周縁的な状態がまだ続くことを私は望んでいるが、それは、この若い学問分野を、束縛的な規範や不毛な官僚主義に放り込んで硬直化させたりしないようにするためだ。アメリカで、カナダで、日本で、ブラジルで、オーストラリアで、オランダで、イギリスで、そしてフランスで、民族誌映画がこんなにも違っているのは結構なことである。科学的なアプローチの特徴である概念の普遍性に、概念形成の多様性をわれわれは対置しよう。あらゆる国の「映画眼」が団結に備えていても、それは普遍的な見方を持つためではないのだし、すでに述べたように、たまたまではあるが、人間科学の映画はある意味で、映画的探求の最前線にあるのだ。すでにいまも、最近の映画の多様性のなかで、似たような傾向がいくつか現れてきているのが眼についていて、たとえば、「シークエンス・ショット」が増加している（軽量カメラの製造者に、三〇分続いて撮影できるように一六ミリフィルムを三〇〇メートル装塡できるマガジンを実現するよう私は頼んでいる）のは、あちこちでわれわれの実験が同じ結論に到達し、それによって新しい映画言語が生みだされたからだ。

それでは、明日はどうなるのか。バッテリー駆動式カラー・ビデオカメラや、ビデオ編集や、記録された映像のインスタント・リプレイなどの時代、すなわち、ヴェルトフとフラハティの夢が結びつき、「メカニックな映画眼と映画耳」の時代、いとも簡単に「参加する」ので、これまでカメラの後ろに隠れていた人の手にも自動的に渡るようなカメラの時代となるだろう。そうすると、人類学者はもはや観察を独占できなくなり、人類学者自身が、彼と彼の文化の両方が、観察され記録されるだろう。こうして、民族誌映画の助けを得て、われわれは人類学を「共有する」ことができるようになるのである。

▷1 A. Leroi-Gourhan, « Cinéma et sciences humaines. Le film ethnologique existe-t-il? », *Revue de géographie humaine et d'ethnologie* 3, 1948, Paris.

▷2 L. de Heush, « Cinéma et science sociales », Unesco, 16, 1962, Paris.

▷3 De Heusch, *op.cit.*

## 参考文献


Azoulay, L.（1900a）, « L'ère nouvelle des sons et des bruits », *Bulletins et Mémoires de la Sociologie d'Anthropologie de Paris* 1 : 172–178.

——————（1900b）, « Sur la constituiton d'un musée phonographique », *Bulletins et Mémoires de la Sociologie d'Anthropologie de Paris* 1 : 222–226.

De Heusch, L.（1962）, *The cinema and social science,* Reports and Papers in the Social Sciences 16. Paris : Unesco.

Leroi-Gourhan, A.（1948）, « Cinéma et sciences humaines : le film ethnologique existe-t-il? », *Revue de Géographie Humaine et d'Ethnologie* 3 : 42–51.

Regnault, F.（1897）, « Les attitudes du repos dans les rares humaines », *Revue encyclopédique* 1896 : 9–12.

——————（1897）, « Le grimper », *Revue encyclopédique* 1897 : 904–905.

——————（1900）, « La chronophotographie dans l'ethnographie », *Bulletins et Mémoires de la Société d'Anthropologie de Paris* 1 : 421–422.

Rouch, J.（1955）, « A propos de films ethnographiques », *Positif, Revue de Cinéma* 14–15.

Vertov, D.（1923）, « Kinoki Perevorot », *Lief,* juin ; republié en partie in *Cahiers du Cinéma* 144 : 32–34（1963）.

——————（1940）, : « History of the newsreel »（en russe）. *Kino* ; cité par Jean Rouch, « Le film ethnographique », in *Ethnologie générale.* Édité par Charles Samaran（1968）: 443–444. Paris : Éditions Gallimard.

## 訳註

＊1　エドワード・マイブリッジ（一八三〇―一九〇四）。イギリス生まれのアメリカの写真家であり、馬の四本の脚が同時に地上を離れる瞬間があるかどうかを写真で確かめたいという依頼を受け、連続写真の技法を開発した。

＊2　連続写真による運動分析をおこなう動体写真術。

＊3　一八七二年の一二年後であれば、一八八四年になるので、単純な間違いかと思われる。ちなみに、マレイが写真銃を発明したのは、正確には、一八八二年である。

＊4　エチエンヌ＝ジュール・マレイ（一八三〇―一九〇四）はフランスの生理学者。もともとは血液の循環を研究していたが、関心が動物の運動へと広がり、マイブリッジの連続写真を知って、写真銃、さらにもっと大型の装置クロノフォトグラフを発明して動物のみならず人間の動きを連続撮影し、運動の分析をおこなった。

＊5　マレイが写真銃で撮影したのはカモメの飛翔であり、人間を被写体にしたのは、もっと大型の装置クロノフォトグラフによってである。

＊6　フェリックス・ルニョー（一八四七―一九〇八）はフランスの人類学者で、アマチュアの先史学者でもあった。彼は、一八九五年にパリで開催された民族学博覧会のために連れてこられた西アフリカのマダガスカル住民の歩行動作を連続写真によって記録し、フランス人の歩行と比較した。

＊7　文化人類学者マルセル・モースが、一九三四年に心理学会でおこなった講演をもとに、一九三六年に『心理学ジャーナル』誌に発表した論文であり、所属する社会によって異なってくる、人間の伝統的な身体の使い方を研究している。

＊8　レオン・アズレー（一八六二―一九？？）はフランスの人類学者。一九〇〇年のパリ万博の際、世界各地の話し言葉や音楽を録音して、記録として残したことで知られる。

＊9　ジガ・ヴェルトフ（一八九六―一九五四）は、本名をデニス・アルカディエヴィチ・カウフマンといい、ポーランドのビアリアストク生まれだが、若いころにモスクワに移住し、前衛的なドキュメンタリー映画を撮る。特に、『カメラを持った男』（一九二九）は、その実験映画的な側面もあって、映画史上きわめて重要な作品と見なされている。

＊10　ロバート・フラハティ（一八八四―一九五一）は、ドキュメンタリー映画の始祖と見なされるアメリカの映画作家。特に、

エスキモーの家族と長期間ともに過ごして撮りあげた『極北のナヌーク』(一九二二)で知られるが、そのほかにも、南太平洋サモアの島民の暮らしを記録した『モアナ』(一九二六)、イギリスの孤島の漁師の営みにカメラを向けた『アラン』(一九三四)などの作品を撮っている。

＊11 エスキモーの雪小屋。

＊12 ここで想定されているターザン映画は、後述されるように、ジョニー・ワイズミューラーが主演した一九三〇年代のシリーズ。

＊13 南アメリカの先住民族。

＊14 マルセル・グリオール(一八九八―一九五六)はフランスの民族学者であり、一九三一年から三三年にかけてダカール＝ジブプチ調査団を率いて、フランス初の本格的なアフリカの民族学調査をおこなった。西アフリカ内陸部のサンガに住むドゴン族の研究で知られ、『水の神――ドゴン族の神話的世界』『青い狐――ドゴンの宇宙哲学』などの著作を執筆するほか、調査地に映画カメラを持ち込んで記録映像を撮ることの大切さを知っていた。ジャン・ルーシュは、民族学を学ぶにあたってグリオールに師事した。

＊15 パトリック・オレイユ(一九〇〇―一九八八)は、マリスト修道会の司祭であると同時にフランスの民族学者であったが、オセアニアの専門家で、タヒチのゴーガン美術館を設立したことで知られる。

＊16 マーガレット・ミード(一九〇一―一九七八)はアメリカを代表する文化人類学者のひとりであり、南太平洋や東南アジアの伝統文化の研究が有名である。

＊17 グレゴリー・ベイトソン(一九〇四―一九八〇)は、イギリス出身であり、遺伝子学者のウィリアム・ベイトソンの息子だったが、第二次世界大戦中にアメリカに渡り、文化人類学者・精神医学者となった。ダブル・バインドの概念を生み出し、「マインドのエコロジー」を提唱したことで知られる。

＊18 『ピグミーの土地で』(一九四六)は、のちに、朝鮮戦争に参加したフランス部隊のドキュメンタリー映画『断腸の思い』(一九五五)を監督することになるジャック・デュポンがはじめて撮った短篇映画。

＊19 光を電気に変換する器具の総称。

＊20 本文末尾に添えられた参考文献で挙げられている、『ポジティフ』誌に寄せたジャン・ルーシュの文章が出典。

＊21 リチャード・リーコック（一九二一―二〇一一）は、ロンドンに生まれてカナリア諸島で育ち、その後、イギリスでの学生時代に短篇映画を撮りはじめるが、映画の技術的基礎について学ぶためにアメリカに渡り、ハーバード大学で物理学を学ぶ一方、フラハティの『モアナ』では録音、『ルイジアナ物語』では撮影を担当した。自然光と同時録音を基本とする新しい映画づくりをおこない、ダイレクト・シネマの先駆者のひとりとされる。撮影を担当した『プライマリー』（一九六〇）は、ジョン・F・ケネディとハーバード・H・ハンフリーによって争われた大統領選挙の民主党予備選挙の模様を映したロバート・デュー監督のドキュメンタリー映画。『インディアナポリス』については不詳。

＊22 一九六二年製作のイタリア映画で、監督はグァルティエロ・ヤコペッティ。世界の野蛮で残酷な奇習・風俗を描いたドキュメンタリーで、世界的にヒットした。

＊23 シーン・ハドソンとジェイムズ・ウッドバーンの共同監督で一九六六年に製作されたイギリス映画であり、東アフリカのタンザニアにおける狩猟民の食料探しの様子を撮影している。

＊24 ロジャー・サンドール（一九三三―二〇一二）はニューギニア生まれで、主にオーストラリアで活動した人類学者であり作家。

＊25 ロジャー・サンドールが、ニコラス・ピーターソンの監修のもとにアボリジニー研究学会のために一九六六年に製作した映画。

＊26 一九六九年にティモシー・アッシュとナポレオン・シャニョンが共同監督したアメリカ映画であり、ベネゼエラ南部およびブラジル北部のアマゾン川流域に住むヤノマモ・インディオが、それぞれ独立した村のあいだに協調関係を形成するために開く宴の模様を撮影した作品。

＊27 アーセン・バシリック（一九二九―二〇一九）はブルガリアの人類学者・映画監督であるが、トルコのイスタンブールで生まれ、スイスのフランス語圏で教育を受け、アメリカのコロンビア大学でマーガレット・ミードに師事して博士号を取得、その後、一九五七年から六五年にかけてカナダの北極圏でフィールドワークをして、ネツィリク・エスキモーの伝統的な生活を撮影したが、この一九六八年の映画作品はシリーズ化され、世界各地のテレビで放映されて話題となった。

＊28 イアン・ダンロップはオーストラリアの民族誌映画作家。一九五〇年代に映画を作り始め、最初は、西オーストラリア州のジャイルズにある遠隔砂漠の天気予報ステーションについてのドキュメンタリーなど撮っていたが、それまで観光促進のために奇異な眼でとらえた映像紹介が多かったオーストラリア先住民の実際の姿を撮影し、民族誌学的な研究の対象とすることをライフワークにした。ニューギニア東高地のバルヤ族を撮った映画としては、七時間四〇分におよぶ長篇『バルヤの男性に』（一九七二年）がある。

＊29 イアン・ダンロップは、オーストラリア西部の砂漠地帯に住むアボリジニーの放浪民の二組の家族を六年間にわたって密着取材し、その生活の知恵や技術を紹介する、全一九篇にもおよぶ「オーストラリア西砂漠の人々」という題名のドキュメンタリー映画のシリーズを撮った。一九六七年に、ダンロップはこのシリーズのなかから三篇を選んで劇場用の映画として編集しなおし、『砂漠の人々』と題した。『砂漠の人々』は同年のヴェネツィア映画祭に出品されるなど、高い評価を得ている。ただ、ダンロップが撮影した二家族は、もともとはオーストラリア政府が先住民のために用意した収容所に移ってきた人たちで、ダンロップは彼らをもといた場所に連れ戻し、砂漠での生活をさせて撮影したのだが、そのことは映画のなかでは示されていない。

＊30 ソル・レッサー（一八九〇―一九八〇）はアメリカの映画監督、プロデューサーで、特に「ターザン」シリーズの製作者として知られる。

＊31 一九四四年にウィリアム・ワイラーが監督したアメリカのドキュメンタリー映画。ワイラー自らが爆撃機「メンフィス・ベル」に乗り込んで爆撃や空中戦を撮影した。

＊32 正確には、「カナダ国立映画制作所」。カナダ政府に所属する機関で、ドキュメンタリー映画やアニメーション映画、最近ではウェブ・ドキュメンタリー、オータナティヴ・ドラマなどを制作する。英語部門とフランス語部門があり、ルーシュがここで「モントリオールの」と付け加えているのは、フランス語部門を指すと考えられる。

＊33 ウルフ・ケニッグ（一九二七―二〇一四）はカナダの映画監督・プロデューサー。『シティ・オブ・ゴールド』（一九五七）、『グレン・グールド／27歳の記憶』（一九五九）などのドキュメンタリー作品を監督する一方、一九五二年のアカデミー賞短篇部門最優秀ドキュメンタリー賞、カナダ映画賞特別賞を受賞したノーマン・マクラレン監督の代表作『隣人』、コリ

ン・ローの『コラール』（一九五四）などでは撮影を担当している。

＊34 ロマン・クロイター（一九二六―二〇一二）は、カナダの映画監督で、シネマ・ヴェリテのいち早い実践者と知られ、『シティ・オブ・ゴールド』『グレン・グールド／27歳の記憶』などでは、ケニッグとの共同監督を務めた。

＊35 前述のとおり、コリン・ロー監督、ウルフ・ケニッグ撮影の一九五四年の短篇ドキュメンタリー映画。カナダ南西部アルバータ州の牧場にいる馬たちと、そこでのカーボーイの昔ながらの仕事を詩情豊かにとらえた作品。

＊36 テレンス・マッカートニー＝フィルゲイト、スタンリー・ジャクソン、ウルフ・ケニッグの共同監督、ミシェル・ブローとジョルジュ・デュフォーの撮影、ローマン・クロイターとウルフ・ケニッグの編集および製作で撮られた短篇ドキュメンタリー映画。教会で聖歌の練習をする聖歌隊のシーンから始まり、通りを行き交う群衆、デパートの客やサンタクロース、劇で天使に扮する幼稚園児、ナイトクラブに集う陽気な人びとなどが示され、クリスマス間近のモントリオールの住人の姿が生き生きと描かれる。そうしたなか、現金輸送のシーンがあり、護衛官が手に拳銃を持ったまま歩く様子が移動撮影でとらえられている。

＊37 ミシェル・ブロー（一九二八―二〇一三）はカナダ・ケベック州の撮影監督、映画監督、映画プロデューサー。ドキュメンタリー映画、特にダイレクト・シネマに対して多大な貢献をした映画人であり、手持ちカメラによる撮影を普及させた。ジャン・ルーシュは、『ある夏の記録』をはじめ、パリで撮影した映画の多くでブローを撮影監督に起用している。

＊38 牛を殺す前の赤い布と剣の一連の動き。

＊39 『アンダルシアの犬』（一九二八）、『黄金時代』（一九三〇）に続く、一九三二年製作のルイス・ブニュエル三本目の監督作品であり、スペインの山岳地帯で貧しい生活を送る人々をとらえた短篇ドキュメンタリー。

＊40 ジョン・マーシャル（一九三二―二〇〇五）はアメリカの人類学者であり、とりわけナミビアのカラハリ砂漠にいるクン族やサン族、ジュホアン族などのブッシュマンを撮影したことで知られるドキュメンタリー映画作家でもある。

＊41 アフリカ南部カラハリ砂漠に暮らす狩猟採集民クン族の人びとを撮った一九五八年の民族誌映画であり、ジョン・マーシャルの監督第一作。

＊42 一九五一年、ローレンス・マーシャルの率いる調査隊が、ハーバードのピーボディ博物館の後援でアフリカのカラハリに

派遣され、一〇年以上にわたって調査をおこなったが、この調査隊に加わった息子のジョンはクンの人びとの生活を一五七時間にもおよぶフィルムに収め、そのうち、一九五二年から五三年にかけての滞在時に撮影した分を、特に男性たちによる狩猟活動を中心として編集したのが前出の『狩猟者たち』。しかしジョン・マーシャルはその後、狩猟のようなドラマチックな場面ではなく、クンの人びとの日常的な生活の場面のひとつひとつを丁寧に見せるべきだという考えに至り、一五本の短篇からなる「クン」シリーズを制作した。ここで「カラハリ」シリーズとされているのは、この「クン」シリーズのことだと思われる。

＊43 不詳。原文には、*The Pound* と英語題名の表記がある。ちなみに、「クン」シリーズの短篇に『池』というタイトルの作品は含まれていない。

＊44 中世の擦弦楽器の総称。

＊45 不詳。原文には、*Papua new life* と英語題名の表記がある。

＊46 テレビ番組「すばらしい世界旅行」の枠内で、一九七一年に市岡康子が制作した作品。副題からもわかるとおり、マリノフスキーの著作『西太平洋の遠洋航海者』を下敷きにしており、ニューギニア東海上の島々でおこなわれている貝の装飾品の儀礼的な交換であるクラ交易や、それに関連する呪術の儀式などを三年がかりで撮影した作品。

＊47 ここでルーシュは、ジガ・ヴェルトフの「映画眼」になぞらえて、「映画＝見者」と言っているわけだが、「見者」は、この直前に名前の出ている詩人アルチュール・ランボーを意識して用いられた言葉である。ランボーは、一八七一年、まだ一六歳のときに書いたいわゆる「見者の手紙」で、「見者でなくてはならない」とし、「〈詩人〉は長期にわたる、おおがかりで合理的なすべての感覚の攪乱により、自らを見者となす」と書いている。

＊48 対抗贈与とは、民族学において、贈与に対するお返しのことを指す。

＊49 これは、一九六六年一〇月に放映が始まった「すばらしい世界旅行」のことだと思われる。ただし、「すばらしい世界旅行」は三年間だけで終わった番組ではなく、一九九〇年九月まで二四年間にわたって放映された。

［付記］本稿の原題は « La Caméra et les hommes »。初出は一九七三年で、七九年に映像人類学の論文集 *Pour une anthoropologie visuelle : Recuil d'articles publiés sous la direction de Claudine de France*（Cahiers de l'Homme）に収録された。邦訳としては、ポール・ホッキングス、牛山純一編『映像人類学』（日本映像記録センター、一九七九年）所収の富岡光子氏によるものがすでに存在し、今回の訳出にあたっても参考にさせていただいた。

14

# 真と偽と

Le vrai et le faux

吉田隼人〔訳〕

「真でもないし偽でもない」事例で私がいちばん面喰らったのは、シネマテーク・フランセーズで最近、オーソン・ウェルズとフランソワ・レシャンバックの映画『オーソン・ウェルズのフェイク』が上映されたときのことだった。上映のあと、フランソワ・レシャンバックは私たちに、びっくりするようなことを暴露した。「この映画でいちばん気に入っているのは、イビサ島で近代絵画の有名な贋作者たちとのディスカッションに積極的に参加しているはずの私が、そこにはいなかったということなんだ。つまりオーソンという偽物の大家、モンタージュの天才が、「真実の真実」よりも真実な「嘘の真実」を作り上げたんだよ」。そのことをフランソワは私たち、ロバート・フラハティの『ルイジアナ物語』でカメラマンをつとめたリッキー・リーコックと私とが映画人としての経験からよく知っている、ごく単純な言い方をした。「真実に近付く最良の方法は、嘘をつくことだ……」と。さらにフランソワが、馬鹿丁寧にこう付け加えたものだから、私たちは吹き出してしまった。「永遠不滅の騙し絵こそが、映画にとっての黄金律ではなかろうか?……」と。

私は自問を続けた。それは真実であったのかどうか。また今日、私たちが丁寧に作り上げてきた「シネマ・ヴェリテ」にしてもすべては、ピラネージの描く宮殿のような、夢うつつの目眩がするような建築物に過ぎなかったのではないか。

## シネマ・ヴェリテと参加型カメラ

まずは私たち、エドガール・モランと私とがまったく無分別のうちに映画『ある夏の記録』(一九六一)で採用していた「シネマ・ヴェリテ」の作法へと戻らなくてはなるまい。それは私たちにとって「引用」であり、不当にも忘れ去られたある映画人へのオマージュであった。シネマテークでは『カメラを持った男』(一九二九)

が定期的に上映されていたのに、私たちは彼のことをろくに知らなかったのだ……。それで、友人で映画史家のジョルジュ・サドゥールは（現在のソ連で長年にわたってカメラマンとしての地位しか認められていないジガ・ヴェルトフを惜しんで）モスクワへ行き、彼の新しいドキュメントのことを知らせてくれた。もちろん、ジガ・ヴェルトフとその兄弟たちはスターリンの権力によって、マヤコフスキーが「反革命のフォルマリスト」扱いされたように、一九一七年の革命に熱狂した愚かな若者たちに過ぎないとされていたが、実際にはずっとそれ以上のものであった。

彼らは長らく、特にマリネッティや、第一次大戦前に未来的なものを作り出そうとしていたすべての若者たちによるイタリア派と近しい「未来派」であった。はじめ、ジガ・ヴェルトフというこの「目まぐるしく回り続ける独楽」[*1]は、自宅に「聴覚研究所」を開いた。彼は古びたエジソン型の蠟管式蓄音機を使って駅の物音を採集し、（ピエール・シェフェールより四〇年も前に）「サンフォニー・コンクレート」を書こうとしていたのだ。そのあとになって彼は戦争と革命の実情を続きものの映画にする、初めての仕事にとりかかった。毎週、彼のもとにはさまざまなチームが撮影した断片ばかりが届いていたのだが、彼はそれをそのままつなげて、ギヨーム・アポリネールの『カリグラム』に端を発する「会話詩」から発想を借りて編集した。こうした最初のモンタージュ、ないしは「優美な死体」（シュルレアリストたちがそう呼んでいたもの）では、互いに関係ないイメージが代わるがわる（ここで敢えて繰り返させていただくなら「騙し絵」のなかに）あらわれる。これが成功をおさめ、日刊紙『プラウダ』（真実（ヴェリテ）という意味）から映画による週間ニュースの補足を託されることとなり、これがそのまま「キノ・プラウダ」すなわち映画（シネマ）＝真実（ヴェリテ）と呼ばれることになった。この呼び名はそのまま、「キノキ」（映画の眼）を名乗るアヴァンギャルドの開拓者たち、カメラの機械の眼を通して世界の新たなヴィジョンを見いだそうという夢に駆られた詩人たちのスローガンとなる。かくして、『カメラを持った男』でのパルヴォ＝デブリ製のカメラとそれを持ったカメラマン、ジガ・ヴェルトフの弟ミハイル・カウフマンのように、カメラは彼らにとってのガイド役、斥候（ものみ）役となった。知らず知らずのうち、キノキ（その実態はジガ・ヴェルトフの家族だった）の面々は「キノグラース」（映画の視線）を増やすことで、一九二二年には、そこに欠かすことのできない補完要素があることに気付く。イメージとイメージのモンタージュに、音と音のモンタージュを組み合わせる「ラジオの耳」である。彼らはフィクションやスタジオ撮影をよく思っていなかったから、その目指すところは人生だけ、真実だけであり、それこそがキノ・プラウダ、「真実の映画」だったのだ。

この言葉が直接使われるようになったのは、リチャード・リーコック▽1とその仲間のアメリカ人たちが、自分たちの「生きたカメラ」で撮った映画を「シネマ・ヴェリテ」と呼んでからだった。だがフランスでは、まったく受け入れられる雰囲気ではなかった。『ある夏の記録』の「俳優」たちもその他の観客も私たちを「このシネマ・ヴェリテのどこに真実（ヴェリテ）があったのか？」ときつく迫った。映画の中でも主要人物のひとりが、最初のモンタージュを上映したあとに怒って私たちに「あなたたちは真実を収めたつもりかも知れないが、あなたたちが収めたのは嘘だけ、それもひどく退屈な嘘だけだ」とさえ言っている。応援にやってきたジョルジュ・サドゥールは、「キノ・プラウダ」についてヴェルトフと「キノキ」の仲間たちがあとで書いたテクストにこう書いてあるのを見付けた。「シネマ・ヴェリテ」とは、映画における真実のことではなく、映画の真実、すなわち騙し絵の真実なのだ、と……。

マリオ・ルスポリは、ミシェル・ブロー▽2（『ある夏の記録』のカメラマンのひとり）と仕事をするなかで、よい呼び名を思い付いた。それが「ダイレクト・シネマ」、つまり現実を「ダイレクトに使った」映画ということである。かくして撮影対象となる人びともしくはできあがった映画の観客との直接的関係という問題に、ギアチェンジもなしに、直接に（まさに自動車の「ダイレクト・ドライブ」トランスミッションのように）、美的ないし機械的というより、倫理的な観念に向かうようになっていった。つまり映画監督たちの真摯さはカメラにも戦略にも隠れることなく、彼らの証言が価値をもつために不可欠の条件となったのであった。

映画はいつも、最も厳しいタブーよりさらに厳しい、いくつもの禁止事項のもとに置かれている。私たちはみんな、「カメラに眼を向けてはいけない」という絶対の禁止事項に悩まされてきた。ひとり下手くそな役者が「カメラ目線」になったのにカメラマンが気付いたために、ワンシーンが撮り直しになる。だが一九五三年にはジャン・コクトーがもう、シネマトグラフィのこうした偽の規範はとっくに時代遅れなのだと考えていた。「青年期にはまさに学校とは縁を切り、教えられた約束事は一笑に付すようでなくてはいけません。私は六一歳ですが、いろいろの約束事のために絶えず悩まされています。〔……〕撮影機に視線を向けないこと（偽。なんの意味もない）、視線のディレクション（偽。なんの意味もない）、一方から出ていったら、反対方向から入ってこなくてはならない（偽。なんの意味もない）……」（ジャン・コクトー『シネマトグラフをめぐる対話』、聞き手はアンドレ・フレニョー）[*2]。

今日でも事情はまったく変わらない、映画にかんするあらゆる発見は、あの映画でもこの映画でも、これらの「約束事」を破ったかのように見せかけてきただけなのだ……。

いつも言うように、私にはヴィジョンの理論家ジガ・ヴェルトフと職人肌の詩人ロバート・フラハティという二人の「トーテム的先祖」がいる。『極北のナヌーク』は私にとって欠かせない役割を演じてくれた。ブレストにいたころ、父親に初めて連れて行ってもらった映画、それが『ナヌーク』だったのだ。私はエスキモーの微笑に魅せられ、ソリを引く犬のように凍死しかけ、水を凍らせてガラスのようになめらかにしたイグルーの窓に目もくらむ思いだった……。何年ものあいだ、あの吹雪に襲われた仔犬たちのように、私は枕のうえで身を丸め、縮こまって眠ったものだ。

次に観た映画はダグラス・フェアバンクス・シニアの『ロビン・フッド』だったが、そこで死んでゆく人たち、高い城塞から落ちてゆく兵士たちを見て、涙を流した。するとあれは役者や人形で、だから真実ではないのだと大人は説明してくれた。では『ナヌーク』はほんとうに真実だったのだろうか。あれはほんとうだと言われた。

それで私にとって映画はまず、その出発点から、「ドキュメンタリー」という真の映画と、「フィクション」という偽の映画とに分かたれることになった。

私がフラハティの「奇跡」を少しずつ再発見してゆくには、まだそれから何年もかかった。この荒っぽい地質学者は、エクレールのカメラだけを持って、ハドソン湾の岸辺で、エスキモーのように自力で、その場で雪を使ってイグルーを建てたり、流木を集めてカヤックの骨組みにしたりしていたのだ……。彼は何も知らずに映画を撮っていた。そして、自分の仕事に正確を期するため、彼はその映画を撮りながら、まだ撮っている最中からコピーを作って、カメラを映写機代わりに使って、撮影が進むごとに、映画をナヌークとその家族に観てもらっていた。それが一年以上続いた。せいぜいレヴィヨンの毛皮商（ナヌークが狩った毛皮を買いに来た）くらいしか励ましてくれる人もないまま、彼はひとりきりで映画を作り上げた。誰からも期待されていなかった。それが突然、ニューヨークでの上映後に成功を収めた。ナヌークの微笑は世界中を席巻し、ついにはブレストで、ひとりの幸福な坊やを魅了したのだ。

フラハティは「参加型カメラ」を創り出したのだという、リュック・ド・ウーシュの評言はまったく正しい。今日では私たちみんなが使いたいと思っている、そんなカメラ。それは現実だったのか、フィクションだったのか。それは信じがたいまでの無垢と老獪とをあわせもった詩人が、小さな子供たちに語って聞かせた素敵なお話だったのである。彼自身は映画を撮り続けた。南の海（『宝島』のスティーヴンソンを踏まえた『モアナ』）、インド（『カラナグ』）、アイルランドの海（『アラン』）、そしてルイジアナの入り江（バィユー）（『ルイジアナ物語』）で……。彼が追い求めていたのはセンセーショナルなものでもなければエキゾチシズムでもなく、全人類に共通だと信じてやまなかった「メッセージ」であった。

しかしロバート・フラハティが自分の収めた成功に騙されることはなかった。彼は一九四〇年代にはすでに映画の観客動員数が減少していることに気が付き、さらに驚くべきことに、その原因は映画産業のなかで日に日に

「リアリティ」が失われていることだと考えていたのである。

もちろん、今日の若い人たちはすべて古くさい作り話だと捉えているようだし、いずれにせよロバート・フラハティは誰が見ても明らかな不正を犯した、映画のペテン師とみられても仕方ないだろう。それは真実なのだ。彼には内観を撮影するためにイグルーの屋根を外すことも必要だったし、ひとつの画面に大家族の姿を収めるためには、ナヌークに頼んで彼のカヤックに奥さんと子供たちまで乗せてもらうことも必要なのだった。氷の下に綱を張らせたのも、それに引っかかったアザラシをナヌークがひっくり返して起き上がれなくするところを撮る必要のためだった……。そう、「リアリティを演出する」ことが必要だったのだ。それにしてもなんと才能と恩寵とに恵まれていたことか。一世紀近い年月が経ってなお、私にとってナヌークは、映画を学ぼうとする世界の学生たちに、完全版の適切な上映速度と適切な画面サイズをもって見せるべき映画であり続けている。

だから私たちはフラハティのカメラから「ダイレクト・シネマ」のあらゆる規則を学んだのだし、ミシェル・ブローと一緒に（それからリチャード・リーコックとドン・ペネベイカーも）一九六〇年代には、忘れもしない、「キノキ」のあらゆる詩的予言を実験してみることになったのだった。

こうして私たちの「シネマ・ヴェリテ」は生まれた。そしてオーソン・ウェルズが良きイカサマ師として、観客が幻から覚めてしまわぬよう決して手の内を明かさなかったのとは反対に、私たちは（フランソワ・レシャンバックに感謝するとともに）手の内は明かすべきだと考えている。そこにおいて映画は、リュミエール兄弟とカメラマンたちの時代のように、世界中を駆けめぐって人びとに彼ら自身の姿や別の土地の人びとの姿を見せるための、ひとつの研究ツールと化すのである。

## カメラに向けられる眼と「シネ・トランス」

かくして真にせよ偽にせよ、私たちにとっての真実の瞬間は、眼がカメラに向けられるとき、撮影者と被撮影者の双方にとって特異な変容の、まさにそのときなのである。世界が停止し、人びとが別の世界に入り込むには、カチンコの合図さえあれば事足りる。この鋼と水晶の小さな怪物によって、突然、人はもはやそれまでと同じものではいられなくなってしまう。たとえフィクション映画の場合、それと知っていても、つまり何もかも用意されたものだとわかっていても（コンテを読めば十分だ）、往々にしてあがったり、パニックと恐怖に駆られたりするものだ……。もちろん、撮影の場数をこなし、ショットを分割していくうちに、そんなことはなくなってしまうのだが、監督だけはモンタージュの最後まで、つまり最初の上映まで、「うまくいくだろうか」という不安に駆られたままでいることだろう。

ドキュメント映画の場合、リスクは常につきまとう。人文科学の研究者たちは長らく、カメラは科学的観察にとって大きな障害物だと主張してきた。現実（真）を発見するため、あるいは虚構（偽）のなかに入り込むために、カメラこそがもっとも効果的なパスポートなのだということに、彼らは思い至らなかったのだ。十数年前、私は、懐疑深いたちの著名な人類学者マーガレット・ミードに、彼女の「肖像＝映画（シネ＝ポルトレ）」をニューヨーク自然史博物館で制作することを持ちかけた。彼女には以前に撮影されたときの、照明とか、撮影チームとか、時間がかかることとか、そういう嫌な思い出があった。しかし私ともうひとりだけでやるつもりだと伝えると、彼女は承諾してくれた。彼女の友人ジョン・マーシャルが音声、私がカメラで、長くても二時間もかからないだろう、と……。書物でいっぱいの彼女の古ぼけた部屋で、私はカメラを回しながら、控えめに、こちらに、すなわちカメラに視線を向けてくれるよう頼んだうえで質問を投げかけ、対話が始まった。私と同様に彼女もおびえていたようだったが、ふいに、私のほうで彼女に微笑みかけてみると、彼女はそんなことを言うとは夢にも思わなかったようなことを私に向かって語りだしたのだった……。彼女は立ち上がり、私たちを博物館の昔の展示室まで連れて行ってくれた。太平洋室という、広く、静かで、死んだような部屋……。彼女はその部屋をずっと以前に、何ヶ月もかけて演出したのだったが、最終的に、理由はよく知らないが、この展示室は一般には公開されないことに決まってしまっていた。タイル張りの床の色を考えたのが彼女だった。「サウス・シー」すなわち南の海のブルー、と彼女は言っていた。この変わった場所に、海と風のざわめきを流そうと思い付いたのも彼女だった。田舎者たちのおしゃべりや、どこの馬の骨ともつかない「海外の」音楽の代わりに……。

そしてこの想像上の展示は、ツタンカーメンの墓が、疑り深いハワード・カーターの目の前に開かれるようにしてなされるはずのものだった。だが、このとき、学芸員たる彼女自身に案内され、実際にはおこなわれなかった（そしてその後もおこなわれることのなかった）展示の開会式を体験することになった。その展示と、それに懸けたマーガレットの情熱、そして失望が、ごく簡素なカメラによってあらわにされ、二人のフィルム・メーカーを感嘆させたのだった……。この偽の展示は真へと変じた。結局は開催されなかったという点では偽の展示なのだが、たまたま撮られた映画のために、マーガレットという妖精が「眠れる森の美女」を目覚めさせたという点では真の展示になったのだ。墓所の入口をふたたび閉ざすとき、マーガレットは憂鬱そうで、しかし愉快そうでもあった。失地回復を願うような調子で、彼女は私たちに言った。「うまくいったのかしら、そうだといいけれど……」。そう、マーガレット、あれはうまくはいかなかったけれど途方もないものだったし、結果は失敗だったけれど、優しさに満ちあふれていた。ちょうど私たちの試みに『マーガレット・ミード、ある友人による肖像』と表題をつけてくれたとき、あなたが感じていたはずの優しさに。そしてこの映画は毎年、自然史博物館で上映されているのだ。あなたの名前を冠した、あなたの追悼企画のなかで……。

私はいつもこの妖精物語じみたマチネのことを考えている。絶えかかった文化とその誇りの最後の証拠となるであろう、存続の危機にある儀式を、ほとんど継ぐもののない職人の技を、伝統的な狩りの様子を、フィルムに収めるときはいつも。ある主体に入り込み、ほかに誰も見たことのない何ものかを見せるとき、私は毎回のように喜びを感じる。もしヴァチカンのあちこちを行き来する法王の杖のなかや、ヴェルトフの「競走馬の鼻の穴」のなかにカメラを持っていくことができればやはり喜びを感じるだろうが、それと同じくらい特別な喜びを感じるのだ……。

ここでまたもヴェルトフに倣い、とはいえもちろん儀式でおこなわれる舞踏にまつわる語彙から着想を得つつ、私はこの恩寵状態のことを「シネ・トランス」と名付けている。決して踊り手ほどではないにしろ、それをカメラで、「長回し」で撮っている私もまた、鏡の反対側へと身をうつすような、最終的なトランス状態にまで至ることは避けがたいのである。そこで、踊り手は自分の人格から離れて、その身体に「オーヴァーラップ」し、その口を通じて語る「稲妻の精霊」や「虹」になってゆく（アルコールも、ドラッグも用いず、身体の技法だけでそこにまで至るのだが、私たちはその秘訣を失ってしまっている）。左目でほかのところ、別の踊り手や、楽士や司祭がやってくるのを捉えようとしているあいだも、私のカメラ、私の右目は完全にファインダー越しに、この悲劇的な変身を見ているのだ。たしかに、今まさに撮りつつある映画とその背景をなす環境とを二重に見るやり方（アベル・ガンス[▽3]の使った複数のスクリーンのような）はとてもまともとは言いがたいが、恐らくはそこらの幻覚剤以上に、私の視覚に分裂を引き起こし、想像力の垣根を跳び越えさせてくれることだろう。それは、ブルトンとエリュアールが言葉だけを、エクリチュールだけを使って「憑依」を引き起こそうとしていたとき、彼らが追い求めていたそのものなのだ。事実、これはつねに真と偽の弁証法、つまり左目で見ている環境という真と、右目によって眺め尽くされた変身という偽との弁証法である。

私にとって「シネ・トランス」とは、ほんの一時だけ、自分がよりよい「映画を＝撮る（シネ＝マトグラフィエ）」ために、ある特別なかたちで「映画として＝作動する（シネ＝マルシェ）」ところの「映画としての＝ルーシュ（シネ＝ルーシュ）」になることなのである。

そして自分の映画にとって最初の観客が私自身だとするならば、二番目の観客になるのはモンタージュ技師だが、私のほうでは自分の左目で見ていたあらゆる環境（村、観衆、暑さ、ほこり、風……）を記憶にとどめているのに、彼女がモンタージュ室のスクリーン上で目にするのは私の右目が見ていたものだけということになる。こうした二人の相容れない観客の対話こそが、ア・ポステリオリな創造を可能にする。そこではもはやお互いに騙しあうことは問題ではない。そうではなく、率直に言えば、並行モンタージュや、カットや、腰蓑のはためきや頭にまとわりついて飛ぶ蠅からわかる風の音といったものを通して、目配せを交わすことが重要になってくる。シュルレアリストたちが「自動筆記」した自分たちのテクストをお互いに（途中でフランス語の間違いなどを……）直しあうのと同じように、モンタージュ技師は私が撮影で失敗したところを修正する。もし、感情に駆られたとき、私のほうでピントが外れてしまったり、つまずいてカメラを揺らしてしまったりすれば、モンタージュ技師はカットして、別なかたちで物語をつむいでくれる。それはゆっくり、ごくゆっくりした編集の仕事なのだ……。

……だが何よりもまず、それは長い修業時代だった。私が撮影した最初の映画は、戦後まもなく、二人の友人とともに、ニジェール川をくだったときのことをためしに撮ってみたものだった。私たちは四キロメートル以上ある大河を、九ヶ月かけてくだった。私はたいてい丸木舟から直接、右に向けたり、左に向けたりして撮影を試みたのだが、これをうまくつなげることができなかった。唯一うまくいったのが、伝統的なカバ狩りをフィルムに収めるべく何日か足を止めていたときだった。そのとき私は、自分たちの師にあたるマルセル・グリオールから学んだ方法を採用した。「すべて記録すること……」。すべてといっても、このころはまだ携帯用の録音機というものが存在しなかったから、音声以外のすべてということになるが。そのため私はカメラを回しながら、自分がなにを撮影しているのか、自分自身に低い声で語り聞かせたり、ファインダーのなかのイメージについてコメントを口にしたりしていた。帰ってから、同じコメントを人類博物館の観客たちを相手に繰り返していると、マルセル・グリオールとアンドレ・ルロワ゠グーランがそこに何かしら妥当なものがあると認めてくれた。それで、私たちは「ロリアンテ」という、クロード・ルーテルが演奏していた地下のジャズ・バーで、撮ってきたものを上映することを思い付いた。先方も熱心だった。幸運なことに、ルーテルの楽団のピアニストがニュース映画制作会社「アクチュアリテ・フランセーズ」の社長の息子だったのだ。この人がフィルムを観て興味をもってくれて、私たちに夢のような契約（収益の六割をもらえる）を申し出てくれたのだが、その代わり、フィルムは三五ミリに引き伸ばされ、その人の好みで音をつけて上映され、わずか一〇分に短縮されてしまった。

結果、映画は不自然な出来になり、『黒い呪術師の国で』というエキゾチックな表題を付けられてしまった。《ペルシャ行進曲》まがいの音楽と、「ツール・ド・フランスのフィニッシュ場面」のようなナレーションも。自分たちで網羅的に作ったドキュメントが不正確な「ダイジェスト」になってしまい、私たちは落胆したが、人びとに与えたインパクトは想像以上のものだった。映画はロッセリーニの『ストロンボリ』と併映されることになり、予想外の大成功をおさめた。偽なるものが真なるものに勝利してしまったわけだが、六割の収益を拒むほどの勇気も私たちにはなかった……。

こうして失望はしたものの、学ぶところは多かったし、自分としてはモンタージュとダビングというア・ポステリオリな演出が、感情を創りだすうえで欠くことのできない作業だと気付かされたのだった。

## 感情

一九四〇年代末、私はふたたび、自前の小さなカメラと少しばかりのカラーフィルムのストックを携えて、何人かのアフリカの友人たちのほかには連れもなく、ニジェール一帯を六ヶ月間、馬に乗ってめぐる旅に出発した。終わりなき騎馬旅行の終わり、私たちはホンボリに着いた。そこには一ヶ月ほど滞在して、サルバドール・ダリの描いたポルト・リガトよりも美しい山々を駆けまわった。▽4

学校の近くにキャンプ地を決めたので、生徒たちには、私たちのような物珍しい連中があらわれたことは思いもよらぬ幸運と受け止められたようだった。だがある朝、生徒たちに笑顔はなく、私たちに「明日、割礼なんです」と言うのだった。私たちはそれを撮ることに決めた。手許にあった五ロールぶんのコダクロームのフィルムでは、まだ見ぬ儀式を撮るとしてもせいぜい一五分間だけだった。子供たちがおびえるのと同じくらい、私たちも心を動かされた。この感情のおかげで映画は救われ、彼らとおなじ苦しみ、痛み、そして喜びを、涙を流すことなく感じながら、カメラを通して子供たちを見つめることとなったのだ。二〇秒ごとにカメラのスプリングを巻き上げ、この感情に突き動かされるまま、アングルやフレームを変えながら、私は自分なりのモンタージュを作っていた。できあがったのは珍妙なフィルムだったので、私は自分の「カメラとしての視線」がとらえた単なる思い出として取っておくにとどめた。ジャン・コクトーはこの作品を、一九四九年、第一回のビアリッツ〈呪われた映画祭〉で選んでくれたが、その理由は何だったのだろうか。私にはわからない。だが私がこのサイレント映画を、自分の即興のナレーションだけで上映したとき、かつてホンボリで私たちをおそったのと同じ感情を観客たちも感じているのが手に取るようにわかった。この風変わりな映画祭の審査員が私に賞をくれたと知ったとき、とても誇らしかった。これが真の、映画人としての私の出発であった。

人類博物館の同僚だった人類学者たちはこの感情を分かち持ってくれたけれど、一定の留保があった。そのころの人類学で、感情は歓迎されるものではなかったからだ。民族誌家はベーコンの言う「乾いた眼」と、さらには冷たい心をもった、客観的な観察者でなければならないとされていた。それとは真逆に、私の小さなカメラは感情に駆られて涙ぐみ、フィルムは笑いと涙とを誘った。私はこの映画を民族誌のフィルムとして世に問うたのだが、私が師と仰いできた人びとはこのころ、真実という冷たい境界線を飛び越えて文学のほうへと向かっていた。当時クロード・レヴィ＝ストロースは、マルセル・グリオールが『火をはなつ人びと』をものしたように、『悲しき熱帯』を発表していた（この二冊は今でも私にとっては大傑作だ）……。

私はだいぶ後になってから、マルセル・グリオールも博士論文「ドゴンの仮面」のなかで、観察対象の人びとに対してバイアスこそかかってはいるものの、危ない橋を渡っていたことに気が付いた。その補論は「仮面社会の構成員たちの感情」にあてられている。もちろん、彼がそこで見出しているのは彼自身の感情である。私たちの文明にとって解決不可能な問題、つまり死の問題に直面したときの感情だ。そのすぐあと、それと知りつつ科学が禁じている領域へ踏み込んだショックのもと、そのまま書かれた素晴らしい文章のなかで、自らの心をさらけ出し、観察対象の人びとと感情を分かち持つことで、彼は真の研究者、真の学者となっている。そのおよそ五〇年後、ジェルメーヌ・ディテルランと私は、同じ仮面社会の人びとと、同じサンガの村で、同じ儀式を映画に撮った。仮面を引き出してくる儀式にともなって、喪の儀式がおこなわれる。私たちは一九三八年にグリオールが残した記録とフィールドノートを携えていったから、何もかも知っているような気でいた……。だが、最初の滞在から五年間で亡くなった老人たちの告別式が村でおこなわれていたとき、マルセル・グリオールにとって最初の情報提供者のひとりで、私たちの親友のひとりでもあったアンバラ・ドロも故人のなかに含まれていることを知って、心を動かされずにはいられなかった。『水の神』*Dieu d'eau* のなかでグリオールは、初めて仮面が引き出されたときのことを考えるたび思い出すという、忘れがたい光景のことを語っている。「かげろうのゆらめく砂岩のうえに長い列をなした踊り手たちがあらわれる」……。まさにその午後、望遠レンズを取り付けた私のカメラのファインダーにも踊り手たちがあらわれ、砂岩はかげろうにゆらめいていた……。映画を撮っている最中から、もう私は、ナレーションにはグリオールの文章をそのまま使うことになるだろうと思っていた。時間からも、空間からも切り離されて、私は夢遊病者のように映画を撮っていた。そして三日目、感情の彼方にゆきたい、嘘をつきたい、時間を変化させたいという欲望が突然おそってきた。
ジャン・エプシュタインは『テンペスト』を撮っていたころ、この世のはじめから、変化しうるもののなかで時間だけは決して変容を被ることがなかったが、いまや映画によって時間さえも変化させることができるようになったのだと書いた。そして私たちには謎めいたメッセージが残された。「もし時間を変化させても、ある出来事の起こっているあいだ、ひとつのもの（オブジェ）はそのものでありつづける」。サンガの広場を見下ろす高いテラスにあがったとき、この言葉が頭をよぎったので、録音技師のギンドに言ってみた。「倍速」、つまりカメラの速度を一秒あたり二四コマから四八コマに上げてみよう、と。撮影ショットに変化はなかった。ファインダーのなかで、踊り手たちは同じ拍子で踊り続けていた。だが後になって上映してみると、あらゆるイメージが緩慢になり、嘘のように見えることに気が付いた。ボードレールが「夜のように美しく、夜のように不確かな……」と詠ったように。

そして最初の上映のときにはもう、「自分たちが見たのはこんなにも華麗な仮面舞踏ではない！」という感情が私たちの胸を締め付けた。そしてこの完璧な嘘のイメージに付けるナレーションとして私が読み上げたのは、死者を魅惑することで生者までをも魅惑するような仮面たちによって呼び起こされる感情について書かれた、マルセル・グリオールの忘れがたい文章だった。この世のはじめに死を幅広く伝播させた、その魅惑だ。それ以来この映画は『アンバラのダマ、死を祓う』と呼ばれることになった。

感情のもたらす豊かな禁断の切断について第三の例は、『狂った主人たち』（一九五七）という映画でのことだ。このとき私はマルセル・グリオールの指導のもとで書き上げた、国家博士論文の審査を済ませたところだった。いつも携行していたのと同じ小型カメラのほかに、初めて「携帯用」の（といっても三〇キロの重さがあったのだが）テープレコーダーを使うことができた。同時録音とまではいかなくとも、実際の音を記録することができるようになったわけだ。この装備を使って、大がかりな憑依の儀式を撮影したいと思っていた。私たちはガーナ

（当時のゴールドコースト）に滞在しており、ニジェールから来た共同体のメンバーに、「ハウカ」という憑依の儀式を映画に撮ろうと呼びかけた。その儀式にあらわれるのは、伝統的な宗教のなかでも「力」を体現する新しい神々だ。人びとのあいだにあらわれて語るのはもはや稲妻や虹の精霊ではなくて、将軍や機関車の運転手である。憑依の場面はとても暴力的で、犬が生贄として捧げられる。怒りと血にみちあふれた映画ができあがり、はじまったばかりの民族誌映画国際大会の何回目かに、人類博物館でこの映画を「つなぎあわせたかたちで」上映した。このときの「ラッシュ」には音がついておらず、私が映写室から即興でナレーションを付けた。そのとき同席していたのはマルセル・グリオール、リュック・ド・ウーシュ、ルロワ＝グーラン、ミシェル・レリス、それにポーラン・ヴィエラ（パリ高等映画学院の最初の黒人学生）とその知り合いの、雑誌『プレザンス・アフリケーヌ』の創刊にかかわった知識人たちだった。私は映写室の窓越しに、嵐のようなざわめきが起こるのを感じた。降りていって、それが罵声、怒号、憤激の声だとわかった。マルセル・グリオールは怒りで顔を真っ赤にして「きみは一線を越えてしまった、ただちにこのフィルムを破棄したまえ！」と言った。ポーランもさらに興奮して「それには私たちも同意します、グリオール先生！」と言う。ただひとり、ブリュッセルで人類学の教授をしていたリュック・ド・ウーシュだけは（彼はシュルレアリスムの詩人で、「コブラ」グループの一員でもあったので）私の弁護にまわってくれた。「いいや、ジャン、きみはそれと知らずに素晴らしい映画を作ってしまったんだ……」。私にはだんだん、この人たちの駆られている感情の正体がつかめてきた。グリオールにとってこの映画は、私たち自身に相当する役柄を乱暴な人びととして、怒りを剝き出しにした、四角ばってぎくしゃくした滑稽な所作で演じることで、彼自身の属する社会を戯画化しているのが耐えがたかったのだ。また、アフリカ系の人たちの眼にこの映画は、犬を喰らう野蛮人のイメージを植え付けるものと映ったようだ。だがそれがシュルレアリストのリュック・ド・ウーシュにとっては、スキャンダラスかつ辛辣な、そしてそれゆえに反論の余地なく私たち自身の社会を映し出したものと受け止められたのだった。私はフィルムを破棄しなかった。ただ、そこに二重の意味をこめて『狂った主人たち』というタイトルをつけた。『狂った主人たち』とは、憑依者たち自身が狂気を体現する主人であるのと同時に、その主人である人びと（つまり、私たち）こそが狂っているということも示している。

この映画は三五ミリに引き伸ばされ、シュザンヌ・バロンの編集、ピエール・ブロンベルジェのプロデュースによって、映画館ラ・パゴッドで、フランスでの初めての上映となったベルイマンの映画『道化師の夜』と併映され、さらにアンドレ・バザンがこの映画の趣旨をよく理解して、素晴らしい批評を寄せてくれた。それでも上映するたび、この映画は相変わらず同じ感情を引き起こすのだった。アフリカでは長らく上映禁止にされていたが、今日ではニジェールの若い知識人たちから「植民地支配について存在するもっとも正確なイメージ」と認められ、ニジェールの映画文化財に指定されている。

こうしてこの映画は「真の映画」になったのだが、どうしてここまで劇的な感情を引き起こすことになったのか、ずいぶん後になるまで私にはわからなかった。それはやはり、この映画もまた時間のトリックを用いていたからなのであった。この場合、時間を緩慢にするのではなく、時間を加速させているのだが。まず儀式の時間という点で、丸一日かけておこなわれる式典を四五分にまで凝縮している。さらに、私が携行し、使用していたカメラが自動で回っていられる最大時間が二五秒だったために、各シークエンスは二五秒を超えることがない。二五秒ごとに、私は一時停止して、カメラを回し直さなくてはならず、そのために（現在こうした儀式を撮影する際には、何分にもわたる「長回し」を用いるようにしているのだが）私は「撮影しながらのモンタージュ」を即興でおこなわなくてはならなかったのだ。もちろん、この儀式の観客たちは感情を動かされるけれども、スクリーンに映っているのが強烈な光景の連続であっても、その荒々しさを静かで持続的に捉えて、平静な感情で見ているのである。

だが、それだけではない。映画を上映する際に私が即興でつけたナレーションは、儀式のなかで唱えられる

「ハウカ」の言葉を翻訳し、解説したものだった。すべてをテープレコーダーに録音した私は、ダムレ・ジカの協力を得て、司祭をつとめたモーケラ・コリー（「塩のモーケラ」という意味）という「静かな人」の所作と言葉を翻訳し、解説しようと試みた。まず、冒頭に出てくる語彙から着手したのだが、それは不可能だとわかった。「ハウカ」の言葉は人工言語だったのだ。言語学者が異言と呼んでいるもので、普通の人には訳せないが、司祭だけが解読できる言語なのだという（ちょうどペンテコステで伝道者が発した言葉を、今日ではペンテコステ派教会の司祭が解読するように）。空間も、時間も、言葉の意味も重視せず、ただ感情だけに基づいて作られた映画は、実際、いくつもの嘘からなる織物だといえようが、しかし、もろく不確かなその横糸こそが、現実へとつながる困難な道なのである。行ったり来たりを（機織りの杼のように）繰り返し、（創造のざわめきのように）蛇行して進むこの道が、詩的なイニシエーション抜きでありえようか？

かくして、ドイツ・ロマン派にとって、またフリードリヒ・ニーチェやジョルジョ・デ・キリコにとって親しかったあの「シュティムング」（感情、ないしは気分のこと）が見出される。このシュティムングに包まれたキリコがイタリア北部の街で作り上げた「形而上的絵画」は、アポリネールやアンドレ・ブルトンの時代にシュルレアリスムの扉を開いた。そこで引き起こされた大きな、しかし静かな衝撃の反響は今なお、数限りない路地に、偽の遠近法に、いくつもの消失点に、沈みかけの太陽の光に照らされて響き渡っている……。

▽1　リチャード・リーコック（一九二一年ロンドン生まれ）は著名なドキュメンタリー映画作家で、カメラマンとしてロバート・フラハティ作品に参加したほか、ダイレクト・シネマの先駆者でもある（『プライマリー』一九六〇、『椅子』一九六二、『母の日おめでとう』一九六三）。一九六〇年代、映画プロデューサーのロバート・デューがダイレクト・シネマをアメリカ合衆国に紹介した。デューはジャーナリストと映画監督のグループを結成し（主なメンバーにリチャード・リーコック、グレゴリー・シュカー、ドン・ペネベイカー、ジェイムズ・リップスコーンなど）、数々の映画賞や表彰を受けた。田舎町でおこなわれるジョン・F・ケネディの民主党予備選挙を描いた『プライマリー』は、「肩掛けカメラ」で撮影され、かつ同時録音の音声がついた最初の映画である。

▽2　ミシェル・ブローは一九二八年生まれのケベックの映画作家。ダイレクト・シネマの先駆者にして、「肩掛けカメラ」を最初に使いこなした名人としても知られている。

▽3　一九二七年、アベル・ガンスは三枚組のスクリーンにオーヴァーラップの手法を用いることで、『ナポレオン』での二重の嵐の挿話のような、黙示録のフレスコ画のような一大絵巻を映画表現に持ち込んだ。

▽4　スペイン、カダケス近郊のポルト・リガトには今日、この画家の美術館がある。

訳註

＊1　ジガ・ヴェルトフという筆名のうち「ジガ」は「回る」という動詞または「ジガジガジガ……」というカメラを回す擬音語、「ヴェルトフ」はウクライナの民芸品で独楽のように回る人形をそれぞれ意味する。そのことを踏まえた表現。

＊2　ジャン・コクトー『シネマトグラフをめぐる対話』高橋洋一訳、村松書館、一九八二年、一四五頁。全体の統一のため訳文は適宜変更した。

［付記］本稿は以下の全訳である。Jean Rouch, « Le vrai et le faux », *Traverse*, n° 47, 1989.

15

# 人格の変化について｜憑依者、魔術師、呪術師、映画作家、民族誌家における

Essai sur les avatars de la personne du possédé, du magicien, du sorcier, du cinéaste et de l'ethnographe

吉田隼人〔訳〕

この論考は、一方では三〇年ほどに及ぶニジェール一帯のソンガイ・ザルマの人びとから得られた知見をもとに、また他方では「ダイレクト・シネマ」の実験（その理論は一九二七年にはすでにソ連のジガ・ヴェルトフが「シネマ・ヴェリテ」の名のもとで見事なまでに予告していたのだが）を特権的な手法として私が二〇年にわたっておこなった同じく西アフリカの住民に対する民族誌学の調査をもとにしている。

トランスと呼ばれる宗教上の事実（憑依の舞踏、魔術、呪術）を解明するうえで人格という概念が重要な鍵のひとつになるとしても、それだけではまだ不正確にとどまるように思われるし、この種の現象に相対した観察者の人格は、とりわけ観察者がそうしたトランスの主体を視覚的イメージや音声イメージによって記録、復元することで、撮影される側の人びとにそのイメージが彼ら自身と彼らの帯びた神性の反映、すなわち人と神との人格の一部だと思われているときには、批判的検討のためにも同じくらい有効なものでありうると思われた。

かくして、これがここで私の紹介する「共有人類学」への第一の寄与である。まず私が現時点で知っている限りではあるが、ソンガイ・ザルマの人びとがもっている人格という観念について、いくつか批判の契機を明らかにしておきたい。

——憑依の舞踏について。「憑依される者」の人格と「憑依する者」としての精霊の人格。

——魔術について。千里眼の状態にある「ソハンティ」の人格。

——呪術について。「チェルカウ」すなわち「魂の捕食者」の人格と、その犠牲者の人格。

また、観察者としての映画作家がこれらの現象を記録しながら、いかなるかたちでそれらの現象を自分でも気付かぬままに変容させ、またそれらの現象に接することで自分自身もまた変容していくのか、という点を示してみよう。それから、それらの現象を復元するとき、いかなるかたちで奇妙な対話があらわれてきてしまい、そこにおいてフィルムのなかの「映画としての真実（シネ＝ヴェリテ）」と神話の表象とが結びついてしまうのかということも。

最終的には、こうして観察者が意図せずに果たしてしまう役割を明るみに出すことで、民族誌家が自分自身のフィールドにあって置かれる状況を、より明確にしたい。

## 1　憑依の舞踏における人格

以前、国立科学研究センターで開かれた国際シンポジウムで、私たちは憑依現象についての知見に関して、いちおうの結論を得ることができた。そこで明らかになったのは、世界での——特にブラック・アフリカでの——憑依のさまざまなあらわれについて完全なかたちで情報を整理するという点についていえば、現状では、いまだその正確な分類は果たされておらず、また満足いくような理論もあらわれていないということだった。しかし、現時点ですでに「トランス」という現象は（手つかずのままのトランスにせよ、統御されたトランスにせよ）宗教上の主要な運動にとって欠くことのできない推進力のひとつとなっているだけでなく、恐らくは、芸術創作の方面での主要な運動についても同様の役割を果たしているらしいのだ。たとえばここ二〇年ほど、演劇学校では、私たち民族誌家が憑依に関してもたらした情報から、俳優のトレーニングに用いる方法論を引き出そうとしているのだという（ジュリアン・ベックの「リビング・シアター」や、ピーター・ブルック、ロジェ・ブラン、グロトフスキなど……）。

もっともここではソンガイの人びとにおける憑依の細かなメカニズムについて言及することは避け、憑依された主体とその人に憑依する「精霊」とにおける人格の変容について触れてみたい。とりあえず、このニジェールの渓谷地帯では、憑依が人と神とのあいだでの（相互的であるがゆえに）特権的なコミュニケーションの手段だということを念頭に置いておこう。

憑依される者たちは「精霊の騎馬」と呼ばれ、概して女性が多く、それと認められた教育機関に入って、長く困難なイニシエーションを受けた者たちである。これにより、社会から隔離された病人たちに起こる「手つかずのトランス」は司祭によって統御され、社会によって、また社会のために定期的に催される公の儀式のなかでのみ起こるようになる。

かくしてある種の神性は、パンテオンのようなかたちをとってあらわれる。その神々は目には見えないが、人間に似た姿をしている。人間のようにさまざまな種族に分かれ、個々の性格をもち、それぞれ特別な「主人」がおり（川、風、藪、雨、虹など……）、新しく儀式がおこなわれるごとに、また新たな啓示がもたらされるごとに、さまざまな伝承や冒険が追加され、それらが複雑に組み合わされることで豊かな神話体系が形成されていく。

イニシエーションののち、踊り手たちはそれぞれ一頭の「馬」になり、各人にひとり（または複数人）の「乗り手」があてがわれる。この「乗り手」はトランスのあいだ「その者のうえにあらわれ」て、その「馬」の身体を借りて動き、口を借りて語る。ソンガイやザルマの人びとにとっては、ほかの近隣地域での体系とは反対に、こうした神々との対話こそが、憑依儀式をおこなううえで欠かすことのできない目的なのである。

それゆえ「馬」の人格の深いところで、自分の人格の一部を、のりうつる神の人格に譲るというかたちで、変身が起こっていることになる。憑依現象の観察が容易だとすれば、それは儀式が人びとにとって欠かすことのできない公的なものであるからだが、ソンガイ・ザルマの人びとにとって憑依される者は（理屈のうえでは）トランスのあいだのことは何も覚えていないことになっているし、自分に憑依していた神については何を言われても答えることができないので、その解釈はたいへんに繊細なものとなる。もちろん、ふつうの状態のときに、自分がなったのと同じような状態に陥っている他の憑依者を見ることはあるけれど、そのことについて特別なにかを考えることはないようだ。

それゆえ情報源は「ジーマ」と呼ばれる、イニシエーションの責任者であり、自分自身も憑依者でありながら、他の憑依者たちに起こる憑依を統御することのできる司祭たちに限られてくる（何度か、憑依が起こっている最中に、その「馬」に乗っている神々自身に質問しようとしたことはあるのだが、この件に関してだけは、どうやってもちぐはぐになってしまうし、危険なことのように思われた）。

いちばんよく通用しているジーマの説によれば、憑依のあいだは「ビア」と呼ばれる神の「分身」が、馬になる憑依者の側の「分身」と入れ替わっているのだという。この「分身」どうしの交替について、分析を試みたい。「ビア」という概念そのものは輪郭がとらえがたく、同時にいくつもの意味を示すものだ。「影（字義通りには「暗いもの」）」「（鏡や水たまりにうつる）反映」「命を吹き込まれたもの」にとって霊的基盤となる「魂」など……。この「ビア」は生きているうちはずっと身体に結び付いているが、眠っているあいだ（夢）、また起きているあいだにもときどき（想像、省察、憑依）一時的に身体から離れることもある。死の瞬間、あの世での自分自身の冒険についていくため、ビアは身体から離れてしまう。

興味深いことに、人びとはこの分身が自分の身体より少し前の、左側にあるものだと考えており（夢を見ているとき、その人は右側で眠っていることになる）、憑依する側の神（またはその分身）が一時的にやってくるのもその場所なのだという。

目に見えない神々は実際に分身をもっているのか、それとも彼ら自身が分身であるに過ぎないのか。特定の状況では、特定の人びと（位の高いジーマ）の前に神々が肉体を備えて、人間の姿であらわれることもあるというから（人間の姿になった神にも影や反映や分身はあるのだろうか）、この問いにすぐ答えをだすわけにはいかない。しかし、憑依は神々（ないしはそのたぐいのもの）のみが起こすものであり、生きている人の「分身」が別の人に憑依するといったことは決して起こらないようだ。

もっともこの「分身」という点に限っても、憑依現象について注意深く検討することで得られるものは少なくない。何十回も憑依の儀式に参加してみて（そのうちの二〇回ほどはフィルムにも収めた）、トランスや錯乱といったこの奇妙な変身を最良のコンディションで観察することができた。まず目に見えて意識が喪失され、次いであらわれた新たな人物は、最初は震えたり唸ったりしていたのが、次第に落ち着いて、それまでとは違うやり方で振る舞うようになり、別人の声で（ときには別の言語で）語りだす。その人物が何者かということは、長年の習慣で、一目見ればわかる。稲妻の精霊ドンゴや、フラニ族の捕虜ザタオなど……。一九七一年の一月から二月にかけて、イニシエーションから憑依の舞踏までの七日間を題材にした『ホレンディ』という映画を監督し上映するなかで、演奏家たち、ジーマと呼ばれる司祭たち、それにソルコと呼ばれるニアメ地方の漁師たちが、この変身についていくつもの重要な指摘を与えてくれた。次に示すのはその主要な特徴である。

儀式の冒頭、「狩猟のアリア」（ガウェイ＝ガウェイ）で呼び出された複数の精霊たちによって、弦楽器（ゴディエと呼ばれるバイオリンのようなもの）奏者の左手が「霊感を与えられる」（導かれる）。その左手の演奏に続いて、ひょうたん（あるいは太鼓）の叩き手が低い音の振動を発して、踊り手に「力」を与える。踊り手たちの身体に精霊が訪れた最初の兆候を感じ取るのも、弦楽器奏者の左手である。弦楽器奏者がひょうたんの叩き手を蹴飛ばすと、ひょうたんの叩き手はリズムを強調し、さらに加速させることで踊り手に「力をもたらし」、精霊が踊り手の身体にのりうつるよう「強制する」。

このとき踊り手には何が起こっているのだろうか。間接的に得られた（というのは先述のとおり、踊り手は自分の身にふりかかった決定的瞬間のことはもはや思い出すことができなくなっている「はず」なので）いくつもの証言によると、踊り手は（時としてイニシエーションを受けたうち位の高い者も）精霊が踊りの輪のなかに入っていき、踊り手ににじり寄っていくのを「見る」のだという。精霊は生贄として殺されたばかりの獣の毛皮を手にしており、その血のしたたる側を踊り手に、三度にわたって差し出す。

——一度目、踊り手は眼から涙を流す。

——二度目、踊り手の鼻水が垂れ流しになる。

——三度目、踊り手はうなり声をあげる。

踊りの舞台に同じ精霊の「馬」になる者が複数人いる場合、全員がその光景を目にし、同じ反応をするのだが、三度にわたる召喚のなかでひとりが選ばれる。

四度目に近付いてくるとき、精霊は踊り手の頭を血まみれの毛皮でくるんでしまい、踊り手は息ができなくなる。これが決定的瞬間の発作としてあらわれる。そして精霊は踊り手の「分身」（ビア）を閉じ込めてしまい、その場所に入れ替わることで「馬に乗る」、すなわちその者に憑依するのである。

憑依の起こっているあいだ、憑依者の「ビア」は血のしたたる毛皮によって閉じ込められていることで（特に呪術師から）守護される。精霊が去ろうとすると、毛皮を取り去って「ビア」を解放する。すると「馬」は眼をあけ、まばゆさにクラクラしながらも、咳き込むことで窒息状態から脱し、頭を振って顔から血まみれの毛皮の跡を振り払う。

ソンガイの人びとの説によれば、憑依の決定的瞬間、人格は次のような状態に置かれるのだという。

――その人格の分身は、精霊の分身（または精霊自身）と一時的に交替する。

――交替しているあいだの分身は、殺されたばかりの獣の皮に包まれて保護される。

――音楽や踊りの役割は精霊を呼び出すことだけで、乗り移られる側には及ばない。

## 2 魔術師の人格

憑依の舞踏では「馬と呼ばれる霊媒」を介して、人びとは神々と直接に、公の場でコミュニケーションを取ることができたのと対照的に、魔術の場合は、目に見えない霊力を間接的に相手どって私的な相談事が持ち込まれるのだが、そこで特権的かつ困難な役割を演じるのは魔術師ただひとりである。

この「ソハンティ」と呼ばれる魔術師は、スンニ・アリ大王の父だったソンガイ帝国の建国者「シー」にまでさかのぼる。その者か、あるいはより優れた知者である師父（師匠）によって選び出され、イニシエーションを授けられた魔術師は、目に見えない霊力とつねに接しているという困難な訓練を受ける。魔術を実際に使えるようになるのは、その父親（もしくはイニシエーションを授けた者）が死んで、イニシエーションの証となる小さな金属製の鎖を受け継いでからである。魔術師はその鎖を飲み込まねばならず、自分の死の数日前になると次代に受け継ぐためこれを吐き出すことになっている。

この奇妙で孤独な人物は、怪しまれながらも村にとって欠かすことのできない、所作、言葉、さらには木や石までもつかさどる霊的秩序の守護者であり、相談事を持ち込んでくる人びとのために精霊を召喚してやることができる。

彼らはつねに「千里眼」として、何の媒介も用いずに自分たちの「ビア」すなわち「分身」をつかさどっており、この分身の姿をハゲワシに変えて飛び立たせることで、ゆかりの深い精霊たちに会いに行ったり、時間と空間をこえて、特定のものごとまでの道のりを知ることができたりする。

魔術師に相談事を持ち込む人びとは押し黙って、ほんとうに重要なものごとのあるときだけやってくる。ひとたび魔術師のビアが飛び立ってしまえば、前もって戻ることはまったく不可能だからだ。不幸にしてうっかり手を出してしまうと、目に見えない危険な道で、助けが来ることもなく迷い続けることになるのである。

相談には困難がつきもので、時間も長くかかる。魔術師は慎重を期して依頼者のことを調べ、口に出さずにいる目的をも見抜かなくてはならない。何日もかけてじかに面接を重ねても、ほんのちょっとした仕草や言葉から実は腹黒いたくらみをもっていることが露見してしまえば、話はそのまま打ち切りになる。

用件が占い（土を使った占い、子安貝を投げる占い、単なる予言など）であろうと、あるいは「コルテ」（魔法の呪文）の準備であっても、手法はいつも同じである。魔術師ソハンティは言葉と所作によって、自分の分身「ビア」の姿を変えて、仕事をするのに必要な道具を取ってこさせるためにハゲタカと化した分身を飛び立たせたり、あるいはもっと単純に、やはりハゲタカと化した自分の分身を依頼者の分身に飛びかからせて、依頼者が言わずにいることを、また恐らくは、依頼者自身で意識していないようなことまで見抜いたりする。

このとき、魔術師が暗唱する文言（これについて、あとで私は長々と註釈を付した）は素晴らしいものだ。魔術師はまず（基本となる六つの包囲との関係から）自分を空間のなかに位置付け、さらにイニシエーションの証として飲み込んだ鎖との関係から自分を位置付ける。こうして知った自分の在処を声高らかに叫ぶことで、自分の人格を使役して、ビアと呼ばれる自分の分身に対して「道」に就くために、すなわち旅路のために必要なエネルギーを与えるのである。

実際、リュック・ド・ウーシュが正確に記したように、多少なりとも隠された部分のある憑依よりも、シャーマンの仕事のほうが見栄えのするものだった。ここから魔術師によって語られる文言は、彼の「分身」たるビアの危険な旅路の物語になる。魔術師のビアは、あるときは良い精霊や悪い精霊のビアと、またあるときは彼の仕事を邪魔しようとする別の魔術師のビアと、さらには「ンデヒ」と呼ばれる創造主のビアや創造主自身とも遭遇しながら、立て続けに起こる試練に打ち勝ち、ほかのすべてに対して優位に立たねばならないのだが、彼はそのためにさまざまな秘められた力に助けを求めるのではなく、それらの力を「使役して」、魔術師の求めるものごとを実現させるのである。かくして万事が決し、分身は道のりを逆にたどって、決して制御するすべを失わずにいた魔術師のもとへと帰ってくる。

こうした能力は時として、短く、しかし完全なかたちで、公の場でおこなわれる演劇という形式をとって、「ソハンティ・ホリ」という魔術師の祭礼のなかで披露されることもある。ゴッシと呼ばれる割礼（若い娘たちにイニシエーションをほどこす古来の儀式）の際や、あるいは単に穢れた村を清めるために、魔術師ソハンティは祭りを開かせる。わきに抱えて叩く太鼓の音に合わせ、魔術師は片手で剣またはロロ（呪術師の「分身」を突き刺すための槍）を振り回し、もう一方の手には灯台草の枝を持って踊る。

この踊りは、悪しき霊力たちとの戦いを模した演劇のようなものである。魔術師たちは互いに踊り合って、最終的にいちばん強いと認められた者がトランス状態に入る。このトランスは憑依の決定的瞬間とはほとんど関係ない。魔術師ははげしく震え、口からは、彼の父親（または彼にイニシエーションを授けた者）が死んだときに受け継いで飲み込んだ金属の鎖を一部だけのぞかせる。

実際、この鎖はイニシエーションのときに授けられたのと同じもので、その魔術師の「優秀さの証明」であり、またイニシエーションを受け継いできた先祖たちとのつながりを実体化した鎖でもある。そして鎖が見えているごく短い時間のあいだに、魔術師の「分身」たるビアは（ハゲワシに姿を変えて）精霊と「分身」たちの国へと旅立ち、その村（または共同体）の穢れの原因を探り当て、それを無効化するまでの仕事をやり遂げる。

これには多大なリスクがつきまとう。もし敵（またはライバル）のほうが「鎖を吐き出している」魔術師よりも大きな力をもっていれば、鎖を飲み込んで体内に戻すのを邪魔することで「分身」の退路を断たれてしまうこともある。そうなれば、分身というこの不可欠な基盤を失った魔術師は死んでしまうのである。

ソンガイの人びとの説によれば、魔術師「ソハンティ」の人格については、次のようなことがいえる。

――魔術師の身体から「分身」が離れているあいだ、ほかの「分身」と交替していることはない。

――この「分身」は精霊たちや目に見えない霊力の支配する世界へと危険を冒して旅に出る。

――魔術師の言葉（または太鼓を叩き、歌をうたう者たちの奏でる音楽）や個人としておこなう所作（または儀式の踊り）は、この種のシャーマニスティックな旅の原動力となる。

――ほかの人びととのコミュニケーションは、呪文のための道具の準備、単なる予言、あるいは演劇的なやり方で鎖を披露するといったかたちをとる。

――こうして意図的に「分身」を解き放つことは、時として死の危険と隣り合っている。

## 3 「魂の捕食者」チェルカウの人格

呪術師「チェルカウ」は魔術師と非常に近いのだが、他人を守ったり導いたりするのに自分の力を使うのではなく、悪事をなすため、すなわち他人の「分身」を奪うことで、分身を失った人を死に追いやるために使う。

呪術師の力は、魔術師の力と同じように、世襲制で受け継がれるのだが、呪術師の場合は「母乳の道」を通じて受け継がれる。つまり、チェルカウの母乳を飲んで育った子供がチェルカウになるのだ。この、呪術師の母乳を飲んでしまったらもう取り返しがつかないという性格が、ソンガイの神話では強調されている。貞潔の誓いを立てた女たちの共同体を取りしきる聖女が、旅人の男と一夜をともにして、身をゆだねてしまった。翌朝、彼女は男を一頭の羊に変身させるのだが、彼女の取り巻きたちはこの不思議な羊を食べたいという。それで女も一緒に羊を食べてしまった。ところが彼女は、自分の食べてしまった男とのあいだに子供を妊娠していたのだった。この女と、女に食われてしまった男との交わりで生まれた子供は女の子で、「分身を喰らう者」として女呪術師のチェルカウになった。その子孫たちが母乳の道筋によってつながって、現存する男女の呪術師にまでいたっているのだという。

それ以来、村によって大小さまざまながら、それぞれの村に一定の割合で呪術師チェルカウが生まれるようになった。

もちろん、誰が呪術師かということは誰もが知っているのだが、誰も口に出しては言わないし、呪術師が悪事をなしても、それはそのように生まれついたからとみなされる。実情をいえば、責任能力を問えない犯罪者のようなものだ。人格の概念からはこの不思議なシステムを理解するので精一杯であるが、ことこの領域に関しては、調査はほとんど不可能といっていいほどのリスクを抱えている。

魔術師と同様、呪術師も自分の「分身」たるビアを操るすべをもっているのだが、この「分身」が実は、呪術の実行犯にあたる。この分身は身体から離れて、他人の「分身」を狩りに行ってしまうのである。ときおり、夜になると、村の近郊で、藪のなかを、炎が飛び跳ねながら、静止したり、また動き出したりして移動していくのが見えることがある。この怪しい光（明確な説明はついていない）こそ、呪術師チェルカウが獲物を求めてうろつく姿だといわれている。実際に、呪術師たちには炎を腋下や肛門から吹き出すことで、その反動を利用して、空気中を動きまわる力があるのだとされる。これまでに何度かおこなわれた調査で、こうした呪術師のあらわれは、その呪術師の「分身」たるビアのしわざだということがわかっている。動きまわる炎のように見えているのは、移動する「分身」だというのである。

光をはなちながら素早く動きまわるこの「分身」は、ひょうたん、うるさい赤ん坊、双頭の驢馬……などに姿を変えて、将来の犠牲者となるべき相手をおびやかす。チェルカウの「分身」は空中を飛んでいて、夜遅くに歩いている旅人を見付けると、続けざまにいろいろな姿に変身して、旅人の通り道にあらわれる。不幸にして、もし彼がそのひょうたんを拾ったり、その赤ん坊に手を触れたり、その驢馬を蹴飛ばしたりでもしたら……！彼はパニックと恐怖で正気を失い、ということはつまり自分自身の「分身」を制御するすべをも失ってしまうので、呪術師チェルカウ（正確にはその「分身」）はこの制御不能状態にまんまとつけこんで犠牲者からその「分身」たるビアを奪い取り、そしてそれを「喰らって」しまうのだ。

ひとたび身体から自分のビアが引きはがされてしまえば、犠牲者は村に戻っても茫然とするばかりで、もし七日のうちに自分の「分身」を取り戻すことができなければ、この犠牲者は死んでしまう。

魔術師ソハンティの主要な仕事のひとつこそが、まさにこの呪術師チェルカウと戦って、盗まれた分身を「喰われて」しまう前に取り戻すことなのである。「分身」をめぐって「分身」と「分身」が争うこの奇妙な戦いにおいて、それぞれの分身に対応する各人は、みな身体は無傷のまま、自分の家の片隅でぐったりしていることになる。

この想像上の戦いの物語は寓話めいている。ロロという槍（またはその「分身」）を手にした魔術師はチェルカウを突こうとするのだが、チェルカウも身を守るためキビの茎が生い茂るなかにひそんでいる。ところが夜が明けて、それぞれの分身たちが元の身体に帰ると、分身の受けた傷が本人にもあらわれるのだ。そうして腫れた傷跡を誇らしげに見せびらかすようなこともある。しかし戦いは決して現実にまで持ち込まれるようなことはない。現実の呪術師がすぐ隣近所の家に住んでいることもままあるが、現実のソハンティは決してそこには手を出さない。唯一の例外は、呪術師が限度を超えてしまったとき（たとえばソハンティの子供や「捕虜」――家族同然に扱われる――が攻撃された場合など）には、ソハンティはチェルカウを自分のロロで突いて、その「能力の卵」を排出させることができる。この「分身」の戦いが現実において実体化されるのだ。呪術師から奪った卵を使って、ソハンティは防御の呪文を編み出す（この「呪術師の卵」について、西アフリカのサバンナ地帯では一般的に知られているらしいということが、調査からわかっている）。だが、それにしても、犠牲者の「分身」、すなわち盗まれた魂のほうは、いったいどうなっているのだろうか。不思議なことに受け身のまま、これといって守られもせず、この「分身」は七日間にわたって（恐らくはロロを突き刺されたまま）「隠されて」いるのである。この期間が過ぎると呪術師はフクロウに姿を変えて、同じ「社会」に属する呪術師たちに「分身」を分け与えに行ったり（悪魔崇拝の「社会」で牛の背肉のことに言及されるのと同じようなことだ）、自分の（というのは呪術師自身の）守護霊にこれを与えたりする。かくして「分身」を守護霊やら呪術師たちに喰われると、犠牲者は死んでしまうのである。

この図式は論理的なように見えるが、まだ不十分なものだ。たとえば、次のような点についてきちんとは説明できない。

――この非常にリスクの高い操作から呪術師（またはその社会や、呪術師とつながりのある精霊）はいかなる利益を得ているのか（自らの力の増大だろうか。だとしたらいかにして、また何のために？）。

——見たところ偶然任せで行動しているようだが、社会のなかで呪術師は、利益をもたらすものであれ、不吉なものであれ、どのような役割を演じているのか。

——犠牲者が死んでしまったあと、その（原則として不死であるはずの）分身はどこへ行ってしまうのか。ほかのものに姿を変えるのか。あとから分身たちの世界でなにかに利用されるのか。ふたたび肉体を得ることはあるのか。精霊になるのか（その場合、呪術師はこれら神話的存在の生みの親ということになる）。

——その村の呪術師チェルカウが誰なのかは誰もが知っているはずなのに、暗黙のうちに知らぬ顔を決め込み、あらゆる責任を免除されて生きたままでいるのはなぜなのか（もっとも、呪術師の大勢いる村では若い男たちが呪術師の娘との結婚を避けるため、彼女たちは別のところへ落ちのびたり、娼婦に身をやつしたりする……）。

調査を深化させることがたいへんな困難をともなうのは目に見えているが、それでも必要なことである。これだけ広範囲にひろまった現象は、ブラック・アフリカの思考体系を解き明かすために不可欠な鍵へとつながっているに違いないからだ。この時点で私はまだ、呪術師と犠牲者との組み合わせに対して、呪術師の人格という概念についてソンガイの人びとの不確かな説にもとづいた、不完全な図式を当てはめるにとどまっている。

——この「分身」は他の人びとの「分身」を狩るのに、脅かして身体から分身を切り離すという手段をとる。この攻撃は、憑依するときに血のしたたる毛皮を振り回すという、精霊の使う手口と比べることができる。

——いかなる「分身」も、急いで正気を取り戻そうとしている犠牲者（このとき呪術師の身体にも同じようなことが起きているのだが）の分身に取って代わることはないし、その霊的基盤を復元することもできない。

——初めて「分身」の（次いで、身体の）死が明らかになるのは、身体と長きにわたって切り離されていた結果としてである。

——生きた人びとの「分身」たちが精霊たちの「分身」と（あるいは精霊そのものと）行き交う仮想の世界が実

在するとされ、そこでは分身どうしや分身と精霊とが出会い、争い、助け合っているという秘密の集団的想像界が共有されている（憑依のダンスにおいて集団的想像界は公の場で経験されるものだったのとは対照的である）。

——犠牲者の「分身」を消費したり、交換したり、破壊したりするという経済的な関係性があるようだが、その謎を解明する鍵はいまだ見付かっていない。

——呪術師チェルカウは（ソハンティが意図的に自分の鎖を吐き出してみせるのとは対照的に）自分の力を凝縮した卵を肛門から産み落とすことで、自分の力を人目にふれさせるよう強いられている。

†

もう一方、観察者の側に話を進める前に、このビアと呼ばれる「分身」の概念についてポイントを押さえておくのも無益なことではないだろう（章末の図表を参照のこと）。

人びとはそれぞれひとつの「分身」をもち、この分身は並行世界で、すなわち「二重写しになった世界」で暮らしている。その世界は自然の霊力をつかさどるさまざまな精霊たちの領域であり、想像の世界（夢、夢想、省察）がつくりだす永遠不滅の領域であり、ときには魔術師たちや呪術師たちの領域にもなる。この反映としての世界は地上世界の限界を超えるようなことはしないし、特に、神が領ろしめす彼方の世界にはみ出していくようなことはしない。現実世界と二重写しの世界とのあいだにはいろいろなつながりがありえる。そのつながりは、憑依の踊りを通じて精霊がのりうつるというかたちをとったり、魔術師が二重写しの世界へ入り込むというかたちをとったり、他人の分身を狩るなかで呪術師が実体化させるというかたちをとったりする。

こうした二つの世界があるため、最終的に、不慣れな観察者では現実界と想像界との区別がほとんどつけられなくなってしまうということがいえる（「きのうアリと会った」という言葉は、「きのう現実にアリと会った」という意味にも、「きのうアリのことを夢に見た、アリのことを考えていた」という意味にもなるのである）。

そして訓練を積んだら積んだで、観察者はなにが現実でなにが想像上のことだか、余計にわからなくなってしまうことだろう。

## 4 観察者（特に民族誌家＝映画作家）の人格

このもろくて壊れやすい鏡の世界では、男も女もヘマをやればトランスを引き起こしたり、止めてしまったりすることになる以上、観察者がそこにいるということもニュートラルなものではありえない。望むと望まざるとにかかわらず、観察者自身も運動全体のなかに組み込まれてしまい、なにか反応を起こせばそれがどんなに些細なものであっても、その特殊な思考体系と照らしたうえで解釈されてしまうのである。

私は映画作家という人格から始めたために、記録され復元された映像や音声を具体的な要素として提示することで、その大半を文字の読めない人たちが占めていようとも、映像を見せ、音声を聞かせることができるという点で、たとえ挿絵入りであっても書物にはなしえないことができている。

ここ何年かで技術が進歩して、より複雑な装置を使えるようになったため、技法の面はよりシンプルになり、民族誌調査の手段として「ダイレクト・シネマ」を援用しうるようになった。映像と音声を同時に記録することができるようになったのだ。

ジルベール・ルージェとジェルメーヌ・ディテルランの協力を得てダホメとマリで試作にあたるフィルム（一九五七―一九六五）を撮って以来、私はこの「ダイレクト・シネマ」を撮影手法に取り入れることにしている。この技法にはアメリカのロバート・フラハティとソ連のジガ・ヴェルトフという二人の先駆者がおり、二人はそれぞれ、一九二〇年代にはすでに「参加型カメラ」や「シネマ・ヴェリテ」を発明していた。

最初期の映画理論家たちがこの新たな言語をフィクション（それも演劇の伝統のうえに位置付けられるようなフィクション）向きのものだと定義づけようとしていた時代に、ヴェルトフとフラハティはまだ固まりきっていないあらゆる規則をめちゃくちゃに乱して、現実そのものにおいて映画を作るという実験を試みた。

ジガ・ヴェルトフはシネマトグラフィの映像は個別的な映像だということをよく理解していたので、カメラを、人間の眼とは大して関係のない新たな感覚器官として使い、これを「映画の眼」と呼んだ。次いで、トーキー映画があらわれると、同じやり方で今度は「ラジオの耳」を、録音されたものを聞くのに特化した器官として定義付けた。今日ではさらにこの分析を推し進めることで、観客たちは特別な教育を受けていなくてもこの新たな映像と音楽からなる言語を理解している（あるいは「映画的に理解している」と言ってもいいだろう）ことがわかっている。彼はこうした規則をまとめてキノ・プラウダ、すなわち「映画＝真実（シネマ＝ヴェリテ）」と呼んでいるが、この表現はいささか曖昧だ。まず根本のところで、映画とはぶつ切りにしたり、早回しにしたり、スローモーションにしたりすることで、真実（ヴェリテ）をゆがめてしまうものなのだから。

だが私は、キノ・プラウダという言葉を、キノグラーズ（映画の眼）という言葉と同じくらい適切な言い方だと思っている。その言葉が示すのは純粋な真実ではなくて、イメージとそれを記録したものによる個別的な真実、つまり「映画にとっての真実（シネ＝ヴェリテ）」なのだから。

ダイレクト・シネマの手法による映画を撮っているあいだはずっと、一種の「映画としての態度（シネ＝アティチュード）」があらわれている。紙に書いて準備したフィクションの映画とは違って、ダイレクト・シネマの作家はいかなるときも最良の映像と音声を記録できるよう備えていなくてはならないのだ。ヴェルトフふうに言えば、そのとき私はカメラと観察対象の限界を見定めることによって「映画として見ている（シネ＝ヴォワ）」のであり、マイクとテープレコーダーの限界を見定めることによって「映画として聞いている（シネ＝アンタン）」のである。また、効果をあげるのに最適な角度を求めて歩きまわることによって「映画として動いている（シネ＝ブージュ）」のであり、撮影中すでにあるショットと別のショットとの関係を考えることによって「映画として編集している（シネ＝モント）」のであり、……一言で言えば「映画として考えている（シネ＝パンス）」のである。

ロバート・フラハティという、この荒っぽいアイルランドの地理学者は、北の地、ハドソン湾に住むエスキモーたちに対して初めてカメラを使うことで、それと知らずに理論を実践していたのだが、フィールド上で起こる同じような問題を自分で考えて解決しなくてはならなかった。彼は並外れた経験値を見事に活かして、エスキモーのナヌークとその家族についての映画を、自分もそこに参加してしまうことで作り上げたのであった。

そのために、信じられないほど過酷な条件下で、彼は現像所と映写室を作り上げた。かくして彼は「参加型カメラ」を発明した。フラハティはカメラを相互コミュニケーションの大きな障害ととらえるのではなく、むしろ逆に、一本の映画を作り上げるうえで欠かせない共犯関係を構築するための装置とみていたのである。

私たちは民族誌に対して、多少なりとも意識的に、次に挙げる二つの方法を適用している。まず今日において、自分の撮影している人びとはみなカメラのことを知っているし、カメラを使って映像を見たり音を聞いたりできることもよく知っているということ。そして、モンタージュのあいだ、彼らは自分たちのうつったフィルムがつなぎ合わされて上映されるのを一緒になって見ていたということ。撮影がおこなわれている時点ですでに、彼らは「映画として見られている（シネ＝ヴュ）」し、私は彼らを「映画として眺めている（シネ＝ルガール）」のである。

実際、彼らは公の場でおこなわれる憑依の技法や、私的な場でおこなわれる魔術ないし呪術の技法に接したときと同じような反応を、映像と音声をうつしだすこの装置に対しても示すのであった。

よく知られているように、ジェイムズ・ジョージ・フレイザーは『金枝篇』▽2のなかで、初めて自分たちの写真を撮られた「未開人」たちが、自分たちの魂までもがそこに写しとられることで、大いなる災いがふりかかるのではないかとおびえるような反応をみせたことを記している。

では色や音や動きのついている映像についてはどういうことがいえるだろうか。必要があってその種の映画の上映に参加してもらったことで（たとえば一九六九年の『シギ一九六九、ボンゴの洞窟』を一年後にボンゴの村で上映したことがあった）、どういうものに誘発されてショックの感情が起こるのかを理解することができた。映画という織物の一断片のなかでは過ぎ去った時間がよみがえり、亡くなった人たちに生き写しのおもかげの生きている姿を目にし、耳にするのだが、その胸を打つ映像はあくまで幻に過ぎず、彼らにはなにも見えていないし、なにも聞こえていないということが、ショックの感情を誘うのであった……。

今日、私はこう考えるようになった。すなわち、映画に撮られる側の人びとにとってみれば、映画作家の人格もまた、彼らの眼にさらされて変容を遂げているのだと。映画作家はもはや語ることがない、ただ細切れの命令（「スタート！」とか「カット！」などと）を叫ぶだけだ。それに彼はもはや奇妙な装置を介してしかものを見ていないし、ガンマイクを介してしか音を聞いていない。

だが逆説めいたことに、これら撮影機材一式のおかげ、そしてまた見たこともないふるまい（映画を撮っているときの人格のふるまいと撮っていないときの人格のふるまいには何の共通点もない）のおかげでこそ、映画作家は儀式に「なじむ」ことが、儀式の一員となることが、儀式を一歩ずつ追いかけていくことができるのである。奇妙なふるまいは奇妙な振り付けの霊感を得る踊りとみなされ、そのためにカメラマンや付き添いの録音技師は、眼中にない人物ではなく、今まさにおこなわれつつある儀式の参加者とみなされるようになる。

こうして、ソンガイ・ザルマの人びとは映画になじみ、彼らの眼にさらされた私の人格は、憑依儀式において踊り手の人格が変容したのと同じように変容を遂げて、ついには現実のトランス状態に陥っている者を撮ることで、撮っている側もまた「シネ・トランス」に陥るまでになったのであった。私は本気で、自分のファインダーさばきと観衆の反応だけでいま撮ったシークエンスが成功か失敗かわかると思っていたし、民族誌の理論や映画理論といった重荷を振り払って、「独創につきものの野蛮さ」を見出したつもりでいた。

それだけではない。こうして狩りでもするように映像を撮りためることは、呪術師が「分身」を狩るのと同じようなことと思われるし、自分がちょっと心配しすぎるのではというほど気を付けて（暗く、乾燥した、気温の低いところに）「ひとまとまりの反映（フィルム）」を保管していたのも、「ひとまとまりの分身たち」を守っていたように思われる。私にとってのカメラがさしずめ、憑依する側の精霊が手にしている血まみれの毛皮だとすれば、逆にフィルムを遠くの現像所へと送ってしまうことは、呪術師によって分身を喰われてしまうことのようであった。

もっとも、私の見立て（アナロジー）はここまでで終わってしまう。そのあとの作業はアフリカ神話のなかでは予見されるはずなどありえないものだからだ。「盗まれた」はずの映像は何ヶ月かすれば返ってきて、スクリーンの上で、命を取り戻すのだ（そこで写されるものは異様な力をそなえており、スクリーンにうつった「精霊の騎馬」の憑依を目にすることさえできれば、すぐにでもトランス状態に入っていくことができる……）。

そのとき私は実際に、自分は「分身」を受け取ったり受け渡したりする役割や、「反映」を喰らったり晒しものにしたりする役割にあるように思い込むことになるのだが、ここで問題になるのはその研究が、民族誌家とその調査対象とのあいだの特異な関係性に適切なかたちで光を当てているかという点であることは承知している。現時点で、映画作家の人格についてもソンガイの説によって説明がつくとまでは思っていない。しかしそののちもジーマと呼ばれる司祭たちやソハンティと呼ばれる魔術師たち、それにソルコの人びとから三〇年以上にわたって協力を得ておこなわれた調査を通して、簡単なスケッチ程度のことを試みておきたいと思う。

## おわりに

以上、映画作家の人格についての批判的考察を進めていくことで、その考察は民族誌家の人格に対しても向けられるようになった。

フィールドで仕事をするうち単なる観測者であったはずの人は、もはや村のはずれで「古代人たち」に挨拶をするような人間ではいられなくなってしまう。ふたたびヴェルトフふうの言い方をさせてもらうならば、彼は「民族誌として眺め（エスノ＝ルガール）」「民族誌として観察し（エスノ＝オプセルヴ）」「民族誌として考える（エスノ＝パンス）」のであり、また彼が向き合っている人びともまた、いつものようにやってくるこの異邦からの来訪者に信頼を置き、彼と同じように「民族誌として見せ（エスノ＝モントル）」「民族誌として語り（エスノ＝パルル）」ついには「民族誌として考える（エスノ＝パンス）」ようになるのである……。

この「民族誌的な対話」こそ、今日までにいたる民族誌の道のりのなかでもっとも興味深いバイアスのひとつだと思う。もはや知識とは、秘めておいたところを盗まれて、西洋風につくられた知識の神殿のなかでむさぼり喰われてしまうようなものではない。そうではなくて、民族誌家とその調査対象となる人びととが一緒になって巻き込まれていく終わりのない調査のなかで、私たちの身内ではすでに「共有人類学」と呼ばれているような道をゆくことで得られるものこそが、知識なのである。

▽1 ジガ・ヴェルトフの宣言文「映画の眼」（一九二三）を参照のこと。ヴェルトフのいうキノキ（原文ではKinok）という言葉は、新しいタイプの映画作家のことを指す。「キノキが作るリアリズムの映画と、悪徳興行師のような連中が作る映画とはまったく別物なのだ」。

▽2 ジェイムズ・ジョージ・フレイザーの『金枝篇』は一九一一年から一九一三年にかけて編纂され、その後も絶え間なく再編されることで、あらゆる大陸でおこなわれる儀礼や何十もの神話を結びつけた、巨大な絵巻物のような様相を呈することになった。著者フレイザーはこの本のなかで「未開の人びと」の「魔術的思考」を理解しようとしている。

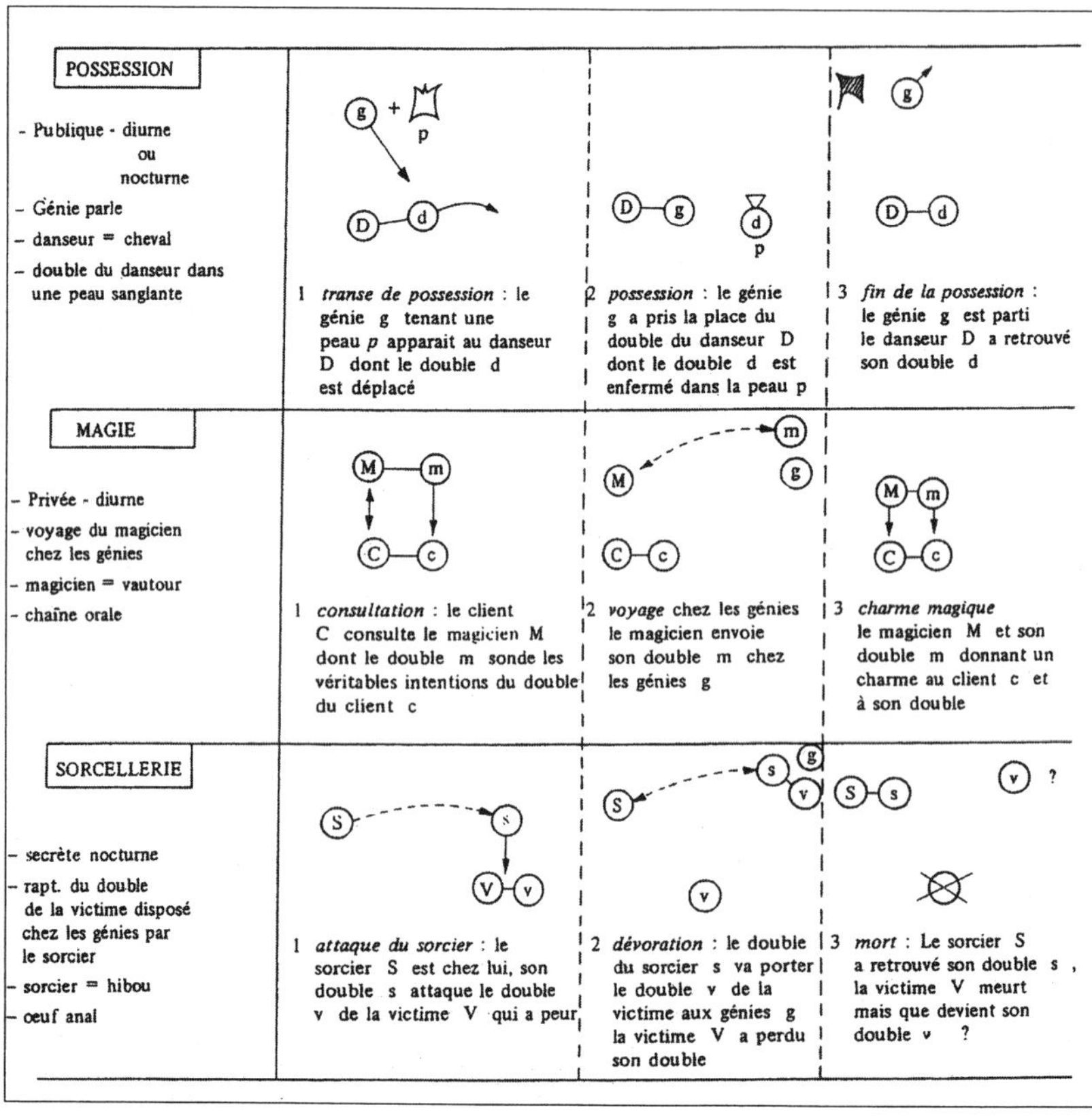

POSSESSION
- Publique - diurne ou nocturne
- Génie parle
- danseur = cheval
- double du danseur dans une peau sanglante
g + p
D d
1 transe de possession : le génie g tenant une peau p apparait au danseur D dont le double d est déplacé
D g d p
2 possession : le génie g a pris la place du double du danseur D dont le double d est enfermé dans la peau p
g
D d
3 fin de la possession : le génie g est parti le danseur D a retrouvé son double d
MAGIE
- Privée - diurne
- voyage du magicien chez les génies
- magicien = vautour
- chaîne orale
M m C c
1 consultation : le client C consulte le magicien M dont le double m sonde les véritables intentions du double du client c
m M g C c
2 voyage chez les génies le magicien envoie son double m chez les génies g
M m C c
3 charme magique le magicien M et son double m donnant un charme au client c et à son double
SORCELLERIE
- secrète nocturne
- rapt. du double de la victime disposé chez les génies par le sorcier
- sorcier = hibou
- oeuf anal
S s V v
1 attaque du sorcier : le sorcier S est chez lui, son double s attaque le double v de la victime V qui a peur
g s v S v
2 dévoration : le double du sorcier s va porter le double v de la victime aux génies g la victime V a perdu son double
S s v ?
3 mort : Le sorcier S a retrouvé son double s , la victime V meurt mais que devient son double v ?

【図表中の文字】

《憑依》
——公の場で、昼間または夜におこなわれる
——踊り手＝馬
——踊り手の分身は血まみれの毛皮に包まれる
憑依のトランス：精霊 g が毛皮 p をもって踊り手 D の前にあらわれ、踊り手の分身 d が引き離される
憑依：精霊 g は踊り手 D の分身と交替し、分身 d は毛皮 p のなかに閉じ込められる
憑依の終わり：精霊 g は離れてゆき、踊り手 D は自分の分身 d を取り戻す

《魔術》
——私的な場で、昼間におこなわれる
——魔術師は精霊たちの世界へ旅をする
——魔術師＝ハゲワシ
——口のなかに鎖が入っている
相談：依頼者 C が魔術師 M に相談をもちかけると、魔術師の分身 m が依頼者の分身 c の本当の意図をさぐる
精霊たちの世界への旅：魔術師は自分の分身 m を精霊たち g の世界へと飛び立たせる
魔法の呪文：魔術師 M とその分身 m は依頼者 C とその分身 c に呪文をさずける

《呪術》
——夜に、秘密裏におこなわれる
——犠牲者の分身は精霊たちの世界で呪術師の意のままとなり、捕食される
——呪術師＝フクロウ
——肛門から排出される卵
呪術師の攻撃：呪術師 S は自分の家にいながらにして分身 s をさしむけ、恐怖にかられた犠牲者 V の分身 v を攻撃する
捕食：呪術師の分身 s は犠牲者の分身 v を精霊たち g のもとに持ち去り、犠牲者 V は自分の分身を失う
死：呪術師 S は自分の分身 s を取り戻し、犠牲者 V は死んでしまうのだが、ではその分身 v はどうなるのだろうか

［付記］本稿は以下の全訳である。Jean Rouch, « Essai sur les avatars de la personne du possédé, du magicien, du sorcier, du cinéaste et de l'ethnographe », *La nation de pensée en Afrique noire*, Colloques internationaux du CNRS, du 11 au 17, 1971, Paris, pp. 528–544.

# V 資料編

16

# ジャン・ルーシュ インタヴュー［1988］

## 一九三七年、私はアンリ・ラングロワのシネマテークの最初の会員の一人でした

武田 潔［聞き手・構成・訳］

国際交流基金と日本映像カルチャーセンターの招きでジャン・ルーシュ氏が来日した。氏にとっては七度目の訪日だが、今回のそれはこれまでとはいささか趣を異にしている。すぐれた民族誌そして／あるいはドキュメンタリー映画作家として、映像カルチャーホールでの自作の特集上映にちなみ、「映像人類学――昨日、今日、明日」と題された講演を行うことのほかに、新たに就任したシネマテーク・フランセーズの館長として、映画保存をめぐる日本の現状を視察し、関係者と意見を交換することがその主たる目的だったのだ。

彼の撮ったいくつかの民族誌映画や、『私は黒人』、『少しずつ』といったユニークなドキュメンタリー映画、そしてエドガール・モランとの共同監督による〝シネマ・ヴェリテ〟の記念碑的作品『ある夏の記録』などを興味深く見続けてきた者として、氏にインタヴューできることは大きな喜びだった。以下は氏が滔々と――しばしば質問を先取りしながら！――語ってくれたことをまとめたものである。

## 土木学校、人類学、そして映画

私は一九一七年にパリで生まれました。父は海軍士官で転勤が多かったため、私は少年時代をいろいろなところで過ごし、リセは七つも変わりました。幸いパリに住むことも何度かあって、特に一九三〇―三一年からはパリに落ち着いて、学業を終えることができました。当時、パリはたぐいまれな知的首都でした。次いで、私は数学を専攻していたこともあって、一九三七年に国立土木学校に入りました。それはちょうど、現在シネマテークがあるシャイヨー宮と、近代美術館のパレ・ド・トーキョウが相次いで落成した頃で、シネマテークは今年からこのパレ・ド・トーキョウに移ることになっています。やがて戦争が始まり、私は一九三九年に応召して、フランス中を自転車で回りながら、橋を建設するのではなく、爆破する任務につきました。その後、ドイツに占領されたパリに帰って、土木学校の三年目にもどったのです。

土木学校では一般教養にも重きが置かれていました。私たちはソルボンヌで哲学の講義にも出ていましたし、また、開館したばかりの人類博物館で人類学もやりました。それは私たちにとって海外に開かれた窓であったからです。その当時、マルセル・モースは彼が創始した新しい人類学の課程を、ソルボンヌとコレージュ・ド・フランスで主宰していました。私は彼の主な弟子の一人であるマルセル・グリオールとともに研究を行いました。グリオールはソルボンヌで最初に人類学の博士論文を出した人です。

私はその頃から映画にも興味を持っていて、一九三七年にはアンリ・ラングロワのシネマテークの最初の会員の一人でした。ただ、当時の私たちにとって、映画はルーヴル美術館や、新しい近代美術館や、ル・コルビジェなどの建築や、デューク・エリントンのジャズなどと同じように、ひとつの教養でした。今日以上に、当時の若者は時代の申し子だったのであり、自分たちのまわりで起こっていることに好奇心を持っていたのです。ですから、その頃の私はドキュメンタリー映画が特別に好きというわけではありませんでした。ただ、私が最初に見た映画は、六歳の時に見たフラハティの『極北のナヌーク』で、これには強い印象を受けました。たぶん、父が第一次大戦の前にシャルコー——有名な精神科医の息子のほうです——の極地探検に参加していたからでしょう。父はよくその話をしてくれたものです。もう一人、私が師と仰ぐドキュメンタリー映画作家、ヴェルトフについては、確か一九三八年か三九年の始めに、ラングロワのところで『カメラを持った男』を見たのが最初です。マルク・アレグレがジッドと撮った『コンゴ紀行』は見ていませんでしたが、ジッドの本は読みました。そして、植民地問題というものが存在することを知り、それに啓発を受けました。

## アフリカとの出会い

私が初めてアフリカに行くことになったのは一九四一年のことです。ドイツ占領軍は私たちがイギリスに渡ろうとしていると考えて、私たちを捕まえました。そして、それ以後、国外に出るためには占領軍司令部の許可を得なければならなくなりました。そこで、私たちは海外での仕事を探し、一九四一年に、土木学校の技師としてアフリカのニジェールに行ったのです。その後、地中海側からフランスに戻り、自由フランス軍に加わって、ライン川などに橋を架ける工事を担当し、終戦はベルリンで迎えました。戦後、土木学校の同僚の多くは要領よく金を儲けていましたが、アフリカに行った私たちの仲間は仕事もなく、みんなくさっていました。結局、ソルボンヌに戻って哲学の学位を取ることにしたのですが、そんな時、先程お話ししたマルセル・グリオールが、私たちのアフリカでの経験を生かすため、博士論文を書くことを勧めてくれたのです。そこで、私は二人の仲間と一緒に再びアフリカに渡り、ニジェール川を水源から海まで下りながら調査を行いました。それが私たちの最初の調査旅行で、一九四七年のことでした。

この時に、私は自分の最初の映画を撮ったのです。グリオールは私たちに写真機と録音機と映画キャメラを持って行けと言いました。彼は初めてドゴン族のもとへ調査旅行に行った時、三五ミリ・キャメラとエジソンの蠟管式録音機を携行していました。私たちは蚤の市で買った一六ミリ・キャメラ（ベル&ハウエル）を持って行き、映画を撮りながら調査を行ったのです。その中のカバ狩りを記録した部分を、私は帰国後、人類博物館の同僚に見せ、彼らは映画を研究に利用することに大いに興味を示しました。私はこの映画を若いミュージシャンの友人たちにも見せました。彼らはサンジェルマン・デ・プレの地下酒場でニューオリンズのジャズをやっていた連中で、私はこの音楽が大好きでした。たまたま、そのうちの一人が、自分の父親はニュース映画の〝アクチュアリテ・フランセーズ〟の社長だから、これを見せたらどうかと言ってくれました。そんなわけで、一六ミリ・白黒で撮ったこの映画は、三五ミリにブローアップされて、後にロッセリーニの『ストロンボリ』と一緒に公開されました。こうして私は映画の世界に入ったのです。

しかし、私は『黒い呪術師の国で』(一九四九)と題されたこの映画をめぐって、映画産業のやり方にひどく失望しました。別にお金の問題などではありません。お金はきちんと払ってくれましたから。そうではなくて、彼らが三〇分の映画を一〇分に縮めたり、内容とは何の関係もないナレーションを勝手につけたり、愚劣な音楽を入れたりしたことに不満を抱いたのです。そこで私は自主映画を志し、撮影を見よう見まねで覚えて、再び、ただし今度は一人でキャメラをかかえて、アフリカに渡りました。白黒の撮影は難しかったのでフィルムは扱いやすいコダクロームを使い、『割礼』(一九四九)をはじめとする一連の民族誌映画を撮りました。それらはわれわれが行っていた民族誌学研究を補うものでした。

私がそれらの映画を携えて一九四八年に帰国すると、まず人類博物館の人類学者たち、グリオール、レヴィ=ストロース、ミシェル・レリスといった人々がそれを見てくれて、民族誌学的価値を認めてくれました。一方、ラングロワもクストーの初期の作品と一緒に私の映画を上映してくれて、そこに映画的価値を見出しました。そして、ラングロワ、コクトー、ドニオル=ヴァルクローズといった人々が、一九四九年にビアリッツでおこなわれた〈呪われた映画祭〉に私を招待してくれました。そこにはフランソワ・トリュフォーという名の小さな少年が、バザンに連れられて来ていました。この映画祭で、私は自分の作品を初めて映画人たちに見せたのです。ここでは、アンガーの『花火』をはじめとするアメリカの初期インディペンデント映画や、マクラレンの初期のアニメーションなどのアヴァンギャルド映画、そしてドライヤーの『奇跡』といった作品が上映されました。[▽1] 私は『憑依舞踏へのイニシエーション』(一九四九)という映画を出品し、審査員たちはドライヤーと私の両方に最優秀賞を与えました。これは一〇分程の無声映画で、私はその場で解説をつけました。ドライヤーと同等の評価を受けて、私はたいそう誇りに思い、また感動したものです。

## 映像人類学の創始

それから、私は再びアフリカに行き、カバ狩りを撮り直した『大河での闘い』や、『イェネンディ、雨を降らせる人々』（ともに一九五一）などを撮りました。その頃には、私はソルボンヌで人類学の博士論文を提出していて、科学的研究の世界に入っていました。映画もほぼ自分の思い通りのものが撮れるようになりました。そんな中で、私は『大河での闘い』を、カバ狩りをした当人たちに見せる機会に恵まれました。そこで初めて、〝フィード・バック〟の実験を行ったのです。これは非常に重要なことで、キャメラをア・ポステリオリな調査の道具として用い、なかんずく撮影された人々の反応を観察しようとするものです。これこそが〝映像人類学〟と旧来の人類学との最も大きな違いです。私は彼らについて研究し、論文も書いたわけですが、彼らはそれを読むことができず、私が何をしているのかわかりませんでした。彼らと初めて出会った時、私は技師だったわけで、その後、私が彼らの話を聞いたり、行動をともにしたり、メモを取ったり、写真を撮ったり、映画を撮ったりするのを見て、てっきり戦争で頭がおかしくなったのだと思っていました。そこで、私が彼らに自分の撮った映画を見せると、たいそう興味を持って、私のしていることを理解したのです。と同時に、私は初めて彼らから批判を受けました。これは重要なことでした。彼らが言うには、これは馬鹿げている、まずカバが少ししか出てこないじゃないか、それにどうして音楽をつけるのか、狩りをしているのに、これではカバが逃げてしまう、というのです。それ以後、私は自分の映画に音楽はつけないことにしました。こうして、彼らはたくさんのことを私に教えてくれたのです。

　こうしたやり方はソルボンヌでは受け入れられませんでしたが、グリオールのような人類学者は私を支持し、映画による民族誌学が可能であり、それが貴重な成果をもたらすと考えていました。彼自身、一九三一年の調査で映画を利用していましたが、それは純粋に科学的なやり方によるものでした。彼は仮面のダンスを撮影した後、その映像をもとに図表を作成させて、ダンスと音楽の関係を分析したのです。上に踊り手の図を配し、下に太鼓の音を記載したわけです。ですから、これはひたすら科学的な情報を得ることのみを目的としていました。ところが、一九五一年に私が初めてドゴン族の集落で撮った『断崖の墓場』を見て、彼は強い感銘を受けました。これはドラマティックな映画であり、彼は常に、自分たちの儀式を前にしたドゴン族の人々の反応にたいそう深い感銘を受けていたからです。つまり、儀式に参加する人たちの情緒ということです。当時の人類学者たちはそんなことはまったく意に介しませんでした。情緒なんて何だ、重要なのは彼らがすることであり、彼らが考えていることではない、というわけです。その頃、私たちのあいだで芽生えたのが、今日人類学の一流派として定着しつつある〝思考体系〟派の理念です。一つの文化にあって、思考体系こそが本質的なものであり、それを解明することの方が、いたずらな理論構築よりも重要だとする立場です。実際、グリオールがレヴィ＝ストロースを厳しく批判したのは、彼が自らの論理体系を投射して、対象となった人々自身の論理体系をないがしろにしていたからです。彼の親族体系の研究において、そうした体系を説明しているのは彼であり、調査された人々ではありません。それは彼の体系であり、人々のそれではないのです。要するに、私たちにとって最も大切なのは、人々が自らの文化について、自分自身で語ることであり、外からの訪問者がそれについて語ることではないのです。それが、私たちが〝共有人類学〟と呼んだものの原理です。人類学を、研究者と、研究の対象となった人々とが共有するということです。

## ミシェル・レリス

ミシェル・レリスも私たちの同僚でしたが、まことに残念なことに、彼は一九三一―三二年に、グリオールの最初のダカール～ジブチ調査隊に参加した後、彼と喧嘩別れしてしまいました。理由は単純で、レリスはこの調査旅行をめぐって、『幻のアフリカ』という素晴らしい紀行を書き、私はこの本が大好きなのですが、レリスの作品の常として、それはひどく礼を欠いたものでした。たとえば、こうしてあなた方と会った後で、あなた方の悪口を言いふらすようなものです。レリスはシュルレアリストで、グリオールもそうでしたが、レリスの方はスキャンダルへの好みからそれに加わっていました。ですから、彼にとっては悪意のある話を書くことは普通のことだったのです。しかし、グリオールはこの本の出版に反対しました。それで二人は訣別したのです。彼らはともに驚嘆すべき人物で、互いに最良の友人だったのに、実に残念なことです。実に馬鹿げている。その損失は計り知れません。

彼は私の初期の映画を見て、映像人類学に一応の興味を示した時期がありましたが、彼が本当に好きだったのは私のフィクション映画の方です。常にシュルレアリストの姿勢を貫き、夢と想像の世界に魅せられていたからです。〔武田の差し出したレリスによるキング・ヴィダーの『ハレルヤ』の批評記事[▽2]のコピーを見て〕ほう、これは知りませんでした。ブラヴォー！　一九三〇年……彼がシュルレアリストだった頃のものですね。この献辞を捧げられている人〔ジョルジュ・アンリ・リヴィエール〕が誰だか知っていますか。人類博物館の創立者ですよ。ジョルジュ・アンリ・リヴィエールは素晴らしい人物で、「屋根の上の牡牛」という名のキャフェで、コクトーと一緒にピアノを弾いていました。彼らはみなそうしたシュルレアリスム運動の仲間たちで、ですからこの記事もきっとそうした方向のものでしょう。後で早速読んでみることにします。

## ピエール・ブロンベルジェ

私がブロンベルジェと出会ったのは、先程お話しした〈呪われた映画祭〉の時で、その後、私の何本かの作品のプロデューサーになってくれました。はじめの仕事は、それまでに撮ったいくつかの短編をひとつにまとめて長編映画にした『水の息子』(一九五八)で、これは当時、フランスではプリントの焼付けができなかったので、まずロンドンのテクニカラー・ラボで各短編のプリントを作り、次にパリで、ピエール・シェフェールの指揮していたラジオ・フランセーズの研究グループによって編集が行われました。それから上映用プリントが二本作られ、一般に公開されたのです。ただ、一〇年ほど前に、新しくプリントを焼こうとした時に、オリジナルが失われていることがわかりました。映像はあるのですが、サウンド・ネガがないのです。幸い、最近シネマテークの友人が、ニューヨークにこの作品のプリントがあることを教えてくれ、これでこの映画を復元することができます。続いて、彼のプロデュースで『狂った主人たち』(一九五七)を作り、これはヴェネツィア映画祭に出品されてドキュメンタリー部門の最優秀賞に選ばれ、五七年にベルイマンの『道化師の夜』が公開された際に(ベルイマンの映画がパリで公開されたのはそれが最初でした)、それと一緒に上映され、バザンがたいへん好意的な批評を書いてくれました。▽3 この作品の編集を担当したのは、ジャック・タチの編集者だったシュザンヌ・バロンで、彼女はその後、多くのヌーヴェル・ヴァーグの若い監督たちの作品の編集を手がけました。私は編集の役割に関して彼女から沢山のことを学びました。

それから、『ジャガー』(一九六八)、『私は黒人』(一九五九)、『弓でのライオン狩り』(一九六五)、『少しずつ』

（一九七一）などの作品を作ったのですが、ブロンベルジェという人物は、一言で言えば、私が出会った中で最も素晴らしいペテン師です。ペテン師でなければ、彼はあれらの映画を製作することはできなかったでしょう。プロデューサーとはそうしたものです。彼は映画にたいへんな情熱を燃やし、ルノワールや、ブニュエルや、ヌーヴェル・ヴァーグの監督など、あらゆる人々のあらゆる作品をプロデュースしました。そして、ビアリッツでもあれらの映画の振興のために大きな役割を果たしました。彼はいつも陽気で、気がいいのですが、ただ不運なことに、私の映画は決して儲かったためしがないのです、可哀相に（笑）。それでも、彼はいつも製作を引き受けてくれました。『少しずつ』の時もそうです。前貸金委員会に提出するために、私は大ざっぱなシナリオを書いたのですが、委員会では馬鹿馬鹿しい企画だとして、却下されてしまいました。ある晩、ブロンベルジェはその知らせを私に伝えて、でも、やっぱりこの映画は作ることにしようと言ってくれたのです。素晴らしいことです。

## フランス社会の民族誌学

『少しずつ』の出発点となったのは『ペルシャ人の手紙』[▽4]です。そして、既に共有人類学で提唱していた、〝逆転(リヴァース)〟の試みを実践し、アフリカ人にフランス社会を観察してもらい、フランス人についての調査をしてもらおうと思ったのです。たまたまその頃、私の長年の協力者であるダムレ・ジカが、ユネスコの依頼で、録音技術の研修と、テープに録音された口頭伝承の筆記のため、パリに派遣されていました。彼はもともとカバ狩りの狩人で、私のニジェール川流域の調査以来、あらゆる調査旅行に同行してくれ、その後テープレコーダーの扱いも覚えて、『狂った主人たち』では録音を担当してくれました。とても頭のいい人間です。その彼がパリに派遣されて、それは彼にとっての初めてのパリ旅行でした。私はアフリカにいて、たくさん仕事を抱えているのに困ったことだと思っていたのですが、ふと考え直して、それなら彼を使ってパリで映画を撮り、彼が初めてパリを発見するさまを記録しようと思い立ったのです。そこで彼と相談して、彼が『ジャガー』の中で仲間と始めた小さな物売りの屋台〝少しずつ(プチ・タ・プチ)〟が大会社になって、彼が高層ビルを建てるため、パリに視察に来るというシナリオを考えたのです。

撮影は話の順序に従って、まず冒頭のアフリカの場面を撮り、私は彼と一緒に飛行機でパリにやって来て、そこで、私がたいへん気に入っているシーンの一つ、ダムレがトロカデロ広場に一人でいるシーンを撮りました。雨の中、彼はエッフェル塔の前に立って、顔には白い布を巻いています。そこへ風が吹いて、顔全体が布に覆われてしまい、何も見えなくなってしまうのですが、そのすぐ後で、彼は絵葉書を買い、「パリは素晴らしい!」と書いて出すのです(笑)。私は二日後にはアフリカに帰らなければならなかったので、撮影はそこでいったん中断し、ダムレ一人がパリに残りました。私は彼に日誌をつけるように頼み、彼は三か月のあいだ、〝ペルシャ人の手紙〟を書いたのです。ですからシナリオを書いたのは彼であり、そうしてこの映画が作られたのです。私は撮影を六八年の五月に再開するつもりでしたが、六八年五月には人々は別のことをやっていたため、撮影は同年の九―一〇月に延期されました。しかし、五月革命はこの映画にも影響を与え、それは当初の予定とはまったく異なった、三部構成のものになりました。すなわち、第一部が「ペルシャ人の手紙」、第二部がパリでのアフリカ人の生活を描いた「パリ――セーヌ河畔のアフリカ」、そして第三部が五月革命に触発された「想像力に権力を」です。それは想像力のユートピアを描いています。▽5 撮影には普通のエクレール・キャメラを使い、ごく単純なやり方で、ただし書かれたセリフなしで、かつ必ずワン・テイクで撮るということを原則にしました。

私の最も初期の記録映画はサイレントです。当時はまだテープレコーダーがなかったからですが、一九四九年に、ブロンベルジェがビアリッツに最初のテープレコーダーを持って来て（もっとも、それはテープではなくて針金のような金属線に録音するものでしたが）、そこで、一九五一年にアフリカに戻って『大河での闘い』や『イェネンディ』を撮った時に、初めてテープレコーダーを使って録音を行い、シンクロしていない現実音を入れました。シンクロしていないというのは、その頃のキャメラは雑音がひどくて、同時録音ができなかったからです。私は友人の言語学者と二人でチームを組み、彼が録音を担当して、編集の段階で、キャメラの雑音が聞こえる部分をカットし、その前後の音声をなるべく映像に合わせてつけるようにしたのです。奇妙なやり方でしたが、これでとにかく現実の音を映画に使うことができました。もちろん、そうすることで何かができると考えていたわけです。

これらの作品も含めて、はじめのうちは、私も自分の映画に解説のナレーションをつけていましたが、『ジャガー』や『私は黒人』では、出演者自身が映像を見ながら語ったコメントを入れるというやり方を試し、また、『弓でのライオン狩り』などの作品では、狩人たちの言うことを翻訳して音声で流しました。字幕をつけることをしなかったのは、まず、私がそれらの映画をアフリカでもしばしば上映することがあり、人々は文盲であるため、字幕を読むことができないからです。私は文盲の人々を尊重します。字幕をつければ、彼らは内容が理解できなくて、欲求不満になってしまうでしょう。それに、私は文字に対していささか敵意を抱いています。ましてや、人は本を読むために映画を見に来るのではありません。そうしたことから、私は字幕には反対なのです。ラングロワが初めて『羅生門』や小津などの日本映画を上映した時にも、字幕はまったくついていませんでした。

彼ははっきりとこう言っていました。映像に身をまかせること、そして、作者が語ろうとした物語とは別の、しかしそれに勝るとも劣らないほど美しい物語を空想することこそが大切なのだと。

もちろん、そうした翻訳や、『ジャガー』や『私は黒人』で当人たちがコメントする言語がフランス語だという問題はあります。それは彼らの母国語ではありません。これに関しては非常に興味深い議論があるのですが、複雑すぎてここで説明することはできません。ただ、ひとつ言えることは、実際問題として、当時はアフリカにおける映画の黎明期で、それらの作品がアフリカで、ニジェール以外の国々でも公開されるためには、しかも字幕をつけなくてもよいようにするためには、共通語であるフランス語を使わなければならなかったのです。たとえば、『私は黒人』はアフリカで初めて公開された映画の一つですが、そこで人物たちが実際に話していた言葉は、コートジボワールではまったく通じません。だからと言って、字幕をつけても人々は文盲なのでそれを読むことができません。観客の理解できない言語で映画を撮ることは馬鹿げています。ですから、フランス語の使用は便法にすぎないかもしれませんが、それなりの利点があるのです。それに、『私は黒人』のウマル・ガンダや、『ジャガー』のダムレが話すフランス語は、形のくずれたいわゆるクレオル語で、これは素晴らしい言語です。フランス語が進化してゆくとすれば、それはクレオル語のおかげであり、フランス語の未来とはまさにそれです。実に美しい。

## シネマ・ヴェリテとヌーヴェル・ヴァーグ

『ある夏の記録』（一九六一）はいわゆるシネマ・ヴェリテあるいはダイレクト・シネマを創始した作品です。軽機材を使った、シンクロ音声による撮影を通じて、フランスという私の知らない国を調査し、そこに暮らす若者の生態をとらえようとした試みです。その狙いは単純なものでした。クリス・マルケルの『美しき五月』と比較してみればよくわかります。『ある夏の記録』は古びてはいません。一方、『美しき五月』は晦渋で、知的な映画です。『ある夏の記録』は知的ではありません。それは単純に若者の声をとらえ、そして、モランがこのことに気づかなかったのは不思議ですが、八年後の彼らの反乱を暗示しています。

この作品を撮るにあたって、私は常に楽観的な視点を求め、モランは反対に悲観的な視点に立っていました。彼はもと共産党員で、党のために闘争を行った人々は、自らの偶像を失うことで深く傷つくものです。そこから立ち直ることは容易ではありません。彼は共産党から追放された人物でした。戦争中に父親と離別した彼は、第二の父親であった党をも失ってしまったのです。そんなわけで、彼は悲しく、悲観的でした。私の方は、幸運にも、奇妙で冒険に満ちた人生を送り、不幸ではありませんでした。友人たちも、アフリカの生活では笑いが本質的なものなのですが、そうした笑うことの喜びを教えてくれました。

技術的な面では、私たちはクータンが新しく開発した初代のエクレール・キャメラを使いました。これは軽量で扱いやすく、同時録音が可能です。始めのうちは、私の助手の一人であるロジェ・モリエールが撮影を担当したのですが、その時はまだ台座に載った非常に重いキャメラを使っていて、自由に動き回ることができませんでした。そこで、より動きに富んだ撮影を行うために、誰かほかの人を頼もうということになって、その頃の最良のキャメラマンを起用したのですが、彼はキャメラと一緒に通りを歩こうとはしませんでした。それから、私は以前カナダで会ったことのあるミシェル・ブローに声をかけ、彼はカナダのヌーヴェル・ヴァーグを代表していて、キャメラを持って歩く訓練も積んでいたので、結局、彼が作品の大部分を撮影してくれました。そして、私自身も四人目として、誰もいない時など、自分でキャメラを回しました。

もう一本、『パリところどころ』（一九六五）という作品がありますが、これはオムニバス映画で、私の撮った『北駅』篇は撮影が複雑でした。一二〇分以内という時間の制限に加えて、即興で、しかもワンショット・ワンシークエンスで撮ることにしたからです。ヒッチコックの『ロープ』のように。実際には二つのショットを撮り、それをエレベーターの暗闇の場面でつないだのですが、ワンショットを一〇分間の長さに合わせるのはたいへんでした。出演者たちは与えられたテーマについて、セリフを即興でしゃべっていたので、それをうまく調整し、時間を正確にコントロールしながら演出を行うことは、たいそう難しかったのです。撮影を担当したのはジャック・ベッケルの息子のエティエンヌ・ベッケルで、彼はとても見事な仕事をしてくれました。この作品のテーマというのはこうです。そもそも北駅を選んだのは、子供の頃、父と一緒に、映画の中に出てくる陸橋を渡った時、父が、第一次大戦ではここからフランス人たちが出征して、殺されたのだと話してくれたからです。つまり、それは死の橋だったのです。そこで私たちは、すぐれた物語がみなそうであるように、それを逆にたどることを考えました。死を結末に置いて、そこに至るまでの最後の二〇分を描くのです。家で夫と言い争いをした女が、通りで見知らぬ男に出会い、その男とも口論になって、男は最後に自殺します。非常に単純な構成のもとで、最後に悲劇が起こるのです。私は、ゴダールがいみじくも言ってくれたように、時間の流れの中に、非情な、運命的なものを導入したかったのです。ワンショット・ワンシークエンスはそのための手段でした。

この頃、私はキューバから亡命して来たネストール・アルメンドロスに会いました。ラングロワが紹介してくれたのですが、彼は人類博物館に来て、キューバで撮った『浜辺の人々』というドキュメンタリーを見せてくれ、それは私たちのやっていることと相通じるものでした。彼は仕事を探していて、たまたま『パリところどころ』の「エトワール広場」篇を撮っていたキャメラマンが、監督のロメールと喧嘩して降りてしまったため、彼の代わりをつとめ、ドゥーシェも自分の「サンジェルマン・デ・プレ」篇に彼を使いました。そこで、私たちは彼が最もすぐれたキャメラマンの一人であることを発見し、その後、トリュフォーやロメールが彼に撮影を任せるようになったのです。

この作品はヌーヴェル・ヴァーグの監督たちを集めていましたが、実際、ヌーヴェル・ヴァーグとは友だちの一団であって、私たちはみなラングロワの生徒であり、同じ仲間でした。一緒にシネマテークという学校に通い、そこで映画を学んだのです。映画を撮れば、互いに見せ合い、互いに批判し合いましたし、同じ俳優を使うこともしばしばでした。ですから、同じ経験を共有する者として、私たちの間には絶えず交流がありましたし、そんな中で、この『パリところどころ』は、言わばヌーヴェル・ヴァーグによる一種のコンクールでした。だからこそ、私はこのリスクの大きい映画を撮ったのです。俳優にとっては、セリフが出てくるかどうかというリスクがありましたし、キャメラマンにとっては、つまずいたりして撮り直しをしなければならなくなるのではないかというリスクがありましたし、監督にとっては、演出が一〇分に収まるかというリスクがあったのです。もしこの映画がすぐれたものであるとすれば、それはこうしたリスクのためです。

## シネマテーク

私は一九八七年五月にシネマテーク・フランセーズの館長に就任しました。ご存じの通り、その頃、シネマテークではもめごとが続いていましたが、その原因は、もともとシネマテークがきわめて運営の難しいものであることに加えて、当時の館長のコスタ＝ガヴラスが、シネマテークの仕事よりも自分の映画の方を優先し、一人の官僚に実権を与えていたからです。私たちはその官僚を信頼していたのですが、実際には、彼は独断的に振る舞っていました。彼は映画のことを何も知らず、シネマテークの五〇周年記念の行事についても、理事会をないがしろにしていました。ですから、ガヴラスがシネマテークをパレ・ド・トーキョウに移す計画を発表した時、私たちはみな、ラングロワがシャイヨーに作った映画博物館のことを非常に心配しました。そして案の定、政府当局はパレ・ド・トーキョウを提供するかわりに、ラングロワの博物館を自らに帰属させ、それも移転させるつもりであることがわかりました。この博物館はとても移転などできないものであるにもかかわらずです。そこで、私たちは反対運動を始め、アンリ・ラングロワの博物館を歴史的建造物に指定するよう申請を行いました。この時も、件の代表理事は政府や国立映画庁との友好関係を失うことを恐れて、運動にはまったく加わりませんでした。闘争は長引きましたが、結局、私がガヴラスに代わってシネマテークの館長に就任し——ガヴラス自身も再任を望みませんでした——、問題の代表理事も辞めました。こうして、私はかつてのラングロワ事件の時のような団結を後ろ楯に、まず映画博物館を現在のまま存続させ、また、シネマテークの運営を完全に公開して、何をしているのかを万人に知らせるよう努力してゆくことになったのです。[6]

もう一つ、私たちが反発したことがありました。それは、ラングロワと六八年五月についての展覧会を行った際に、ピエール・バルバンに関する記事を展示したところ、当人が横槍を入れてきたことです。バルバンはラングロワがド・ゴールやマルローによってシネマテークを追われた時、彼の後任に選ばれた人物です。政府の任命でラングロワのあとがまに座るなどということは絶対にすべきではありませんでした。当然、その記事は彼を激しく非難したもので、それを展示したところ、写真センター館長になっていた彼が抗議文をよこして、記事を取りはずし、中傷文を展示したことを謝罪しろと言うのです。こんな要求は根っからの六八年派＝ラングロワ派のわれわれにとっては許しがたいことでした。確かに、中にはラングロワに敵意を抱いている者もいないではありませんでした。〔「レイモン・ボルド[7]のように？」と武田が受けると〕そんな名前は聞きたくありません！　彼に会ったことはありませんが、会ったら必ず平手打ちを食らわせてやります。ボルドはラングロワが死んだ直後ですら、彼を中傷していました。恥ずべきことです。アフリカの未開人もそんなことはしません。まったく卑劣な奴だ。彼はラングロワにひどく嫉妬していたのですが、ベルギーのルドゥやスイスのビュアッシュも、ラングロワには嫉妬していましたが、それでも葬儀にはやって来ました。ボルドとはまったく対話の余地はありません。

保存と上映についてのラングロワの考え方は、上映なくしては真の保存はあり得ないというものでした。ただ保管するためだけに映画を保存しても何の役にも立ちません。それを見せることが大切なのです。彼はさらに挑発的に、映画を上映することが映画を生かすことになると言っていました。上映すれば、ゼラチンが固まるのが防げるのだから、心配はないと言うのです。これは必ずしも正しくはありませんが、とにかく、彼は映画が生き物であることを示したのです。これにはわれわれも賛成です。それと、彼の映画博物館で重要なことは、そこには映画作品以外のものが展示されているということです。すなわち、品物や、セットや、衣裳や、ポスターなどです。そうしたものの最後に、映画の上映があるのです。彼にとって、それらは同じ一つの仕事であり、つまり、オブジェを展示することと、上映のプログラムを決めることは、ともに演出家〔監督〕を演出することなのです。これは素晴らしいことです。彼の博物館で、『イントレランス』と『カリガリ博士』についての展示が向い合わせに配されているのは、まさしく二つの流派の並存であり、そこではレッテルも何もなくなって、ただ感動があるばかりです。それはまたとない映画入門の道程です。その上で、彼はそれら二つの映画を上映したのであり、私たちもまた、そうした素晴らしいやり方を踏襲したいと思っています。

今回来日したのは、一つには、シネマテークの今後の活動方針に関する事柄について、視察を行うためです。先頃、ロンドンに開館した「映像博物館」[▼8]は私たちに大きな刺激を与えました。もともとは「映画博物館」と言っていたのですが、ヴィデオを受け入れるために改名したのです。シネマテークにも、かなり以前からヴィデオ作品を入れてくれという要望が寄せられていました。しかし、私たちとしては、ヴィデオはまだ不安定な媒体であり、消えてしまうものなので、現状では導入できないという立場を取ってきました。従来、良好な画質の持続期間は五年と言われていましたが、日本に来てそれが四年であることがわかりました。私たちの考えが正しかったわけです。それを過ぎると、磁気転写（エコー）でゴーストが出るなど、画質が著しく劣化してゆき、ついには画像そのものも消えてなくなってしまうのです。実際、フィルムと違ってヴィデオは実にはかないものであり。それは脅威にさらされています。ニュースにしても、かつてはフィルムに撮られていたのが、今ではすべてヴィデオになっています。ですから、しかるべき措置を取らなければ、一九七〇年から一九八〇年までの世界の状況については、何の記録も残らないことになってしまうのです。これに関して、きのう、フジ・フィルムの研究所で聞いたのですが、一九八五年にワシントンで、そこの文書館（アーカイヴ）にあるヴィデオをフィルムに移し換えるための会議が行われたそうです。というわけで、この問題に関する情報を集めるというのが来日の第一の目的です。

二つ目の要因は、私の同僚たちから発せられた助けを求める声です。可燃性プリントなども廃棄されてしまいます。というのも、日本ではフィルムの保存に関して行き届いた政策が遂行されているとは言えません。というのも、日本ではフィルムの保存に関して行き届いた政策が遂行されているとは言えません。そうした実情を視察し、われわれがどのようなかたちで日本のフィルムセンターに協力することができるかを検討しに来たのです。彼らにもはっきりと伝えましたが、それらの映画は日本に属するものではなく、全世界の財産なのです。私たちは、日本という後進国に対して援助の手を差し伸べ（笑）、そこにある可燃性プリントをパリの保管センターに受け入れる用意があります。▼9

さらにもう一つ計画していることがあります。私たちは目下、新しい展示＝図書館の開設を準備しているのですが、そのために、東京、京都、名古屋、川崎などにある同種の施設を視察しました。私たちの狙いは博物館の活動に人々を参加させ、それを生きた博物館とすることです。京都の東映太秦映画村はその一例で、そこでは観客を前に、若い俳優たちが実際にも使えるセットの中で演技し、見習いのキャメラマンが彼らをヴィデオで撮影します。私たちもそうしたやり方を取り入れたいと思っています。映画のセットを再現して、すぐれた画家たちがレオナルド・ダ・ヴィンチの絵を模写したように、あるいはドガが近代絵画を生み出すためにアングルやドラクロワを模写したように、昔の映画を模写できるようにするのです。映画人を養成するにはそれしかありません。中ではFEMIS▽10の学生がキャメラを回し、演劇学校の学生が役を演じます。観客はそこで行われるスタイルの練習を見学します。中ではFEMIS▽10の学生がキャメラを回し、演劇学校の学生が役を演じます。そうした施設を作りたいと思っているのです。

［一九八八年一一月八日、ホテル・ニューオータニにて］

▽1 ドライヤーの『奇跡』は一九五四年の作品であるため、これはルーシュの記憶違いと思われる〔『奇跡』が最優秀賞を受賞したのは、後で言及される一九五五年のヴェネツィア映画祭においてである〕。

▽2 Michel Leiris, « Saints Noirs », *La Revue du cinéma*, 1ère série, n° 11, 1er juin 1930. レリスについては千葉文夫、谷昌親の両氏にご教示を得た。

▽3 André Bazin, « Jean Rouch, *Les Maîtres fous* », *France-Observateur*, 24 octobre 1957.

▽4 モンテスキューの書簡体小説（一七二一年）。ヨーロッパ、特にフランスを旅行する二人のペルシャ人が故国に書き送る手紙のかたちを借りて、当時のフランス社会の風俗や制度を辛辣に風刺している。

▽5 『少しずつ』の完全版は四時間だが、今回の〔映像カルチャーホールでの〕特集上映では一時間半の短縮版が上映された。もっとも、短縮版でも全体の構成はほぼ守られている。

▼6 その後もシネマテークは幾多の紆余曲折を経て、二〇〇五年九月に、パリ一二区のベルシー地区に新設された建物に映画博物館とともに移転し、二〇〇七年には映画図書館（La Bibliothèque du Film）も統合して現在に至っている。

▽7 トゥールーズ・シネマテーク館長。フィルムの完璧な保存と管理を最優先させる官僚派の最右翼。

▼8 Museum of the Moving Image（MOMI）. 一九八八年九月に開館し、影絵や幻灯から映画やテレビに至るまでの多様な映像メディアを包括する博物館として注目されたが、資金難などから一九九九年に閉館した。

▼9 東京国立近代美術館フィルムセンター（二〇一八年四月に「国立映画アーカイブ」として独立）では、二〇一四年三月に、相模原分館の敷地内に可燃性フィルム専用の保存棟が新設された。

▽10 Fondation Européenne des Métiers de l'Image et du Son. かつてのＩＤＨＥＣに代わって設立された視聴覚関係の技能養成学校。

［付記］註について、本書への再録にあたって付した補註は▼で示し、また補足した記述は〔　〕で括った。

〔初出——『季刊リュミエール』第一四号、筑摩書房、一九八八年一二月〕

# あとがき

二〇一七年八月三〇日、草月ホールで〈シネマ・ヴェリテの映画作家、ジャン・ルーシュ生誕百年記念、上映とシンポジウム **A la mémoire de Makoto SATO**〉と題する催しがおこなわれた。昼と夜の部があり、筆者が出かけたのは夜の部のほうだが、悪天候にもかかわらず、数多くの人々が会場に詰めかけていたのには少なからぬ驚きをおぼえた。

夜の部のシンポジウムには諏訪敦彦、金子遊、岡田秀則、マリー＝クリスティーヌ・ド・ナヴァセルが参加し、坂本安美の司会のもとに、白熱した議論がかわされた。それに先だって『ある夏の記録』が上映されたが、あえて言うならば、シンポジウムの議論の充実ぶり、会場を埋める観客がもたらす熱気に比して、「生誕百年記念」での上映作品が一本だけというのは少しばかり寂しく思われた。現実はなかなかきびしい。より多くの映画が上映できるようになるには、上映権の獲得や字幕をつけるなどの困難があるはずだが、草月ホールのこの晩の雰囲気から、そうした困難を乗り越えて、今後さらに本格的にジャン・ルーシュの映画を紹介する必要があると感じ取ったのは自分だけではなかっただろう。

金子遊さんから本書の共編者になってほしいと言われたときは、果たして自分にそのような役目がつとまるものかどうか、一瞬不安に思ったのも事実である。なにしろ相手はラッシュの状態にあるものを含めると一八〇本（ベアトリス・ド・パストルは二〇〇本以上あると言っていた）以上の映画を撮影しているのだから、その全体をカバーして臨むなどということはとうていありえない。本書に収録されたガブリエラ・トゥルジーリョの論考のタイトルが、哲学者ウラディミール・ジャンケレヴィッチの本のタイトルをそのまま引いて「未完のまま、どこかあるところに」となっているのは、そのようなコーパスの不確定性を暗示しているわけである。幸いにしてEditions Montparnasseから、ジャン・ルーシュの主要作品を集めたＤＶＤボックスが出ていて、相当数の作品が収められているが、あくまでもほんの一部でしかない。それでも、このＤＶＤボックスが存在していなければ金子さんからの提案をうけて編者に名を連ねるなどという冒険は到底できなかっただろう。

草月ホールでの催しのあと、ＤＶＤボックスに収められた数々の映画をただひたすら見続けることになったが、そのつど新たなジャン・ルーシュ発見の体験を得ることができた。ジャン・ルーシュの世界はかぎりなく広く、かぎりなく深いのである。その意味において、本書の刊行にあたり、数多くの気鋭の論者の参加を得ることができたのは幸いだった。かねてから映像人類学に関心を寄せてきた映像研究の人々に加えて、実際にアフリカでの現地調査にたずさわる人類学研究者、クリス・マルケルやジャン・ルーシュなど、これまでのヌーヴェル・ヴァーグ研究が必ずしも十分にとりあげてこなかった映画作家の研究を進める映画研究者など、異なる世代、異なるバックグラウンドもつ人々の参加が得られ、この論集がひろい視野を得ることができるようになったことの意味は大きい。

筆者自身の寄稿は、役割分担ということもあって、ドゴンの儀礼を中心としたものになったが、あらためてジャン・ルーシュの全体――もちろん全体などと簡単に言えるわけはないのだが――をふりかえってみると、ニジェール川の存在の大きさに気づく。「川の流れのように」といえば、まるで美空ひばりの唄のようだが、ジャン・ルーシュの映画の輝きは、川の流れ、水のきらめきと不可分である。ドゴンの人々が暮らすバンディアガラの断崖は、水のない渇いた土地であるはずだが、『断崖の墓地』はニジェール川へとつながってゆくはずの小さな流れをキャメラが追うところで終わっていた。また『大河での闘い』のように、カメラの動きが船の縦横な動きと一体化して見える体験をわれわれにもたらす映画がほかにあり得るだろうか。そしてまた三脚が川に流されてしまったからこそ、ジャン・ルーシュ独自のスタイルが生まれ、『トゥルーとビッティ、昔の太鼓』に結晶化するあの奇跡的なまでにみごとなカメラの動きにつながっていったわけである。

ダムレ・ジカ、ラム・イブラヒマ・ディア、タルー・ムズラーヌなどの仲間と一緒につくりあげた連作は、個人的にはジャン・ルーシュの映画のなかでももっとも魅力にあふれたものとなっていると思うが、そこにも水と闘い、水に親しむ人々の姿がくっきりとあらわれている。それにしても、この連作の最後を飾る『死より強い夢』のタイトル表現はなんと美しいのだろう。

最後になるが、本書の刊行にあたって、数多くの方々の助力を得ることになったことを記しておきたい。シネマテーク・フランセーズに勤務する旧知のガブリエラ・トゥルジーリョに執筆者になってもらったことが契機となり、フランス国立図書館のアラン・カルー、ジャン・ルーシュ財団（Fondation Jean Rouch）のジョスリーヌ・ルーシュ（ジャン・ルーシュ未亡人）およびアンドレア・パガニーニなどの方々の支援を得ることができた。いずれもフランスでのジャン・ルーシュ生誕一〇〇年の行事に関係した人々である。本書にジャン・ルーシュ自身の論考の翻訳四本を収録することが可能になり、またかなりの点数の図版掲載ができたのも、とくにジャン・ルーシュ財団のお二人の力添えがあったからである。こうして図版の資料に関する具体的な交渉にあたっては、マイス・ベルジェ＝マランボー（アルゴス・フィルム）、ローランス・ブロンベルジェ（フィルム・デュ・ジュディ）、デルフィーヌ・ティリー＝ミエグ（ＣＮＲＳ）、ディス・ブロー（ＩＮＡ）など関係者の方々すべてから特別のはからいを得ることができた。純然たる事務的なやりとりであったとはいえ、かの大プロデューサーの娘で映画作家でもあるローランス・ブロンベルジェとメール交換ができたことは筆者にとって予期せぬ喜びだったが、それぱかりでなく、改めて編者としてお世話になった方々すべてに感謝の言葉を記しておきたい。

昨年一二月半ばには、フランス国立映画映像センター（ＣＮＣ）のベアトリス・ド・パストルが来日し、日仏会館および東京大学での催しを通じて彼女の話を聞く貴重な機会にめぐまれた。東大での講演のあとの懇親会、さらには帰りの電車のなかでの会話を通じて、あたかも旧知の間柄であるかのようにしてジャン・ルーシュについて語り合うことができたのは何よりも嬉しいことだった。

初校を戻し再校を待つあいだの六月初旬、パリに行く機会を得て、ジョスリーヌ・ルーシュ、アンドレア・パガニーニのお二人にも会うことができたが、約二年前の草月ホールの催しの際にはこのような展開が待ち受けているなど夢にも思わなかった。このとき未亡人にはジャン・ルーシュを悼むドゴンの葬儀に関するドキュメンタリー映画のＤＶＤを頂いたが、これを見ると何よりも亡き夫の仕事を大事にする思いがよく伝わってくる。お二人に出会って、あとがきには書ききれないほど大きなもの、多くのものを得ることができた。今後その成果をさらなる展開へとつなげてゆくことができればと思う。

二〇一九年八月

千葉文夫

London & New York, 2007.

Maxime Scheinfeigel, *Jean Rouch*, CNRS Editions, Paris, 2008.

Paul Henley, *The Adventure of the Real. Jean Rouch and the Craft of Ethnographic Cinema*, The University of Chicago Press, Chicago & London, 2009.

*Jean Rouch, l'Homme-Cinéma. Découvrir les films de Jean Rouch*, CNC, Somogy Editions d'art, BnF Editions, Paris, 2017.

村尾静二、箭内匡、久保正敏編『映像人類学（シネ・アンスロポロジー）――人類学の新たな実践へ』せりか書房、2014年。

## ジャン・ルーシュへの言及が含まれる文献

Catherine Russell, *Experimental Ethnography. The Work of Film in the Age of Video*, Duke University Press, Durham, 1999.

Sarah Cooper, *Selfless Cinema? Ethics and French Documentary*, Modern Humanities Research Association and W. S. Maney & Son Ltd, London, 2000.

Anna Grimshaw, *The Ethnographer's Eye. Ways of Seeing in Modern Anthropology*, Cambridge University Press, Cambridge, UK & New York, 2001.

ポール・ホッキングス、牛山純一編『映像人類学』日本映像記録センター、1979年

伊藤俊治、港千尋編『映像人類学の冒険』せりか書房 、1999年。

栩木玲子編『〈境界〉を生きる思想家たち』法政大学出版局、2016年。

# BIBLIOGRAPHY
## ジャン・ルーシュ 著作&関連書籍

以下の書誌情報は、あくまでも基本的なものに限ったかたちで作成されている。ジャン・ルーシュの著作についてのより詳しい情報を得るには、とくに以下の三冊の巻末に掲載された著作一覧が参考になる。Jean Rouch, *Alors le Noir et le Blanc seront amis*, Mille et une nuits, 2008; *Ciné-Ethnography. Jean Rouch*, University of Minnesota Press, 2003; Paul Henley, *The Adventure of the Real*, The University of Chicago Press, 2009.

### ジャン・ルーシュの著作

Jean Rouch, *La Religion et la Magie songhay*, Presses univerisitaires de France, Paris, 1960.

Jean Rouch et Edgar Morin, *Chronique d'un été*, Inter Spectacle, Paris, 1962.

Jean Rouch, *Alors le Noir et le Blanc seront amis. Carnets de mission 1946–1951*, Edition établie par Marie-Isabelle Merle des Isles avec l'aide de Bernard Surugue, Mille et une nuits, 2008.

*Ciné-Ethnography. Jean Rouch*, Edited and translated by Steven Feld, University of Minnesota Press, Minneapolis & London, 2003.

*Jean Rouch cinéma et anthropologie*, textes réunis par Jean-Paul Colleyn, Cahiers du cinéma-Ina, Paris, 2009.

### ジャン・ルーシュ研究

Paul Stoller, *The Cinematic Griot. The Ethnography of Jean Rouch*, The University of Chicago Press, Chicago & London, 1992.

*Jean Rouch ou le ciné-plaisir*, dirigé par René Prédal, *CinémAction*, n° 81, Corlet-Télérama, Paris, 1996.

*Building Bridges. The Cinema of Jean Rouch*, edited by Joram ten Brink, Wallflower Press,

Années 2000

[*Jean Rouch. Récits photographiques*] (France, 2000) 11min.

***Liberté, égalité ? La thèse*** (Niger, 2001) 12min.

**死よりも強い夢** *Le rêve plus fort que la mort* (Niger, 2001–2002) 89min. **114, 124, 131, 134**

[アンドレア・パガニーニによるフィルモグラフィー註記]

本フィルモグラフィーは現段階でもっとも網羅的かつ正確なものだが、なおも決定版とは言えない。ジャン・ルーシュの作品は、進行中の作業(ワークス・イン・プログレス)という性格を強くおびており、完璧に調査が済んだとは言えないのである。

本フィルモグラフィーには、技術面(編集、共同作業、製作など)での精確さが足りない部分がある。たとえばジャン・ルーシュの単独作品、ほかの人々(たとえばジェルメーヌ・ディテルランやマノエル・デ・オリベイラなど)との共作、DALAROUTAMOUグループによる共同製作などの区別がなされていない。そのほかにも長短さまざまなヴァージョンが現存している(『ジャガー』のように失われた場合は別だが)ことが記されていない。ジャン・ルーシュ自身の手で英語版が作られた場合も、とくにこれを記していない。

本フィルモグラフィーにおける映画題名は、本来の意味での映画にかぎらず、未完成のもの、映画の断片(シークエンスの集合)を示す場合がある。

実際に本フィルモグラフィーの半分以上は完成を見なかったという点で共通のさまざまな段階(ラッシュ、編集の初期段階、ほぼ編集が終わった段階など)にある撮影フィルムから構成されている。

[ ]で括られた未完映画のタイトルは作業用タイトルである(一般にフィルムの始めの部分にそれが記されている)。上映時間は大まかな目安だったり、部分的にしか計算されていなかったり、まったく示されていなかったりする(計測されていない)。未完の映画はごく稀にだが、(一部が失われていて)不完全な場合もある。

地名の表示はつねに撮影がおこなわれた場所を示している(編集は一般にフランスでおこなわれている)。

複数年にわたる年表示は、撮影開始年と撮影/編集終了年を示すものである。ときに相当数の年月の経過が見られる場合もある。なかには疑わしい年表示も含まれている。

***Liberté, égalité, fraternité... et puis après*** (France, 1989–1990) 98min.

Années 1990

[*Sangha 1990. La caverne de Bongo*] (Mali, 1990) 58min.

***Damouré parle du Sida*** (Niger, 1991–1992) 10min.

**水の女神** *Madame l'eau* (Niger, Pays-Bas, 1991–1993) 125min. **47, 57, 200, 201, 209**

[*Les devins de Bongo*] (Mali, 1993) 40min.

[*La vache merveilleuse, 1er tournage*] (Niger, 1994) 54min.

[*Sangha 1994. Les foudroyeurs de Gogoli*] (Mali, 1994) 50min.

[*Le toguna*] (Mali, 1994) 103min.

[*Germaine chez elle*] (France, 1994) 35min.

[*Ciné-poèmes sur Paris*] (France, 1994–1998) 18min.

[*Découverte des films Lumière*] (France, 1995)

***Pas de trois. Initiation à la danse de possession + Pompe*** (Niger) in ***Les minutes Lumière*** (1995–1997)

[*Germaine et ses copains*] (Mali, 1996) 15min.

**疲れて立っている私、横になっている私** *Moi fatigué debout, moi couché* (Niger, 1996–1997) 87min. **254**

***En une poignée de mains amies*** (Portugal, 1996–1997) 29min.

[*La vache merveilleuse, 2e tournage*] (Niger, 1997) 39min.

**Faire-part. Musée Henri Langlois, Cinémathèque française** (8 juillet 1997) (France, 1997) 54min.

***Paris Poèmes*** (France, 1997) 36min.

***Premier matin du monde*** (Mali, 1998) 18min.

[*Préparation du dama d'Amadinié*] (Mali, 1999) 50min.

[*La grande sécheresse à Simiri*] (Niger, [1951] 1966–1973, 1999) 230min.

[*Maison Germaine. 1er décembre 1999*] (France, 1999) 39min.

[*Simiri. Kumbaw*] (Niger, 1982) -

[Agali] (Niger, 1982–1983) 109min.

[*Sangha 1983. Le renard*] (Mali, 1983) -

**Ciné-portrait de Raymond Depardon** (France, 1983) 12min.

[*Sonchamp. Dogon*] (France, 1983) 42min.

[*Kung-fu*] (France, 1983) -

[*Hassan Fathi*] (Egypte, 1983) -

**ディオニュソス** *Dionysos* (France, 1983–1985) 97min. (+ bande-annonce 2min.) **128, 131, 134, 221, 222**

[*Hampâté Bâ*] (Côte d'Ivoire, 1984) 45min.

[*Goumbé. 1984*] (Côte d'Ivoire, 1984) 34min.

[*Dogon. 1985*] (Mali, 1985) 12min.

[*The Remington Band at The Wise Fools Pub, Chicago*] (États-Unis, 1985) 5min.

**ハムの娘の日常的狂気** *Folie ordinaire d'une fille de Cham* (France, 1985–1986) (TV) 75min.

**Le bateau-givre** (Suède, 1985–1986) 32min. in **Brise-glace** (1987)

[*Cousin, cousine*] (Niger, Italie, 1985–1987) 32min.

[*Ciné-portrait de Bill Witney*] (France, 1986) 11min.

**エニグマ** *Enigma* (Italie, 1986) 89min. **221**

[*Horendi batare*] (Niger, 1987) -

**Berlin, août 1945** (Allemagne, 1987) (TV, Couleur du temps) 11min.

[*Damouré et ses enfants*] (Niger, 1988) (19min. 〔image et son〕 + 19min. 〔son sans image〕 - total : 38min.)

[*Simiri. 1988*] (Niger, 1988) -

[*Bac à Pikine*] (Sénégal, 1988)

**Boulevards d'Afrique. Bac ou mariage** (Sénégal, 1988) 69min.

[*Sangha 1989*] (Mali, 1989) 155min.

**Promenade inspirée** (France, 1989) 30min.

**Le beau navire** (France, 1989) 4min.

[*Simiri. 1977*] (Niger, 1977) -

[*Simiri. Siddo kuma*] (Niger, 1977) -

***Griot Badyé*** (Niger, 1977) 23min.

[*Griots. Mali*] (Niger, 1977) -

[*Sacrifice obulo*] (Niger, 1977) 10min.

**マルセル・モース讃、ジェルメーヌ・ディテルラン *Hommage à Marcel Mauss. Germaine Dieterlen*** (Mali, 1977) 27min.

***Ispahan. Lettre persane*** (Iran, 1977) 40min.

***Makwayela*** (Mozambique, 1977) 19min.

[*Atelier Super 8 au Mozambique*] (Mozambique, 1977–1978) 21min.

**マーガレット・ミード、ある友人による肖像** *Margaret Mead. A portrait by a friend* (États-Unis, 1977–1978) 27min. **333**

[*Ciné-portrait de Stanislas Adotevi*] (Niger, 1978) 10min.

[*Simiri. Yenendi 1978 & Semailles 1978*] (Niger, 1978) 51min.

[*Simiri. 1979*] (Niger, 1979) -

[*Bongo. 1979*] (Mali, 1979) 100min.

**シギ(1967–1973)、言葉と死の発明** *Sigui (1967–1973). Invention de la parole et de la mort* (Mali, [1948–1951] 1966–1974, 1980–1981) 124min. **136, 137, 139–141, 145, 147, 149, 150, 152, 162**

## Années 1980

[*Le mil. 1980*] (Niger, 1980) 171min.

[*Simiri. 1980*] (Niger, 1980) -

[*Dogon. 1980*] (Mali, 1980) 100min.

**シネマフィア** *Cinémafia. Rencontre 1. Jean Rouch parle avec Joris Ivens et Henri Storck* (Pays-Bas, 1980) 33min. **165, 201**

***Cap'tain Mori*** (Japon, 1980) 60min.

[*Le renard pâle. 1981*] (Mali, 1981) -

**Boukoki. Mai 1973** (Niger, 1973) 8min.

**Dongo hori** (Niger, 1973) 29min.

**Funérailles de femmes à Bongo** (Mali, 1973) 22min.

**VW Voyou** (Niger, 1973) 19min.

**Le foot-girafe ou l'alternative** (Niger, 1973) 10min.

**コケコッコー！ にわとりさん** *Cocorico ! Monsieur Poulet* (Niger, 1973–1974) 94min. (+ bande-annonce 2min.) **32, 47, 68, 128, 136, 139, 161, 254**

**マルセル・モース讃、岡本太郎** *Hommage à Marcel Mauss. Taro Okamoto* (Japon, 1973–1974) 17min.

**シギ 1973–74、割礼の覆い** *Sigui 1973–74. L'auvent de la circoncision* (Mali, 1974) 18min.

[*La 504 et les foudroyeurs*] (Mali, 1974) 19min. **139**

**アンバラのダマ、死を祓う** *Le dama d'Ambara. Enchanter la mort* (Mali, 1974–1980) 60min. **32, 137, 157, 158, 339**

**Toboy tobaye** (Niger, 1974) 17min.

**Pam kuso kar. Briser les poteries de Pam** (Niger, 1974) 12min.

[*Faran Maka Fonda*] (Niger, 1974–1975) 116min.

**Babatu. Les 3 conseils** (Niger, 1973–1976) 95min.

[*Rituel pour la mort d'un guerrier*] (Niger, 1975) 35min.

[*Les testicules du hibou*] (France, 1975) 10min.

[*Les deux chasseurs*] (Niger, 1975–1984) 903min.

**Zomo et ses frères** (Niger, 1975) 19min.

[*Pam tanda*] (Niger, 1975) -

[*Initiation de femmes*] (Niger, 1975) 212min.

[*Faba tondi*] (Niger, 1975–1976) 20min.

**マルセル・モース讃、ポール・レヴィ Hommage à Marcel Mauss. Paul Lévy** (France, 1976) 20min.

**Médecines et médecins** (Niger, 1976) 15min.

[*Simiri. 1976*] (Niger, 1976) 12min.

## Années 1970

27min.

[*Jacqueville*]（Côte d'Ivoire, 1964）-

**北駅** *Gare du Nord* (France, 1965) 17min. in **パリところどころ** *Paris vu par...*（1965） **116, 130, 132, 199, 212, 215, 220, 221, 237, 246, 248, 288, 384**

[*Tambours et violons des chasseurs songhay*]（Niger, 1965）-

[*Dongo. Horendi & Yenendi. Gamkallé*]（Niger, 1965–1966）120min.

[*Alpha noir*]（Mali, 1965–1966）-

[*Sorko. 1966*]（Niger, 1966）-

[*Niger. Octobre 66*]（Niger, 1966）10min.

[*Yenendi de Goudel*]（Niger, 1966）-

[*Yenendi de Gourbi Béri*]（Niger, 1966）28min.

[*Yenendi de Karey Gorou*]（Niger, 1966）28min.

[*Wanzerbé*]（Niger, 1966）55min.

**シギ零年** *Sigui année zéro*（Mali, 1966）50min. **138, 139**

[*Festival*]（Sénégal, 1966）-

[*Youbri*]（Burkina-Faso, 1966）60min.

[*Bregbo. 1966*]（Côte d'Ivoire, 1966）-

[*Yenendi de Boukoki*]（Niger, 1967）22min.

[*Yenendi de Kongou*]（Niger, 1967）58min.

[*Daouda Sorko*]（Niger, 1967）20min.

[*Tourou*]（Niger, 1967）-

**シギ1967、ユゴの鉄床** *Sigui 1967. L'enclume de Yougo*（Mali, 1967）38min. **139**

[*Pierres chantantes. Ayorou*]（Niger, 1968）7min.

**少しずつ** *Petit à petit*（Niger, France, Italie, Etats-Unis, 1968–1971）92min. (version courte) 242min. (version longue)（+ bande-annonce 3min.） **27, 32, 47, 136, 160, 161, 199, 200, 372, 379, 380, 390**

[*La révolution poétique. Mai 68*]（Niger, 1968）3min., séquence in ***L'an 01***（1973）

**アメリカ人と名づけられたライオン** *Un lion nommé l'Américain*（Niger, 1968）20min.

**断崖の墓場** *Cimetières dans la falaise*（Mali, 1950–1951）19min. **19, 137, 138, 153, 164, 377**

[*Chasseurs Gow*]（Niger, Mali, 1951）13min.

**大河での闘い** *Bataille sur le grand fleuve*（Niger, 1951）33min. **21, 49, 90–92, 95, 99–103, 105–107, 110, 124, 171, 183, 193, 194, 283, 310, 376, 382**

**イェネンディ、雨を降らせる人々** *Yenendi. Les hommes qui font la pluie*（Niger, 1951）29min. **23, 33, 106, 118–121, 124, 151, 193, 194, 376, 382**

**水の息子** *Les fils de l'eau* (Niger, Mali, 1948–1958) 54min. (version courte) 88min. (version longue）**279, 379**

[*Ballets de Bali*]（France, 1953）-

**ジャガー** *Jaguar* (Niger, Burkina Faso, Togo, Ghana, 1954–1968) 89min. (+ bande-annonce 1min.）**10, 25, 27, 47, 50, 51, 57, 69–79, 81–83, 136, 139, 161, 198, 228, 231, 233, 239, 254, 278, 379, 381–383**

**狂った主人たち** *Les maîtres fous*（Ghana, 1954–1957）28min. **10, 11, 25, 27, 31, 33, 51, 54, 55, 70, 124, 128, 129, 134, 159, 171, 188, 194, 240, 253, 276–278, 284, 286, 309, 339, 341, 379, 380**

**マミー・ウォーター** *Mammy Water*（Ghana, 1954–1966）18min. **10, 278**

**私は黒人** *Moi, un Noir* (Côte d'Ivoire, 1957–1959) 71min. **25, 27, 50, 63, 64, 70, 77–83, 85, 129, 195, 198, 228, 243, 245, 246, 254, 372, 379, 382, 383**

[*Royal Goumbé*]（Côte d'Ivoire, 1957）22min.

**ベビー・ガーナ** [*Baby Ghana*]（Ghana, 1957）27min. **25**

***Moro Naba*** (Burkina-Faso, 1957–1959) 27min.

**弓でのライオン狩り** *La chasse au lion à l'arc*（Niger, Mali, Burkina-Faso, 1958–1965）78min. (+ bande-annonce 4min.）**72, 308, 379, 382**

**人間ピラミッド** *La pyramide humaine*（Côte d'Ivoire, France, 1959–1961）89min. (+ bande-annonce 4min.）**29, 31, 32, 99, 110, 129, 131, 177, 195, 215, 216, 235**

***Sorties de novices. Sakpata***（Bénin, 1959–1963）17min.

Années 1960

[*Visite Président Diori Tillabéry*]（Niger, 1960）18min.

# FILMOGRAPHY

## ジャン・ルーシュ フィルモグラフィー&作品名索引

- 本フィルモグラフィーはジャン・ルーシュ財団監事、アンドレア・パガニーニ氏が作成したものである。これは、CNC（フランス国立映画映像センター）が2008年に作成したものを出発点として、その後以下の2つの出版物（*Découvrir les films de Jean Rouch : collecte d'archives, inventaires et partage*, CNC 2010, Jean Rouch, *l'Homme-Cinéma : Découvrir les films de Jean Rouch*, CNC, Somogy, Bn2010F Editions, 2017）に掲げられたものにさらに修正と補足を加えるかたちで作成され、現段階ではもっとも正確なものといえる。なお掲載にあたっては、本書で扱われている映画作品の邦題を付した。
- 各作品の邦題、原題、制作地、撮影開始年−撮影／編集終了年、上映時間、付加情報を記載し、末尾に本書における索引を付した。
- [ ]で括られた作品は未完成を意味し、グレーで表記のされた作品はフィルムが現存しないことを示した。

### Années 1940



### Années 1950

## 柳沢史明（やなぎさわ・ふみあき）

芸術学、フランス植民地文化論。東京大学大学院人文社会系研究科助教。

著書に『〈ニグロ芸術〉の思想文化史――フランス美術界からネグリチュードへ』（水声社、2018）、『混沌の共和国――「文明化の使命」の時代における渡世のディスクール』（共編、ナカニシヤ出版、2019）、『異貌のパリ 1919–1939――シュルレアリスム、黒人芸術、大衆文化』（分担執筆、水声社、2017）、『西洋近代の都市と芸術 3 パリⅡ――近代の相克』（分担執筆、竹林舎、2015）など。

## 吉田隼人（よしだ・はやと）

フランス 20 世紀文学・思想、近現代日本文学・思想。早稲田大学文学学術院助手。
著書『忘却のための試論』（書肆侃侃房、2015）で、第 60 回現代歌人協会賞受賞。主な論文に「観客的実存と俳優的実存――ジョルジュ・バタイユとピエール・クロソウスキーにおける演劇の問題」（『日本フランス語フランス文学会関東支部論集』第 27 号、2018）、「現代短歌とフランス文学――抒情詩の〈私〉をめぐって」（『ユリイカ』2016 年 8 月号）など。

## 武田 潔（たけだ・きよし）

映画理論。早稲田大学教授。

著書に『映画そして鏡への誘惑』（フィルムアート社、1987）、『明るい鏡――ルネ・クレールの逆説』（早稲田大学出版部、2006）、共編書に『新・映画理論集成』（全 2 巻、フィルムアート社、1998–1999）、訳書にネストール・アルメンドロス『キャメラを持った男』（筑摩書房、1990）、ジャック・オーモンほか『映画理論講義』（勁草書房、2000）など。

## 東 志保（あずま・しほ）

映画研究、比較文化論。大阪大学文学研究科助教。

クリス・マルケルについての博士論文をパリ第Ⅲ大学に提出後、主にフランスをフィールドにドキュメンタリー映画の研究に取り組んでいる。著書に『クリス・マルケル 遊動と闘争のシネアスト』（共編、森話社、2014）、*CinemAction n° 165 Chris Marker: pionnier et novateur*（分担執筆, Charles Corlet, 2017）など。

## ガブリエラ・トゥルジーリョ（Gabriela Trujillo）

シネマテーク・フランセーズ学芸員。

ラテン・アメリカ映画とアヴァンギャルド運動の関係を主題とする論文で博士号（パリ第Ⅰ大学）を取得、その後ルーヴル学院、ニューヨーク市立大学などで教える。これまでシャンタル・アケルマン、ジャン・ユスターシュ、ジャン・ルーシュ、ラウル・ルイス、アニエス・ヴァルダ、ジョン・カサヴェテス、ロベール・ブレッソン、エリック・ロメール、ルキノ・ヴィスコンティ、フェデリコ・フェリーニ、エドガルド・コサリンスキーなど多数の回顧展の企画に携わっている。

## 谷 昌親（たに・まさちか）

フランス20世紀文学・イメージ論。早稲田大学教授。

著書に『詩人とボクサー――アルチュール・クラヴァン伝』（青土社、2002）、『ロジェ・ジルベール＝ルコント――虚無へ誘う風』（水声社、2010）、訳書にミシェル・レリス『オランピアの頸のリボン』（人文書院、1999）・『囁音』（平凡社、2018）、アンリ・ベアール『アンドレ・ブルトン伝』（共訳、思潮社、1997）、ロベール・ブリアット『ポール・ボウルズ伝』（白水社、1994）など。

## アンドレア・パガニーニ（Andrea Paganini）

ジャン・ルーシュ財団事務局長。

高等研究所終了後、2017年に「ジャン・ルーシュ生誕100年記念」代表に任命される。フランス国立図書館刊行の雑誌に「音の移動、イメージの移動」と題するジャン・ルーシュ論を発表。「ジャン・ルーシュ生誕100年記念」に関連して刊行された作品解説増補版 *Jean Rouch, l'Homme-Cinéma* の編集にあたり、とくにフィルモグラフィの作成に大きな貢献をしている。

## 港 千尋（みなと・ちひろ）

写真家、映像人類学。多摩美術大学情報デザイン学科教授。

著書・写真集に『瞬間の山——形態創出と聖性』（インスクリプト、2001）、『芸術回帰論——イメージは世界をつなぐ』（平凡社新書、2012）、『掌の縄文』（羽鳥書店、2012）、『ヴォイドへの旅——空虚の創造力について』（青土社、2012）、『革命のつくり方——台湾ひまわり運動—対抗運動の創造性』（インスクリプト、2014）、『クリス・マルケル 遊動と闘争のシネアスト』（共編、森話社、2014）、『風景論——変貌する地球と日本の記憶』（中央公論新社、2018）、『現代写真アート原論——「コンテンポラリーアートとしての写真」の進化形へ』（共著、フィルムアート社、2019）など。

## 佐久間 寛（さくま・ゆたか）

文化人類学、アフリカ地域研究。明治大学政治経済学部専任講師。

著書に『ガーロコイレ——ニジェール西部農村社会をめぐるモラルと叛乱の民族誌』（平凡社、2013）、共訳書にカール・ポランニー『経済と自由——文明の転換』（ちくま学芸文庫、2015）など。

## 箭内 匡（やない・ただし）

文化人類学。東京大学教授。

著書に『イメージの人類学』（せりか書房、2018）、共著書に『映像人類学（シネ・アンスロポロジー）——人類学の新たな実践へ』（村尾静二・箭内匡・久保正敏編、せりか書房、2014）、『映画的思考の冒険——生・現実・可能性』（箭内匡編、世界思想社、2006）、*Alternative Art and Anthropology: Global Encounters*（Arnd Schneider ed., Bloomsbury, 2017）など。

## 川瀬 慈（かわせ・いつし）

映像人類学。国立民族学博物館／総合研究大学院准教授。

著書『ストリートの精霊たち』（世界思想社、2018）で第6回鉄犬ヘテロトピア文学賞受賞。編著書に『アフリカン・ポップス！——文化人類学からみる魅惑の音楽世界』（共編、明石書店、2015）、『フィールド映像術』（共編、古今書院、2015）など。代表的な映像作品に『ラリベロッチ～終わりなき祝福を生きる～』、『僕らの時代は』、『精霊の馬』、『Room 11, Ethiopia Hotel』（イタリア・サルデーニャ国際民族誌映画祭にて「最も革新的な映画賞」受賞）など。

# PROFILE
# 執筆者紹介

[編者紹介]

## 千葉文夫（ちば・ふみお）

早稲田大学名誉教授。

著書に『ファントマ幻想―― 30年代パリのメディアと芸術家たち』（青土社、1998）、『ミシェル・レリスの肖像』（みすず書房、2019）、分担執筆に『クリス・マルケル 遊動と闘争のシネアスト』（森話社、2014）、『ストローブ＝ユイレ――シネマの絶対に向けて』（森話社、2018）、『文化解体の想像力――シュルレアリスムと人類学的思考の近代』（人文書院、2000）、訳書に『ミシェル・レリス日記』（1・2、みすず書房、2001–2002）、ミシェル・レリス『縫糸』（平凡社、2018）、ミシェル・シュネデール『グレン・グールド――孤独のアリア』（ちくま学芸文庫、1995）など。

## 金子 遊（かねこ・ゆう）

批評家、映像作家。多摩美術大学准教授。

『映像の境域――アートフィルム／ワールドシネマ』（森話社、2017）で、第39回サントリー学芸賞＜芸術・文学部門＞を受賞。ほかの著書に『辺境のフォークロア――ポスト・コロニアル時代の自然の思考』（河出書房新社、2015）、『ドキュメンタリー映画術』（論創社、2017）、『混血列島論――ポスト民俗学の試み』（フィルムアート社、2018）、『悦楽のクリティシズム―― 2010年代批評集成』（論創社、2019）など。編著書に『クリス・マルケル 遊動と闘争のシネアスト』（共編、森話社、2014）、『アメリカン・アヴァンガルド・ムーヴィ』（共編、森話社、2016）ほか。

[執筆者紹介]（掲載順）

## 伊藤俊治（いとう・としはる）

美術史家。東京芸術大学先端芸術表現科教授。

著書に、『裸体の森へ――感情のイコノグラフィー』（筑摩書房、1985）、『20世紀写真史』（筑摩書房、1988）、『20世紀イメージ考古学』（朝日新聞社、1992）、『東京身体映像』（平凡社、1990）、『アメリカン・イメージ』（1990）、『バリ島芸術をつくった男――ヴァルター・シュピースの魔術的人生』（平凡社新書、2002）、『唐草抄――文様生命誌』（牛若丸、2005）など。

［図版提供］

**ある夏の記録** *Chronique d'un été*
**ARGOS FILMS**

**ジャガー** *Jaguar*
**狂った主人たち** *Les maîtres fous*
**私は黒人** *Moi, un Noir*
**人間ピラミッド** *La pyramide humaine*
**北駅** *Gare du Nord*
**ディオニュソス** *Dionysos*
**Les Films du Jeudi**

**憑依舞踏へのイニシエーション** *Initiation à la danse des possédés*
**大河での闘い** *Bataille sur le grand fleuve*
**イェネンディ、雨を降らせる人々** *Yenendi. Les hommes qui font la pluie*
**ハンピ** *Hampi*
**ガンゲルのイェネンディ、雷雨を被った村** *Yenendi de Ganghel. Le village foudroyé*
**トゥルーとビッティ、昔の太鼓** *Tourou et Bitti. Les tambours d'avant*
**ホレンディ** *Horendi*
**CNRS Images**

**黒い呪術師の国で** *Au pays des mages noirs*
**Institut INA**

ジャン・ルーシュ——映像人類学の越境者

発行日……………………………2019 年 10 月 23 日・初版第 1 刷発行

編者……………………………千葉文夫・金子 遊

発行者…………………………大石良則

発行所…………………………株式会社森話社
〒 101-0064 東京都千代田区神田猿楽町 1-2-3
Tel 03-3292-2636
Fax 03-3292-2638
振替 00130-2-149068

印刷・製本……………………株式会社シナノ


ISBN 978-4-86405-142-2 C1074

## リアリズムの幻想——日ソ映画交流史［1925-1955］

**フィオードロワ・アナスタシア著**　映画が輝かしい発展を遂げた1920年代から1950年代、日ソ間における映画人の交流や理論の紹介、日ソ初の合作映画『大東京』や亀井文夫などの作品分析を通して、両国の知られざる文化交流の歴史をたどる。A5判296頁／4000円

## 戦時下の映画——日本・東アジア・ドイツ

**岩本憲児・晏妮編**　満洲事変後、映画は娯楽としてだけでなく、ニュース映画などをとおして一大映像メディアへと急成長していた。その影響力の大きさから、体制側は国策遂行の一環として映画に強い期待を寄せた。本書では、国内の映画領域と、満洲、朝鮮、台湾、中国、ドイツに関する考察を交差させ、越境的な視点から「戦時下の映画」の多様な様相をさぐる。A5判368頁／4500円

## 戦後映画の産業空間——資本・娯楽・興行

**谷川建司編**　芸術だけが映画ではない。映画会社の経営戦略、あの手この手の企画・宣伝、背後にある国家の政策、観客や他メディアとの関係など、資本の論理からとらえ直す、もう一つの戦後映画史。A5判352頁／本体4500円＋税

## 転形期のメディオロジー
### ——一九五〇年代日本の芸術とメディアの再編成

**鳥羽耕史・山本直樹編**　1950年代の日本で、テレビに代表されるニューメディアの出現が、印刷媒体中心であった既存のメディアをいかに変容・再定義していったのか。文学・映像・美術のジャンルにおいて、異なるメディア間での相互交流、越境、再編成と、それらが作品や表現にもたらしたものを再検討し、現代の錯綜するメディア状況を歴史化する視点を提示する。A5判352頁／本体4500円＋税

## 写真の物語——イメージ・メイキングの400年史

**打林俊著**　写真発明の前史から現代までの400年の歴史を、発明競争、技法の開発、大衆の欲望、美術やメディアとの相互関係といった観点から豊富な作品例とともにたどり、交錯する歴史から、「モノ」としての写真とその発展をめぐる人々の物語を描き出す、気鋭の写真史家による新たな写真史。作品図版も多数掲載し、入門書としても最適。四六判変型480頁＋カラー口絵8頁／3200円

Centenaire
JEAN ROUCH
2017